MANUEL
D'EXAMEN GRAMMATICAL

À L'USAGE DES ASPIRANTS ET DES ASPIRANTES
AU BREVET DE CAPACITÉ

COMPOSÉ DE

LECTURES ET DICTÉES LITTÉRAIRES

Formant un Recueil méthodique de leçons d'instruction
morale et religieuse

EMPRUNTÉES AUX MEILLEURS ÉCRIVAINS

AVEC

QUESTIONS D'EXAMEN ET RÉPONSES RAISONNÉES

PAR ADR. GUERRIER DE HAUPT

ANCIEN DIRECTEUR D'ÉCOLE NORMALE

Ancien Examinateur pour le *brevet de capacité* et pour l'admission
aux écoles du gouvernement, Fondateur du journal l'*Union des Instituteurs*
Auteur du *Cours classique et raisonné de langue française*

Approuvé et recommandé par le Conseil supérieur de perfectionnement
de l'enseignement secondaire spécial

OUVRAGE

RÉDIGÉ D'APRÈS UNE MÉTHODE NOUVELLE ET SUR UN NOUVEAU PLAN

POUR SERVIR COMME LIVRE D'EXERCICES ANALYTIQUES ET SYNTAXIQUES
AUX ÉLÈVES DES ÉCOLES NORMALES ET DES CLASSES SUPÉRIEURES DE FRANÇAIS

Avec études supplémentaires de littérature, de composition et de style

« L'instruction est le moyen, l'éducation est le but. »

PARIS

LIBRAIRIE DE FIRMIN DIDOT FRÈRES, FILS ET Cⁱᵉ

IMPRIMEURS DE L'INSTITUT, RUE JACOB, 56

MANUEL

D'EXAMEN GRAMMATICAL

OUVRAGES DE M. ADR. GUERRIER DE HAUPT

*Approuvés et recommandés par le Conseil de perfectionnement
de l'enseignement secondaire spécial*

COURS CLASSIQUE ET RAISONNÉ DE LANGUE FRANÇAISE

AVEC QUESTIONNAIRE

PREMIÈRE PARTIE : **Grammaire élémentaire**, avec *Méthode
d'Analyse grammaticale et Traité d'Orthographe d'usage.* —
Ouvrage couronné par la Société pour l'instruction élémentaire et
honoré du suffrage de S. Ém. le cardinal Morlot. — Deuxième
édition, 1 volume cart., 75 centimes.

DEUXIÈME PARTIE : **Grammaire syntaxique ou complémen-
taire**, donnant la solution raisonnée de toutes les difficultés de
la langue, *d'après la pratique des grands écrivains*, avec une
quantité considérable de citations en prose et en vers, accompagnant les règles pour en montrer l'application. — Troisième édition, 1 fort volume de près de 400 pages, cart., 2 fr. 25 centimes.

Dictées grammaticales élémentaires, avec *Exercices analytiques et orthographiques*, servant d'application à la Grammaire élémentaire. — Ouvrage composé de pensées morales et de
citations intéressantes, empruntées aux meilleurs auteurs. —
Deuxième édition, 1 volume cart., 90 centimes.

Librairie Paul Dupont, rue J.-J. Rousseau, 41, à Paris.

Typographie Firmin Didot. — Mesnil (Eure).

MANUEL
D'EXAMEN GRAMMATICAL

A L'USAGE DES ASPIRANTS ET DES ASPIRANTES

AU BREVET DE CAPACITÉ

COMPOSÉ DE

LECTURES ET DICTÉES LITTÉRAIRES

Formant un Recueil méthodique de leçons d'instruction
morale et religieuse

EMPRUNTÉES AUX MEILLEURS ÉCRIVAINS

AVEC

QUESTIONS D'EXAMEN ET RÉPONSES RAISONNÉES

PAR ADR. GUERRIER DE HAUPT

ANCIEN DIRECTEUR D'ÉCOLE NORMALE

Ancien Examinateur pour le *brevet de capacité* et pour l'admission
aux écoles du gouvernement, Fondateur du journal l'*Union des Instituteurs*
Auteur du *Cours classique et raisonné de langue française*

Approuvé et recommandé par le Conseil supérieur de perfectionnement
de l'enseignement secondaire spécial

———

OUVRAGE

RÉDIGÉ D'APRÈS UNE MÉTHODE NOUVELLE ET SUR UN NOUVEAU PLAN

POUR SERVIR COMME LIVRE D'EXERCICES ANALYTIQUES ET SYNTAXIQUES
AUX ÉLÈVES DES ÉCOLES NORMALES ET DES CLASSES SUPÉRIEURES DE FRANÇAIS

Avec études supplémentaires de littérature, de composition et de style

« L'instruction est le moyen, l'éducation est le but. »

PARIS

LIBRAIRIE DE FIRMIN DIDOT FRÈRES, FILS ET Cie

IMPRIMEURS DE L'INSTITUT, RUE JACOB, 56

1870

AVANT-PROPOS.

Ainsi qu'on a pu juger de ce nouveau livre par les nombreux extraits qui en ont été insérés dans l'*Union des Instituteurs*, il n'en existe aucun du même genre, ni comme méthode, ni comme forme. L'auteur, qui y a donné tous ses soins, en reprenant son ancien rôle d'Examinateur et en se substituant aux examinés, croit donc pouvoir signaler avec confiance ce travail, fruit de ses méditations et de son expérience, à la sympathique attention des Instituteurs et de tous les Fonctionnaires de l'enseignement. Dans cet ouvrage, dont la portée, sous le rapport intellectuel et moral, a déjà été comprise, l'instruction est le moyen, l'éducation est le but.

De nombreux adhérents se sont empressés de souscrire à cette nouvelle publication, aussitôt qu'elle a été annoncée ; elle a droit, en effet, de compter sur un accueil favorable partout où l'on partage les convictions pédagogiques de l'auteur, partout où l'on pense que « En tête de l'instruction se place l'éducation, et en tête de l'éducation, la religion ; que la religion ne saurait être séparée de l'instruction, car plus l'homme est instruit, plus il est religieux ; et plus l'homme instruit est religieux, plus son instruction est utile aux autres et à lui-même (1). »

C'est là le sentiment qui a présidé au choix des sujets littéraires qui, sous le titre de *Lectures et dictées*, compo-

(1) L'*Union des Instituteurs*, n° du 1ᵉʳ mai 1859, page 225.

sent le Manuel d'examen grammatical. Les plus illustres écrivains dont s'honore la France y sont conviés à rendre témoignage des grandes vérités morales et religieuses, et à enseigner dans leur magnifique langage les croyances et les devoirs.

En étudiant au point de vue de la science grammaticale les plus beaux modèles de notre littérature nationale, les élèves des écoles ne feront pas seulement que s'initier aux secrets de l'art d'écrire et de parler la langue des meilleurs auteurs : ils apprendront aussi à aimer ce qui est bien, à admirer ce qui est beau, à imiter ce qui est bon, à croire ce qui est vrai ; en un mot, à régler leur conduite d'après les plus saines doctrines, qu'ils auront vu révérer, et qu'ils auront entendu professer par les maîtres de la pensée. Ils ne rougiront point de soumettre à ces doctrines, quelque mystérieuses qu'elles soient, et aux lois immuables qui en émanent, leur raison et leur volonté, à l'exemple de ces génies puissants qui n'ont été forts que par la foi, que par les inspirations qu'ils ont puisées eux-mêmes au foyer de l'éternelle lumière. Sous l'influence salutaire de leurs sublimes leçons, ils acquerront ainsi la vraie science, la science de la vérité, la science du devoir, contre laquelle le mal ni le mensonge ne sauraient prévaloir.

En appelant l'instruction populaire à partager le riche et brillant héritage que nous ont légué les princes de la littérature, peut-être le *Manuel d'examen grammatical* contribuera-t-il pour sa part à élever une digue qui préserve les écoles de la funeste invasion de certaines idées modernes, de ces excès de langage de mauvais goût, dont le flot toujours montant menace aujourd'hui les plus pures traditions de la morale et du style.

Considéré comme méthode d'enseignement, cet ouvrage, où chacun des sujets littéraires sert de texte à une quantité considérable d'explications grammaticales, a pour objet d'exercer le raisonnement sur les principales difficultés de l'orthographe, de la syntaxe et de l'analyse ; de familiariser les élèves avec le mécanisme de de notre langue, afin que, la comprenant mieux, ils arrivent à la parler avec goût, intelligence et correction. Ce *Manuel* est donc ainsi destiné à servir d'application pratique aux théories du *Cours classique et raisonné de langue française.*

Aux deux premières parties du *Manuel*, ayant pour titres :

PHILOSOPHIE ET RELIGION,

MORALE ET ÉDUCATION,

l'auteur a cru devoir joindre une troisième partie, intitulée :

LITTÉRATURE ET STYLE,

et composée de leçons faites par ceux-là même qui, en enseignant les règles de l'art d'écrire, en offrent dans leur propre langage les plus admirables modèles.

Dans cette partie supplémentaire on trouvera donc un choix d'études propres à servir de perfectionnement à l'enseignement grammatical. Les nombreux préceptes qui y sont contenus, et qui tous sont dus aux grands écrivains, forment le code le plus utile, le plus pratique que l'on puisse consulter, le guide le plus autorisé auquel on puisse se confier pour parvenir à comprendre et à appliquer les vrais principes de la composition littéraire.

Tel est incontestablement le résultat final que doit se proposer un *Cours de langue française :* sans quoi, les études grammaticales ne produisent que des fruits avortés ou manquant de maturité.

Est-il besoin de dire que l'auteur de ce livre a passé toute sa vie à enseigner? Ce n'est donc point l'expérience qui lui manque : si ce n'est pas là un mérite qu'on ait à lui envier, c'est au moins un titre qu'il a le droit d'invoquer; mais ce que l'on voudra bien remarquer, c'est que, dans tous ses écrits comme dans ses leçons orales, il n'a jamais perdu de vue cette pensée, qu'il croit être le symbole de tout instituteur ayant conscience de sa mission; cette pensée, qui résume toute la science pédagogique, est aussi celle qui caractérise et définit l'esprit de ce nouvel ouvrage, où, comme il a été dit plus haut : « *L'instruction est le moyen, l'éducation est le but.* »

<hr>

DANS UN SENTIMENT DE LÉGITIME SYMPATHIE,
ET A TITRE D'AFFECTUEUX SOUVENIR,
L'AUTEUR DÉDIE CE LIVRE
AUX ÉLÈVES-MAITRES ET AUX ÉLÈVES-MAITRESSES
DES ÉCOLES NORMALES DE FRANCE.

NOTA. Pour donner à cet ouvrage la plus grande somme d'utilité pratique, et pour qu'il serve plus avantageusement de *Manuel de préparation*, on a placé en tête, comme GUIDE DE L'EXAMINATEUR ET DES CANDIDATS AU BREVET DE CAPACITÉ, un *Questionnaire grammatical*, destiné à offrir à tous ceux qui enseignent, comme à ceux qui ont seulement mission d'interroger, le moyen de formuler les questions avec netteté et précision : offrant en outre aux candidats et aux élèves la facilité de se préparer à répondre aux interrogations d'une manière exacte et sans hésitation; — pourvu, toutefois, que les questions soient posées clairement, sans obscurité ni équivoque, comme savent le faire tous les examinateurs qui possèdent bien le sujet sur lequel ils interrogent.

On ne saurait manquer d'apprécier le double avantage de ce *programme*, qui se recommande aux examinateurs et aux examinés, aux professeurs de français et à leurs élèves, dans tous les établissements scolaires.

QUESTIONNAIRE GRAMMATICAL.

GUIDE DE L'EXAMINATEUR

ET DES

CANDIDATS AU BREVET DE CAPACITÉ.

ENSEIGNEMENT ÉLÉMENTAIRE.

(Les aspirants et les aspirantes devront s'exercer à répondre à ces questions soit par écrit, soit oralement. — Les numéros du questionnaire correspondent à ceux du Cours classique et raisonné de langue française, où l'on pourra étudier les réponses.)

NOTIONS GÉNÉRALES.

1. Comment définit-on la *grammaire?* — Qu'est-ce que parler et écrire *correctement?*

2. A quoi servent les *mots,* et de quoi sont-ils formés dans le langage écrit?

3. Comment nomme-t-on un *assemblage* de mots exprimant une pensée?

4. Qu'est-ce que les *lettres* représentent?

5. Quel est le nombre des lettres dans l'*alphabet* français, et combien y en a-t-il de sortes?

6. Quelles sont les *voyelles,* et pourquoi sont-elles ainsi nommées?

7. Pourquoi les autres lettres se nomment-elles *consonnes,* et combien y en a-t-il?

8. Qu'appelle-t-on voyelles *brèves,* voyelles *longues,* voyelles *nasales,* et voyelles *composées?*

9 et 10. Qu'est-ce que l'*e* muet, l'*e* fermé, l'*e* ouvert, et l'*e* équivalent?

11 et 12. Quand la voyelle *y* se prononce-t-elle comme deux *i,* et quand la prononce-t-on comme un seul *i?*

13. Quand la lettre *h,* au commencement d'un mot, est-elle *muette;* quand est-elle *aspirée?*

14. Qu'est-ce que les *syllabes,* et que signifie le mot *syllabe?*

15. Quand deux voyelles dans une même syllabe forment-elles une *diphthongue?*

16. Comment nomme-t-on un mot formé d'une seule syllabe? — formé de plusieurs?

a.

17. Quelles sont en français les *dix sortes* particulières de mots ?

18. 19. A quoi sert le *substantif*, et comment le reconnaît-on ?

20. Où se place l'*article* et à quoi sert-il ?

21. 22. Quel est l'emploi de l'*adjectif*, et que signifie-t-il ? — Comment le reconnaît-on ?

23. Quel est l'emploi du *pronom*, et comment le distingue-t-on du substantif ?

24. 25. Quelle fonction fait le *verbe*, qu'exprime-t-il, et comment le reconnaît-on ?

26. Pourquoi le *participe* est-il ainsi nommé ?

27. A quoi sert l'*adverbe*?

28. Et la *préposition*?

29. Et la *conjonction*?

30. Et l'*interjection*?

31. 32. Qu'appelle-t-on mots *variables*, et mots *invariables* ? — Quels sont les mots variables, quels sont les mots invariables ?

33. Quels sont dans les dix sortes particulières de mots ceux qui servent à *désigner* des objets, — ceux qui s'ajoutent toujours à d'autres mots pour les *modifier*, — ceux qui servent à *joindre* deux mots ou deux propositions ?

34. 35. Qu'est-ce que l'*orthographe* en général ? — Qu'appelle-t-on orthographe *grammaticale*, et orthographe d'*usage* ?

36. 37. Qu'est-ce que les *signes orthographiques*, et quels sont-ils ?

38. 39. Quels sont les *accents*? où se placent-ils pour indiquer la prononciation ? et pour indiquer le sens ?

40. Quel est l'usage de l'*apostrophe*?

41. 42. 43. Quand élide-t-on *a* final ? — Quels sont les monosyllabes à la fin desquels on élide *e* muet ? — Quand élide-t-on *e* muet à la fin de certains polysyllabes ? — Quand élide-t-on *i* final ?

44. A quoi sert la *cédille*?

45. Où se place le *tréma*?

46. 47. Quel est l'usage du *trait d'union*? — Quels sont les divers cas où on l'emploie ?

48. Quand la première lettre d'un mot doit-elle être une majuscule ?

49. 50. Quels sont les signes qui font partie de l'orthographe des phrases ? — Quel est en général l'usage de ces signes ?

51. Quels sont les *dix signes de ponctuation*, et, en général, comment chacun d'eux se place-t-il dans une phrase ?

52. Comment, d'après la manière dont les mots doivent être considérés, peut-on diviser l'étude de la grammaire ?

§ I. DU SUBSTANTIF.

53. Comment définit-on le *substantif*?

54. 55. 56. Quels sont les *deux sortes* principales de substantifs ? — Qu'est-ce que le substantif *commun*? — Qu'est-ce que le substantif *propre*?

57. Que sont les noms de famille et de peuple ?

58. 59. 60. 61. Qu'appelle-t-on substantif *collectif*? — Quand un

collectif est-il *général?* — Quand est-il *partitif?* — A quel signe reconnaît-on l'un et l'autre?

62. Qu'est-ce qu'un substantif *composé?*

63. 64. Quelles sont les *deux propriétés* particulières des substantifs? — Qu'est-ce que le *genre?*

65. Qu'est-ce que le *masculin?* — Qu'est-ce que le *féminin?* — A quoi reconnaît-on qu'un substantif commun est du masculin ou du féminin?

66. 67. Qu'est-ce que le *nombre?* — Qu'est-ce que le *singulier?* — Qu'est-ce que le *pluriel?*

68. 69. A quoi reconnaît-on habituellement qu'un substantif est du singulier ou du pluriel? — Comment distingue-t-on par l'orthographe du substantif le pluriel du singulier?

70. Quels sont les substantifs qui s'écrivent de même aux deux nombres?

71. Quelles sont les trois manières de former le pluriel?

72. Quels sont les substantifs qui forment leur pluriel en prenant une *s* finale?

73. 74. Quels sont ceux qui prennent un *x* au pluriel?

75. Y a-t-il des noms en *au* et *eu* qui prennent une *s?*

76. 77. Quels sont les substantifs qui remplacent leur terminaison du singulier par *aux?*

78. Y a-t-il des noms en *al* qui prennent *s* au pluriel?

79. Quelles sont les deux formes plurielles des noms *travail, ciel, œil, aïeul?*

80. 81. Qu'y a-t-il à remarquer sur le nom pluriel *aïeux?* — Et sur les noms terminés par *ant* ou *ent?*

81 *bis.* Comment forme-t-on le pluriel dans les substantifs *composés* de deux noms ou d'un nom et d'un adjectif;—*composés* de deux noms joints par une préposition; — *composés* d'un mot variable et d'un mot invariable; — *composés* de deux mots invariables?

82. 83. Quelle est l'*étendue* où peut être pris un substantif commun? — Quand désigne-t-il une espèce, ou seulement des individus?

84. Quand un substantif commun est-il pris dans *toute son acception,* et pourquoi a-t-il alors un sens déterminé?

85. Quand est-il pris dans une *acception restreinte?*

86. 87. Quand, étant pris dans une acception restreinte, a-t-il un *sens déterminé?* et quand a-t-il un *sens indéterminé?*

88. Pourquoi un substantif propre a-t-il toujours un sens déterminé?

89. Quelles sont les *trois fonctions* du substantif ou les trois manières de l'employer dans une phrase?

90. Quand est-il employé comme *sujet?*

91. Quand est-il employé comme *complément?*

92. 93. Quels sont les mots dont un substantif peut être complément? — Que nomme-t-on complément *direct* et complément *indirect?*

94. 95. Quand un substantif fait-il fonction de *modificatif?* — Qu'est-ce qu'un substantif *employé en apostrophe,* et à quoi se rapporte-t-il alors comme modificatif?

§ II. DE L'ARTICLE.

96. Définissez l'*article*, et montrez que ce n'est pas l'article qui détermine le sens du substantif.

97. Les substantifs propres prennent-ils l'article?

98. Quels noms particuliers donne-t-on à l'article?

99. Quel est l'article *simple*?

100. Qu'est-ce que l'article *contracte*?

101. Que nomme-t-on article *élidé*?

§ III. DE L'ADJECTIF.

102. Définissez l'*adjectif*.

103. Quelles sont les *deux sortes* principales d'adjectifs?

104. 105. Qu'est-ce que les adjectifs *qualificatifs*? — Quand sont-ils employés comme substantifs? — Quand un substantif est-il employé adjectivement?

106. Qu'est-ce que les adjectifs *déterminatifs*?

107. Que sont le genre et le nombre dans les adjectifs?

108. Quelles sont les *quatre sortes* d'adjectifs déterminatifs?

109. 110. Qu'est-ce que les adjectifs *possessifs*? — Quel est leur double rapport?

111. 112. Quels sont les adjectifs possessifs? — Quand emploie-t-on *mon, ton, son*, au féminin?

113. 114. Qu'est-ce que l'adjectif *indicatif*? — Quels sont les mots appelés ainsi? — Montrer qu'il n'y a qu'un seul adjectif indicatif.

115. 116. Quand remplace-t-on *ce* par *cet*? — Quand met-on *ce* devant une voyelle?

117. 118. Qu'est-ce que les adjectifs *numéraux*? — A quoi servent les adjectifs numéraux *cardinaux* et les *ordinaux*?

119. Qu'est-ce que les adjectifs *indéfinis*?

120. 121. Quels sont ceux qui font prendre le substantif dans une acception restreinte, et ceux qui le font prendre dans toute son acception?

122. Quels sont les adjectifs qui conservent la même terminaison aux deux genres?

123. En est-il de même pour les noms qualificatifs terminés par *e* muet?

124. Quelles sont les quatre manières de former le féminin dans les adjectifs?

125. Quels sont ceux qui prennent seulement un *e* muet final?

126. Qu'y a-t-il à remarquer pour ceux qui sont terminés en *er*?

127. Quels sont les adjectifs qui forment leur féminin exceptionnellement, comme *long, malin*, etc.?

128. Quels sont ceux qui prennent un *e* muet final, en doublant la consonne qui termine le masculin?

129. N'y a-t-il pas d'autres adjectifs qui suivent la même règle?

130. D'après quelle règle forme-t-on le féminin des adjectifs *beau, nouveau, fou, mou, vieux, ce*?

131. Quels sont les adjectifs en *et* qui forment leur féminin exceptionnellement?

132. Comment les adjectifs terminés par *c*, *f*, *x*, forment-ils leur féminin?

133. Quels sont les adjectifs terminés par *c* et par *x* qui forment leur féminin exceptionnellement?

134. 135. Comment les adjectifs en *eur* forment-ils leur féminin?

136. 137. 138. Quels sont les noms qualificatifs en *eur* qui forment leur féminin exceptionnellement?

139. 140. 141. Quels sont les qualificatifs en *eur*, ou autres, qui ne changent pas de terminaison au féminin? — Quels sont ceux qui ne se joignent pas à un substantif féminin?

142. Quels sont les adjectifs invariables au pluriel masculin?

143. Quels sont ceux qui forment leur pluriel en prenant une *s* finale?

144. Quels sont ceux qui prennent un *x* final au pluriel?

145. Comment les adjectifs en *al* forment-ils généralement leur pluriel?

146. 147. Quels sont ceux des adjectifs en *al* qui prennent une *s* au pluriel, et ceux qui ne s'emploient pas au pluriel masculin?

148. Qu'y a-t-il à remarquer sur le pluriel des adjectifs terminés par *ant* ou *ent*, et de l'adjectif *tout*?

149. 150, 151. Comment fait-on *accorder* l'adjectif ayant rapport à un seul substantif, — ayant rapport à deux substantifs du singulier, — ayant rapport à deux substantifs d'un genre différent?

152. Qu'est l'adjectif employé pour modifier un autre adjectif, un verbe ou un adverbe?

153. Quand *tout*, quoique adverbe, doit-il être variable? — Quelle est la signification des mots *tout, quelque, même*, employés comme adverbes?

§ IV. DU PRONOM.

154. Définissez le *pronom*.

155. Quelles sont les *deux sortes* principales de pronoms?

156. 157. 158. Qu'est-ce que les pronoms *absolus* et les pronoms *relatifs*? — Y a-t-il des pronoms tantôt absolus, tantôt relatifs?

159. Comment s'emploient, quant au genre et au nombre, les pronoms absolus et les pronoms relatifs?

160. Quelles sont les *cinq sortes* particulières de pronoms?

161, 162. Qu'est-ce que les pronoms *personnels?* — Quelles sont les *trois personnes* grammaticales?

163. 164. Quels sont les pronoms de la *première* personne? — Quels sont ceux de la *seconde?*

165. Le pronom *vous* ne s'emploie-t-il qu'au pluriel?

166. Quels sont les pronoms de la *troisième* personne?

167. Quels sont les autres mots qui, étant sujets, sont aussi de la troisième personne?

168. Quand *lui* s'emploie-t-il pour les deux genres, ou seulement pour le masculin? — Quel est son pluriel dans l'un et dans l'autre cas?

169. Que sont les pronoms *en, y*?

170. Qu'est le pronom *se, soi*?

171. Comment le pronom *le, la, les,* se distingue-t-il de l'article ?

172. Quand *me, te, se, nous, vous,* sont-ils compléments directs, ou compléments indirects?

173. 174. Qu'est-ce que les pronoms *possessifs?* — Quelle est leur double signification?

175. 176. Quels sont ces pronoms ? — Comment *leur,* pronom ou adjectif possessif, diffère-t-il de *leur* pronom personnel ? — Pourquoi ce dernier ne prend-il pas une *s* finale?

177. 178. Qu'est-ce que les pronoms *indicatifs?* — Quels sont ces pronoms ?

179. Quand *ce* est-il adjectif, quand est-il pronom ?

180. A quoi servent les terminaisons *ci, là,* dans les pronoms indicatifs ?

181. 182. Qu'est-ce que les pronoms *conjonctifs?* — Quels sont ces pronoms ?

183. Qu'appelle-t-on *antécédent* du pronom conjonctif?

184. 185. Quel est l'accord du pronom conjonctif avec son antécédent? — S'il a deux antécédents d'un genre différent ou d'une personne différente, comment le fait-on accorder ?

186. 187. Qu'est-ce que les pronoms *indéfinis?* — Quels sont ces pronoms ?

188. Quels sont les adjectifs indéfinis qui peuvent devenir pronoms?

189. Que sont les mots *qui, que, quoi,* signifiant, quelle personne, quelle chose?

190. Quelle est la *fonction* des pronoms ou leur emploi dans une phrase?

191. Quels sont ceux qui s'emploient toujours comme sujets, — comme compléments directs, — comme compléments indirects, — soit comme compléments directs, soit comme compléments indirects?

§ V. DU VERBE.

192. Définissez le *verbe.* — Que signifie le mot *verbe?*

193. 194. Qu'est-ce que le *sujet* d'un verbe, et comment le reconnaît-on?

195. Quel est le *complément* du verbe?

196. 197. Qu'est le complément direct par rapport à l'action qu'exprime le verbe ? — Comment le reconnaît-on? — Comment reconnaît-on le complément indirect ? — Qu'est-ce que le complément circonstanciel?

198. Quelles sont les *deux sortes* principales de verbes?

199. 200. Qu'est-ce que le verbe *substantif?* — De quel mot est-il nécessairement suivi?

201. Pourquoi le verbe *être* ne peut-il avoir de complément ?

202. Qu'est-ce que les verbes *attributifs?*

203. Pourquoi peuvent-ils avoir un complément, et comment les divise-t-on d'après la nature de leur complément?

204. 205. Qu'est-ce que les verbes *transitifs?* — Quels compléments peuvent-ils avoir?

206. Qu'est-ce que les verbes *intransitifs?*

207. 208. 209. Qu'appelle-t-on verbes *pronominaux_?* —Et verbes *unipersonnels?*

210. Quels sont ceux qui sont *essentiellement* pronominaux ou unipersonnels, et ceux qui ne le sont qu'*accidentellement?*

211. Quel est, pour les verbes unipersonnels, le sujet *apparent* et quel est le sujet *réel?*

212. Pourquoi avait-on admis abusivement en français des verbes *passifs?* — Qu'est-ce qui tient lieu du verbe passif en français? — Comment doit-on considérer les deux mots dont on formait ces verbes? — Quelle conséquence doit-on tirer de là?

213. Qu'appelle-t-on *modifications* du verbe?

214. Que sont les propriétés de *nombres* et de *personnes* dans le verbe?

215. Comment le verbe s'accorde-t-il avec son sujet?

216. Après le pronom *qui* pour sujet, de quel mot le verbe prend-il le nombre et la personne?

217. 218. Ayant deux sujets du singulier, quand le verbe se met-il au pluriel? — quand reste-t-il au singulier?

219. A quelle personne se met le verbe lorsqu'il a deux sujets d'une personne différente?

219 *bis.* Quel est ordinairement l'accord du verbe après un collectif général et après un collectif partitif?

220. 221. Qu'est-ce que l'on appelle *temps* dans les verbes? — Quels sont les *trois* divisions de la durée auxquelles correspondent les temps ou divisions du verbe?

222. 223. 224. Qu'est-ce que le *présent?* — le *passé?* — et le *futur?*

225. 226. Qu'appelle-t-on temps *simples*, et temps *composés?* — temps *primitifs*, et temps *dérivés?*

227. Quels sont les deux mots dont sont formés les temps composés?

228. Quand *avoir* et *être* sont-ils *verbes auxiliaires?*

229. 230. Quand *avoir* est-il verbe transitif, — et *être*, verbe substantif?

231. 232. Qu'est-ce que les *modes* dans le verbe, et quels sont les *cinq* divisions appelées modes?

233. 234. Quels sont les modes *personnels*, et quel est le mode *impersonnel?*

235. Qu'est le mode *indicatif?*

236. Combien renferme-t-il de temps – simples, — composés?

237. 238. Qu'est le mode *conditionnel*, et quels sont les temps qu'il renferme?

239. 240. Qu'est le mode *impératif?* — Quels sont les deux temps de ce mode?

241. 242. Qu'est le mode *subjonctif?* — Pourquoi est-il ainsi nommé? — Combien renferme-t-il de temps?

243. Qu'est-ce que l'*infinitif?* — Comment ce mode tient-il du verbe? — Quel est son emploi ou sa fonction dans une phrase?

244. Quelles sont les deux divisions principales de l'infinitif?

245. Combien de formes dans l'*infinitif-substantif?* — Combien dans l'*infinitif-adjectif* ou *participe?*

246. Combien y a-t-il dans le verbe de divisions appelées *temps?* — Combien de temps simples, combien de temps composés?

247. 248. Qu'entend-on par *conjugaison?* — Que veut dire *conjuguer* un verbe?

249. Quel est le *radical* d'un verbe? (Les terminaisons servent à en marquer les diverses modifications).

250. Combien de conjugaisons admet-on communément en français, et par quoi les distingue-t-on?

251. 252. Quelle est l'utilité de savoir conjuguer *avoir* et *être* avant d'apprendre la conjugaison des autres verbes? — Reconnaître les temps de l'auxiliaire *avoir*.

253. Quels sont les temps qui dans les verbes prennent à leur terminaison l'accent circonflexe?

254. Quelles sont les personnes qui manquent dans le mode impératif?

255. Reconnaître les temps de l'auxiliaire *être*.

256. Montrer que la conjugaison du verbe *être* suivi d'un participe passé de verbe transitif forme ce que l'on appelait la conjugaison *passive*.

257. 258. Quels sont les verbes qui prennent dans leurs temps composés l'auxiliaire *avoir?* — Quels sont ceux qui prennent l'auxiliaire *être?*

259. 260. Comment reconnaît-on qu'un verbe intransitif prend l'auxiliaire *avoir*, ou qu'il prend l'auxiliaire *être?*

261. Quelle est la différence du sens quand on emploie l'auxiliaire *avoir*, ou quand on emploie l'auxiliaire *être?*

262. Reconnaître les temps simples et les temps composés de la première conjugaison en *er*, en remarquant les terminaisons de chaque temps simple, et le temps de l'auxiliaire qui entre dans chaque temps composé.

263. Dans les huit temps de l'indicatif, combien marquent le présent, — le passé, — le futur?

264. Montrez que le présent de l'indicatif peut servir à exprimer une chose comme ayant lieu au moment de la parole ou habituellement, — comme devant avoir lieu prochainement, — comme ayant eu lieu dans une circonstance passée.

265. Montrez comment l'imparfait de l'indicatif sert à exprimer une chose passée en même temps qu'une autre, — ou une chose présente, — ou une chose future.

266. 267. De quelle manière différente s'emploient le passé défini et le passé indéfini?

268. 269. Qu'est-ce que le plus-que-parfait et le passé antérieur ont de commun, et en quoi diffèrent-ils?

270. 271. Que marquent le futur absolu et le futur antérieur?

272. Quels sont les temps moins usités que l'on nomme *surcomposés*, et qui équivalent au passé antérieur, au plus-que-parfait et au futur antérieur, et comment s'emploient-ils?

273. 274. Les temps du subjonctif dépendant d'un verbe précédent, après quels temps emploie-t-on ordinairement : le présent et le passé du subjonctif? — l'imparfait et le plus-que-parfait de ce même mode?

275. Reconnaître par leurs terminaisons les temps simples des modes personnels de la deuxième conjugaison en *ir*, de la troisième en *oir*, de la quatrième en *re*. (Les temps composés sont formés comme ceux de la première conjugaison.) — Comparer les terminaisons des temps simples dans la deuxième, la troisième et la quatrième conjugaison; — remarquer qu'elles sont semblables; — tirer de cette comparaison la conséquence.

276. Quelles sont les terminaisons auxquelles on reconnaît qu'un temps est à la première personne du singulier, — à la deuxième, — à la troisième? — de même à la première, — à la deuxième — ou à la troisième du pluriel?

277. Où trouve-t-on, au singulier, 1° les terminaisons *e, es, e ;* ou *e, es, t*, et à la seconde personne, *e?* — 2° les terminaisons *ai, as, a?* — 3° la terminaison *s, s, t?*

278. Où trouve-t-on, aux deux premières personnes du pluriel, 1° les terminaisons *ons, ez?* — 2° les terminaisons *mes, tes?* — et à la troisième personne, 1° *ent*, 2° *ont?*

279. 280. Quelles sont les terminaisons *régulières :*
— du présent de l'indicatif, 1° à la première conjugaison; 2° aux autres conjugaisons?
— de l'imparfait de l'indicatif, dans tous les verbes?
— du passé défini, 1° à la première conjugaison; 2° aux autres conjugaisons?
— du futur absolu, dans tous les verbes?
— du présent du conditionnel, dans tous les verbes?
— du futur absolu de l'impératif, 1° à la première conjugaison; 2° aux autres conjugaisons?
— du présent du subjonctif, dans tous les verbes?
— de l'imparfait du subjonctif, 1° à la première conjugaison; 2° aux autres conjugaisons?
— des temps impersonnels : présent de l'infinitif, participe présent, participe passé?

281. Combien compte-t-on de temps primitifs et quels sont-ils?

282. 283. Comment le présent de l'infinitif forme-t-il ses dérivés?

284. Quels sont les dérivés du participe présent? — Comment sont-ils formés?

285. 286. Quelle irrégularité remarque-t-on dans la formation des dérivés du participe présent, aux verbes en *evoir?* — Quels sont les autres verbes qui offrent la même irrégularité, et pourquoi?

287. Pourquoi le participe passé est-il improprement nommé temps primitif, et comment concourt-il à la formation des temps composés?

288. Par quoi les temps composés se distinguent-ils entre eux? Avec quel temps de l'auxiliaire est formé :
— le passé indéfini?
— le plus-que-parfait de l'indicatif?
— le passé antérieur?
— le futur antérieur?
— le passé du conditionnel?
— le plus-que-parfait du conditionnel?

— le futur antérieur de l'impératif ?
— le passé du subjonctif ?
— le plus-que-parfait du subjonctif ?
— le passé de l'infinitif ?
— le participe passé composé ?

289. Quel dérivé est formé du présent de l'indicatif ?

290. Comment le passé défini forme-t-il son dérivé ?

291. Qu'appelle-t-on verbes *irréguliers* ?

292. En quoi consistent les règles de la conjugaison ?

293. 294. Comment un temps peut-il être irrégulier ? — Quels sont ceux qui ne peuvent être irréguliers dans leur radical ?

295. Que nomme-t-on verbes *défectifs* ?

296. Que doit-on connaître et comment doit-on procéder pour conjuguer un verbe régulier ?

297. Qu'est-il nécessaire de connaître pour conjuguer un verbe irrégulier ?

298. Quels sont les trois verbes irréguliers de la première conjugaison ? — Dans la première conjugaison, les temps primitifs ont-ils des radicaux différents ?

299. En est-il de même dans les autres verbes ? — Pourquoi un verbe n'ayant pas le radical semblable dans tous ses temps primitifs n'en est-il pas moins verbe régulier ?

300. 301. 302. Indiquer, dans la deuxième, dans la troisième et dans la quatrième conjugaison, des verbes réguliers dont les temps primitifs ont un radical différent, tels que *dormir, pourvoir, craindre*, etc.

303. Quelle voyelle doit précéder les terminaisons *rai, rais*, au futur et au conditionnel de la première conjugaison ?

304. 305. Quels sont les verbes dont les terminaisons *ions, iez*, à l'imparfait de l'indicatif et au présent du subjonctif, se prononcent comme les terminaisons *ons, ez*, du présent de l'indicatif ? — Comment reconnaître alors à quel temps est le verbe, pour lui donner la terminaison qu'il doit avoir ?

306. 307. Quand les verbes qui ont le participe présent en *yant* changent-ils *y* en *i* ? — En est-il nécessairement de même pour les verbes en *ayer* ?

308. Quand les verbes en *ger* prennent-ils un *e* muet entre le *g* et la terminaison ? — Quand écrit-on les verbes en *cer* avec *ç* ?

309. 310. Quand double-t-on la lettre *l* ou *t* dans les verbes en *eler* ou en *eter* ? — Quels sont ceux de ces verbes qui ne doublent pas la consonne et qui changent l'*e* muet en *è* ouvert avec accent grave ?

311. Quand, dans les autres verbes en *er* qui ont un *e* muet avant la dernière syllabe de l'infinitif, comme *semer*, change-t-on cet *e* muet en *è* ouvert ?

302. Quand les verbes en *éler*, en *éter*, ou ayant un *é* fermé à l'avant-dernière syllabe, comme *espérer*, changent-ils cet *é* fermé en *è* ouvert ? — A quels temps peut-on conserver l'*é* fermé devant une syllabe muette ?

313. Les verbes en *éger* changent-ils l'*é* fermé en *è* ouvert devant une syllabe muette ? — Qu'y a-t-il à remarquer sur tous les mots en *ége*, comme *collége*, etc. ?

314. 315. De quelle voyelle fait-on précéder les terminaisons *rai*, *rais*, au futur et au conditionnel, dans les verbes en *ir?* — Quels sont ceux qui font exception? — Quels sont les verbes en *ir* qui prennent un *e* muet devant *rai*, *rais*, comme les verbes de la première conjugaison?

316. Quels sont les verbes en *ir* qui se terminent au présent de l'indicatif et à l'impératif comme ceux de la première conjugaison?

317. Quand ces verbes et ceux de la première conjugaison prennent-ils au singulier de l'impératif la terminaison *es* au lieu de la terminaison *e?* — Quand *va*, impératif du verbe *aller*, s'écrit-il *vas?*

318. 319. Quand écrit-on *béni*, *bénie*, et *bénit*, *bénite?*

320. 321. Quand *fleurir* fait-il *fleurissant*, *fleurissait*, et quand fait-il *florissant*, *florissait?*

322. Quand le verbe *haïr* ne prend-il pas de tréma, et pourquoi ne prend-il pas l'accent circonflexe au passé défini?

323. Comment les verbes en *ire* de la quatrième conjugaison, se distinguent-ils en général de ceux de la seconde?

324. Quels verbes s'écrivent par *endre* avec *e*, et quels sont ceux qui s'écrivent par *andre* avec *a?*

325. 326. Comment se conjuguent les verbes intransitifs? — Reconnaître dans un verbe conjugué avec *être* quel temps de cet auxiliaire entre dans chaque temps composé.

327. Expliquez ce qu'offre de particulier la conjugaison des verbes pronominaux quant aux deux pronoms qui accompagnent ces verbes, quant à la place du pronom complément à l'impératif, et quant à l'auxiliaire qui entre dans les temps composés.

328. Pourquoi, dans les temps composés des verbes pronominaux, le verbe *être* est-il mis pour *avoir?*

329. Qu'appelle-t-on verbes pronominaux *réfléchis*, — pronominaux *passifs*, — et pronominaux *réciproques?*

330. Reconnaître les temps simples et les temps composés d'un verbe pronominal, par exemple, de *se repentir*.

331. 332. 333. Comment se conjuguent les verbes unipersonnels? — Un verbe peut-il être en même temps pronominal et unipersonnel? — Reconnaître les temps du verbe *pleuvoir*.

334. Qu'est-ce qu'un verbe conjugué *interrogativement?*

335. Quels sont les temps qui peuvent prendre la forme interrogative?

336. 337. Quand la première personne du singulier du présent de l'indicatif ne prend-elle pas la forme interrogative? — Quels verbes font exception?

338. 339. Dans les verbes de forme interrogative, comment se change *e* muet devant *je?* — Que met-on entre le verbe et les pronoms *il*, *elle*, *on*, lorsque le verbe se termine par *e* ou par *a?*

340. 341. Où se place le pronom sujet dans les temps composés de ces verbes? — Reconnaître les temps du verbe *parlé-je*.

342. 343. 344. 345. Dites les temps primitifs et expliquez les irrégularités des verbes *aller* et *envoyer*; — des verbes *acquérir*, *assaillir*, *courir*, *cueillir*, *faillir*, *mourir*, *offrir*, *tenir*, *venir*; — des verbes *asseoir*, *déchoir*, *échoir*, *falloir*, *mouvoir*, *pou-*

voir, recevoir, savoir, valoir, voir, vouloir; — des verbes *absoudre, boire, dire, faire, prendre.*

§ VI. DU PARTICIPE.

346. Définissez le *participe.* — Quels sont les deux participes simples ?

347. Quel est le plus ordinairement l'emploi et le sens du participe présent ?

348. Quand le participe présent est-il invariable ?

349. A quoi reconnaît-on qu'il exprime l'action ?

350. Quand le participe présent a-t-il la signification d'un adjectif ?

351. Quand le participe présent est-il adjectif verbal et variable ?

352. Comment voit-on que le participe présent marque une qualité ou un état habituel ?

353. Montrez que le participe passé peut exprimer : — 1° seulement un état ou une qualité, — 2° en même temps l'action et l'état du sujet, — 3° en même temps l'action du sujet et l'état du complément direct, — 4° seulement l'action du sujet.

354. Avec quel mot fait-on accorder le participe lorsqu'il exprime ou seulement l'état, ou en même temps l'action et l'état ?

355. Comment fait-on pour voir que le participe passé est à l'égard d'un substantif comme un adjectif, et qu'il doit conséquemment s'accorder ?

356. Pourquoi le participe, exprimant seulement une action conjointement avec l'auxiliaire, reste-t-il invariable ?

357. Quand un temps composé exprime seulement l'action du sujet, comment le participe doit-il être considéré ?

358. Quelles sont les cinq manières dont le participe peut être employé dans une phrase ?

359. Étant employé seul, sans les verbes *être* et *avoir,* de quoi le participe fait-il l'office ?

360. Étant joint au sujet par le verbe substantif *être* , quelle fonction fait le participe d'un verbe transitif ?

361. Formant avec l'auxiliaire *être* un temps composé de verbe intransitif, qu'est-ce que le participe exprime et avec quoi s'accorde-t-il ?

362. 363. Formant un temps composé avec l'auxiliaire *avoir,* pourquoi le participe ne s'accorde-t-il pas avec le sujet, et pourquoi s'accorde-t-il avec le complément direct du temps composé lorsqu'il en est précédé ?

364. Formant un temps composé de verbe pronominal, avec *être* mis pour *avoir,* quand le participe est-il invariable ? — quand s'accorde-t-il, et avec quoi ?

365. Quels sont les verbes intransitifs dont le participe passé est toujours invariable ?

366. Quels sont les verbes pronominaux dont le participe passé est toujours variable, s'accordant avec le second pronom ?

367. Pourquoi, dans les temps composés des verbes unipersonnels, le participe passé est-il toujours invariable ?

§ VII. DE L'ADVERBE.

368. 369. Définissez *l'adverbe.* — Pourquoi ce mot est-il ainsi nommé?

370. Qu'est-ce que les adverbes *simples* et les adverbes *compo- sés?*

371. Quelles sont les différentes sortes d'adverbes, classés d'après les idées qu'ils expriment?

372. Montrer que certains adverbes peuvent appartenir tantôt à une sorte, tantôt à une autre, ou à deux sortes en même temps.

373. 374. Qu'appelle-t-on adverbes *relatifs* et adverbes *conjonctifs?*

375. A quoi sont équivalents les adverbes de quantité?

376. Pourquoi, à l'exception de ces derniers, les adverbes ne peuvent-ils pas avoir de compléments?

377. Que sont les locutions composées d'un adverbe et d'une préposition et ayant un complément, comme *conformément à?*

378. N'y a-t-il pas des adverbes qui s'emploient aussi comme prépositions ou comme conjonctions ?— quand sont-ils ainsi employés?

379. 380. Qu'est-ce que marquent la plupart des adverbes en *ment,* et comment sont-ils formés?

381. 882. Citez des adverbes en *ment* qui sont formés d'adjectifs en changeant la terminaison de l'adjectif, tels que les adverbes formés de : *impuni, aveugle, beau, traître,* etc. ? — Comment se forment les adverbes dérivés d'adjectifs en *ant* ou *ent?*

383. 384. 385. Quand les mots *là, où, y, en,* sont-ils adverbes, et quels sont leurs homonymes ?

386. Quand le mot *que* est-il adverbe, pronom conjonctif, pronom interrogatif, ou conjonction?

387. Quand le mot *si* est-il adverbe, quand est-il conjonction ?

388. Quand écrit-on *plutôt* en un seul mot, quand l'écrit-on en deux mots?

§ VIII. DE LA PRÉPOSITION.

389. 390. Définissez la *préposition,* et dites comment on la distingue des autres mots invariables.

391. Pourquoi la préposition est-elle ainsi nommée?

392. Qu'est le complément de la préposition ?

393. Montrez que la préposition est quelquefois sous-entendue devant son complément.

394. Qu'est-ce que les prépositions *simples* et les prépositions *composées?*

395. Quelles sont les différentes sortes de prépositions classées d'après les idées qu'elles expriment?

396. Citez des cas où la même préposition peut servir à marquer des rapports différents.

397. 398. Distinguez les prépositions *à, dès,* de leurs homonymes.

399. Citez des mots qui sont prépositions ou adjectifs, suivant qu'ils sont placés devant ou après un substantif.

400. Quand trouve-t-on la préposition *de* devant un substantif sujet ou complément direct, ou complément d'une autre préposition ?

401. Les prépositions *de* et *à*, devant un infinitif, annoncent-elles toujours un complément indirect ?

402. 403. 404. Quelle différence y a-t-il entre *près de* et *prêt à* ? — Entre *quant à* et *quand* ? — Entre *au travers* et *à travers* ?

405, 406. Comment s'emploient les prépositions *durant* et *pendant* ? — les prépositions *voici* et *voilà* ?

§ IX. DE LA CONJONCTION.

407. Définissez la *conjonction*.

408. Quand la conjonction se trouve-t-elle au commencement d'une phrase ?

409. Quelles sont les conjonctions qui servent le plus souvent à unir deux termes semblables ?

410. Peut-on joindre par *et, ou, ni, mais*, deux compléments indirects qui sont précédés d'une préposition différente ?

411. Qu'est-ce que les conjonctions *simples* et les conjonctions *composées* ?

412. Qu'appelle-t-on conjonctions — *additionnelles*, — *disjonctives* ou *alternatives*, — *adversatives*, — *dubitatives* ou *conditionnelles*, — *circonstancielles*, — *conclusives* ou *transitives*, — *causales*, — *comparatives*, — *explicatives*, — et quelle est la conjonction nommée *complétive* ?

413. Quel usage fait-on souvent de la conjonction *que* ?

414. 415. Que devient un adverbe ou une préposition formant avec *que* une seule expression ?

416. Montrez comment la plupart des conjonctions expriment une idée analogue à celle d'un complément circonstanciel.

417. Que deviennent les locutions conjonctives où l'on remplace *que* par *de*, comme *avant de*, mis pour *avant que* ?

418. Quand le mot *comme* est-il conjonction, quand est-il adverbe ?

419. Quand écrit-on *pourquoi* en un seul mot ; ou *pour quoi* en deux mots ?

420. Quand écrit-on *parce que* en deux mots ; ou *par ce que* en trois mots ?

421. Quand écrit-on en un seul mot *quoique* ; ou en deux mots, *quoi que* ?

§ X. DE L'INTERJECTION.

422. Définissez l'*interjection*. Montrez que l'interjection tient lieu quelquefois d'une proposition.

423. Pourquoi l'interjection est-elle ainsi nommée ?

424. De quoi fait-on suivre l'interjection ?

425. Quels sont les sentiments, les sensations ou les idées que les interjections représentent le plus ordinairement ?

426. 427. Citez des interjections, et montrez que certains mots s'emploient accidentellement comme interjections.

428. 429. Quelle est la différence entre les interjections *ó, oh, ho* ?
430. 431. Quand écrit-on *ah* ou *ha* ; — *eh* ou *hé* ?

§ XI. DE L'ANALYSE GRAMMATICALE.

432. 433. Qu'entend-on, en grammaire, par *analyse* ? — Combien en distingue-t-on de sortes ?

434. En quoi consiste l'analyse *grammaticale* ?

435. 436. Comment rend-on compte 1° de la *nature* d'un mot, 2° de ses *propriétés* accidentelles ?

437. Que dit-on de la *fonction* ou du *rapport* d'un mot, en analysant : 1° un dénominatif (substantif, pronom, infinitif) ; 2° un modificatif (article, adjectif, verbe, participe, adverbe) ; — 3° un conjonctif (préposition, conjonction, pronom conjonctif, adverbe conjonctif) ?

438. Comment rend-on compte de l'interjection ?

439. Qu'appelle-t-on *gallicisme* ?

440. Que fait-on pour analyser une phrase où se trouve un gallicisme ?

441. Que nomme-t-on *mots explétifs*, et quel compte en tient-on dans l'analyse ? — (Voir les modèles d'analyse grammaticale dans notre *Grammaire élémentaire,* p. 119 et suivantes.)

NOTA. A ces questions, comprenant tout l'enseignement grammatical élémentaire, tout ce qui est enseigné dans la plupart des écoles primaires, tout ce qui peut être demandé dans un examen pour le brevet élémentaire, nous joindrons seulement, en les empruntant à la syntaxe, les questions relatives à l'*analyse logique*. On trouvera dans notre *Grammaire syntaxique* un questionnaire très-développé relatif à toutes les notions et à toutes les règles de la syntaxe.

§ XII. DE L'ANALYSE LOGIQUE.

(Les numéros des questions correspondent à ceux des réponses dans la *grammaire syntaxique*).

1. 2. Qu'est-ce que la *syntaxe*, et à quel point de vue considère-t-elle les mots ?

3. Qu'est-ce qu'une *proposition*, et en quoi consiste un *jugement* ?

4. 5. Qu'est-ce qu'une *phrase* ? — A quoi reconnaît-on les propositions qu'elle renferme ?

6. Dans quel cas la phrase a-t-elle moins de propositions qu'elle ne contient de verbes à un mode personnel ?

7. Quelles sont les conjonctions qui sont nécessairement suivies d'une proposition, et quelles sont celles qui quelquefois servent seulement à unir deux termes semblables ?

8. Quels sont les *termes essentiels* de la proposition ?

9. 10. Qu'est-ce que le *sujet* ? — Qu'est-ce que l'*attribut* ?

11. Quand une proposition est-elle dite *affirmative, négative, dubitative ?*

12. Quel est le *verbe* de la proposition considérée logiquement et à quoi sert-il ?

13. Quand dans une proposition il y a un verbe attributif, comment fait-on pour avoir distinctement le verbe *être* et l'attribut ?

14. Qu'appelle-t-on *termes secondaires* de la proposition ?

15. Quand le sujet et l'attribut sont-ils *complexes* ou *incomplexes ?*

16. Un modificatif ou un complément peut-il se rapporter au verbe *être ?*

17. Quand le sujet et l'attribut sont-ils *simples* ou *composés ?*

18. Quand ces termes restent-ils simples, quoiqu'il y ait deux sujets ou deux attributs ?

19. Comment, pour distinguer entre elles les propositions d'une phrase, peut-on les considérer ?

20. Que sont les propositions considérées dans leur *nature ?*

21. Qu'est-ce qu'une proposition *principale ?* — 22. Quand une principale est-elle *absolue,* quand est-elle *relative ?* — 23. Quand deux principales, dans la même phrase, sont-elles également absolues ?

24. Qu'est-ce qu'une proposition *subordonnée ?*

25. 26. Quand une subordonnée est-elle *déterminative,* — quand est-elle *explicative ?*

27. Qu'est une subordonnée se rapportant à un nom propre ou à un nom ayant d'ailleurs un sens déterminé ?

28. Quels mots, commençant une proposition, indiquent nécessairement une subordonnée ?

29. 30. Quelles sont les conjonctions qui servent à unir deux propositions de même nature ?

31. Qu'appelle-t-on proposition *incidente* ou *incise ?*

32. Que sont les propositions considérées dans leur *construction ?* — 33. Qu'est-ce qu'une proposition *pleine* ou *entière ?* — 34. Qu'est-ce qu'une proposition *elliptique ?* — 35. Quand une proposition est-elle *directe ?* — 36. Quand est-elle *inverse ?*

37. Quand la place d'un modificatif (adjectif ou adverbe) donne-t-elle lieu à une inversion ?

38. 39. 40. Qu'appelle-t-on proposition *implicite,* — proposition *rédondante ?*

41. Quand y a-t-il inversion dans la construction de la phrase ?

42. 43. 44. Qu'appelle-t-on construction *grammaticale,* — et construction *figurée ?*

45. Quelles sont les principales *figures de grammaire ?*

46. 47. 48. En quoi consiste l'*inversion ?* — Où les inversions sont-elles le plus fréquentes ? — Quand l'inversion est-elle vicieuse ?

49. 50. Qu'est-ce que l'*ellipse ?* — Quand l'ellipse est-elle vicieuse ? — 51. 52. En quoi consiste le *pléonasme ?* — Quand est-il vicieux ? — 53. Qu'est-ce que la *syllepse ?*

54. Qu'est-ce que l'*analyse logique* et en quoi consiste-t-elle ?

55. 56. Comment doit-on procéder pour faire avec ordre et méthode l'analyse logique d'une phrase ? (Voir le modèle d'analyse logique, p. 15 et suivantes, dans notre *Grammaire syntaxique.*)

MANUEL

D'EXAMEN GRAMMATICAL

LECTURES ET DICTÉES LITTÉRAIRES

AVEC

QUESTIONS D'EXAMEN ET RÉPONSES RAISONNÉES

RECUEIL MÉTHODIQUE

DE LEÇONS D'INSTRUCTION MORALE ET RELIGIEUSE

PREMIÈRE PARTIE

PHILOSOPHIE ET RELIGION

1er Exercice.

GRANDEUR DE DIEU. (*Massillon.*)

Qu'est-il besoin [1] de nouvelles recherches et de spéculations pénibles pour connaître ce qu'est Dieu [2] ? Nous n'avons qu'à lever [3] les yeux en haut, nous voyons l'immensité des cieux qui sont l'ouvrage de ses mains, ces grands corps de lumière qui roulent si régulièrement et si majestueusement sur nos têtes et auprès desquels [4] la terre n'est qu'un [5] atome [6] imperceptible. Quelle magnificence [7] ! Qui [8] a dit au soleil : « Sortez du néant et présidez [9] au jour ; » et à la lune : « Paraissez et soyez le flambeau de la nuit ? » Qui a donné l'être et le nom à cette multitude d'étoiles qui décorent [10] avec tant de splendeur le firmament, et qui sont autant de soleils immenses, attachés [11] chacun à une espèce de monde nouveau qu'ils éclairent ? Quel est l'ouvrier dont la toute-puissance a pu opérer ces merveilles ? Ah ! tout l'orgueil de la raison éblouie [11] se perd et se confond !

Quel autre que le Créateur de l'univers pourrait les avoir opérées[11]? Seraient-elles sorties[14] d'elles-mêmes du sein du hasard et du néant? Et l'impie sera-t-il assez désespéré[11] pour attribuer à ce qui n'est pas une toute-puissance qu'il ose refuser à celui qui est essentiellement et par qui tout a été fait?

(La suite à l'exercice suivant.)

QUESTIONS D'EXAMEN.

1° Expliquer le mot *que* dans : *qu'est-il besoin* et donner à cette première proposition une construction grammaticale. — 2° Faire de même pour le mot *que* dans *qu'est Dieu*, et dire les termes de cette proposition. — 3° Que signifie cette façon de parler : *nous n'avons qu'à lever les yeux?* — 4° Quelle est la différence de sens entre *auprès desquels* et *au prix desquels?* — 5° Qu'est la locution *ne que?* — 6° Qu'est-ce qu'un *atome?* — 7° Comment y a-t-il une proposition dans *Quelle magnificence?* — 8° Qu'est le mot *qui* dans *qui a dit?* — 9° Quand *présider* est-il verbe intransitif, quand est-il verbe transitif? — 10° Expliquer ce qu'est le mot *multitude*, pourquoi l'article est supprimé devant *étoiles* et pourquoi *décorent* est au pluriel. — 11° Expliquer pourquoi l'on fait accorder les participes *attachés, éblouie, opérées, sorties, désespéré.*

RÉPONSES.

1° Dans *qu'est-il besoin*, le mot *que* peut se tourner par le pronom interrogatif *en quoi*, ou mieux par l'adjectif interrogatif *quel* ; la construction grammaticale de cette proposition est : *Le besoin de nouvelles recherches*, etc. *est quel.*

2° Dans *qu'est Dieu*, le pronom conjonctif *que*, dont l'antécédent est *ce*, est employé comme attribut, ayant le sens de *quel* : *Dieu*, sujet ; *est*, verbe ; *quel*, attribut.

3° *Nous n'avons qu'à lever les yeux*, gallicisme, qu'il faut tourner par : *Levons seulement les yeux*, ou *il suffit que nous levions seulement les yeux.*

4° Les locutions prépositives *auprès de* et *au prix de* s'emploient l'une et l'autre pour signifier à côté de, en comparaison de, mais *auprès de* sert seulement à marquer la différence en général, et *au prix de* marque la différence quant au mérite, à la valeur.

5° La locution *ne que* a le sens de seulement ; c'est un adverbe de restriction et non de négation.

6° On appelle *atome* un corpuscule que sa petitesse rend

indivisible : tels sont ceux qui voltigent dans l'air et que certains effets de lumière font apercevoir ; au figuré, ce mot est employé pour désigner des corps en général, considérés comme extrêmement petits relativement à d'autres : *Toute la terre n'est qu'un atome suspendu en l'air* (Bossuet).

7° *Quelle magnificence*, proposition elliptique, signifiant : *Combien est grande cette magnificence*, ou *cette magnificence est quelle* (combien grande).

8° *Qui*, dans *qui a dit*, est pronom interrogatif.

9° *Présider*, verbe intransitif, dans le sens de occuper le premier rang, diriger, patronner ; verbe transitif, dans le sens de exercer les fonctions de président.

10° *Multitude*, collectif ; il serait collectif général, s'il y avait : *la multitude des étoiles*; il est collectif partitif dans, *une multitude d'étoiles*, et dans *cette multitude d'étoiles*, désignant seulement celles que nous apercevons. *Étoiles* rejette l'article, parce qu'il est complément d'un collectif partitif. *Décorent* est au pluriel, parce que, après un collectif partitif, c'est, le plus ordinairement, avec le complément du collectif que le verbe s'accorde.

11° On parle ici de soleils *attachés*, de la raison *éblouie*, de merveilles *opérées*, de merveilles *sorties*, de l'impie *désespéré*. Ces participes pouvant s'ajouter comme des adjectifs à un substantif précédent, marquent des qualités, et, pour cette raison, ils s'accordent.

2° Exercice.

GRANDEUR DE DIEU. (*Suite.*)

Les peuples les plus grossiers et les [1] plus barbares entendent le langage des cieux. Dieu les a établis [2] sur nos têtes comme des hérauts [3] célestes qui ne cessent d'annoncer à tout l'univers sa grandeur : leur silence majestueux parle [4] la langue de tous les hommes et de toutes les nations; c'est une voix entendue partout où [5] la terre nourrit des habitants. Qu'on parcoure [6] jusqu'aux extrémités les plus reculées de la terre et les plus désertes, nul lieu dans l'univers, quelque caché qu'il soit [7] au reste des hommes, ne peut se dérober à l'éclat de cette puissance qui brille au-dessus de nous dans les globes lumineux qui décorent le firmament. Voilà le premier [8] livre que Dieu a montré aux hommes pour leur apprendre ce qu'il était; c'est là qu'ils étudièrent [9] d'abord ce qu'il voulait leur manifester de ses perfections infinies; c'est à la vue de ces grands objets que, frappés d'admiration et d'une crainte respectueuse, ils se prosternaient pour en adorer l'auteur tout-puissant [10]. Il ne leur fallait pas des prophètes pour les instruire de ce qu'ils devaient à la majesté suprême; la structure admirable des cieux et de l'univers le leur apprenait assez. Ils laissaient cette religion simple et pure à leurs enfants. Mais ce précieux dépôt se corrompit entre leurs mains. A force d'admirer la beauté et l'éclat des ouvrages de Dieu, ils les prirent pour Dieu même : les astres, qui ne paraissaient que pour annoncer sa gloire aux hommes, devinrent eux-mêmes leurs divinités. Insensés, ils offrirent des vœux et des hommages au soleil et à la lune, et à toute la milice du ciel, qui ne pouvaient ni les entendre, ni les recevoir! La beauté de ces ouvrages fit oublier aux hommes ce qu'ils devaient à leur auteur.

QUESTIONS D'EXAMEN.

1° Pourquoi l'article est-il répété devant le second adjectif? — 2° Expliquer l'accord du participe *établis*. — 3° Que signifient *héraut* et son homonyme *héros*? — 4° Expliquer cette image, *leur silence parle;* Quand *parle* est-il verbe transitif et quand est-il verbe intransitif? — 5° Que sont les deux mots *partout où*? — 6° A quel temps est le verbe dans *qu'on parcoure* et qu'y a-t-il ici de sous-entendu? — 7° Que sont les mots *quelque... que,* dans *quelque caché qu'il soit;* donner à cette proposition sa construction grammaticale. — 8° Comment y a-t-il une proposition dans *voilà le premier livre?* Expliquer les deux mots *voici, voilà.* — 9° Pourquoi ne doit-on pas dire : *c'est là où ils étudièrent.* — 10° Pourrait-on dire : *pour adorer leur auteur tout-puissant?*

RÉPONSES.

1° L'article *le, la, les*, doit se répéter devant *plus, mieux, moins;* l'article contracte ne se répète pas toujours. (Voir *grammaire syntaxique*, n° 154.)

2° *Établis* joint à *avoir* s'accorde avec le pronom *les*, son complément direct qui précède et qui est mis pour *cieux;* on parle des *cieux établis*; le participe est donc pour son complément direct comme un adjectif.

3° *Héraut*, pris ici au figuré, signifie au propre un officier chargé de faire les proclamations solennelles; *héros* a diverses acceptions; le plus ordinairement il désigne ceux qui se distinguent à la guerre par une très-grande valeur ou par des succès éclatants.

4° Dans *leur silence parle*, le sens est figuré; *parler* se dit ainsi de choses morales ou inanimées. Ce verbe est transitif quand il a pour complément direct les noms *langue, langage, idiome, patois*, ou des noms analogues, et quand il signifie *raisonner, discourir sur*; ainsi : *parler géométrie, peinture, musique*, etc.; il est verbe intransitif, ayant le sens de proférer, articuler des mots, adresser la parole à quelqu'un, s'entretenir d'une personne ou d'une chose, etc.

5° *Partout où* sont deux adverbes de lieu, le premier sert d'antécédent au second, lequel fait ici fonction de conjonctif, joignant deux propositions.

6° *Qu'on parcoure* est au subjonctif, dépendant d'un verbe sous-entendu, tel que *je suppose*.

7° Dans l'expression *quelque... que*, le mot *quelque* est adverbe, signifiant *si, très*, et *que* est conjonction, signifiant *quoique, supposé que*; le sens est : si caché *qu'il soit*, ou avec la construction grammaticale : *supposé même qu'il* soit *très-caché*.

8° Dans *voilà le premier livre*, il y a une proposition, équivalente à *tel est le premier livre*, ou *vous voyez là le premier livre*. Les prépositions *voici, voilà*, formées du verbe *voir*, et des adverbes *ci, là*, ont un complément comme le verbe *voir* et ne servent pas à joindre deux mots; *voici* sert à indiquer l'objet le plus proche ou à annoncer une chose que l'on va expliquer; *voilà* indique un objet plus éloigné, ou bien a rapport à une chose qui vient d'être expliquée.

9° On ne dit pas : c'est *là où* ils étudièrent, parce que *là* se rapporte à *étudièrent* et que *où* employé avec le même rapport et pour exprimer la même idée formerait pléonasme; dans *c'est là qu'ils étudièrent*, les mots *c'est.... que* sont explétifs; le sens reste le même en disant : *ils étudièrent là*.

10° On ne pourrait pas dire *leur auteur*, parce que *leur* donnerait lieu à une équivoque, et de plus, parce que l'adjectif possessif, devant un complément direct, se remplace par *en* quand le possesseur est une chose non exprimée dans la même proposition que l'objet possédé; le possesseur est ici *ces grands objets*, et l'objet possédé est exprimé par le nom *auteur*.

3° Exercice.

PUISSANCE DE DIEU (*Bossuet*).

Dieu dit : « Que la lumière soit [1], » et la lumière fut [2]. Le roi dit : « Qu'on marche, » et l'armée marche ; « Qu'on fasse telle évolution, » et elle se fait [3] ; toute une armée se remue au seul commandement d'un prince, c'est-à-dire à un seul petit mouvement de ses lèvres. C'est, parmi les choses humaines, l'image la plus excellente de la puissance de Dieu ; mais, au fond, que [4] cette image est défectueuse ! Dieu n'a point de lèvres [5] à remuer [6] ; Dieu ne frappe point l'air avec une langue pour en tirer quelque son [7] ; Dieu n'a qu'à vouloir en lui-même, et tout ce qu'il veut s'accomplit comme il l'a voulu [8], et au temps qu'il a marqué.

Il dit [9] donc : Que la lumière soit, et elle fut ; qu'il y ait un firmament, et il y en eut un [10] ; que les eaux s'assemblent, et elles furent assemblées [11] ; qu'il s'allume deux grands luminaires, et ils s'allumèrent ; qu'il sorte des animaux, et il en sortit [12] ; et ainsi du reste [13]. Il a dit, et les choses ont été faites [14] ; il a commandé, et elles ont été créées [14]. Rien ne résiste à sa voix, et l'ombre ne suit pas plus vite le corps, que tout suit [15] un commandement du Tout-Puissant. Mais les corps jettent [16] leur ombre nécessairement ; le soleil envoie de même ses rayons ; les eaux bouillonnent d'une source comme d'elles-mêmes, sans que la source les puisse [17] retenir ; la chaleur, pour ainsi parler, force le feu à la produire ; car tout cela est soumis à une loi, à une cause qui les domine [18].

Mais vous, ô loi suprême ; ô cause des causes ! supérieur à vos ouvrages, maître de votre action, vous n'agissez hors de vous qu'autant qu'il vous plaît. Tout est également rien devant vos yeux : vous ne devez rien à personne, vous n'avez besoin de personne ; vous ne produisez nécessairement que ce qui vous est égal ; vous produisez tout le reste par pure bonté, par un commandement libre ; non de cette liberté changeante et irrésolue qui est le partage de vos créatures, mais par une éternelle supériorité que vous exercez sur vos ouvrages, qui ne vous font ni plus grand ni plus heureux, et dont aucun, ni tous ensemble n'ont droit à l'être que vous leur donnez.

QUESTIONS D'EXAMEN.

1° Pourquoi *soit* au subjonctif? — 2° Quel est l'attribut de cette seconde proposition? — 3° Quel est le sens de *se fait?* qu'est ce verbe? — 4° Qu'est le mot *que* devant cette image? Dire les homonymes de *que*. — 5° Pourquoi *de lèvres* et non *des lèvres?* — 6° Qu'est l'infinitif *à remuer?* est-il complément? — 7° Dire les homonymes de *son.* — 8° De quoi *le* dans *il l'a voulu* tient-il la place? En quoi *vouloir* est-il irrégulier? — 9° Quelles sont les irrégularités du verbe *dire?* — 10° Qu'est le mot *en* dans *il y en eut un?* Quand le mot *en* peut-il être sujet réel d'un verbe unipersonnel? Dire quand ce mot est préposition ou adverbe. — 11° Expliquer l'accord du participe *assemblées.* — 12° Quel est le sujet réel de *sortit?* — 13° Compléter la proposition *ainsi du reste.* — 14° Expliquer l'accord des participes *faites, créées.* — 15° Pourquoi ne dit-on pas *que tout ne suit?* — 16° Pourquoi *jettent* prend-il deux *t*? — 17° Pourquoi *puisse* au subjonctif? ne faudrait-il pas dire : *ne puisse?* — 18° Pourquoi dans *qui les domine*, le verbe est-il au singulier?

RÉPONSES.

1° *Soit* est au subjonctif, parce que devant *que* est sous-entendu *je veux, je commande.*

2° *Fut,* dans cette proposition, signifie : *exista;* l'attribut est donc *existant.*

3° *Elle se fait,* signifie *elle est faite;* c'est là un verbe pronominal passif.

4° *Que* signifie ici *combien,* c'est un adverbe d'extension, modifiant *défectueuse.* Suivi de la préposition *de,* l'adverbe *que* marque l'extension et la quantité. *Que* est pronom conjonctif quand il a un antécédent et qu'il joint deux propositions; il est pronom indéfini interrogatif, quand il signifie *quelle chose;* il est conjonction, quand, n'ayant pas d'antécédent, il joint deux propositions.

5° On supprime l'article à *de lèvres,* parce que c'est un nom pris dans un sens partitif et précédé d'un verbe accompagné d'une négation.

6° *A remuer* se traduirait en latin par un participe futur passif, et signifie *pouvant être remuées;* cet infinitif peut donc être considéré comme se rapportant à *lèvres* en qualité de modificatif.

7° Le substantif *son* a pour homonymes, *son* adjectif possessif et *sont* verbe.

8° Dans *il l'a voulu*, le mot *le* signifie *cela* ou *que cela s'accomplît*. Le verbe *vouloir* est irrégulier dans le radical des dérivés du présent de l'infinitif et dans ceux du participe présent qui ont pour terminaison une syllabe muette ; il est de plus irrégulier à la terminaison de la première et de la seconde personne du singulier du présent de l'indicatif.

9° Le verbe *dire* est irrégulier à sa terminaison dans, Vous *dites* du présent de l'indicatif et dans *dites* de l'impératif.

10° *Il y en eut un* signifie *il y eut un firmament*. Le mot *en* tenant la place de *firmament* est sujet réel de l'unipersonnel *il y eut*. Le mot *en* tenant la place d'un nom pris dans un sens partitif ou accompagné d'un adjectif indéfini ou numéral peut toujours être sujet réel d'un verbe unipersonnel. *En* est préposition quand il a un complément ; il est adverbe quand il marque le lieu ou qu'étant suivi d'un qualificatif, il signifie *comme*.

11° *Assemblées*, après le verbe *être*, forme ici l'attribut du sujet, dont il marque l'état et avec lequel conséquemment il s'accorde.

12° Le sujet réel de l'unipersonnel *sortit* est *en*, mis pour *des animaux*, pris dans un sens partitif.

13° *Et ainsi du reste* signifie *et il fut fait ainsi du reste, et le reste fut fait ainsi*.

14° *Faites* et *créées*, participes variables, s'accordant avec le sujet dont ils marquent l'état, comme de simples adjectifs.

15° Après *plus que* on ne met pas la négative *ne* quand la première proposition est négative.

16° *Jettent*, du verbe *jeter*, prend deux *t*, parce que, cette consonne étant suivie d'un *e* muet, l'*e* qui précède le *t* doit avoir la prononciation d'un *è* ouvert ; la dernière syllabe étant muette, la pénultième ne peut pas l'être.

17° La conjonction *sans que* demande après elle le subjonctif ; la locution *sans que* étant équivalente à *et ne pas*, est une expression négative complète ; il n'y a donc pas lieu de la faire suivre de *ne*, dont on ne fait usage qu'avec une expression négative équivalente à *pas* ou à *point*.

18° *Domine* est au singulier, parce que *loi* et *cause*, antécédents de *qui*, sont employés ici comme synonymes.

4° Exercice.

DE LA CROYANCE EN DIEU. (*Voltaire.*)

Croire Dieu et les esprits corporels [1] est une ancienne erreur métaphysique; mais ne croire absolument aucun Dieu, ce [2] serait une erreur affreuse au moral, une erreur incompatible [3] avec un gouvernement sage.

Newton était intimement persuadé de l'existence de Dieu, et il entendait [4] par ce mot non-seulement un être infini, tout-puissant, éternel et créateur, mais un maître qui a mis une relation entre lui et ses créatures; car, sans cette relation, la connaissance d'un Dieu n'est qu'une idée stérile qui semblerait inviter [5] au crime, par l'espoir de l'impunité, tout raisonneur né pervers...

Je ne sais s'il y a une preuve métaphysique plus frappante et qui parle plus fortement à l'homme, que cet ordre admirable [6] qui règne [7] dans le monde, et si [8] jamais [9] il y a eu un plus bel argument que ce verset : *Cœli enarrant gloriam Dei* (les cieux rendent témoignage de la gloire de Dieu). Aussi Newton n'en apporte point d'autre [10]. Il ne trouvait point de raisonnements plus convaincant et plus beau en faveur de la Divinité que celui de Platon, qui fait dire [11] à un de [12] ses interlocuteurs [13] : « Vous jugez que j'ai une âme intelligente, parce que vous apercevez de l'ordre dans mes paroles et dans mes actions; jugez donc, en voyant [14] l'ordre de ce monde, qu'il y a une âme souverainement intelligente. »

Regardez cette étoile : elle est à quinze cents millions de lieues [15] de notre petit globe. Il en part des rayons qui vont faire sur vos yeux deux angles égaux au sommet; ils font les mêmes angles sur les yeux de tous les animaux : ne voilà-t-il pas un dessein [16] marqué? ne voilà-t-il pas une loi admirable? Or, qui fait un ouvrage, sinon [17] un ouvrier? Qui fait des lois, sinon un législateur? Il y a donc un ouvrier, un législateur éternel [18]....

Vous ne trouvez pas que le Créateur soit bon, parce qu'il y a du mal sur la terre. Mais la nécessité qui tiendrait lieu d'un Être suprême, serait-elle quelque chose de meilleur? Dans le système qui admet un Dieu, on n'a que des difficultés à surmonter, et dans tous les autres systèmes on a des absurdités à dévorer.

Il est prouvé qu'il y a plus de bien que de mal dans ce monde, puisque en effet peu d'hommes souhaitent la mort; vous avez donc tort de porter des plaintes au nom du genre humain, et plus grand tort encore de renier votre souverain, sous prétexte que quelques-uns de ses sujets sont malheureux!

QUESTIONS D'EXAMEN.

1° Que signifient ces mots : *croire Dieu et les esprits corporels?* — 2° Qu'est *ce* dans *ce serait?* — 3° Que signifie *incompatible?* — 4° Quel est le sens de *entendait?* — 5° Quelle fonction fait l'infinitif *inviter?* — 6° Compléter la proposition, *que cet ordre admirable.* — 7° Pourquoi *règne* est-il écrit ainsi? — 8° Qu'est le mot *si* après *je ne sais* et devant *jamais?* — 9° Que signifie ici, *jamais?* — 10° Dans *n'en apporte point d'autre,* que sont les mots *en* et *de?* Quel est le sens de cette proposition? — 11° Quel est le sens de *à* après *fait dire?* — 12° Pourquoi *un de* et non *l'un de?* — 13° Que signifie le mot *interlocuteur?* — 14° Rendre compte de l'expression *en voyant.* — 15° Quel est l'attribut sous-entendu après *est,* dans *elle est à quinze cents millions de lieues?* Pourquoi écrit-on ainsi *cents?* — 16° Expliquer cette construction : *ne voilà-t-il pas un dessein;* dire le sens de *dessein* et de son homonyme *dessin.* — 17° Qu'est le mot *sinon* et de quoi est-il suivi? — 18° Quels sont et que sont les sujets dans *il y a donc un ouvrier, un législateur éternel?*

RÉPONSES.

1° Ces mots *croire Dieu et les esprits corporels,* signifient *croire que Dieu et les esprits sont corporels;* le sens de *croire* retombe sur *corporels.*

2° *Ce* forme pléonasme devant *serait,* il répète le sujet *croire;* il peut se mettre ainsi devant le verbe *être* ayant pour sujet un infinitif quand cet infinitif ne précède pas immédiatement *être;* on aurait pu le mettre aussi devant *est* dans la proposition précédente, et dire : *c'est une erreur.*

3° *Incompatible avec* signifie *qui ne peut pas se concilier avec.*

4° *Il entendait par ce mot,* c'est-à-dire *ce mot signifiait pour lui,* ou *il se représentait par ce mot.*

5° Le verbe *sembler* demande après lui un qualificatif : *inviter* signifie donc ici *invitant.*

6° Pour compléter la proposition, dites *que cet ordre admirable ne parle*.

7° *Régner* fait *il règne* en changeant l'accent aigu en accent grave, parce que c'est devant une syllabe muette.

8° *Si*, après *je ne sais*, est conjonction dubitative.

9° *Jamais* n'a pas ici un sens négatif; cet adverbe signifie *en quelque temps que ce soit*.

10° Dans *n'en apporte point d'autre*, le pronom *en* est complément direct, et *de* est mot explétif; le sens est : *n'en apporte aucun autre*, ou *n'apporte aucun autre argument*.

11° La préposition *à* après *fait dire* a le sens de *par*.

12° On emploie ici *un de* et non *l'un de* parce que l'on ne parle pas d'un nombre déterminé ou connu d'interlocuteurs.

13° On appelle *interlocuteur* un personnage qui prend part à un dialogue.

14° *En voyant*, forme en latin ce que l'on nomme un gérondif; c'est le participe présent faisant fonction de modificatif à l'égard de *vous*, sujet sous-entendu de *jugez*, et en même temps fonction de complément indirect de *jugez*; le sens de *en voyant* est : *quand vous voyez, parce que vous voyez*.

15° Dans *elle est à quinze cents millions de lieues*, l'attribut sous-entendu après le verbe est *située*. *Cents* prend ici une *s* parce qu'il est multiplié par *quinze* et non suivi d'un autre adjectif numéral, le mot *million* est un substantif.

16° Dans *ne voilà-t-il pas un dessein*, la préposition *voilà* est construite avec le pronom *il* et avec les deux négatives *ne pas*, de la même manière qu'un verbe; ici le pronom *il* est analogue au sujet apparent d'un verbe unipersonnel; la négation étant neutralisée par la forme interrogative, l'affirmation est rendue ainsi plus énergique; le sens est : *n'est-ce pas là un dessein marqué? c'est là certainement un dessein marqué*. Le mot *dessein*, ayant le sens de projet, intention, a pour homonyme *dessin*, chose dessinée, action ou art de dessiner.

17° *Sinon* est conjonction, signifiant *si ce n'est*; *sinon un ouvrier* forme une proposition que l'on construira d'une manière complète en tournant ainsi : *si un ouvrier n'est pas celui-là* (qui fait un ouvrage).

18° Les deux sujets réels de l'unipersonnel *y a* (existe) sont *ouvrier* et *législateur*, et comme ils désignent une seule et même personne, *Dieu*, on dirait avec *existe* au singulier : Un ouvrier, un législateur éternel *existe* donc.

5e Exercice.

ATHÉISME (*Mme Guizot.*)

L'idée de Dieu[1] existe chez tous les hommes, même[2] chez celui qui dit : *il n'y a pas de Dieu*[3] ; car celui-là[4] même reconnaît un bien et un mal moral, un devoir qui l'oblige à faire le bien et à fuir le mal, c'est-à-dire une autorité[5] supérieure à sa raison, et qui la domine sans assujettir sa volonté ; une autorité[5] qui n'est point une force matérielle, car elle ne contraint point son corps par une violence extérieure, mais un pouvoir intellectuel ; car elle n'oblige que son intelligence. Il se reconnaît une intelligence, car il sait qu'il y a en lui quelque chose[6] qui dirige ses actions par de tout[7] autres lois que celles[8] qu'il connaît à la matière, quelque chose qui communique avec ses semblables par de tout[7] autres moyens que ceux qui font la puissance de la matière. Il sait que l'intelligence seule agit directement sur l'intelligence ; il soutient et déclare que sa raison ne peut céder qu'à une raison supérieure, que son intelligence ne peut recevoir des lois[9] que de l'intelligence plus forte et plus vaste qui lui enseignera ce qu'il ne sait pas, et le laissera sans arguments contre la vérité qu'elle lui présente[10]. Il reconnaît en lui des vérités contre lesquelles il n'a pas même cherché d'arguments : il porte en lui l'idée d'une existence sans bornes ; sa pensée n'atteint pas le néant ; elle trouve un espace par delà l'espace, et puis un autre, et puis encore ; une durée après la durée, et puis une autre, et puis toujours. Il croit donc à l'infini, à l'éternel, et s'imagine penser qu'il n'y a pas de Dieu ! Et il agit comme s'il en reconnaissait un, comme s'il avouait au-dessus de lui un maître de ses actions, un pouvoir auquel il ne peut soustraire sa conscience ; et il doit agir ainsi, parce qu'il est permis à l'esprit de l'homme d'ignorer, de refuser les vérités mêmes qu'il possède, mais non d'échapper à son empire.

QUESTIONS D'EXAMEN.

1° Qu'est-ce que l'*idée de Dieu ?* — 2° Qu'est le mot *même* dans *même chez celui ?* — 3° Analyser cette proposition, *il n'y a pas de Dieu* ; dire le sujet, le verbe et l'attribut. Qu'est l'expression *il y a ?* — 4° Quand *celui,* servant d'antécédent à *qui,* se remplace-t-il par *celui-là ?* — 5° Quelle fonction fait le nom *autorité,* répété dans cette phrase? — 6° Qu'est l'expression *quelque chose ?* — 7° Qu'est ici le mot *tout* devant *autres ?* Quand, dans *tout autre,* tout est-il adjectif? — 8° Montrer dans les deux mots *que celles* une proposition ayant *que* pour attribut. — 9° Pourquoi *des lois* et non *de lois ?* — 10° Dans la phrase *il sait que,* etc., combien y a-t-il de propositions? Que forme cette réunion de propositions?

RÉPONSES.

1° L'*idée de Dieu,* c'est la notion, la connaissance intime de Dieu, le sentiment de son existence, de sa nécessité.

2° *Même* est adverbe, se rapportant à *existe :* Elle *existe même chez celui,* etc.

3° Cette proposition *il n'y a pas de Dieu,* forme un gallicisme : sujet *Dieu,* verbe *est,* attribut *n'existant pas.* Le verbe unipersonnel *il y a* équivaut à *il existe.*

4° On remplace *celui* par *celui-là,* quand le pronom indicatif n'est pas suivi immédiatement du pronom *qui.*

5° *Une autorité,* venant après la conjonction explicative *c'est-à-dire,* se rapporte comme expression explicative au nom *devoir ;* il n'y a donc pas lieu de faire du nom *autorité,* répété dans cette phrase, une proposition distincte.

6° *Quelque chose* est ici pronom indéfini, signifiant *une chose* et s'employant d'une manière analogue à *quelqu'un.* Dans ce sens, *quelque chose* est du masculin.

7° Dans *tout autres lois, tout autres moyens,* le mot *tout* ne pouvant être séparé du mot *autres* par les noms *lois, moyens,* est adverbe et invariable ; *tout autre* signifie alors *tout à fait différent. Tout* est adjectif devant *autre,* quand entre ces deux mots on peut mettre le nom dont ils sont suivis ; *tout autre* a dans ce cas le sens de *un... quelconque.*

8° Les deux mots *que celles* forment une proposition ayant *que* pour attribut ; *que* a pour antécédent *autres lois* ; il en rappelle donc l'idée ; ainsi, en disant : *de tout autres lois que celles qu'il connaît,* le sens est *lesquelles sont celles* qu'il connaît, ou *celles* qu'il connaît sont *d'autres lois.*

9° Dans le complément direct *des lois,* pris dans un sens partitif, on ne supprime pas l'article, parce que ce nom n'est pas complément d'un verbe accompagné d'une négation ; *ne que* est un adverbe de restriction, signifiant *seulement ;* pour supprimer l'article il faudrait que le sens permît de mettre la négative *pas* après le verbe, ou de remplacer la préposition *de* avant *lois* par le mot *aucunes*.

10° Dans la phrase commençant par *il sait*, il y a dix propositions : 1re *il sait*; 2e *que l'intelligence seule agit directement sur l'intelligence*; 3e *il soutient*; 4e *et déclare*; 5e *que sa raison ne peut céder qu'à une raison supérieure*; 6e *que son intelligence ne peut recevoir des lois que de l'intelligence plus forte et plus vaste*; 7e *qui lui enseignera ce*; 8e *qu'il ne sait pas*; 9e *et le laissera sans arguments contre la vérité*; 10e *qu'elle lui présente*. Cette réunion de propositions forme une période.

6e Exercice.

LA VÉRITÉ. (*Massillon.*)

La vérité, cette lumière du ciel[1], est la seule chose ici-bas qui soit[2] digne[3] des soins, et des recherches[4] de l'homme. Elle seule est la lumière de notre esprit, la règle de notre cœur, la source des vrais plaisirs, le fondement de nos espérances, la consolation de nos craintes, l'adoucissement de nos maux, le remède de toutes nos peines; elle seule est la source de la bonne conscience, la terreur de la mauvaise, la peine secrète du vice, la récompense intérieure de la vertu; elle seule immortalise ceux[5] qui l'ont aimée[6], illustre les chaînes[7] de ceux qui souffrent pour elle, attire des honneurs publics aux cendres de ses martyrs[7] et de ses défenseurs, et rend respectables l'abjection et la pauvreté de ceux qui ont tout fait pour la suivre; enfin, elle seule inspire des pensées magnanimes, forme des âmes héroïques[8], des âmes dont le monde n'est pas digne, des sages, seuls dignes de ce nom. Tous nos soins devraient donc se borner à la connaître; tous nos talents[9], à la manifester, tout notre zèle, à la défendre; nous ne devrions donc chercher dans les hommes que la vérité et ne[11] souffrir[12] qu'ils voulussent[10] nous plaire que[11] par elle : en un mot, il semble qu'il devrait suffire[12] qu'elle se montrât[13] à nous pour se faire aimer, et qu'elle nous [14] montrât à nous [14]-mêmes, pour nous [14] apprendre à nous [14] connaître.

QUESTIONS D'EXAMEN.

1° Comment est employée l'expression *cette lumière du ciel*, et pourquoi est-elle mise entre deux virgules? — 2° Pourquoi *soit* au subjonctif? — 3° Peut-on donner les mêmes compléments aux adjectifs *digne* et *indigne?* — 4° Quand supprime-t-on l'article devant le complément de *digne*, et pourquoi n'est-il pas supprimé devant *soins* et *recherches?* — 5° Pourquoi, dans la seconde phrase, toutes les propositions principales sont-elles relatives? — Le point devant la première propositi n est-il nécessaire? Pourquoi le point-virgule entre la seconde et la première, entre la troisième et la seconde? A quoi servent toutes les virgules qui sont dans la première proposition et dans la seconde? — 6° Expliquer la double signification du participe *aimée*, comme cause de ce qu'il ne s'accorde pas avec le sujet et de ce qu'il s'accorde avec le complément direct. — 7° Dire les homonymes de *chaîne* et de *martyr*. — 8° En quoi *héroïque* diffère-t-il de son primitif *héros?* — 9° Après *tous nos talents* et *tout notre zèle*, qu'y a-t-il de sous-entendu? — 10° Pourquoi *qu'ils voulussent* au subjonctif et à l'imparfait? — 11° *Ne*, devant *souffrir*, et *que*, devant *par elle*, forment-ils ici la locution adverbiale signifiant *seulement?* Voir si *ne* n'a pas le sens de la négative et quel est alors le sens de *que?* — 12° Comment voit-on que *souffrir* et *suffire* ne sont pas de la même conjugaison et se terminent différemment? — 13° Pourquoi *montrât* au subjonctif : Comparer *montrât*, après *suffire*, avec *devrait*, après il *semble*; expliquer l'analogie. — 14° Que sont les quatre *nous*; quelle est leur fonction dans la dernière proposition?

RÉPONSES.

1° *Cette lumière du ciel*, expression explicative, se rapportant par apposition à *vérité*. Tout qualificatif explicatif, ajouté à un substantif précédent, se met entre deux virgules; précédant le substantif auquel il se rapporte, on le fait suivre de la virgule.

2° Après *le seul*, suivi du pronom conjonctif, on met le subjonctif ou l'indicatif.

3° Après *digne*, on peut mettre un complément qui exprime quelque chose de bon ou de mauvais; après *indigne*, le complément doit toujours exprimer quelque chose de bon.

4° Le complément des adjectifs *digne* et *indigne* rejette l'article quand ce complément n'est pas pris dans toute l'étendue de son acception ou dans un sens déterminé; ici le sens de *soins* et de *recherches* est déterminé par *de l'homme*.

5° Le point qui précède la seconde phrase pourrait être remplacé par le point-virgule; les propositions principales de cette seconde phrase sont relatives par le pronom *elle* à la première phrase; on doit séparer entre elles par le point-virgule celles qui sont d'une certaine étendue, surtout lorsque la virgule est employée pour séparer leurs parties secondaires; toutes les virgules, dans les deux premières propositions, servent à séparer les attributs, lesquels ne sont pas joints par *et*.

6° *Aimée* s'accorde avec *la*, son complément direct, mis pour *vérité*; on parle de *la vérité aimée*; le participe a donc, à l'égard de son complément direct qui le précède, la signification d'un adjectif; mais, par rapport au sujet, il ne forme avec l'auxiliaire *avoir*, qu'une seule expression, un mot composé, ayant seulement la nature du verbe et signifiant l'action du sujet; d'où il suit qu'étant joint à *avoir* il ne s'accorde pas avec le sujet, à l'égard duquel il ne saurait être adjectif.

7° *Chaîne*, féminin, lien formé d'anneaux, a pour homonyme *chêne*, masculin, arbre. *Martyr*, celui qui souffre pour la foi, a pour homonyme *martyre*, supplice.

8° *Héroïque*, *héroïsme* et *héroïne*, dérivés de *héros*, ont une *h* muette au lieu de l'aspirée du mot *héros*.

9° Après les sujets *tout notre zèle*, *tous nos talents*, il y a ellipse du verbe *devraient se borner*.

10° *Qu'ils voulussent* doit être au subjonctif après *souffrir*, signifiant *permettre;* l'imparfait du subjonctif est motivé par le conditionnel *devrions*, de la proposition précédente.

11° *Ne..que* n'a pas la signification de l'adverbe de restriction *seulement;* le sens est : *ne pas souffrir qu'ils voulussent nous plaire autrement que par elle.*

12° Les verbes en *ire* ont presque tous le participe présent en *ivant* ou *isant;* il n'en est pas de même des verbes en *tr;* voilà pourquoi *souffrir* (souffrant) est de la deuxième conjugaison, tandis que *suffire* (suffisant) est de la quatrième.

13° *Montrât* est au subjonctif, parce qu'il dépend de l'unipersonnel *suffire*. Après *il semble*, on met tantôt l'indicatif, tantôt le subjonctif; il y a ici le conditionnel, mais le sens de *devrait* est absolument le même que celui de l'imparfait du subjonctif *dût*.

14° Le premier *nous* est complément direct, et le second, complément indirect de *montrât;* le troisième *nous* est complément indirect de *apprendre*, et le quatrième, complément direct de *connaître*.

7° Exercice.

L'INFINI. (**)

L'infini [1]! Comment se fait-il que [2] ce mot soit un jour tombé dans l'âme humaine? Nous [3], si chétifs et si faibles, nous [3] qui, à chaque instant, sentons si amèrement le terme imposé à nos espérances et à nos efforts, nous [3] rêvons [4] ce qui n'a point de [5] fin [5], le tout-puissant, le parfait, l'immuable [6] et même, plus nous avons conscience [7] de notre faiblesse, plus l'idée de l'infini nous presse, nous assiège [8], plus [9] nous nous attachons à elle comme à un refuge, comme à un port. A ceux [10] qui sont jetés au milieu du tourbillon des affaires, qui commandent aux hommes et à la fortune, il ne vient guère dans l'esprit de penser [11] à l'infini; ou, si quelquefois cette idée leur arrive, c'est par hasard, comme un éclair d'en haut, parce qu'elle amortit les désirs et refroidit l'action. On se figure aisément un Alexandre ou un Napoléon, non pas levant les yeux vers le ciel, mais fixant sur la terre un regard d'aigle. Ce sont surtout ceux [12] qui souffrent, ceux qui aspirent sans atteindre, ceux dont la vie est cachée comme le grain de sable sur le bord de la mer, ce sont ceux-là qui se nourrissent de l'idée de l'infini, et qui la gardent pieusement au fond de leur cœur. Les uns viennent l'adorer [13] dans les temples, sous des symboles [14] consacrés; les autres la portent en eux-mêmes, solitaires et indépendants; mais nul n'y échappe, et ceux même [15] qui ont agi avec le plus de puissance dans ce monde fini, un jour vient où cette religieuse idée les [16] domine et les subjugue: c'est [17] quand leur pouvoir est brisé, quand leur mission est accomplie, quand ils souffrent, quand ils meurent. Napoléon, à Sainte-Hélène, s'est plus d'une fois senti saisir [18] par des pensées qui n'avaient plus rien d'humain, et l'Océan lui a révélé l'infini!

QUESTIONS D'EXAMEN.

1° *L'infini!* ce mot ainsi placé, que forme-t-il au commencement de la phrase ? — 2° Ne pourrait-on construire la phrase *comment se fait-il que*, etc., de manière à n'avoir qu'une seule proposition ? Qu'est le mot *comment* ? — 3° Que sont les trois *nous* répétés avant *rêvons*. — 4° Dire les principales acceptions de *rêver*, verbe intransitif et verbe transitif. — 5° Quelle est la valeur de la préposition *de*, précédée de la négation devant *fin* ? Expliquer l'orthographe de *fin* et de ses homonymes *faim* substantif et *fin* adjectif. — 6° Comment sont employés les trois adjectifs *tout-puissant*, *parfait*, *immuable*, et quelle est ici leur fonction ? — 7° Que signifie *avoir conscience d'une chose* ? — 8° Pourquoi *assiège* ne prend-il pas l'accent grave ? — 9° Que signifient ces trois *plus* répétés et quelle est celle des trois propositions commençant par *plus* qui forme le second terme de la comparaison ? — 10° De quoi *à ceux* est-il complément ? — 11° Quelle est la fonction de l'infinitif *de penser* ? Qu'est ici le verbe *penser* ? — 12° Indiquer les propositions en retranchant les mots explétifs ou redondants dans la phrase commençant par *ce sont surtout ceux.* — 13° Qu'est le complément *adorer* ? — 14° Que signifie le mot *symbole* ? — 15° Comment *même* s'écrit-il après *ceux* ? — 16° Pourquoi *les* devant *domine* et *subjugue* est-il un complément répété par pléonasme ? — 17° Que signifie *c'est* devant *quand leur pouvoir est brisé* ? — 18° Quel est le sens de *saisir* ?

RÉPONSES.

1° Ce mot *l'infini!* placé sous forme d'exclamation au commencement de la phrase, peut être considéré comme une proposition implicite, signifiant *quel est ce mot, l'infini ?*

2° Au lieu de, *comment se fait-il que ce mot soit un jour tombé*, etc., on pourrait dire *comment ce mot est-il un jour tombé*, etc. Le mot *comment*, signifiant *de quelle manière*, est ici un adverbe interrogatif ; on s'en sert aussi comme adverbe conjonctif pour unir deux propositions.

3° Des trois *nous* répétés comme sujets devant *rêvons*, deux forment pléonasme.

4° *Rêver*, verbe intransitif, s'emploie absolument pour signifier *faire un rêve*, et par extension, *déraisonner, penser, méditer.* Ce verbe s'emploie encore intransitivement avec la préposition *à* : *Rêver à une affaire*, y penser ; avec la préposition *à* ou *de* pour signifier, voir en songe. *Rêver*, verbe transitif, comme dans *rêver une chose*, signifie s'imaginer sans fondement ou sans motif connu.

5° *Ce qui n'a point de fin* signifie *ce qui n'a aucune fin* ; la préposition *de*, précédée de la négative *pas* ou *point*, etc., placée devant un complément direct, a donc avec la négative le sens de *aucun, aucune.* Le mot *fin*, terme, doit s'écrire ainsi, parce que son dérivé est *finir* ; *faim*, besoin de manger, ayant pour dérivé *famine*, doit prendre les lettres *am* ; l'orthographe de l'adjectif *fin* s'explique par celle de son dérivé *finesse.*

6° Les trois adjectifs *tout-puissant, parfait, immuable,* sont employés substantivement et forment avec *ce* les compléments directs de *rêvons.*

7° *Avoir conscience d'une chose,* c'est la sentir intimement, c'est en avoir la connaissance par le sentiment intérieur.

8° *Assiége* garde l'accent aigu qui est dans *assiéger* ; les mots en *-ége* sont les seuls où la voyelle *e,* précédant une finale muette, ne prend pas l'accent grave.

9° Des trois *plus* répétés ici, le second et le troisième peuvent se tourner par *d'autant plus* ; la seconde et la troisième proposition, avec tout ce qui en dépend, forment ensemble le premier terme de la comparaison ; la proposition qui est la première doit venir après les deux autres et leur être jointe par *que,* pour former à elle seule le second terme de la comparaison ; ainsi : *L'idée de l'infini nous passe et nous assiége d'autant plus, nous nous attachons à elle d'autant plus que nous avons plus conscience de notre faiblesse.*

10° *A ceux* est complément indirect de *il vient.*

11° *De penser* est sujet réel de l'unipersonnel *il vient* ; la préposition *de* est mot explétif. *Penser* est ici verbe intransitif.

12° Pour faire disparaître de la phrase commençant par *ce sont surtout ceux,* etc., les mots explétifs ou rédondants, il faut la construire ainsi : *Ceux-là surtout qui souffrent, qui aspirent sans atteindre, dont la vie est cachée comme le grain de sable* (est caché) *sur le bord de la mer, se nourrissent de l'idée de l'infini.* On voit ainsi qu'il y a dans cette phrase cinq propositions.

13° *Adorer* après *viennent* est complément indirect ; le sens est : *viennent pour l'adorer.*

14° On appelle *symbole* une figure ou image employée comme signe d'une chose.

15° *Même* après *ceux* est variable, quand *ceux* n'est précédé d'aucun mot, substantif ou pronom, auquel par le mot *ceux* on ajoute l'idée de nouveaux individus ; *même* est invariable, quand, comme dans le cas présent, on peut dire *et même, et de plus ceux,* etc.

16° *Les,* devant *domine* et *subjugue,* répète par pléonasme l'idée du mot *ceux,* qui est le vrai complément de ces deux verbes.

17° *C'est* rappelle ce qui vient d'être dit et signifie *cela a lieu, cela existe.*

18° *Saisir* a ici un sens passif et signifie *saisi,* ou *être saisi : Il a plus d'une fois senti lui* (soi) *être saisi par,* etc.

8e Exercice.

HYMNE AU CRÉATEUR. (*Bérard.*)

Être des êtres[1], je ne sais pas ce que[2] tu es en toi-même, mais je sais que tu es; ta nature est pour moi un mystère, mais ton existence est la première des certitudes, le soutien le plus ferme de toutes les autres[3]. Je douterais de la mienne si je n'admettais pas la tienne. L'univers ne semblerait pas exister[4] pour moi, puisque je ne pourrais pas le concevoir sans toi. Je pourrais m'imaginer que ce spectacle enchanteur n'est qu'une espèce de rêve et d'illusion qui amuse et qui trompe, une ombre, un je ne sais quoi[5] que j'appelle moi-même[6]. Je craindrais à chaque instant qu'un si bel ouvrage, résultat du hasard, ne fût détruit[7] par lui. Toi[8] seul lui donnes la garantie d'existence, et à moi la garantie de conviction; tu es le principe de toute philosophie comme de toute réalité.

C'est toi qui as donné à l'homme ses facultés intellectuelles[9] et morales, et c'est dans l'idée seule de ton existence qu'elles peuvent trouver un point d'appui, comme le cœur humain peut trouver en toi seul le repos de ce mouvement inquiet qu'on nomme la vie. Cette vie n'est qu'un rêve pénible, marqué des illusions de tous les genres; en toi seul nous nous réveillerons pour le bonheur comme pour la vérité.

Si tu as mis en l'homme le désir et les moyens de s'élever à l'idée de cause, c'est sans doute que tu as voulu[10] qu'il arrivât[11] jusqu'à toi. S'il était borné à une vie purement physique, pourquoi l'aurais-tu doué d'autres facultés que les animaux? L'instinct lui suffirait : que dis-je[12]! l'homme eût été plus harmonique en lui-même et plus heureux dans cet ordre inférieur qu'il ne peut l'être par la raison. Non[13], tu n'as pas fait le monde pour amuser tes loisirs; la sublime pensée de la création est sortie[14] de ton sein pour y[15] rentrer par l'esprit de l'homme, pénétré d'admiration[16] pour ton ouvrage et de reconnaissance[16] pour son auteur.

QUESTIONS D'EXAMEN.

1° Expliquer l'emploi grammatical et ensuite le sens de, *Être des êtres*. — 2° Comment *que* est-il attribut dans *que tu es en toi-même ?* — 3° Quelles sont les deux propositions subordonnées ou complétives dans la première phrase ? Pourquoi les quatre autres propositions sont-elles principales ? — 4° A quoi se rapporte *ne pas* dans *ne semblerait pas exister*, et quelle est la fonction de l'infinitif *exister ?* — 5° Que signifie : *un je ne sais quoi ?* à quoi se rapporte cette expression ? — 6° A quoi se rapporte la proposition *que j'appelle moi-même* et à quoi se rapporte *moi-même ?* — 7° Pourquoi *fût détruit* au subjonctif et pourquoi la négative *ne ?* — 8° Qu'est-ce que le mot *toi* dans *toi seul lui donnes.* — 9° Combien de propositions dans, *c'est toi qui as donné à l'homme ses facultés ?* — 10° Dans *c'est sans doute que tu as voulu*, quelle est la première proposition et quel est le sens de *que ?* — 11° Pourquoi *qu'il arrivât* au subjonctif et à l'imparfait ? — 12° Expliquer cette expression : *que dis-je ?* — 13° Que fait ici l'adverbe *non ?* — 14° Qu'est l'expression *est sortie*, et pourquoi l'accord du participe ? — 15° Qu'est le mot *y* dans *pour y rentrer ?* — 16° Expliquer la suppression de l'article dans *pénétré d'admiration et de reconnaissance.*

RÉPONSES.

1° *Être des êtres*, employé en apostrophe, se rapporte comme explicatif au pronom *tu* ou *toi*. — *Être des êtres* signifie *Dieu*, être supérieur à tous les êtres, de qui tous les êtres dépendent et proviennent.

2° Dans *que tu es en toi-même*, le pronom *que*, relatif à son antécédent indéfini *ce*, forme l'attribut de la proposition ; le sens de la phrase est : *je ne sais pas la chose laquelle tu es en toi-même.*

3° Dans cette première phrase, les deux propositions *que tu es en toi-même*, et *que tu es* (après *je sais*) sont subordonnées, servant à compléter la proposition qui précède. Les quatre autres propositions sont principales : la conjonction qui unit entre elles ces propositions, deux par deux, est *mais*, exprimant un rapport d'opposition, et ne pouvant se trouver qu'entre deux propositions de même nature.

4° *Ne pas* se rapporte à *exister ;* cet infinitif, après *sembler*, doit se tourner par le participe présent ; le sens est : *semblerait n'existant pas pour moi.*

5° *Un je ne sais quoi*, signifie *une chose quelconque, une chose indéfinissable ;* plutôt que de décomposer cette expression, il convient de la considérer comme un pronom indéfini, formant avec *ombre* une sorte de gradation, et faisant, comme *ombre*, fonction d'attribut.

6° *Que j'appelle moi-même* se rapporte à *un je ne sais quoi*, et *moi-même* se rapporte à *que*; cela signifie : *j'appelle ce je ne sais quoi moi-même*.

7° On met *ne fût détruit*, parce que le verbe *craindre* veut après lui le subjonctif, et, lorsqu'il n'a pas un sens négatif, demande a être suivi de la négative *ne*.

8° Dans *toi seul lui donnes*, le pronom *toi* remplace comme sujet le pronom *tu*, lequel n'aurait pu être suivi de l'adjectif *seul*.

9° Dans *c'est toi qui as donné à l'homme ses facultés*, on peut admettre deux propositions ou une seule; il n'y en a qu'une si l'on considère *c'est... qui* comme mots explétifs; on aura alors : *tu as donné à l'homme ses facultés*; pour avoir deux propositions, il faudra tourner ainsi : *tu es celui qui a donné*, etc.

10° *C'est sans doute que tu as voulu*, signifie *cela existe sans doute, parce que tu as voulu*; en tournant ainsi on répond aux deux questions.

11° *Arrivât* est au subjonctif, parce qu'il dépend du verbe *vouloir*; il est à l'imparfait, parce que le premier verbe *tu as voulu*, est au passé.

12° On se sert de cette formule interrogative, *que dis-je?* pour annoncer que l'on veut modifier, augmenter ou diminuer la pensée que l'on vient d'exprimer, c'est une sorte de correctif.

13° *Non*, sert ici à donner plus de force à la négation qui suit.

14° *Est sortie*, passé indéfini du verbe intransitif *sortir*; le participe *sortie* s'accorde avec le sujet, dont il marque en même temps l'action et l'état.

15° Le mot *y* signifie *là*, et est adverbe de lieu; il n'est pronom que quand il signifie *à cela*.

16° Après *pénétré*, signifiant *rempli*, on supprime l'article, parce que ce mot marque l'abondance.

9° Exercice.

LA PROVIDENCE. (*Fénelon.*)

Jetons les yeux sur cette terre qui nous porte; regardons cette voûte immense des cieux qui nous couvre, ces abîmes d'air et d'eau qui nous environnent et ces astres qui nous éclairent [1].

Qui est-ce qui [2] a suspendu ce globe de la terre? Qui est-ce qui en [3] a posé les fondements? Rien n'est, ce semble [4], plus vil qu'elle; les plus malheureux la foulent aux pieds [5] mais c'est pourtant pour la posséder [5] qu'on donne les plus grands trésors. Si elle était plus dure, l'homme ne pourrait en ouvrir le sein pour la cultiver; si elle était moins dure, elle ne pourrait le porter, il enfoncerait partout comme il enfonce dans le sable ou dans un bourbier. C'est du sein inépuisable de la terre que sort tout ce qu'il y a de plus précieux [6]. Cette masse informe, vile et grossière, prend toutes les formes les plus diverses, et elle seule donne tour à tour tous les biens que nous lui demandons. Cette boue si sale se transforme en mille beaux objets qui charment les yeux. En une seule année, elle devient [7] branches, boutons, feuilles, fleurs, fruits et semences, pour renouveler ses libéralités envers les hommes. Rien ne l'épuise : plus on déchire ses entrailles, plus elle est libérale [8]. Après tant de siècles, pendant lesquels tout est sorti d'elle [9], elle n'est point encore usée [10]; elle ne ressent aucune vieillesse, ses entrailles sont encore pleines des mêmes trésors. Mille [11] générations ont passé dans son sein [12]. Tout vieillit, excepté [13] elle seule; elle rajeunit chaque année [14], au printemps.

La terre, si elle était bien cultivée, nourrirait cent fois plus d'hommes qu'elle n'en nourrit. L'inégalité même des terroirs, qui paraît d'abord un défaut, se tourne en ornement et en utilité. Cette variété fait le charme des paysages, et en même temps elle satisfait aux divers besoins des peuples.

C'est par un effet de la Providence divine que nulle terre ne porte tout ce qui sert à la vie humaine; car le besoin invite les hommes au commerce pour se donner mutuellement ce qui leur manque, et ce besoin est le lien naturel de la société entre les nations.

QUESTIONS D'EXAMEN.

1° Quelles sont les deux propositions principales de la première phrase et pourquoi sont-elles elliptiques? Quelles sont les trois subordonnées et pourquoi sont-elles déterminatives? Les noms *terre, voûte, abîmes, astres,* ne sont-ils pas déterminés par l'adjectif indicatif qui les précède? Pourquoi le point-virgule après *nous porte;* pourquoi la virgule après *couvre* et pas après *environnent;* pourquoi pas de virgule devant les trois *qui?* — 2° Expliquer l'expression *qui est-ce qui* et montrer le sujet et l'attribut; pourquoi ne dit-on pas *qu'est-ce qui?* — 3° Pourquoi ne dit-on pas *qui a posé ses fondements?* — 4° Qu'est l'expression *ce semble?* — 5° De quoi l'infinitif *posséder* est-il complément? Que sont les mots *c'est... que?* — 6° Cette phrase : *c'est du sein inépuisable,* etc., combien renferme-t-elle de propositions? Quel est le sujet de la première; quel est le sujet et l'attribut de la seconde; quels mots sont explétifs? — 7° Les noms qui suivent *elle devient* sont-ils des compléments? — 8° Des deux propositions commençant par *plus* répété, quelle est celle qui forme le second terme de la comparaison? Qu'entend-on par : *on déchire ses entrailles?* Pourquoi, puisque l'on parle d'une chose, ne remplace-t-on pas *ses* devant le complément direct, par *les,* avec *en* devant le verbe? — 9° Ne devrait-on pas dire : *tout en est sorti,* au lieu de *est sorti d'elle?* — 10° Le verbe *être* est-il le même dans *est usée* que dans *est sorti?* — 11° Que signifie ici *mille?* Pourquoi l'écrit-on ainsi? Quand écrit-on *mil?* — 12° Dire les homonymes de *sein.* — 13° Qu'est ici le mot *excepté?* — 14° Qu'est le complément *chaque année?*

RÉPONSES.

1° Dans la première phrase, les deux propositions principales sont : *Jetons les yeux sur cette terre,* et *regardons cette voûte immense des cieux, ces abîmes d'air et d'eau.* Ces deux propositions sont elliptiques, parce que le sujet est sous-entendu. Les trois subordonnées sont celles qui commencent par le conjonctif *qui;* elles sont déterminatives, parce qu'elles sont indispensables pour préciser le sens des noms auxquels elles se rapportent, ces noms n'étant point déterminés par l'adjectif indicatif, lequel ne rappelle point ici une idée précédente, mais sert seulement à annoncer l'idée déterminative qui va suivre. Le point-virgule doit être mis entre les deux principales, parce que la virgule est employée pour séparer deux parties secondaires de la seconde proposition; la virgule après *couvre* sert à séparer les deux compléments semblables *voûte* et *abîmes;* elle serait également employée après *environnent,* devant le troisième complément *astres,* s'il n'y avait la conjonction *et* pour joindre ce complément aux deux précédents. Devant les trois *qui* il ne faut pas de virgule, parce que ce sont des propositions déterminatives.

2° *Qui est-ce qui* signifie *quel est celui qui,* sujet *celui,* attribut *quel*; le mot *qui* appartient à la proposition suivante. Cette locution avec le pronom interrogatif *qui* ne s'emploie que pour les personnes; on dit avec le pronom interrogatif *que*, en parlant de choses : *qu'est-ce qui*. Ainsi l'on dira : *qui préférez-vous* ou *que préférez-vous?* suivant que l'on parle de personnes ou de choses.

3° *Ses*, devant un complément direct, se remplace par l'article et le pronom *en* quand le possesseur est une chose non exprimée dans la même proposition que l'objet possédé ; on parle ici des fondements *de la terre*.

4° *Ce semble*, mis pour l'unipersonnel *il semble*, forme ici une proposition incidente.

5° *Posséder* est complément de *donne ;* les mots *c'est... que* sont explétifs.

6° Cette phrase : *c'est du sein*, etc., ne renferme que deux propositions; le sujet de *soit* est *tout ce ;* le sujet de la seconde est *que* et l'attribut *plus précieux ;* le *de* précédant cet attribut, ainsi que les mots *c'est... que*, sont explétifs ; la phrase doit se tourner ainsi : *Tout ce qui est le plus précieux sort du sein*, etc.

7° Les noms *branches, boutons*, etc., après *elle devient*, font partie en qualité de modicatifs de l'attribut *devenant ;* le verbe *devenir* demande toujours après lui un qualificatif se rapportant au sujet.

8° Les deux propositions commençant par *plus* répété doivent se tourner ainsi : *elle est d'autant plus libérale qu'on déchire davantage ses entrailles ;* la proposition qui était la première forme donc le second terme de la comparaison. *Déchirer les entrailles de la terre*, c'est y enfoncer le soc de la charrue ou de tout autre instrument de culture; cette expression est prise dans un sens figuré. L'emploi de *ses* devant *entrailles* paraît contraire à la règle, mais le possesseur, *terre*, est ici personnifié.

9° Pour la même raison, on peut dire : *tout est sorti d'elle*, au lieu de *tout en est sorti*.

10° Dans *est usée*, le participe *usée* étant l'attribut de la proposition et marquant seulement l'état du sujet, le verbe *être* est verbe substantif; dans *est sorti*, temps composé d'un verbe intransitif, et pouvant se tourner par *a été sortant*, le verbe *être* est verbe auxiliaire.

11° *Mille*, écrit ainsi, signifie dix fois cent; il a ici le sens de *un grand nombre de*. On écrit de cette autre façon *mil* pour marquer la date ordinaire des années, quand il est suivi d'un autre nombre.

12° *Sein*, désigne au propre la partie du corps humain qui

forme l'extérieur de la poitrine ; ses homonymes sont *seing*, signature ; *saint*, masculin de *sainte* ; *sain*, qui a pour féminin *saine* ; *ceint*, du verbe *ceindre*.

13° *Excepté* précédant le substantif signifie *hormis*, et est préposition.

14° *Chaque année* est complément indirect ou circonstanciel de *rajeunit*, au moyen de la préposition *dans*, sous-entendue.

10° Exercice.

LA RELIGION. (*Lamennais.*)

L'ensemble des devoirs d'où[1] découle la vie, et des vérités qui sont le fondement éternel de ces devoirs, forme ce qu'on appelle la religion, lien[2] non-seulement des hommes entre eux, mais de toutes les créatures entre elles[3]. Ainsi[4], nier la religion, c'est[5] nier le devoir ; et puisqu'il existe[6] de vrais devoirs, il existe une vraie religion ; et puisque ces devoirs sont, par leur essence, invariables et universels, la religion aussi est par son essence invariable et universelle.

Pour remplir les devoirs, il faut y[7] croire, et par conséquent croire aux vérités sur lesquelles[8] ils reposent. La religion implique donc la foi comme sa base première, comme l'indispensable condition de la vie morale, condition elle-même de l'existence de la société et du genre humain. Aussi le genre humain croit-il, en vertu de la nature même, primitivement, nécessairement. Il croit en[9] une cause suprême, créatrice, infinie, et le nom de Dieu, le nom trois fois saint du Père de l'univers se retrouve[10] en toute langue humaine. Croyez ce que croit le genre humain.

Sans cette croyance, que serait le devoir ? Comment le concevrait-on ? Le devoir, n'est-ce pas ce qui unit ? Et qu'est-ce que l'union, si ce n'est la commune tendance vers un centre commun ? Et ce centre commun de tous les êtres, qu'est-ce sinon l'Être infini, rigoureusement un, de qui tout sort, à qui tout revient, qui produit, conserve et vivifie tout ? Qu'est-ce, sinon

Dieu? Tendre vers Dieu, c'est aspirer à s'unir à lui et en lui à tous les êtres qui tendent également vers lui; c'est aspirer au souverain bien, à la souveraine perfection, et travailler dès lors à se perfectionner sans cesse.

QUESTIONS D'EXAMEN.

1° Pourquoi *d'où* et non pas *dont?* — 2° A quoi se rapporte *lien?* — 3° Quelles sont les quatre propositions que renferme la première phrase et quels sont les conjonctifs qui les unissent? Quelles sont les deux conjonctions qui servent ici à joindre deux termes de même nature? — 4° Qu'est le mot *ainsi?* — 5° Pourquoi *ce* devant *est?* Quel est le sujet de ce verbe? — 6° Qu'est le verbe *existe* et quel est son sujet? — 7° Pourquoi *y* et non pas *à eux?* — 8° Pourquoi *sur lesquelles* et non pas *sur qui?* — 9° Pourquoi dit-on *croit en* et non *croit à?* Quand *croire* a-t-il un complément direct? — 10° Pourquoi *se retrouve* au singulier après deux sujets? Qu'est ce verbe et pourquoi *se* n'est-il complément direct que sous le rapport de la construction et non sous le rapport du sens?

RÉPONSES.

1° Dans *d'où découle la vie*, on ne doit pas employer *dont*, qui sert seulement à marquer une idée de naissance, d'origine, d'extraction morale, tandis que *d'où* signifie une idée d'extraction physique, de dérivation, de conséquence. (Voir *Gramm. synt.*, n° 382.)

2° *Lien* se rapporte comme qualificatif à *religion*, ce nom est employé par apposition.

3° La première proposition de cette phrase est : *l'ensemble des devoirs et des vérités forme ce;* la seconde, qui dépend de la première par le conjonctif *d'où*, relatif à *devoirs*, est : *d'où découle la vie;* la troisième, dépendant aussi de la première par le conjonctif *qui*, relatif à *vérités*, est : *qui sont le fondement éternel de ces devoirs;* la quatrième, jointe à la première par le conjonctif *que*, relatif à *ce*, est : *qu'on appelle la religion, lien non-seulement des hommes entre eux, mais de toutes les créatures entre elles.* La conjonction *et* joint les deux compléments *devoirs* et *vérités;* la conjonction *mais*, les deux compléments *hommes* et *créatures.*

4° Le mot *ainsi* signifie ici *donc;* c'est une conjonction conclusive; *ainsi*, signifiant *de cette manière*, est adverbe : *L'orateur parla ainsi.*

5° Le pronom *ce* s'emploie par pléonasme devant le verbe

être placé entre deux infinitifs, le premier infinitif est sujet du verbe.

6° *Exister*, verbe intransitif, est ici accidentellement unipersonnel, ayant pour sujet apparent *il* et pour sujet réel *de vrais devoirs*.

7° Le pronom *y* s'emploie au lieu de *à lui, à elle, à eux, à elles*, quand on parle de choses; *y* a rapport *à devoirs*.

8° Le pronom *qui*, après une préposition, ne s'emploie que pour les personnes; on le remplace par *lequel* en parlant de choses; *sur lesquelles* est relatif à *vérités*.

9° *Croire en une cause*, c'est admettre l'existence de cette cause; *croire à quelque chose*, c'est y ajouter foi; *croire quelqu'un*, c'est admettre la vérité de ce qu'il dit; *croire une chose*, c'est la réputer vraie; dans ces deux derniers cas, *croire* a un complément direct.

10° *Se retrouve* est au singulier après les sujets *le nom de Dieu, le nom du Père de l'univers*, parce que ces sujets sont synonymes. Ce verbe est pronominal passif, signifiant *est retrouvé*. Le sujet reçoit seulement l'action, et ne la fait pas, conséquemment, sur le complément direct *se*, lequel ne sert ici qu'à donner au verbe la forme de verbe pronominal.

11° Exercice.

MÊME SUJET. (*Jules Simon.*)

Le sentiment religieux est le plus puissant [1] de tous les liens sociaux. Il ne faut [2] pas dire que la famille est plus puissante [3] encore, car la piété filiale n'est qu'une forme de la piété. C'est la pensée de Dieu [4] qui achève [5] de sanctifier le foyer domestique, ce centre béni [6] de toutes les affections douces et sociables. Otez [7] cette pensée du milieu d'un peuple, il n'est plus réuni en corps de nation que par l'intérêt et par la crainte [8]. La loi civile n'est plus pour lui qu'un contrat social, où il donne à condition de recevoir; s'il donne toujours et ne reçoit jamais, il devient [9] dupe à ses propres yeux. Ce qu'on appelle pompeusement le sentiment [10] de la fraternité, ou la religion de la patrie, n'a pour lui aucune signification. Les citoyens ne sont que des associés, et non des frères [11]. Jamais le dévoument et le sacrifice n'auront de place [12] dans un État ainsi conçu; jamais ce lien, fondé sur de telles bases, ne sera regardé comme [13] indissoluble pour celui qui en souffre. Si l'on veut créer une grande famille qui ait [14] son unité morale, ses traditions, son honneur; dont tous les membres se reconnaissent [14] solidaires les uns des autres [15], dont la loi soit [14] comprise et aimée, même lorsqu'elle frappe, il faut [16] que le nom de patrie éveille [17] des idées religieuses, que chaque citoyen se croie [17] attaché à elle par une volonté divine, que la transmission d'une morale reçue de père en fils établisse [17] une parenté entre tous ceux qui foulent le même sol et parlent la même langue, que les lois s'appuient [17], non sur la balance des intérêts, mais sur l'éternel idéal de la justice, et qu'en signe de cette origine elles soient [17] promulguées au nom de Dieu [18].

QUESTIONS D'EXAMEN.

1° Qu'est-ce que marque l'expression *le plus puissant?* — 2° Qu'est *il faut* et quel est le sujet réel de ce verbe? — 3° Quel est le second terme de la comparaison après *plus puissante?* — 4° Quel est le sujet et quel est l'attribut dans *c'est la pensée de Dieu?* — 5° Pourquoi *achève* est-il écrit ainsi et quel est son complément direct? — 6° Quelle est la fonction de l'expression *ce centre béni?* Quand écrit-on *béni* et quand *bénit?* — 7° *Ôtez* a-t-il ici le sens d'un impératif? — 8° Dans cette phrase; *ôtez cette pensée,* etc., quelle est la proposition principale et quelle est la subordonnée? qu'est la construction de cette phrase? — 9° Qu'est le verbe *devenir,* de quel mot doit-il être suivi, et quelles sont ses irrégularités? — 10° Le mot *sentiment* est-il complément de *appelle?* — 11° Montrer que dans cette phrase il y a deux propositions. — 12° Quelle est la fonction du nom *place?* — 13° Qu'est-ici le mot *comme?* — 14° Pourquoi *ait, reconnaisse* et *soit* sont-ils au subjonctif? — 15° A quoi se rapporte *les uns* et de quoi le pronom *des autres* est-il complément? — 16° Quel est le sujet réel du verbe *falloir?* — 17° Pourquoi *éveille, croie, établissent, s'appuient, soient,* sont-ils au subjonctif? — 18° Quelle est, dans cette phrase, la proposition principale, et pourquoi la phrase est-elle inverse?

RÉPONSES.

1° *Le plus puissant* forme un superlatif relatif; *le plus* exprime une idée d'excellence par comparaison avec tous les objets ou avec plusieurs objets semblables.

2° *Il faut*, verbe unipersonnel, ayant pour sujet réel *ne pas dire* ; ainsi *ne pas dire que*, etc., *est nécessaire.*

3° *Plus puissante* forme un comparatif ; pour exprimer une comparaison il faut deux termes ; après *plus, moins, aussi, autant*, le second terme se joint au premier par la conjonction *que* ; ici le second terme sous-entendu est : *que le sentiment religieux.*

4° Dans *c'est la pensée de Dieu*, le sujet est *la pensée de Dieu*, et l'attribut est *ce.*

5° L'e muet de *achever* prend un accent grave pour devenir *è* ouvert devant une syllabe muette ; on écrit ainsi *achève*, parce que la dernière syllabe d'un mot étant muette, la pénultième ne peut pas l'être.

6° *Ce centre béni* fait fonction de qualificatif, se rapportant à *foyer domestique*. Le participe de *bénir* est *béni* ; le mot *bénit*, qui se dit seulement d'une chose consacrée par une cérémonie religieuse, est un adjectif.

7° *Otez* signifie *si vous ôtez, supposé que vous ôtiez.*

8° La construction de cettre phrase est inverse, la première proposition, la proposition principale, est : *Un peuple n'est plus réuni*, etc., et la seconde, subordonnée à la première, est : *si vous ôtez cette pensée du milieu de ce peuple.*

9° *Devenir* est verbe intransitif, et demande comme le verbe *être* à être suivi d'un qualificatif, faisant partie de l'attribut. Ce verbe est irrégulier dans les dérivés du présent de l'infinitif : *je deviendrai, je deviendrais*, et dans les dérivés du participe présent qui ont un *e* muet après le radical : *ils deviennent, que je devienne*, etc.

10° *Sentiment* se rapporte à *que*, en qualité d'explicatif ; il a de plus rapport au verbe *appelle*, après lequel il répond à la question *comment?* et auquel, conséquemment, il sert de complément modificatif.

11° Dans cette phrase il y a deux propositions ; la première, affirmative : *Les citoyens sont seulement des associés*, la seconde, négative : *Et ne sont pas des frères.*

12° *Place* est complément direct ; la préposition *de* avec la négative a le sens de *aucune.*

13° *Comme*, après *regarder*, *être regardé*, et suivi d'un qualificatif, est adverbe.

14° *Ait, reconnaissent* et *soit* sont au subjonctif, parce que le conjonctif *qui* est précédé de l'adjectif indéfini ou numéral *un*, et en même temps d'un verbe exprimant la volonté.

15° *Les uns*, relatif au sujet *les membres*, est sujet par pléonasme, et *des autres* est complément de *solidaires;* le sens est : *Les uns* se reconnaissent solidaires *des autres.* Ces deux pronoms marquent la réciprocité.

16° *Falloir* a pour sujets réels toutes les propositions suivantes commençant par la conjonction *que.*

17° Ces cinq verbes sont au subjonctif, parce qu'ils dépendent de l'unipersonnel *il faut.*

18° Dans cette phrase la proposition principale est *il faut.* La phrase est inverse, parce qu'elle commence par une subordonnée.

12° Exercice.

L'AME COMPARÉE AU CORPS. (*Buffon.*)

Notre âme n'a qu'une forme simple, très-générale, très-constante : cette forme est la pensé[1]; il nous est impossible d'apercevoir notre âme autrement que par la pensée[2]; cette forme n'a rien de divisible, d'étendu, rien d'impénétrable, rien de matériel[3]; donc le sujet de cette forme, notre âme, est indivisible et immatériel; notre corps, au contraire, et tous les autres corps ont plusieurs formes; chacune de ces formes est composée, divisible, variable, destructible, et toutes sont relatives aux différents organes avec lesquels[4] nous les apercevons; notre corps et toute la matière n'ont donc rien de constant, rien de réel, rien de général, par où nous puissions[5] les saisir et nous persuader de les connaître. Un aveugle n'a nulle idée de l'objet matériel qui nous représente les images des corps; un lépreux, dont la peau serait insensible, n'aurait aucune des idées que[6] le toucher fait naître; un sourd ne peut connaître les sons : qu'on détruise[7] successivement ces trois moyens de sensation dans l'homme, qui en[8] est pourvu, l'âme n'en[8] existera pas moins, les fonctions intérieures subsisteront, et la pensée se manifestera toujours au dedans de lui-même; ôtez, au contraire, toutes ses qualités à la matière; ôtez-lui ses couleurs, son étendue, sa solidité et toutes les autres propriétés relatives à nos sens, vous l'anéantirez : notre âme est donc impérissable, et la matière peut et doit mourir.

Il en est de même[9] des autres facultés de notre âme comparées à celles de notre corps et aux propriétés les plus essentielles à toute matière. L'âme veut et commande, le corps obéit tout autant qu'il le peut[10] ; l'âme s'unit indistinctement à tel objet qu'il lui plaît[11] ; la distance, la grandeur, la figure, rien ne peut nuire[12] à cette union, lorsque l'âme le veut ; elle se fait en un instant : le corps ne peut s'unir à rien ; il est blessé de tout ce qui le touche de trop près ; il lui faut beaucoup de temps pour s'approcher d'un autre corps ; tout lui résiste, tout lui est obstacle, son mouvement cesse au moindre choc. La volonté n'est-elle donc qu'un mouvement corporel, et la contemplation un simple attouchement ? Comment cet attouchement pourrait-il se faire sur un objet éloigné, sur un sujet abstrait ? comment ce mouvement pourrait-il s'opérer en un instant indivisible ? A-t-on jamais conçu un mouvement sans qu'il y eût de l'espace et du temps ? La volonté, si c'est un mouvement, n'est donc pas un mouvement matériel, et si l'union de l'âme à un objet est un attouchement, un contact, cet attouchement ne se fait-il pas au loin ? Ce contact n'est-il pas une pénétration ? Qualités absolument opposées à celles de la matière, et qui ne peuvent, par conséquent, appartenir qu'à un être immatériel.

QUESTIONS D'EXAMEN.

1° Quel est le sujet et quel est l'attribut dans, *cette forme est la pensée ?* — 2° Combien de propositions dans, *il nous est impossible d'apercevoir notre âme autrement que par la pensée ?* — Qu'est l'infinitif *apercevoir* et qu'est la préposition *de* dont cet infinitif est précédé ? — 3° Qu'est *de* après *rien ?* — 4° Pourquoi *avec lesquelles* et non *avec qui ?* — 5° Pourquoi *puissions* au subjonctif ? Ce verbe est-il régulier ? — 6° De quoi le mot *que* est-il complément devant *fait naître ?* et qu'en résulte-t-il ? — 7° Pourquoi le subjonctif à *qu'on détruise ?* — 8° Que sont les deux mots *en,* et que signifient-ils devant *est pourvu* et devant *existera ?* — 9° Qu'est aussi le mot *en* dans *il en est de même ?* Quel est le sujet réel de l'unipersonnel *il est ?* — 10° Quel est le rapport de *le* dans *il le peut ?* Ce pronom est-il nécessaire? — 11° Qu'est le mot *que* dans *qu'il lui plaît?* 12° Pourquoi dans *peut nuire*, le verbe est-il au singulier après plusieurs sujets?

(Nous sommes obligé, pour nous restreindre, d'omettre une foule de questions, même importantes. Le maître voudra bien y suppléer.)

RÉPONSES.

1° Dans, *cette forme est la pensée*, le sujet est la *pensée* et l'attribut *cette forme*. Il est évident que *pensée* ne pourrait pas marquer la qualité de *forme*; le sens est donc : *la pensée est cette forme simple*, etc., dont il vient d'être parlé.

2° Il y a deux propositions dans : *Il nous est impossible d'apercevoir notre âme autrement que* (sous-entendu : nous l'apercevons) *par la pensée.* L'infinitif *apercevoir*, complément par la construction, au moyen de la préposition *de*, du mot *impossible*, est sujet réel de l'unipersonnel *est ;* ainsi : *apercevoir notre âme nous est impossible ;* le mot *de* n'est donc en réalité qu'un mot explétif.

3° *De* après *rien* est aussi mot explétif ; il se place ainsi devant un qualificatif après les mots *personne, rien, quelqu'un, quelque chose*, et après un nom de nombre, un adjectif numéral cardinal, ou les adjectifs indéfinis *quelques, plusieurs*, etc.; *de* ne peut pas marquer alors un complément, puisqu'il est entre un adjectif et le nom auquel l'adjectif se rapporte.

4° On dit *les organes avec lesquels* et non *avec qui*, parce que le pronom *qui* après une préposition ne se dit habituellement qu'en rapport avec des personnes.

5° Dans *par où nous puissions*, on met le subjonctif, parce que le conjonctif *où* a rapport au mot *rien*, son antécédent, qui a un sens indéfini et négatif. *Pouvoir* est un verbe très-irrégulier ; il l'est notamment dans *puissions*, parce que ce temps, pour être régulier, devrait avoir le radical du participe présent *pouvant*, son primitif.

6° *Que*, devant *fait naître*, est complément des deux verbes réunis, ce que l'on peut voir en remplaçant *fait naître* par le verbe équivalent *produit*. Le verbe *faire* suivi d'un infinitif de verbe intransitif, comme dans le cas présent, forme une seule expression avec cet infinitif ; il en est de même quand c'est un infinitif de verbe transitif qui exprime l'action du complément direct placé devant ou après les deux verbes, et auquel ce complément pourrait servir de sujet ; *faire* et l'infinitif qui suit ne forment deux expressions distinctes que si le complément reçoit l'action marquée par l'infinitif ; alors ce complément appartient à l'infinitif seul, lequel sert de complément direct à *faire*. Dans les deux cas, le complément qui accompagne les deux verbes n'appartient donc jamais au verbe *faire*; d'où il suit que le participe *fait*, suivi d'un infinitif, est toujours invariable.

7° *Qu'on détruise* est mis pour *je suppose qu'on détruise.*

8° Dans *qui en est pourvu*, le pronom *en* relatif à *moyens*, signifie *d'eux, de ces moyens*; dans *n'en existera pas moins*, le pronom *en* signifie *malgré cela* et a rapport à la supposition précédemment énoncée.

9° Dans *il en est de même*, signifiant *cela* (qui vient d'être dit) *est vrai également*, le mot *en* rappelle ce qui précède et peut se tourner par *cela*, dont on fait le sujet réel de la proposition.

10° Dans *il le peut*, le pronom *le* tient la place de l'infinitif *obéir*; on pourrait ne pas exprimer *le*.

11° Dans *qu'il lui plaît*, le sujet réel de l'unipersonnel est *que*, pouvant se remplacer par *qui*, si l'on supprime le sujet apparent *il*.

12° *Peut* reste au singulier après plusieurs sujets formant une énumération et résumés par le mot *rien*, avec lequel le verbe s'accorde.

13° Exercice.

IMMATÉRIALITÉ DE L'ÂME. (*J.-J. Rousseau.*)

Plus je rentre en moi, plus je me consulte, et[1] plus je lis ces mots écrits dans mon âme : « Sois juste et[2] tu seras heureux ! » Il n'en est rien[3] pourtant, à considérer[4] l'état présent des choses[5] : le méchant prospère[6] et le juste reste opprimé. Voyez[7] aussi quelle indignation s'allume en nous quand cette attente est frustrée ! la conscience s'élève et murmure contre son Auteur : « Tu m'as trompé. » — « Je t'ai trompé, téméraire ! qui te l'a dit ? Ton âme est-elle anéantie ? As-tu cessé d'exister ? ô Brutus ! ô mon fils ! ne souille point ta noble vie en la finissant ; ne laisse point ton espoir et ta gloire avec ton corps aux champs de Philippes. Pourquoi dis-tu : La vertu n'est rien, quand tu vas jouir du prix de la tienne ? Tu vas mourir, penses-tu ; non, tu vas vivre, et c'est alors que je tiendrai tout ce que je t'ai promis[8]. »

On dirait[9], aux murmures[10] des impatients mortels, que Dieu leur doit[11] la récompense avant le mérite,

et qu'il est obligé de payer leur vertu d'avance. Oh [12]!
soyons bons premièrement, et puis nous serons heureux.
N'exigeons pas le prix avant la victoire, ni [13] le salaire avant le travail. Ce n'est point dans la lice, disait
Plutarque [14], que les vainqueurs de nos jeux sacrés
sont couronnés [15], c'est après qu'ils l'ont parcourue [15].

Si l'âme est immatérielle, elle peut survivre au corps ;
et si elle lui survit, la Providence est justifiée [16]. Quand
je n'aurais d'autre preuve [17] de l'immatérialité de l'âme
que [18] le triomphe du méchant et l'oppression du juste
en ce monde, cela seul m'empêcherait d'en douter.
Une si choquante dissonance dans l'harmonie universelle
me ferait chercher à la résoudre. Je me dirais : « Tout
ne finit pas pour moi avec la vie ; tout rentre dans l'ordre à la mort. »

QUESTIONS D'EXAMEN.

1° Pourquoi la conjonction *et* serait-elle mieux placée entre les
deux premières propositions qu'entre la seconde et la troisième ?
Deux propositions commençant par *plus* répété et formant les deux
termes d'une comparaison se joignent-elles par *et* ? — 2° Que signifie
et dans *sois juste et tu seras heureux* ; est-ce là une conjonction additionnelle ? — 3° Donner une construction grammaticale et pouvant
être analysée à ces mots : *il n'en est rien*. — 4° Que signifie *à considérer* ? — 5° Pourquoi deux points après *l'état présent des choses* ?
— 6° Pourquoi l'accent grave sur *prospère* ? — 7° Quel est le complément de *voyez* ? — 8° Quelle est la figure qui se remarque dans
ce dialogue ? — Expliquer en quoi cette figure consiste. — 9° *On
dirait* marque-t-il ici un conditionnel ? — 10° Que signifie la préposition *à* dans *aux murmures* ? — 11° Pourquoi *doit* à l'indicatif
après *on dirait que* ? — 12° Quelles sont les différentes manières
d'écrire l'interjection *oh* ? — 13° Pourquoi *ni* et non pas *et* devant
le salaire ? — 14° Pourquoi met-on *disait Plutarque* entre deux
virgules ? pourquoi le sujet après le verbe ? — 15° Expliquer l'accord
des participes *couronnés* et *parcourue*. — 16° Combien de propositions dans la phrase commençant par *si l'âme est*, etc. ; sont-elles
placées dans l'ordre grammatical ? Expliquer la ponctuation de cette
phrase. — 17° Pourquoi *d'autre preuve* au singulier ? pourrait-on
mettre le pluriel ? — 18° Qu'est le mot *que* devant *le triomphe* ; et
qu'est ce mot dans la proposition ?

RÉPONSES.

1° La conjonction *et* serait mieux placée entre les deux premières propositions commençant par *plus*, parce qu'elles sont de même nature et qu'elles forment ensemble le second terme de la comparaison. La troisième proposition forme le premier terme auquel les deux suivantes doivent être jointes par *que*, en tournant le troisième *plus* par *d'autant plus*; ainsi : *Je lis d'autant plus ces mots écrits dans mon âme que je rentre plus en moi et que je me consulte davantage.* Quand il n'y a que deux propositions commençant par *plus* répété, on ne les joint pas par la virgule.

2° Après *sois juste*, la conjonction *et* n'est pas additionnelle mais conclusive, signifiant *ainsi*.

3° Pour analyser *il n'en est rien*, on tourne par *rien de cela n'existe*.

4° *A considérer*, signifie, *en considérant*, *si l'on considère*; il y a là une ellipse; le sens est : *on pensera ainsi en considérant*, etc.

5° Les deux points sont mis après *l'état présent des choses*, parce que ce qui suit est l'explication de ce qui précède.

6° *Prospérer*, change *é* fermé en *è* ouvert devant une syllabe muette.

7° *Voyez*, a pour complément la proposition qui suit, ou seulement le nom *indignation* si l'on veut tourner *quelle indignation* par *l'indignation qui*.

8° La figure qui se remarque dans ce dialogue est une prosopopée; on y met en scène deux personnages auxquels on attribue imaginairement la faculté de la parole.

9° *On dirait* signifie *il semble*; il n'y a donc point là un sens de conditionnel.

10° Dans *aux murmures*, la préposition *à* est mise pour *d'après*.

11° Après *on dirait que*, on emploie l'indicatif pour affirmer une chose que l'on donne comme vraisemblable ou possible. Quand la seconde proposition exprime une chose invraisemblable ou impossible, le verbe se met au subjonctif.

12° On écrit ainsi l'interjection *oh!* pour exprimer l'admiration; *ho!* ou *ho! ho!* en répétant le mot, pour marquer la surprise; *ô*, devant un nom compellatif, pour marquer l'apostrophe ou l'invocation.

13° On joint par la conjonction *ni* les parties semblables d'une proposition négative.

14° La proposition *disait Plutarque*, se met entre deux virgules parce que c'est une incidente insérée dans une citation, pour annoncer que l'on rapporte les paroles de quelqu'un; c'est pour le même motif que le sujet est rejeté après le verbe.

15° On parle des *vainqueurs couronnés* et de la *lice parcourue*; donc les participes *couronnés* et *parcourue* sont à l'égard des noms *vainqueurs*, *lice*, qui les précèdent, comme des adjectifs.

16° Dans cette phrase, contenant quatre propositions, chacune des principales est précédée de sa complétive ou subordonnée; il y a donc une double inversion. Le point-virgule sert à séparer la seconde principale de la première; la virgule, après chaque subordonnée, sert à marquer l'inversion; la virgule après *et* sert avec celle qui suit la seconde subordonnée à renfermer une incidente; la conjonction *et* doit être, dans la construction grammaticale, immédiatement suivie de la seconde principale.

17° *D'autre preuve* précédé de *ne* signifie *aucune autre preuve*, le sens est donc celui du singulier; on pourrait mettre également le pluriel; le sens serait alors : *quand je n'aurais pas des preuves autres que*, etc.

18° Après *autre*, le mot *que* signifie *laquelle*, ayant pour antécédent *preuve*; on peut tourner ainsi : *quand je n'aurais pas une preuve autre laquelle est le triomphe du méchant*, etc.; le mot *que* est donc attribut dans la seconde proposition.

14ᵉ Exercice.

IMMORTALITÉ DE L'AME. (*Massillon.*)

Si tout meurt avec le corps [1], qu'est-ce qui [2] a pu persuader [3] à tous les hommes de tous les siècles et de tous les pays que leur âme était immortelle? D'où [4] a pu [5] venir au genre humain cette étrange idée d'immortalité [6]? Un sentiment si [7] éloigné de la nature de l'homme, puisqu'il ne serait né que pour les fonctions des sens [8], aurait-il pu prévaloir [9] sur la terre? Car, si l'homme, comme la bête, n'est fait que pour le temps, rien ne doit être plus incompréhensible pour lui que la seule idée d'immortalité : des machines pétries de boue, qui ne devraient vivre et n'avoir pour objet qu'une félicité sensuelle, auraient-elles jamais pu ou se donner ou trouver en elles-mêmes [10] de [11] si nobles sentiments et des [11] idées si sublimes? Cependant, cette idée si extraordinaire est devenue l'idée de tous les hommes ; cette idée si opposée même aux sens, puisque l'homme, comme la bête, meurt tout entier à nos yeux, s'est établie sur la terre. Ce sentiment, qui n'aurait pas dû même trouver un inventeur dans l'univers, a trouvé une docilité universelle parmi tous les peuples, les plus sauvages comme les plus cultivés, les plus polis comme les plus grossiers, les plus infidèles comme les plus soumis à la foi.

(La suite à l'exercice suivant.)

QUESTIONS D'EXAMEN.

1° Dans *si tout meurt avec le corps*, qu'est le mot *si* et quelle est sa signification ? Qu'est le mot *tout* ? A quel temps *meurt* se termine-t-il par *e* muet ? Qu'est ce verbe et pourquoi est-il irrégulier ? Comment s'explique l'orthographe de *corps*, et quel est son homonyme ? Cette proposition est-elle à sa place grammaticale. — 2° Qu'est l'expression *qu'est-ce qui* ? Comment peut-elle se construire grammaticalement pour être analysée ? — 3° Quel est le complément direct de *persuader* ? — 4° Que peut-on sous-entendre devant *qu'est-ce* et devant *d'où* ? — 5° Quel est le sujet de *a pu* ? — 6° Pourquoi l'article est-il supprimé dans *d'immortalité* ? — 7° Qu'est *si* dans *si éloignée* ? — 8° Qu'est la proposition commençant par *puisque* ? — 9° Pourquoi le futur de *prévaloir* est-il irrégulier ? Ce verbe fait-il au présent du subjonctif comme *valoir* ? — 10° Pourquoi ne pourrait-on pas dire *trouver en soi*. — 11° Pourquoi *de* devant *si nobles sentiments*, et pourquoi *des* devant *idées si sublimes* ?

RÉPONSES.

1° Dans *si tout meurt avec le corps*, le mot *si* est conjonction, signifiant *supposé que*. Le mot *tout* est pronom indéfini. S'il y avait : *supposé que tout meure*, on mettrait *meure* au subjonctif, tandis que, après *si*, le verbe *meurt* est à l'indicatif. *Mourir* est un verbe intransitif, irrégulier au futur de l'indicatif et du conditionnel, ces deux temps n'ayant pas, dans *mourir*, la voyelle *i* qu'ils prennent ordinairement dans les verbes en *ir* ; ce verbe est encore irrégulier dans les dérivés du participe présent *mourant*, dont le radical *mour* est remplacé par *meur* devant une terminaison muette, pour qu'il n'y ait par deux sons sourds de suite. *Corps* s'écrit ainsi, parce qu'il vient du latin *corpus*; il a pour dérivé *corporel*. Cette proposition, commençant par une conjonction, est placée au commencement de la phrase par inversion.

2º *Qu'est-ce* est une locution interrogative; pour l'analyser, il faudrait tourner ainsi : *ce qui a pu, etc., est quoi;* dans *qu'est-ce,* le sujet serait donc *ce* et l'attribut *que.*

3º *Persuader* a pour complément la proposition *que leur âme était immortelle.*

4º On pourrait, mais cela n'est pas nécessaire, sous-entendre : *je demande,* devant les expressions interrogatives *qu'est-ce* et *d'où.*

5º Le sujet de *a pu* est *cette idée;* l'inversion a ici pour cause l'expression interrogative *d'où* placée devant le verbe; mais cette inversion n'est pas indispensable, le sujet aurait pu être mis devant le verbe, lequel aurait alors demandé à être suivi du pronom *elle,* sujet répété par pléonasme, servant à donner au verbe une forme interrogative.

6º Dans *idée d'immortalité,* l'article est supprimé après *de,* parce que *immortalité,* pris ici dans un sens général, marque la nature de *l'idée.*

7º Dans *si éloigné,* le mot *si* est adverbe d'extension, signifiant *tellement.*

8º La proposition commençant par *puisque* est incidente, parce qu'elle est intercalée dans une autre; elle est aussi subordonnée explicative, c'est-à-dire dépendante d'une autre et non indispensable au sens.

9º Le futur de *prévaloir,* je *prévaudrai,* est irrégulier, n'ayant pas le radical de son primitif. Ce verbe fait régulièrement au subjonctif : *que je prévale,* tandis que le subjonctif de *valoir,* que je *vaille,* est irrégulier, puisque le participe présent est *valant.*

10º On ne peut pas dire : *trouver en soi,* et l'on dit : *en elles-mêmes,* parce que *soi* ne s'emploie pas au pluriel.

11º On dit, en supprimant l'article : *de si nobles sentiments,* parce que le nom, pris dans un sens partitif, est précédé d'un qualificatif; pour la raison contraire, l'article est conservé dans : *des idées si sublimes.*

15ᵉ Exercice.

SUITE DU SUJET PRÉCÉDENT.

S'il n'y a point d'avenir[1], quel dessein digne de sa sagesse Dieu aurait-il pu se proposer[2] en créant les hommes? Quoi[3]! il n'aurait pas eu d'autres[4] vues en les formant qu'en formant la bête[5]! L'homme, cet être si noble, qui trouve en lui de si hautes pensées, de si vastes désirs, de si grands sentiments; susceptible[6] d'amour, de vérité, de justice; l'homme, seul de toutes les créatures, capable[6] d'une destination sérieuse, de connaître et d'aimer l'auteur de son être, cet homme ne serait fait[7] que pour la terre, pour passer un petit nombre de jours[8], comme la bête, en des occupations frivoles ou des plaisirs sensuels! il remplirait[9] sa destinée en remplissant un rôle si méprisable! Il n'aurait paru sur la terre que pour y donner un spectacle si risible et si digne de pitié! et après cela il retomberait dans le néant, sans avoir fait aucun usage de cet esprit vaste et de ce cœur élevé que l'auteur de son être lui avait donnés[10]! Où serait ici[11] la sagesse du Créateur, de n'avoir fait un si grand ouvrage que pour le temps, de n'avoir montré des hommes à la terre que pour faire des essais badins de sa puissance et délasser son loisir par cette variété de spectacle? Le dieu des impies n'est donc grand que parce qu'il est plus injuste, plus capricieux et plus méprisable que l'homme?

QUESTIONS D'EXAMEN.

1° Quel est le sens de *s'il n'y a point d'avenir;* à quoi équivaut *point de?* — 2° Que veut dire : *se proposer un dessein?* quelle différence de sens a le verbe *proposer* avec *se* pour complément direct ou pour complément indirect? — 3° Qu'est le mot *quoi*, ainsi employé? comment équivaut-il à une proposition? — 4° L'expression *non pas d'autres* est-elle négative? par quel mot pourrait-on la remplacer? — 5° Quelle est, dans la phrase, la valeur de ces mots *qu'en formant la bête?* est-ce là une proposition? — 6° *Susceptible* et *capable* sont-ils synonymes? — 7° *Serait fait* n'a-t-il pour sujet que *cet homme*, dont il est précédé? Faire remarquer ce que cette phrase a de particulier. — 8° Qu'y a-t-il à remarquer dans *un petit nombre de jours?* — 9° Que signifie le conditionnel *remplirait*, de même que *il aurait eu, serait fait*, de même que les conditionnels qui suivent? — 10° Expliquer l'accord du participe *donnés*. — 11° Comment rendre compte des deux mots *où, ici,* dans la même proposition?

RÉPONSES.

1° *S'il n'y a point d'avenir* signifie *si aucun avenir*

n'existe. Devant un complément direct et devant le sujet réel d'un verbe unipersonnel, lequel se présente sous la forme d'un complément, *point de* équivaut à *aucun.*

2° *Se proposer un dessein,* signifie *avoir un but en vue.* On dit avec se complément direct : se *proposer pour une mission,* c'est-à-dire se présenter pour, et avec se complément indirect : se *proposer une chose* ou *de faire une chose,* avoir une chose en vue, avoir l'intention de la faire.

3° *Quoi,* ainsi employé, est considéré comme interjection; on peut en faire une proposition implicite, dont le sens serait ici : *que peut-on supposer? quoi est vraisemblable?*

4° L'expression *non pas d'autres* offre la réunion de deux négations, dont la première sert à détruire la seconde, représentée par *autres,* qui signifie *non les mêmes. Il n'aurait pas eu d'autres vues,* veut donc dire : *il aurait eu les mêmes vues.*

5° Avec *autre que* on exprime une comparaison; après *que,* joignant les deux termes d'une comparaison, le second terme est toujours une proposition; donc dans ces mots : *qu'en formant la bête,* il y a une proposition implicite, pouvant se construire ainsi : *lesquelles il a eues en formant la bête.*

6° *Être capable de faire une chose,* c'est avoir la capacité, le talent, les qualités nécessaires pour la faire; *être susceptible de faire une chose,* c'est être dans la disposition, dans la possibilité de la faire; on se sert aussi de *susceptible* dans un sens passif et de *capable* dans un sens actif : Être *susceptible* d'impressions violentes, être *capable* de grandes actions.

7° *Cet homme,* sujet de *serait fait,* sert ici à rappeler le mot *l'homme,* exprimé déjà deux fois et également sujet de *serait fait.* Cette répétition du mot *homme,* en permettant d'ajouter à ce nom tous les compléments qui servent à développer la pensée, est nécessaire à la suite de la phrase; autrement, le sujet serait trop éloigné de son verbe; mais le premier nom, *homme,* suffisant au sens et à la construction, est le seul vrai sujet du verbe; les autres ne sont que des sujets répétés par pléonasme.

8° Dans *un petit nombre de jours,* il y a à remarquer un collectif partitif qui veut la suppression de l'article devant son complément.

9° Tous les conditionnels employés ici successivement sont des formes oratoires servant à rendre le sens dubitatif ou hypothétique; ils dépendent d'une idée qui pourrait être exprimée par la proposition : *supposé qu'il n'y ait point d'avenir, s'il n'y avait point d'avenir.*

10º Le participe *donnés* s'accorde avec *que*, mis pour *esprit* et *cœur*, son complément direct, placé avant, et à l'égard duquel il est adjectif; on parle *de l'esprit et du cœur donnés*.

11º *Où* et *ici* ont dans cette proposition des rapports différents : *où* marque une idée particulière, *ici* rappelle l'ensemble des idées émises ; le sens est : *en quel point particulier* se retrouverait, *dans toutes ces suppositions*, la sagesse du Créateur?

16ᵉ Exercice.

LA CONSCIENCE. *(Châteaubriand.)*

La conscience fournit aussi une preuve de l'immortalité [1] de notre âme. Chaque homme a [2] au milieu du cœur un tribunal où [3] il commence par [4] se juger soi-même [5], en attendant que l'arbitre souverain confirme la sentence. Si le vice n'est qu'une conséquence physique de notre organisation, d'où vient cette frayeur qui trouble les jours d'une prospérité coupable ? Pourquoi le remords est-il si terrible, qu'on préfère souvent de [6] se soumettre à la pauvreté et à toute la rigueur de la vertu, plutôt que [7] d'acquérir des biens illégitimes [8] ? Pourquoi y a-t-il une voix [9] dans le sang [9], une parole dans la pierre ? Le tigre déchire sa proie et dort ; l'homme devient homicide et veille [10]. Il cherche les lieux déserts, et cependant [11] la solitude l'effraye ; il se traîne autour des tombeaux, et cependant il a peur des tombeaux. Son regard est inquiet et mobile ; il n'ose [12] fixer [13] le mur [14] de la salle [14] du festin dans la crainte d'y voir des caractères funèbres [15]. Tous ses sens semblent devenir meilleurs pour le tourmenter : il voit au milieu de la nuit des lueurs menaçantes ; il est toujours environné de l'odeur du carnage ; il découvre le goût du poison jusque dans les mets qu'il a lui-même apprêtés ; son oreille, d'une étrange subtilité, trouve le bruit où tout le monde trouve le silence ; et en embrassant un ami il croit sentir sous ses vêtements un poignard caché [16].

QUESTIONS D'EXAMEN.

1° Expliquer la syllabe initiale de *immortalité*. — 2° Qu'est ici le mot *a?* Quand est-il préposition? — 3° Qu'est le mot *où?* Quand est-il conjonction? — 4° Que signifie *commencer par?* Quand dit-on *commencer à* et *commencer de?* — 5° Comment *soi-même* est-il employé? — 6° Qu'est la préposition *de* devant *se soumettre?* — 7° Qu'est la locution *plutôt que de?* Quand écrit-on *plus tôt* en deux mots? — 8° Expliquer l'initiale de *illégitime.* — 9° Expliquer par l'étymologie l'orthographe de *voix* et de *sang;* dire les homonymes de ces deux mots. — 10° Quelle figure forment les deux parties de cette phrase? Expliquer en quoi cette figure consiste. — 11° Que fait ici *cependant* après *et?* — 12° Pourquoi la seconde négative est-elle supprimée? — 13° Quel est ici le sens de *fixer;* cette acception est-elle exacte? — 14° Donner quelques explications sur le sens et les homonymes des mots *mur, salle.* — 15° A quel événement cette phrase fait-elle allusion? — 16° Indiquer les propositions et expliquer la ponctuation de la dernière phrase.

RÉPONSES.

1° L'initiale privative *in* sert à donner au nom *immortalité* un sens contraire à celui du nom *mortalité.* Le son nasal *in* se change en *im* devant un *b,* un *p,* ou devant une *m.*

2° *A*, troisième personne du singulier du verbe *avoir,* qui est ici verbe transitif, ayant pour complément direct *un tribunal.* La préposition *à* prend un accent grave et se reconnaît en ce qu'on ne peut la faire précéder du pronom *il.*

3° *Où,* adverbe de lieu, signifiant *dans lequel,* relatif à *tribunal,* et faisant l'office de conjonctif entre les deux propositions. *Ou,* conjonction signifiant *ou bien,* ne prend pas d'accent grave.

4° *Commencer par,* c'est faire d'abord une chose pour en faire une autre ensuite. *Commencer à* s'emploie en parlant d'une chose qui est susceptible d'accroissement, de progrès. *Commencer de* se dit d'une action qui doit avoir de la durée.

5° *Soi-même,* employé par pléonasme comme complément direct, répétant le pronom *se,* sert à donner plus de précision au sens.

6° *De* placé devant *se soumettre,* complément direct de *préfère,* est mot explétif. L'infinitif après *préférer* peut prendre ou ne pas prendre la préposition *de.*

7° *Plutôt que de* est une locution prépositive. *Plus tôt* s'écrit en deux mots pour marquer le temps, par opposition à *plus tard*.

8° L'initiale de *illégitime*, c'est, comme il a été dit précédemment, la syllabe privative *in*, servant à donner à cet adjectif le sens contraire de *légitime*. La lettre *n* de *in* se change en *l* ou en *r* devant une autre *l* ou une autre *r*.

9° *Voix*, *vocal*, viennent du latin *vox*, *vocis*; *sang*, *sanguin*, viennent du latin *sanguis*, *sanguinis*. Les homonymes de *voix*, son, parole, sont, *voie*, route; *voit*, *vois*, *voient*, que je *voie*, du verbe *voir*. Les homonymes de *sang*, liquide rouge qui coule dans les veines, sont : *sens* (sens commun); *sans* préposition; *sens*, *sent*, du verbe *sentir*; *cent*, adjectif ou nom de nombre.

10° Les deux parties de cette phrase, composées chacune de deux propositions, forment une antithèse; nom que l'on donne à une figure qui exprime une opposition de pensées ou de mots.

11° *Cependant*, après *et*, ne peut servir au même usage que *et*, c'est-à-dire à lier les deux propositions jointes par *et*; il y a donc lieu de considérer ici *cependant* comme un adverbe, signifiant *malgré cela*.

12° Après *oser* et *pouvoir* précédés de *ne*, il est souvent mieux de supprimer la seconde négative.

13° *Fixer* est employé ici dans le sens de *regarder fixement*; cette acception est populaire, mais inexacte; il vallait mieux dire : *fixer ses regards sur le mur*.

14° *Mur*, muraille, a pour homonymes *mûr*, adjectif, signifiant en maturité, et *mûre*, substantif féminin, fruit du mûrier. — *Salle*, pièce d'un appartement, grande enceinte pour les spectacles, a pour homonyme, *sale*, adjectif, signifiant *malpropre*.

15° Cette phrase fait allusion au festin de Balthasar.

16° Cette dernière phrase renferme huit propositions : 1e *tous ses sens semblent devenir meilleurs pour le tourmenter*; 2e *il voit au milieu de la nuit des lueurs menaçantes*; 3e *il est toujours environné de l'odeur du carnage*; 4e *il découvre le goût du poison jusque dans les mets*; 5e *qu'il a lui-même apprêtés*; 6e *son oreille, douée d'une étrange subtilité, trouve le bruit*; 7e *où tout le monde trouve le silence*; 8e *et en embrassant un ami il croit sentir sous son vêtement un poignard caché*. Toutes ces propositions, à l'exception de la 5e et de la 7e, sont principales. A la fin de la première on met deux points, parce qu'elle est suivie d'explications; toutes les autres principales sont séparées par le point-virgule, parce qu'elles sont, d'une certaine étendue et que plusieurs ont entre leurs parties secondaires la virgule; on met entre deux virgules les deux expressions incidentes, *douée d'une étrange subtilité* et *en embrassant un ami;* la première de ces expressions est explicative, la seconde fait une inversion. On ne met point de virgule devant les deux subordonnées, parce qu'elles sont déterminatives.

17° Exercice.

LE PRÉSENT ET L'AVENIR. (*Fénelon.*)

Les hommes passent [1] comme les fleurs [2] qui s'épanouissent [3] le matin [4], et qui, le soir [4], sont flétries [5] et foulées [5] aux pieds [6]. Les générations des hommes s'écoulent comme les ondes d'un fleuve rapide; rien ne peut arrêter le temps, qui entraîne après lui tout ce qui paraît le plus immobile [7]. Toi-même, ô mon fils [8]! mon cher fils! toi-même [9], qui jouis [10] maintenant d'une jeunesse si [11] vive et si [11] féconde en [12] plaisirs, souviens-toi [13] que ce bel âge n'est qu'une fleur [14] qui sera presque aussitôt séchée qu'éclose; tu verras changer [15] insensiblement les grâces riantes [16], et les doux plaisirs qui t'accompagnent. La force, la santé, la joie [17], s'évanouiront comme un beau songe [18]; il ne t'en restera qu'un triste souvenir [19]: la vieillesse languissante et ennemie des plaisirs [20] viendra rider [21] ton visage, courber ton corps, affaiblir tes membres, faire tarir [22] dans ton cœur la source de la joie, te dégoûter du présent, te faire craindre [23] l'avenir, te rendre insensible à tout, excepté [24] à la douleur.

Ce temps te paraît éloigné : hélas! tu te trompes, mon fils; il se hâte, le voilà qui arrive [25] : ce qui vient avec tant de rapidité n'est pas loin de toi, et le présent, qui s'enfuit, est déjà bien loin [26], puisqu'il s'anéantit dans le moment que [27] nous parlons, et ne peut plus se rapprocher. Ne compte [28] donc jamais, mon fils, sur le présent; mais soutiens-toi dans le sentier rude et âpre [29] de la vertu, par la vue de l'avenir. Prépare-toi, par des mœurs pures et par l'amour de la justice, une place dans cet heureux séjour[30] de la paix.

QUESTIONS D'EXAMEN.

1° Quel est ici le sens de *passent?* Qu'est ce verbe et quand est-il verbe transitif? — 2° Qu'y a-t-il de sous-entendu après *fleurs?* Ce nom est-il pris dans toute son acception, et pourquoi n'est-il pas suivi d'une virgule? — 3° Qu'est le verbe *s'épanouissent?* — 4° Que sont les compléments *le matin, le soir?* Pourquoi ce dernier est-il entre deux virgules? — 5° Comment sont employés les participes *flétries* et *foulées?* Y a-t-il en français des verbes passifs? — 6° Combien y a-t-il de propositions dans la première phrase? — 7° Combien y en a-t-il dans la suivante et quelle est la nature de chacune d'elles? Pourquoi le point-virgule après *rapide;* pourquoi la virgule devant le premier *qui* et pas de virgule devant le second? Donner la raison de l'accent circonflexe sur *arrêter* et de l'orthographe du mot *temps;* homonymes de ce dernier mot. — 8° Qu'est l'expression *ô mon fils!* Pourquoi le point exclamatif? Pourquoi *ô* est-il écrit ainsi? Quand écrit-on *oh! ho!* Dire les deux personnages mis ici en scène : celui qui parle et celui à qui l'on parle. — 9° Quelle est la fonction du pronom *toi-même?* Pourquoi ne pourrait-on pas mettre ici le pronom *tu?* Pourquoi la virgule après *toi-même?* — 10° Quel est l'accord de *jouis?* Qu'est ce verbe? — 11° Qu'est *si* devant *vive* et *féconde?* D'après quelle règle *vive* s'écrit-il ainsi au féminin? — 12° Pourquoi la suppression de l'article dans *en plaisirs?* — 13° Qu'est *souviens-toi,* et à quel temps est ce verbe? Quel est le complément direct et quel est le complément indirect de ce verbe? Quelle différence y a-t-il entre les deux synonymes *se souvenir* et *se rappeler?* — 14° Pourquoi pas de virgule après *fleur?* Quelles sont les deux propositions qui suivent *fleur* et que forment-elles? — 15° Quel est le sens de *changer* après *tu verras,* et quels sont les compléments de ce dernier verbe? — 16° Pourquoi *riantes* est-il variable? — 17° Pourquoi *force, santé, joie,* sont-ils suivis de virgules? — 18° Compléter la proposition *comme un beau songe.* — 19° Donner, en mettant chaque terme à sa place, une construction grammaticale à la proposition *il ne t'en restera qu'un triste souvenir.* Qu'est ici le verbe *restera?* Pourquoi deux points après *souvenir?* — 20° Dans quel sens est pris le nom *plaisirs?* — 21° Quelle sorte de compléments sont les infinitifs après *viendra?* Qu'est le verbe *venir* et à quels temps est-il irrégulier? — 22° A quel verbe appartient le complément après *faire tarir?* — 23° En est-il de même après *faire craindre?* — 24° Qu'est ici le mot *excepté?* Quand est-il adjectif? — 25° Expliquer l'expression *le voilà qui arrive* et montrer qu'il y a là deux propositions. — 26° Pourquoi la virgule devant *puisqu'il?* — 27° Qu'est le mot *que* après *moment?* — 28° Quel est le sens de *compter* suivi de *sur* ou suivi d'un complément direct? Pourquoi la seconde négative *pas* est-elle supprimée après *compte?* — 29° Dans quel sens est pris *sentier rude et âpre?* Qu'appelle-t-on sens propre et sens figuré? — 30° De quel séjour est-il ici question?

RÉPONSES.

1° *Passent,* signifie ici *périssent, ont une fin.* Pris absolument ou ayant le sens de *aller d'un lieu à un autre,* ce verbe est intransitif; on l'emploie dans diverses acceptions en le faisant suivre de *à, de, en, par, sur, dans, pour,* etc. Avec un complément direct, *passer* est verbe transitif : *passer une rivière, passer son chemin, passer des voyageurs dans une barque, passer le but, passer son temps, passer un effet, passer un article au grand livre, passer un défaut, passer un habit,* etc.

2° *Fleurs* est sujet de *passent* sous-entendu ; ce nom a un sens restreint par la proposition qui suit et qui, pour cette raison, ne doit pas être précédée de la virgule.

3° *S'épanouissent,* verbe essentiellement pronominal, dont le participe passé *épanoui* peut s'employer sans auxiliaire et comme un adjectif, ce qui n'a pas lieu pour les verbes de la même sorte.

4° *Le matin, le soir,* compléments indirects ou circonstanciels ; le second est entre deux virgules, parce qu'il forme une expression incidente, placée par inversion.

5° *Flétries* et *foulées,* participes employés comme adjectifs, attributs du sujet, auquel ils sont joints par le verbe substantif. Le verbe *être* n'est pas ici verbe auxiliaire ; il fait le même office que devant un adjectif et ne forme point une seule expression avec le participe ; il n'y a donc pas lieu de voir là un verbe passif ; en français, il n'y a pas de forme particulière pour la conjugaison passive ; il ne peut, conséquemment, y avoir en réalité de verbes passifs.

6° Cette première phrase renferme quatre propositions ; la seconde est elliptique.

7° La seconde phrase se compose de cinq propositions : 1re *Les générations des hommes s'écoulent,* principale absolue, entière et inverse; *se* complément de l'attribut précédant le verbe ; 2e *comme les ondes d'un fleuve rapide,* sous-entendu, *s'écoulent;* proposition complétive ou subordonnée ; elle est indispensable, parce qu'elle forme le second terme de la comparaison ; elle est donc déterminative, et, de plus, elle est elliptique ; 3e *rien ne peut arrêter le temps,* proposition principale absolue, entière et directe ; 4e *qui entraîne après lui tout ce*, proposition subordonnée, explicative du mot *temps*; entière et directe ; 5° *qui paraît le plus immobile*, subordonnée déterminative du mot *ce*; entière et directe. — Le point-virgule après *rapide* sert à séparer les deux principales; devant le premier *qui* on met la virgule, parce que c'est une explicative; on ne la met pas devant le second *qui*, parce que la proposition est déterminative. — Sur le mot *arrêter* l'accent circonflexe remplace une *s* supprimée, que l'on retrouve dans le dérivé *arrestation*.

8° Dans *ô mon fils*, le nom *fils* est employé en apostrophe; c'est ce qu'on appelle, dans la déclinaison latine, le vocatif. Le point exclamatif, qui ne se met pas toujours après un vocatif, sert ici à ajouter à l'expression en indiquant une interpellation plus accentuée. L'interjection ô s'écrit ainsi devant un nom compellatif ou mis en apostrophe, ou dans une invocation. On écrit *oh!* pour marquer l'admiration, et *ho!* pour marquer la surprise. *Mon fils* désigne Télémaque, à qui ces paroles sont adressées dans les Champs-Élysées par son aïeul Arcésius.

9° *Toi-même* est le sujet de l'impératif *souviens-toi*. On peut donner le pronom *toi*, mais non le pronom *tu*, pour sujet à un impératif, et alors on doit faire suivre d'une virgule le pronom sujet; la virgule est de plus motivée ici après *toi-même* par la nature de la proposition qui suit et qui ne peut être qu'une explicative.

10° *Jouis*, verbe intransitif, à la seconde personne du singulier, parce que son sujet *qui* a pour antécédent *toi-même*.

11° *Si* devant *vive* et *féconde* est adverbe, signifiant tellement. *Vive*, féminin de *vif*, se forme par le changement de l'articulation dure *f* en *v*, qui est l'articulation douce équivalente.

12° Après la préposition *en*, on supprime toujours l'article, excepté dans quelques locutions comme *en l'an*, *en l'année*, etc., ou quand cette préposition est suivie d'un nom pluriel pris dans un sens partitif.

13° *Souviens-toi*, verbe essentiellement pronominal, à l'impératif; le complément direct est *toi* et le complément indirect la proposition qui suit. Dans *se souvenir* le pronom *se*, ou le second pronom, est complément direct, et dans *se rappeler*, signifiant *rappeler à soi*, le mot *se* est complément indirect; d'où il résulte qu'après *se souvenir* on met un complément indirect avec la préposition *de*, et qu'après *se rappeler* on met un complément direct : *se souvenir d'une chose*, *se rappeler une chose*.

14° Après *une fleur*, on ne met pas de virgule, parce que

la proposition qui suit est déterminative. Dans *qui sera presque aussitôt séchée qu'éclose,* il y a deux propositions, formant les deux termes d'une comparaison ; la seconde qu'éclose est elliptique et signifie *qu'elle sera éclose.*

15° *Changer* a ici le sens de *se changeant, être changé,* et se rapporte comme modificatif à *grâces* et à *plaisirs,* qui sont les compléments de *tu verras.*

16° *Riantes* est un adjectif, marquant ce que sont les *grâces.* On qualifie sens propre, le sens primitif.

17° La virgule entre *force, santé, joie,* sert à séparer des termes semblables, qui ne sont pas joints par *et* ; la dernière virgule après *joie* n'est mise ici qu'à cause de l'énumération.

18° Après *comme un beau songe,* est sous-entendu *s'évanouira.*

19° Tourner ainsi : *un triste souvenir de cela te restera seulement.* Le verbe intransitif *restera* est accidentellement unipersonnel. Les deux-points après *souvenir* indiquent des détails qui vont être donnés sur ce qui a été dit précédemment.

20° *Plaisirs* est pris dans toute son acception et conserve l'article.

21° Après *viendra,* les infinitifs sont compléments indirects au moyen de la préposition *pour* sous-entendue. Ce verbe est intransitif, marquant une action qui ne sort pas du sujet ; il est irrégulier dans les dérivés du présent de l'infinitif : *je viendrai, je viendrais,* et dans ceux du participe présent qui ont leur radical suivi d'un *e* muet : *ils viennent, que je vienne.*

22° Après *faire tarir,* le complément *source* appartient aux deux verbes réunis ; *tarir* étant pris ici intransitivement, exprime l'action de la *source* et non une action qui retombe sur ce complément ; d'où il suit que *source* ne pourrait pas être complément de l'infinitif seul.

23° Après *faire craindre,* le complément *avenir* appartient seulement à *craindre,* dont il reçoit l'action.

24° *Excepté* est préposition quand il ne vient pas après un substantif ; autrement, il est adjectif, signifiant *étant excepté.*

25° *Le voilà qui arrive,* doit se tourner par *voyez-lui qui arrive* ; les prépositions *voici, voilà,* sont formées de *vois ici, vois là,* et ont le même complément que le verbe *voir.*

26° Devant les conjonctions causales *puisque, parce que, vu que,* etc., on met toujours la virgule, la proposition qui suit étant nécessairement explicative.

27° *Que* après *moment* signifie *où, pendant lequel,* c'est un complément circonstanciel du verbe suivant.

28° *Compter sur* est verbe intransitif et signifie *avoir espoir, confiance*; ce verbe pris absolument dans le sens de *calculer, faire nombre*, etc., est également verbe intransitif; mais dans *compter une somme, compter la dépense, compter les heures*, etc., ce verbe, signifiant *nombrer, calculer*, est transitif. La négative *pas*, supprimée après *ne*, est remplacée par *jamais*.

29° Cette expression *sentier rude et âpre* est prise dans un sens figuré. On appelle sens propre, le sens primitif et naturel d'un mot ; et sens figuré, celui qu'on lui donne par comparaison ; ainsi les mots *sentier rude et âpre* désignent naturellement une chose physique, et ici ils expriment une chose morale.

30° Le séjour du juste dont il est question ici, ce sont les Champs-Élysées.

18° Exercice.

RAPIDITÉ DE LA VIE. (*Bossuet.*)

La vie humaine est semblable à un chemin dont l'issue est un précipice affreux : on nous avertit dès[1] le premier pas ; mais la loi est prononcée, il faut avancer toujours. Je voudrais retourner sur mes pas : Marche ! marche ! Un poids invincible, une force irrésistible nous entraîne[2] ; il faut sans cesse avancer vers le précipice. Mille[3] traverses, mille[3] peines nous fatiguent et nous inquiètent dans la route. Encore si je pouvais éviter ce précipice affreux ! Non, non[4], il faut marcher, il faut courir : telle est la rapidité des années. On se console pourtant, parce que de temps en temps on rencontre des objets qui nous divertissent, des eaux courantes, des fleuves qui passent. On voudrait s'arrêter : Marche ! marche ! Et cependant on voit tomber derrière soi tout ce qui avait passé[5] : fracas effroyable, inévitable ruine[6] ! On se console, parce qu'on emporte quelques fleurs cueillies en passant, qu'on voit se faner entre ses mains du matin au soir, quelques fruits qu'on perd en les goûtant. Enchantement ! toujours entraîné, tu approches du gouffre affreux. Déjà tout commence à s'effacer ; les jardins moins fleuris, les fleurs moins brillantes, leurs couleurs moins vives, les prairies moins riantes, les eaux moins claires[7], tout se ternit, tout s'efface : l'ombre de la mort se présente ; on commence[8] à sentir l'approche du gouffre fatal. Mais il faut aller sur le bord, encore un pas. Déjà l'horreur trouble les sens, la tête tourne, les yeux s'égarent : il faut marcher. On voudrait retourner en arrière ; plus de moyen[9] : tout est[10] tombé, tout est[10] évanoui, tout est[10] échappé ! Je n'ai pas besoin de vous dire que ce chemin, c'est[11] la vie ; que ce gouffre, c'est[11] la mort.

QUESTIONS D'EXAMEN.

1° Qu'est le mot *dès* et pourquoi prend-il un accent grave ? Quand le son final *è* écrit *es* ne prend-il pas d'accent ? — 2° Pourquoi *entraîne* au singulier ? — 3° Quand écrit-on *mille* ou *mil* ? Quand *mille* prend-il une *s* ? — 4° Que forme ici le mot *non* ? — 5° Quand *passer* prend-il *avoir*, quand prend-il *être* ? — 6° Comment rendre compte dans l'analyse des mots *fracas*, *ruine*, ainsi employés ? — 7° Quelle est la fonction des noms qui forment cette énumération ? — 8° Quand, après *commencer*, l'infinitif complément prend-il *à*, quand prend-il *de* ? — 9° Dire la fonction du mot *moyen*. — 10° Comment voit-on que ces trois verbes prennent l'auxiliaire *être* ? Quand *échapper* prend-il *avoir* ? — 11° Pourquoi *ce* devant le verbe *être* ?

RÉPONSES.

1° *Dès* est ici préposition et prend l'accent grave, pour se distinguer de son homonyme *des*, article contracte. Sauf les mots *dès* préposition, et *ès*, comme dans *bachelier ès lettres*, les monosyllabes ayant le son final *è* écrit *es*, ne prennent pas l'accent grave.

2° *Entraîne* est au singulier après deux sujets employés comme synonymes.

3° On écrit ainsi *mille*, lorsqu'il ne marque pas la date ordinaire des années, et quand, marquant le millésime, il n'est pas suivi d'un autre nombre ; on l'écrit *mil* pour marquer la date ordinaire des années lorsqu'il est suivi d'un autre nombre. *Mille*, substantif, servant à désigner une mesure itinéraire, prend une *s* au pluriel.

4° *Non* forme une proposition implicite et signifie : Je ne puis éviter ce précipice.

5° *Passer*, verbe transitif, prend l'auxiliaire *avoir*; étant verbe intransitif, il prend *avoir* lorsqu'on exprime une action, et *être* quand on marque l'état qui a suivi l'action.

6° Les deux noms *fracas* et *ruine* sont sujets d'un verbe sous-entendu : *ce fracas est effroyable*, etc.

7° Les noms dont se compose cette énumération sont sujets du verbe *être* sous-entendu : *les jardins sont moins fleuris, les fleurs sont moins brillantes*, etc.

8° On dit devant un infinitif : *commencer à*, en parlant d'une chose que l'on ne représente pas comme devant se continuer, et l'on dit *commencer de*, pour signifier une action qui se continue.

9° *Plus de moyen* signifie *aucun moyen n'existe plus*.

10° Ces trois verbes intransitifs prennent l'auxiliaire *être*, parce que leurs participes peuvent se joindre immédiatement à un substantif. *Échapper* prend *avoir* quand il signifie, *ne pas remarquer, être fait par mégarde*, etc.

11° *Ce* s'emploie par pléonasme devant le verbe *être*, placé entre deux substantifs dont le premier fait fonction d'attribut, comme dans les deux cas dont il s'agit ici.

19e Exercice. — LE TEMPS. (*Massillon.*)

Le temps, ce dépôt précieux qui nous a été confié [1], est devenu pour nous un fardeau [2] qui nous pèse [3] et nous [4] fatigue. Nous craignons, comme le dernier des malheurs [5], qu'on ne [6] nous en prive pour toujours, et nous craignons presque comme un malheur égal d'en [7] porter l'ennui et la durée. C'est [8] un trésor que nous ne pouvons souffrir entre nos mains [9]. Toute notre vie n'est qu'un art continuel de le perdre, et, malgré toute notre attention à le dissiper, il nous en reste toujours assez pour ne savoir encore qu'en faire [10].

Les années paraissent longues quand elles sont encore loin de nous; arrivées, elles disparaissent, elles nous échappent en un instant, et nous n'avons pas tourné la tête que [11] nous nous trouvons, comme par un enchantement, au terme fatal qui nous paraissait encore si loin et ne devait jamais arriver. Regardons

le monde tel que [12] nous l'avons vu dans nos premières
années, et tel que nous le voyons aujourd'hui. Une
nouvelle cour a succédé à celle que nos premiers ans
ont vue, de nouveaux personnages sont montés sur la
scène; les grands rôles sont remplis [13] par de nouveaux
acteurs; ce sont [14] de nouveaux événements, de nouvelles intrigues, de nouvelles passions, de nouveaux
héros dans la vertu comme dans le vice, qui font le
sujet des louanges, des dérisions, des censures publiques. Un nouveau monde s'est élevé insensiblement,
et sans que nous nous en soyons aperçus [15], sur les débris [16] du premier.

Notre temps est la chose dont nous faisons le moins
de cas. Nos offices, nous les [17] réservons pour nos amis;
nos bienfaits, pour nos créatures ; nos biens, pour nos
proches et nos enfants; notre crédit et notre faveur,
pour nous-mêmes; nos louanges [18], pour ceux qui nous
en paraissent dignes ; notre temps [19], nous le donnons
à tout le monde ; nous l'exposons, pour ainsi dire , en
proie à tous les hommes; on nous fait même plaisir [20]
de nous en décharger [21]. C'est un poids que nous portons au milieu du monde, cherchant [22] sans cesse quelqu'un qui nous en soulage; il fait [23] tout l'ennui et tout
l'embarras, et le fardeau le plus pesant de notre vie.

Tout passe avec nous et comme nous ; une rapidité
que rien n'arrête entraîne tout dans les abîmes de l'é-
ternité. Nos ancêtres nous en frayèrent hier le chemin,
et nous allons le frayer [24] demain à ceux qui viendront
après nous. Les âges se renouvellent [25], les morts et les
vivants se remplacent et se succèdent [26] continuellement. Rien ne demeure, tout change, tout s'use, tout
s'éteint [27].

QUESTIONS D'EXAMEN.

1º Pourquoi met-on entre deux virgules, *ce dépôt précieux qui
nous a été confié?* Pourquoi pas de virgule devant *qui?* Quelle est
la fonction du nom *dépôt?* Qu'est-ce qu'un dépôt? — 2º Quelle est
la fonction du nom *fardeau?* — 3º Pourquoi l'accent grave sur
pèse, tandis qu'on ne le met pas sur *peser?* — 4º Pourquoi le complément *nous* est-il répété devant *fatigue?* — 5º Que forment ces

mots : *comme le dernier des malheurs?* — 6° Pourquoi la négative *ne* dans *ne nous en prive?* — 7° A quoi se rapporte le pronom *en* devant *porter* et de quoi est-il complément? — 8° De quel mot *ce,* dans *c'est,* tient-il la place? — 9° Que veut dire : *souffrir entre nos mains?* — 10° Expliquer l'expression *ne savoir qu'en faire.* — 11° Quel est le sens de *que* devant *nous, nous trouvons?* — 12° Dans l'expression *tel que,* qu'est le mot *que?* — 13° Expliquer les participes *succédé, vue, montés, remplis.* — 14° Pourquoi l'article est-il supprimé devant les noms qui suivent *ce sont?* Pourquoi *sont* est-il au pluriel; quel est l'attribut de cette proposition? — 15° Dans *sans que nous nous en soyons aperçus,* de quoi *en* tient-il la place? Pourquoi le verbe au subjonctif? Pourquoi le passé et pas le plus-que-parfait du subjonctif, puisque le premier verbe est au passé? Pourquoi *aperçus* variable? Ne devrait-on pas mettre *ne,* et dire : Sans que nous *ne* nous en soyons aperçus? — 16° De quel mot *débris* est-il complément? Comment voit-on que ce dernier nom se termine par *s?* — 17° Comment est employé *les* dans *nous les réservons?* — 18° Qu'y a-t-il de sous-entendu après *nos bienfaits, notre bien, notre crédit et notre faveur, nos louanges?* — 19° Pourquoi tous ces noms, depuis *nos offices* jusqu'à *notre temps,* sont-ils ainsi placés? — 20° Pourquoi, devant *plaisir,* l'article est-il supprimé? — 21° Quel est le sens de l'infinitif dans *de nous en décharger?* — 22° Pourquoi *cherchant* est-il invariable? — 23° Quel est ici le sens de *il fait?* — 24° Quel temps marquent ces mots : *nous allons de frayer?* — 25° Expliquer l'orthographe de *renouvellent.* — 26° Y a-t-il une idée de réciprocité dans *se remplacent et se succèdent?* — Que sont les propositions dans la phrase commençant par *les âges?* et que sont celles de la suivante? — 27° Expliquer la ponctuation dans ces deux dernières phrases.

RÉPONSES.

1° On met entre deux virgules : *ce dépôt précieux qui nous a été confié,* parce que c'est une expression incidente explicative. — On ne met pas de virgule devant *qui,* parce que la proposition *qui nous a été confié,* est déterminative de *dépôt,* l'adjectif *ce* ne fait ici qu'annoncer la déterminative qui va suivre. — Le nom *dépôt* est employé par apposition, se rapportant à *temps.* — On appelle *dépôt,* dans le sens où ce nom est pris ici, ce qui est confié à la garde de quelqu'un.

2° *Fardeau* est employé comme qualificatif, faisant partie de l'attribut *devenant* et se rapportant au sujet *temps.*

3° *Peser,* comme tous les verbes en *er* dont la pénultième se termine à l'infinitif par un *e* muet, change cet *e* muet en *é* ouvert devant une syllabe muette : les uns prennent un accent grave sur l'*e,* d'autres comme *appeler, jeter,* doublent la consonne *l* ou *t,* pour donner à l'*e* muet le son de l'*e* ouvert.

4° Il faut dire, en répétant le complément *nous* : Qui *nous* pèse et *nous* fatigue, parce que ces deux verbes veulent un complément différent.

5° *Comme le dernier des malheurs*, est une proposition elliptique, signifiant *comme nous craindrions le dernier des malheurs.*

6° Après *craindre*, on emploie toujours la négative *ne*; on supprime la seconde négative *pas* lorsqu'on parle d'une chose qu'on souhaite ne pas voir arriver, et on l'exprime quand on parle d'une chose que l'on souhaite.

7° *En*, devant *porter*, se rapporte à *temps*; c'est le complément de *ennui* et *durée.*

8° *Ce*, dans *c'est un trésor*, rappelle l'idée de *temps*. Le mot *ce*, pronom indicatif, est employé ici pour le pronom *il.*

9° *Souffrir entre nos mains*, signifie conserver; ici le verbe *souffrir* est synonyme de *endurer, supporter.* On dit *souffrir* dans un sens absolu : on souffre avec patience le mal dont on ne se venge point. *Endurer*, c'est souffrir pour un temps, souffrir en dissimulant : on endure le mal en différant de se venger. *Supporter*, regarde les défauts d'autrui : on supporte avec douceur la mauvaise humeur de ses proches.

10° *Ne savoir qu'en faire*, veut dire, être embarrassé pour s'en servir, pour en tirer parti.

11° *Que*, devant *nous nous trouvons*, signifie *lorsque.*

12° *Tel que* a le sens de *tel quel* (tel quel, tel lequel nous l'avons vu); *que*, signifiant *quel* ou *lequel*, se rapporte comme modificatif ou adjectif à *l'* mis pour *monde.*

13° *Succédé* est invariable, parce que c'est le participe d'un verbe intransitif qui ne peut s'employer qu'avec *avoir.* — *Vue* s'accorde avec son complément direct *que* mis pour *cour*, on parle d'une *cour vue.* — *Montés* et *remplis*, sont employés comme attributs et se rapportent aux sujets *personnages, rôles*, avec lesquels ils s'accordent comme des adjectifs.

14° Après *ce sont*, l'article est supprimé devant *événements, intrigues*, etc., parce que ces noms, sujets de *sont*, malgré la préposition *de* placée avant, sont pris dans un sens partitif et précédés d'un qualificatif. — *Sont* est au pluriel après *ce*, parce qu'il est suivi de substantifs pluriels, sujets réels de ce verbe; l'attribut est *ce*, mis pour *ceux*, et complété par la proposition *qui font*, etc.

15° *En* tient la place d'une proposition; le sens est : Sans que nous nous soyons aperçus de cela (qu'un nouveau s'est élevé, etc.). — Après la locution conjonctive *sans que* on emploie le subjonctif. — On met ici le passé et non le plus-que-parfait, parce que le second verbe peut se tourner par le passé indéfini. Et nous ne nous en *sommes* pas *aperçus.* — *Aperçus,* participe passé de verbe pronominal, s'accorde avec le second *nous,* son complément direct, dont il est précédé. — Après *sans que,* renfermant les deux négatives *ne pas,* comme on le voit par la manière dont la proposition peut être tournée : Et nous *ne* nous en sommes *pas* aperçus, on ne met aucune négative.

16° *Débris* est complément indirect ou circonstanciel de *s'est élevé.* — On voit que *bris, débris* ont une *s* finale, parce que cette lettre se trouve dans le dérivé *briser.*

17° *Les,* devant *réservons,* est un complément direct répété par pléonasme ; le vrai complément est *nos offices.*

18° Après *nos bienfaits, nos biens,* etc., est sous-entendu *nous les réservons.*

19° Tous ces noms, depuis *nos offices* jusqu'à *notre temps,* forment une énumération ; placés avant le verbe dont ils sont compléments, ils donnent ainsi plus de force à l'expression ; les propositions qu'ils forment sont inverses, rédondantes à cause du pronom *les* ou *le,* et elliptiques, ou même implicites quand est sous-entendu *nous les réservons.*

20° *Plaisir* rejette l'article, parce qu'il forme une seule expression avec *faire* ; on considère comme locutions verbales les expressions analogues : *faire peur, avoir peur, faire tort, avoir tort, faire droit, avoir droit, faire grâce, rendre justice, prendre garde,* etc.

21° *De nous en décharger* signifie *en nous en déchargeant* ; c'est le complément de *faire plaisir.*

22° *Cherchant,* invariable, parce qu'il exprime l'action, ayant un complément direct, *quelqu'un.*

23° *Il fait* signifie ici, *il est* ou *il cause.*

24° *Nous allons le frayer.* Dans cette façon de parler, le verbe *aller* sert seulement à donner à l'infinitif qui suit un sens de futur : Nous le *frayerons* demain, etc.

25° *Renouveler,* comme la plupart des verbes en *eler* et en *eter,* double la consonne finale du radical devant un *e* muet, pour donner à l'*e* qui précède le son de l'*e* ouvert.

26° Dans, *les vivants se remplacent et se succèdent,* il n'y a pas d'idée de réciprocité, bien que l'on pourrait faire suivre ces verbes des expressions *les uns les autres, les uns aux autres.* Pour qu'il y eût réciprocité, il faudrait que les mêmes individus agissent de la même manière les uns à l'égard des autres ; comme, par exemple, quand on dit : *Pierre et Paul se battent, ils s'injurient ;* ou *ils se soutiennent, ils se secourent, ils s'entr'aident.* Mais, dans le cas dont il s'agit, le sens est : Les vivants remplacent ceux qui vivaient avant eux et leur succèdent; entre ceux qui sont remplacés et ceux qui les remplacent il n'y a pas de réciprocité; seulement les premiers en ont remplacé d'autres, comme eux-mêmes sont remplacés par ceux qui viennent après. Le pronom *se* devant *remplacent* et *succèdent* ne peut être considéré comme désignant les mêmes personnes que le sujet; ces verbes ne sont donc que pronominaux apparents, avec cette différence entre les deux que, du premier, on peut faire un verbe pronominal passif et qu'on ne le peut pas du second; ainsi : *les vivants sont remplacés par d'autres, d'autres vivants leur succèdent.* — Dans cette phrase, il y a trois propositions principales; la troisième est elliptique.

27° Après *se renouvellent*, la virgule est employée pour séparer les deux premières principales qui ne sont pas jointes par *et;* cette conjonction, placée entre la seconde et la troisième, qui sont d'une médiocre étendue, ne permettrait pas de mettre entre elles une virgule. — Les quatre propositions principales de la dernière phrase n'étant unies par aucune conjonction, demandent à être séparées par la virgule.

20e Exercice.

L'ÉTERNITÉ. (*Le P. de Neuville.*)

J'ai commencé, mais je ne finirai point ; je n'ai pas toujours été, mais je serai toujours ; j'habite une terre périssable, mais j'habiterai une région qui ne finira point. Terre, mer, soleil, tout finira [1] un jour ; tout disparaîtra pour moi, tout rentrera dans le néant d'où [2] il est sorti ; tout passera, je ne passerai point ; les années et les siècles s'écouleront, mes années ne finiront point. Je ne fais que me montrer et m'arrêter ici-bas pour quelques instants : ma demeure est dans le sein de Dieu !

La terre n'est donc qu'un lieu de passage ; je ne suis donc sur cette terre que comme un voyageur [3] ; le monde et les biens du monde ne sont pour moi que comme une maison d'emprunt ; chaque pas que je fais m'avance vers mon terme. Soit que coure [4], soit que je me repose, je marche et je suis entraîné vers l'éternité. Cette vie n'est qu'un pèlerinage ; on arrive le soir, on part le lendemain. Les patriarches l'avaient conçue, cette vérité, eux [5] qui n'habitaient que sous des tentes et ne croyaient pas qu'il fût [6] sage de s'arrêter à bâtir des maisons dans une terre qu'ils allaient quitter [7]; eux qui ne s'appelaient que des hôtes et des voyageurs [8]; et qui, selon la parole de l'Apôtre, tenaient tous leurs regards sur cette cité permanente qui durera dans les siècles des siècles.

Et que m'importe [9] donc ici-bas d'être riche ou pauvre, dans le mépris ou dans l'honneur, dans la prospérité ou dans l'adversité? Tout cela va finir [10]; je suis né pour quelque chose [11] de plus grand que tout ce [12] que le monde peut donner ou ôter.

Le temps et tout ce qui se passe dans le temps méritent-ils mes soins? l'éternité m'attend : portons là toute notre attention; ne jugeons des choses que par le rapport qu'elles ont à l'éternité; ne fuyons que ce qui peut faire le malheur de l'éternité; n'aimons que ce qui peut nous rendre heureux dans l'éternité. Remplissons les devoirs de la société dans toutes les obligations de la vie présente, mais que ce soit en vue de l'éternité. Oh! si l'on était [13] pénétré de ces importantes vérités, qu'on serait [14] heureux même dans le temps! Quelle vertu [15], quel courage, quelle tranquillité, quel mépris des choses terrestres!

QUESTIONS D'EXAMEN.

1° Qu'est ici le verbe *finira?* — 2° Pourquoi *d'où* et non pas *dont?* — 3° Que forment ces mots : *comme un voyageur?* — 4° Pourquoi *courc* est-il écrit ainsi? Quels sont ses homonymes? — 5° Comment *eux* est-il employé? — 6° Pourquoi *fût* au subjonctif et à l'imparfait? — 7° Que signifie *qu'ils allaient quitter?* — 8° Comment sont employés les noms *hôtes* et *voyageurs?* — 9° Dans *que m'importe*, qu'est le mot *que?* et quel est le sujet de *importe?* — 10° Que signifie *va finir?* — 11° Pourquoi *quelque chose* est-il du masculin? — 12° Comment les mots *que tout ce* forment-ils une proposition? — 13° Que signifie *que ce soit?* — 14° Quel est le sens de *que* devant *on serait?* — 15° Dire la fonction des noms *vertu, courage,* etc.

RÉPONSES.

1° *Finira* est ici verbe intransitif et ne pourrait prendre un complément direct.

D'où, après *sortir*, s'emploie pour marquer une idée de lieu, d'extraction, et *dont* pour marquer une idée de naissance.

3° Ces mots, *comme un voyageur*, peuvent être considérés comme formant une proposition elliptique, ainsi *comme y est un voyageur ;* ou, en faisant de *comme* un adverbe signifiant *en qualité de*, on peut faire de ces mots une expression qualificative se rapportant à *je*.

4° *Coure* s'écrit ainsi, parce qu'il est au subjonctif après la conjonction *soit que ;* il fait je *cours*, il *court*, au présent de l'indicatif ; il a pour homonymes : *cours* d'un fleuve, *cours* d'enseignement, etc. ; *cour* d'un souverain ; *court*, adjectif, dont le féminin est *courte*.

5° *Eux*, mot employé par pléonasme, rappelant le nom *patriarches*.

6° *Fût*, au subjonctif après un verbe accompagné d'une négation, et à l'imparfait après un passé.

7° *Allaient quitter*, gallicisme, signifiant *quitteraient bientôt*.

8° *Hôtes et voyageurs*, employés comme qualificatifs de *se*.

9° *Que m'importe etc.*, signifie *en quoi m'importe-t-il d'être riche ou pauvre ;* sujet réel : *être riche ou pauvre*.

10° *Va finir*, tournez par *finira bientôt ;* gallicisme comme au n° 7.

11° *Quelque chose*, pronom indéfini, masculin, formant une seule expression indivisible, signifiant *une chose*.

12° *Que tout ce*, proposition elliptique ; le sens est : *que tout cela est grand*.

13° *Que ce soit*, signifie, *il faut que ce soit*.

14° *Qu'on serait*, veut dire, *combien on serait*, etc.

15° *Quelle vertu*, sous-entendu *on aurait*. Ce nom et les suivants sont compléments directs du verbe *avoir* sous-entendu.

21° Exercice.

NÉCESSITÉ D'UN CULTE. (*Fénelon.*)

Il faudrait, dit-on [1], prouver qu'outre l'amour et les vertus qui en [2] sont inséparables, l'homme doit [3] à Dieu des cérémonies réglées et publiques; mais ces cérémonies ne sont point l'essentiel de la religion, qui consiste[4] dans l'amour et dans les vertus. Ces cérémonies sont instituées, non comme étant[5] l'essentiel de la religion, mais seulement pour être les signes qui servent à la montrer, à la nourrir en soi-même et à la communiquer aux autres. Ces cérémonies sont à l'égard de Dieu ce que les marques de respect sont pour un père, que ses enfants saluent[6], embrassent et servent avec empressement; ou pour un roi, qu'on harangue, qu'on met sur un trône, qu'on environne d'une certaine pompe pour frapper l'imagination des peuples, et devant qui on se prosterne. N'est-il pas évident que les hommes, attachés aux sens, et dont la raison est faible, ont encore plus de besoin[7] d'un spectacle pour exprimer en eux le respect d'une majesté invisible et contraire à toutes leurs passions, que pour leur faire apercevoir une majesté visible qui éblouit leurs yeux, et qui flatte leurs passions grossières? On sent la nécessité du spectacle d'une cour pour un roi, et on ne veut pas reconnaître la nécessité infiniment plus grande d'une pompe pour le culte divin! c'est ne connaître pas[8] le besoin des hommes, et s'arrêter à l'accessoire après avoir admis le principal.

Aussi voyons-nous[9] que tous les peuples qui ont adoré[10] quelque divinité ont fixé[10] leur culte à quelques démonstrations extérieures, qu'on nomme des cérémonies[11]. Dès que l'intérieur y est[12], il faut que l'extérieur l'exprime et le communique dans toute la société. Le genre humain, jusqu'à Moïse, faisait des offrandes et des sacrifices. Moïse en a institué[13] dans l'Église judaïque. L'Église chrétienne en a reçu[13] de Jésus-Christ. Qu'on tue[14] des animaux, qu'on brûle[14] de l'encens, ou qu'on offre[14] des fruits de la terre, qu'importe[15], pourvu que les hommes aient des signes par lesquels[16] ils marquent leur amour pour Dieu? Tous les biens de la nature sont des dons. On lui rend ce qu'on en a reçu, pour confesser qu'on le tient de lui. Par ces signes, on se rappelle la majesté de Dieu et ses bienfaits; on s'excite mutuellement à le prier, à le louer [17], à espérer en lui ; on cherche une uniformité de signes qui représentent l'union des cœurs, et qui empêchent le désordre dans le culte commun. Quand Dieu n'a point réglé ces cérémonies par des lois écrites, les hommes ont suivi la tradition dès l'origine du genre humain. Quand Dieu a réglé ces cérémonies par des lois écrites, les hommes ont dû les observer inviolablement. Les protestants mêmes, qui ont tant critiqué nos cérémonies, n'ont pu s'empêcher d'en retenir [18] beaucoup, tant il est vrai que [19] les hommes en ont besoin ! Il faut des cérémonies, non qui amusent [20] et où l'on prenne [20] le change, mais qui aident [20] à nous recueillir et à rappeler le souvenir des grâces de Dieu. Voilà le vrai culte de Dieu ; quiconque [21] le concevrait autrement le connaîtrait fort mal.

QUESTIONS D'EXAMEN.

1° *Dit-on.* Pourquoi le pronom sujet est-il après le verbe? — 2° *En.* De quoi ce pronom tient-il la place et de quel mot est-il le complément? — 3° *Doit.* Pourquoi ce verbe n'est-il pas au subjonctif après *il faudrait?* — 4° *Qui consiste.* Qu'est cette proposition? pourquoi est-elle précédée d'une virgule? — 5° *Non comme étant.* Analysez ces trois mots en disant ce qu'ils sont et à quoi ils se rapportent. — 6° *Ce que les marques de respect sont pour un père.* Qu'est le mot *ce* et à quelle proposition appartient-il? Montrez comment le pronom *que* est attribut. — 7° *Ont encore plus de besoin.* Pourrait-on dire : *ont plus besoin?* Si l'on retranchait *de,* quel mot devrait-on mettre après *plus?* — 8° *Ne connaître pas.* Comment peut-on placer les deux négatives jointes à un infinitif? — 9° *Aussi voyons-nous.* Pourquoi le pronom sujet est-il après le verbe? — 10° *Adoré et fixé.* Pourquoi ces participes sont-ils invariables? — 11° *Des cérémonies.* A quoi se rapporte cette expression? — 12° *Y est.* Que signifie cette expression? — 13° *En a institué, en a reçu.* De quoi le pronom *en* tient-il la place? Pourquoi *institué* et *reçu* sont-ils invariables? — 14° *Qu'on tue, qu'on brûle, ou qu'on offre.* Quelle est ici la signification de la conjonction *que?* A quels temps sont les verbes qui la suivent? — 15° *Qu'importe.* Dites quel est le sujet de *importe* et comment le *que* interrogatif est ici complément indirect? — 16° *Par lesquels.* Pourquoi ne dirait-on pas *par qui?* — 17° *Le prier, le louer.* Pourquoi cette répétition du pronom? — 18° *N'ont pu s'empêcher d'entretenir.* Tournez ce gallicisme pour le réduire à sa plus simple expression. — 19° *Tant il est vrai que.* Ce gallicisme, dont on peut faire une locution conjonctive, tournez-le par une autre conjonction équivalente ou par un adverbe. — 20° *Amusent, prennent, aident.* Pourquoi ces trois verbes sont-ils au subjonctif? — 21° *Quiconque.* Quelle est la double fonction de ce pronom?

RÉPONSES

1° *Dit-on.* Le pronom sujet est après le verbe, parce qu'on suppose que l'on rapporte les paroles de quelqu'un, et que le verbe est inséré dans la citation.

2° *En* est complément de *inséparables*; il tient la place du nom *amour.*

3° *Doit* est à l'indicatif, quoique précédé de l'unipersonnel *il faudrait,* parce qu'il n'est pas sous la dépendance de cet unipersonnel, mais de l'infinitif *prouver,* qui veut après lui l'indicatif.

4° *Qui consiste,* etc. Cette proposition est subordonnée explicative, c'est pour cette raison que le pronom *qui* est séparé de son antécédent par une virgule.

5° *Non comme étant,* c'est-à-dire *pour être* ou *comme étant non l'essentiel,* etc. La négative *non* retombe sur l'expression qualificative *l'essentiel de la religion,* se rapportant à *cérémonies.* En même temps, le participe présent, *étant,* équivalant à *pour être,* forme le complément de *instituées.* C'est le cas du participe présent précédé de la préposition *en,* lequel, outre son rapport de modificatif, fait fonction de complément.

6° *Ce que les marques de respect sont pour un père.* Le pronom *ce* est attribut de la proposition précédente, et se rapporte à *cérémonies.* Le pronom *que* est attribut de la seconde proposition, se rapportant à *marques.* Toute cette phrase signifie : *Ces cérémonies sont à l'égard de Dieu les mêmes choses lesquelles sont pour un père les marques de respect.*

7° *Ont encore plus de besoin.* On ne pourrait pas dire : *ont encore plus besoin,* l'adverbe *plus* devant un substantif marque la quantité et veut être suivi d'un complément avec *de;* autrement, il ne peut modifier qu'un verbe ou un adjectif. Si l'on retranchait *de,* il faudrait dire : *ont encore plus grand besoin.*

8° *Ne connaître pas.* On pourrait dire également : *ne pas connaître;* il est facultatif de séparer les deux négatives, ou de les mettre ensemble devant un infinitif.

9° *Aussi voyons-nous.* Le pronom sujet est placé après le verbe, parce que le verbe est précédé du mot *aussi.*

10° *Adoré* et *fixé* sont invariables, parce que, étant joints à *avoir,* ils ne sont pas précédés de leur complément direct; ils marquent alors seulement l'action du sujet.

11° *Des cérémonies.* Ce nom n'est point complément, il se rapporte comme explicatif au complément direct *que.*

12° *Y est.* Dans cette expression, le mot *y* est explétif; *y est* signifie *existe.*

13° *En a institué..., en a reçu.* Le pronom *en* tient ici la place des compléments directs *offrandes* et *sacrifices,* pris dans un sens partitif. Les participes *institué* et *reçu* sont invariables, parce qu'on peut les faire suivre d'un mot qui, outre le pronom *en,* serve à compléter le sens, ainsi, *en a institué plusieurs, en a reçu un certain nombre.* Il est du reste consacré par l'usage de ne faire accorder, en aucun cas, le participe passé avec le pronom *en,* même quand on ne peut supposer après le participe aucun mot sous-entendu.

14° *Qu'on tue, qu'on brûle, ou qu'on offre.* La conjonction *que* signifie ici *soit que,* et, pour cette raison, veut les verbes suivants au subjonctif.

15° *Qu'importe* est mis pour, *en quoi cela importe-t-il.* Le sujet de ce verbe est donc *cela,* rappelant les trois propositions précédentes, et le *que* interrogatif est complément indirect.

16° *Par lesquels.* On ne dirait pas, *par qui,* le pronom *qui,* complément d'une préposition, ne pouvant se dire que des personnes ou des choses personnifiées.

17° *Le prier, le louer.* Le pronom personnel complément doit se répéter devant chacun des verbes qui se suivent.

18° *N'ont pu s'empêcher d'en retenir.* Ce gallicisme peut se tourner ainsi : *en ont cependant retenu.*

19° *Tant il est vrai que* est un autre gallicisme, que l'on peut tourner par la conjonction *attendu que,* ou par l'adverbe *tellement.*

20° *Amusent, prennent, aident.* Ces trois verbes sont au subjonctif, parce que les conjonctifs *qui, où,* ont rapport à un antécédent pris dans un sens partitif et indéterminé, et qu'ils sont précédés de *il faut.*

21° *Quiconque* signifie *celui qui :* il sert de sujet aux deux propositions.

22ᵉ Exercice.

AVANTAGES DE L'ESPRIT RELIGIEUX. (*Mᵐᵉ de Lambert.*)

CONSEILS D'UNE MÈRE A SA FILLE.

Il ne suffit pas, ma fille [1], pour être estimable, de

s'assujettir [2] extérieurement aux bienséances : ce sont les sentiments qui [3] forment le caractère, qui conduisent l'esprit, qui gouvernent la volonté, qui répondent de la réalité et de la durée de toutes nos vertus. Quel sera le principe [4] de ces sentiments? La religion [5], quand elle sera gravée dans notre cœur : alors toutes les vertus couleront de cette source, tous les devoirs se rangeront chacun dans leur ordre [6]. Ce n'est pas assez [7] pour la conduite des jeunes personnes, que de les obliger à faire leur devoir; il faut le leur faire aimer [8]. L'autorité est le tyran de l'extérieur, qui n'assujettit point le dedans. Quand on prescrit une conduite, il faut en montrer les raisons et les motifs, et donner du goût pour ce que l'on conseille.

Nous avons tant d'intérêt à pratiquer la vertu, que nous ne devons jamais la regarder comme notre ennemie [9], mais comme la source du bonheur, de la gloire et de la paix. Vous arrivez dans le monde : venez-y, ma fille [10], avec des principes; vous ne sauriez [11] trop vous fortifier contre ce qui vous attend. Apportez-y toute votre religion, nourrissez-la dans votre cœur par des sentiments; soutenez-la dans votre esprit par des lectures convenables.

Rien n'est plus heureux et plus nécessaire que de conserver [12] un sentiment qui nous fait aimer et espérer, qui nous donne un avenir agréable, qui accorde tous les temps, qui assure tous les devoirs, qui répond de nous à nous-mêmes, et qui est notre garant envers les autres. De quel secours [13] la religion ne vous sera-t-elle pas contre les disgrâces qui vous menacent? car un certain nombre de malheurs vous est destiné [14]... Un ancien disait : Qu'il s'enveloppait du manteau de sa vertu; enveloppez-vous de celui de votre religion : elle vous sera d'un grand secours contre les faiblesses de la jeunesse, et un asile assuré dans un âge plus avancé.

Les femmes qui n'ont nourri leur esprit que des maximes [15] du siècle, tombent dans un grand vide en avançant dans l'âge ; le monde les quitte et leur raison leur ordonne aussi de le quitter. A quoi se prendre [16]?

Le passé nous fournit des regrets, le présent des chagrins et l'avenir des craintes [17]. La religion seule calme tout et console de tout; en vous unissant à Dieu, elle vous réconcilie avec le monde et avec vous-même.

QUESTIONS D'EXAMEN.

1° *Ma fille.* Comment ce nom est-il employé? Pourquoi forme-t-il ici une proposition implicite? — 2° *De s'assujettir.* Quelle est la fonction de cet infinitif? A quoi sert la préposition *de?* — 3° *Ce sont les sentiments qui,* etc. Quel est le sujet et quel est l'attribut? Auquel de ces deux termes se rapportent les propositions déterminatives qui suivent? Dans quelle acception est pris le nom *sentiments,* et pourquoi les propositions suivantes ne pourraient-elles se rapporter à ce dernier mot? — 4° *Quel sera le principe.* Indiquez le sujet et l'attribut. Le verbe *être,* étant précédé de *quel* et suivi de plusieurs substantifs du singulier, est-il toujours indispensable de mettre *quel* et de verbe au pluriel? — 5° *La religion.* Complétez la proposition dans laquelle ce nom doit figurer comme sujet. — 6° *Chacun dans leur ordre.* Pourquoi, après *chacun,* met-on *leur* et non pas *son?* — 7° *Ce n'est pas assez... que de les obliger.* Quel est le sujet de *est?* Quels mots sont explétifs? Que fait ici l'adverbe *assez?* — 8° *Le leur faire aimer.* Pourquoi les pronoms personnels compléments sont-ils ainsi placés? Que signifie *leur?* — 9° *Comme notre ennemie,... comme la source.* Qu'est le mot *comme* et quelle fonction font les noms *ennemie* et *source?* — 10° *Venez-y, ma fille.* Qu'est le mot *y?* A quoi se rapporte le nom compellatif *ma fille?* — 11° *Vous ne sauriez.* Pour quel verbe emploie-t-on ainsi *savoir* au conditionnel? — 12° *Que de conserver.* Complétez cette proposition. — 13° *De quel secours.* Montrez que ces mots ne sont point un complément, mais l'attribut de la proposition. — 14° *Un certain nombre de malheurs vous est destiné.* Pourquoi l'accord a-t-il lieu avec le collectif partitif? — 15° *Des maximes.* Quand après *non rien* met-on *de?* quand met-on *des?* — 16° *A quoi se prendre.* Complétez cette proposition. Quelle différence y a-t-il entre *à quoi* et *à qui?* — 17° *Le présent des chagrins et l'avenir des craintes.* Qu'y a-t-il ici de sous-entendu?

RÉPONSES.

1° *Ma fille.* Ce nom, employé en apostrophe, représente à lui seul une proposition implicite, parce qu'il n'y a dans la phrase aucun pronom *vous* auquel on puisse faire rapporter le nom compellatif. Pour faire une proposition avec ce nom, il faut dire, par exemple, *vous saurez, ma fille, que,* etc., ou *ces conseils s'adressent à vous, ma fille.*

2° *De s'assujettir*. Cet infinitif est sujet réel du verbe unipersonnel ; la préposition *de* est mot explétif.

3° *Ce sont les sentiments qui,* etc. Le sujet est *les sentiments,* et l'attribut est *ce,* que l'on peut tourner par *les causes.* — Les deux propositions déterminatives se rapportent à l'attribut. — Le nom *sentiments* est pris dans toute l'étendue de son acception : d'où il suit que les propositions déterminatives, dont l'effet est de restreindre la signification, ne sauraient se rapporter par le sens à ce substantif, mais se rapportent à l'attribut *ce* ou *causes.*

4° *Quel sera le principe.* Le sujet de cette proposition est *le principe* et l'attribut est *quel.* Il arrive souvent que l'adjectif interrogatif *quel,* et le verbe *être* sont employés au singulier devant plusieurs substantifs du singulier. Cette construction est autorisée par l'usage toutes les fois qu'elle est réclamée par l'harmonie ou qu'elle sert à donner au sens plus de précision.

5° *La religion.* Ce nom, qui sert de réponse à la question précédente, forme à lui seul une proposition ; c'est pour : *la religion sera le principe de ces sentiments.*

6° *Chacun dans leur ordre.* Après *chacun,* on doit mettre ici *leur* et non pas *son,* parce que ce qui précède *chacun* ne forme pas un sens complet. Le possesseur auquel se rapporte l'adjectif possessif est conséquemment le nom pluriel *devoirs* et non pas le pronom *chacun.*

7° *Ce n'est pas assez... que de les obliger.* Tournez : *les obliger n'est pas assez ;* le sujet du verbe est *les obliger.* — *Ce* et *que de* sont mots explétifs. — L'adverbe *assez* tient la place de l'attribut *suffisant.*

8° *Le leur faire aimer.* Les deux pronoms personnels compléments qui précèdent le verbe étant de la troisième personne, le complément direct doit être avant le complément indirect. — *Leur* signifie *par eux.* Ces deux compléments appartiennent non aux deux verbes réunis, mais seulement à l'infinitif *aimer,* lequel est lui-même complément de *faire.*

9° *Comme notre ennemie..., comme la source.* Le mot *comme* après *regarder* est adverbe ; les deux mots *ennemie* et *source* se rapportent comme qualificatifs au pronom *la.*

10° *Venez-y, ma fille.* Le mot *y* est adverbe, parce qu'il marque le lieu, signifiant *là.* On l'appelle adverbe relatif, parce qu'il a rapport à un nom de lieu précédemment énoncé, dont il rappelle l'idée. — Le nom compellatif, *ma fille,* se rapporte en qualité d'explicatif au pronom *vous,* sujet sous-entendu de l'impératif *venez.*

11° *Vous ne sauriez.* Le verbe *savoir* s'emploie ainsi au

conditionnel dans le sens de *pouvoir* au présent de l'indicatif. Le sens est : *Vous ne pouvez.*

12° *Que de conserver.* Pour compléter cette proposition, il faut dire : *qu'il est heureux et nécessaire de conserver;* le sujet est l'infinitif *conserver*, ayant pour attributs *heureux* et *nécessaire.*

13° *De quels secours* signifie *combien secourable.* Ce n'est donc point ici un complément, mais bien l'attribut de la proposition.

14° *Un certain nombre de malheurs vous est destiné.* L'accord a lieu avec le collectif partitif, parce que, dans cette phrase, c'est particulièrement à l'idée de quantité représentée par le collectif que l'on veut rapporter ce qui est exprimé par le verbe et par l'attribut.

15° *Des maximes.* Après *nourrir*, on met *de* seulement, lorsque le complément est indéterminé, et *des* lorsqu'il est suivi d'un déterminatif, comme dans le cas présent.

16° *A quoi se prendre* est mis pour, *à quoi peut-on se prendre.*— Le pronom *à quoi* s'emploie en parlant de choses indéterminées, et le pronom *à qui* en parlant de personnes.

17° *Le présent des chagrins et l'avenir des craintes.* Après chacun des sujets *le présent*, *l'avenir*, est sous-entendu *nous fournit.*

23ᶜ Exercice.

VÉRITÉ DE LA RELIGION. (*Bossuet.*)

Quel témoignage n'est-ce pas de sa vérité, de voir [1] que, dans les temps où les historiens profanes n'ont à nous conter que des fables [2], ou tout au plus [3] des faits confus et à demi oubliés, l'Écriture, c'est-à-dire, sans contestation, le plus ancien livre qui soit [4] au monde, nous ramène, par tant d'événements précis, et par la suite même des choses, à leur véritable principe, c'est-à-dire à Dieu, qui a tout fait; et nous marque si distinctement la création de l'univers, celle de l'homme en particulier, le bonheur de son premier état, les causes de sa misère et de ses faiblesses, la corruption du monde et le déluge, l'origine des arts et celle des nations, la distribution des terres, enfin, la propagation du genre humain, et d'autres faits de même importance, dont [5] les histoires humaines ne parlent qu'en confusion et nous obligent à chercher ailleurs les sources certaines!

Que si [6] l'antiquité de la religion lui donne tant d'autorité, sa suite, continuée sans interruption et sans altération durant [7] tant de siècles, et malgré tant d'obstacles survenus, fait voir manifestement que la main de Dieu la soutient.

Qu'y a-t-il de plus merveilleux [8] que de la voir toujours subsister [9] sur les mêmes fondements dès les commencements du monde, sans que ni l'idolâtrie ni l'impiété qui l'environnaient de toutes parts, ni les tyrans qui l'ont persécutée, ni les hérétiques et les infidèles qui ont tâché de la corrompre, ni les lâches qui l'ont trahie, ni ses sectateurs indignes, qui l'ont déshonorée par leurs crimes, ni enfin la longueur du temps, qui seul suffit pour abattre toutes les choses humaines, aient jamais été capables [10], je ne dis pas de l'éteindre, mais de l'altérer [11]? Si maintenant nous venons à considérer [12] quelle idée cette religion, dont nous révérons l'antiquité, nous donne de son objet, c'est-à-dire du premier être, nous avouerons qu'elle est au-dessus de toutes les pensées humaines, et digne d'être regardée comme venue [13] de Dieu même.

Le Dieu qu'ont toujours servi [14] les Hébreux et les chrétiens n'a rien de commun avec les divinités pleines d'imperfections et même de vices que le reste du monde adorait. Notre Dieu est un, infini, parfait, seul digne de venger les crimes et de couronner la vertu, parce qu'il est seul la sainteté même.

Il est infiniment au-dessus de cette cause première et de ce premier moteur que les philosophes ont connu, sans toutefois l'adorer. Ceux d'entre eux qui ont été plus loin, nous ont proposé un Dieu, qui, trouvant une matière éternelle et existante par elle-même [15] aussi bien que lui, l'a mise en œuvre et l'a façonnée comme un artisan vulgaire [16], contraint dans son ouvrage par cette matière et par ses dispositions, qu'il n'a pas faites; sans jamais pouvoir comprendre que, si la matière est d'elle-même, elle n'a pas dû attendre sa perfection d'une main étrangère, et que si Dieu est infini et parfait, il n'a eu besoin pour faire tout ce qu'il voulait, que de Dieu lui-même et de sa volonté toute-puissante. Mais le Dieu de nos pères, le Dieu d'Abraham, le Dieu dont Moïse nous a écrit les merveilles, n'a pas seulement arrangé [17] le monde, il l'a fait tout entier dans sa matière et dans sa forme. Avant qu'il eût donné l'être, rien ne l'avait que lui seul [18]. Il nous est représenté comme celui qui fait tout, et qui fait tout par sa parole, tant à cause qu'il fait tout par raison, qu'à cause qu'il fait tout sans peine, et que, pour faire de si grands ouvrages, il ne lui en coûte qu'un seul mot, c'est-à-dire qu'il ne lui en coûte que de le vouloir [19].

QUESTIONS D'EXAMEN.

1° *Quel témoignage n'est-ce pas de sa vérité, de voir*, etc. Quel est dans cette proposition, le sujet réel, le sujet par pléonasme et l'attribut ? Le sens est-il négatif ? — 2° *N'ont à nous conter que des fables.* Pourrait-on dire également : *n'ont que des fables à nous conter* ? Quelle est dans ces deux façons de parler, la fonction de l'infinitif *conter* et du nom, *fables.* — 3° *Tout au plus.* Quelle est cette expression ? — 4° *Qui soit.* Pourquoi le verbe est-il au subjonctif ? — 5° *Dont.* Quels sont les deux mots, dans les deux propositions, qui ont pour complément le pronom *dont* ? — 6° *Que si.* Qu'est cette locution ? A quoi sert le mot *que* ? — 7° *Durant.* En quoi cette préposition diffère-t-elle de *pendant* ? Comment la place-t-on par rapport à son complément ? — 8° *Qu'y a-t-il de plus merveilleux.* Dites le sujet, l'attribut et quel mot est explétif. — 9° *Que de la voir subsister.* Complétez cette proposition pour en indiquer le sujet, le verbe et l'attribut. Qu'est l'infinitif *subsister* ? Comment peut-on le tourner et à quoi se rapporte-t-il ? — 10° *Aient jamais été capables.* Quels sont tous les sujets de *aient* ? Pourquoi ce verbe est-il au subjonctif ? Pourquoi, étant suivi de *jamais*, ne prend-il pas la négative *ne* ? — 11° *Je ne dis pas de l'éteindre, mais de l'altérer.* De quoi ces deux infinitifs sont-ils compléments ? Qu'est l'expression *je ne dis pas* ? — 12° *Si nous venons à considérer.* Quel est le mot qui forme ici gallicisme ? Réduisez à une plus simple expression. — 13° *Regardée comme venues.* Expliquez l'accord des deux participes, et dites ce qu'est le mot *comme*, après *regarder, être regardé.* — 14° *Ont servi.* Quand ce verbe est-il transitif, quand est-il intransitif ? — 15° *Existante par elle-même.* Expliquez pourquoi *existante* s'accorde, quoique suivi d'un déterminatif. — 16° *Comme un artisan vulgaire.* Complétez cette proposition. — 17° *A arrangé.* Quels sont les sujets de ce verbe, et pourquoi est-il au singulier? — 18° *Rien ne l'avait que lui seul.* Réduisez à la plus simple expression en supprimant les mots explétifs. — 19° *Il ne lui en coûte qu'un seul mot... que de le vouloir.* Quel est le sujet réel de *coûte?* De quoi *en* tient-il la place? Que sont au verbe *coûte* les mots qui suivent *que?* Qu'est *de* devant *vouloir?* De quoi *le* rappelle-t-il l'idée? Qu'est le verbe *coûter?*

RÉPONSES.

1° *Quel témoignage n'est-ce pas de sa vérité, de voir,* etc. Le sujet réel de cette proposition est l'infinitif *voir;* le pronom *ce* est sujet par pléonasme servant à donner au verbe une forme interrogative; l'attribut est *quel témoignage de la vérité.* — Malgré les négatives *ne pas,* le sens de cette proposition n'est point négatif; il n'est pas dubitatif non plus, malgré l'interrogation; la négation et l'interrogation se neutralisent l'une l'autre, et leur réunion sert à donner plus de force à l'affirmation. L'adjectif *quel* donne seulement à la phrase une tournure exclamative.

2° *N'ont à nous conter que des fables.* On pourrait dire, en conservant le même sens : *N'ont que des fables à nous conter.* Dans la première façon de parler, l'infinitif *conter* est complément direct du verbe *avoir,* et *fables* est complément de *conter.* Dans le second cas, *fables* est complément du verbe *avoir,* et l'infinitif *à conter* signifiant *devant être contées,* ou *à être contées* se rapporte avec un sens passif au mot *fables.* C'est l'équivalent du participe futur passif du latin.

3° *Tout au plus* est une locution adverbiale.

4° *Qui soit.* Le subjonctif est employé après *qui,* parce qu'il est précédé de *le plus.*

5° *Dont* est en même temps complément de *parlent* et de *sources.*

6° *Que si* est une formule d'argumentation dont on peut faire grammaticalement une locution conjonctive. Le mot explétif *que* sert à rattacher ce qui a été dit précédemment à ce qui va suivre, et indique une conséquence.

7° *Durant* s'emploie d'une manière analogue à *pendant;* mais *durant* ne se dit que d'une durée continue, et *pendant* peut s'appliquer à une durée interrompue. — *Durant* se place quelquefois après son complément.

8° *Qu'y a-t-il de plus merveilleux,* c'est-à-dire *quoi est plus merveilleux.* Le sujet est *que* ou *quoi* et l'attribut *plus merveilleux.* La préposition *de* est explétive.

9° *Que de la voir subsister,* signifie, *qu'il est merveilleux de la voir subsister* : sujet *la voir subsister*, verbe *est*, attribut *merveilleux*. — L'infinitif *subsister*, pouvant se tourner par un participe présent, se rapporte comme modificatif au complément *la*.

10° *Aient jamais été capables*. Le verbe *aient été* a pour sujets tous les noms qui précèdent et devant lesquels est la conjonction *ni*. — Le verbe est au subjonctif, parce qu'il est sous la dépendance de la locution conjonctive *sans que*. — Malgré l'adverbe *jamais*, on ne met pas *ne* devant le verbe, parce que *jamais* signifie *dans un temps quelconque*, et que la locution conjonctive *sans que*, exprimant une négation complète, ne veut pas être suivie de la négative *ne*.

11° *Je ne dis pas de l'éteindre, mais de l'altérer*. Ces deux infinitifs sont compléments de l'adjectif *capables*. L'expression *je ne dis pas*, qui forme ici une proposition incidente, n'a d'autre valeur dans la phrase que celle de l'adverbe *non* se rapportant à *capables*, dont le sens est négatif devant *éteindre* et affirmatif devant *altérer*.

12° *Si nous venons à considérer*. Le verbe *venir* forme ici gallicisme, et donne à l'infinitif un sens de futur ; cette façon de parler peut se tourner ainsi : *si nous considérons, dans le cas où nous considérions* ; le présent de l'indicatif *considérons* a ici le sens du futur du subjonctif *considérions*.

13° *Regardée comme venue, ou comme étant venue*. Ces deux participes, joints ou pouvant être joints à *être*, sont à l'égard du mot *religion*, auquel ils se rapportent, comme des adjectifs, puisqu'on peut les joindre immédiatement à ce nom. Le mot *comme* après *regarder* et après *être regardé* est adverbe et ne fait même avec le verbe qu'une seule expression, signifiant *réputer, être réputé*.

14° *Ont servi* est ici verbe transitif, ayant pour complément direct *que*. Signifiant, avoir pour maître, rendre de bons offices, favoriser, etc., *servir* est verbe transitif ; suivi de la préposition *de* ou *à*, il est verbe intransitif et signifie être employé comme, ou être utile à.

15° *Existante par elle-même*. Ce participe présent, quoique suivi d'un déterminatif, est variable, parce que le déterminatif sert seulement à en expliquer et non à en restreindre le sens ; on voit d'ailleurs que ce participe s'accorde en ce qu'il se trouve joint par *et* à l'adjectif *éternelle*, avec lequel il concourt au même sens.

16° *Comme un artisan vulgaire*. On peut compléter cette proposition en disant : *comme l'eût fait un artisan vulgaire*.

17° *A arrangé*. Ce verbe a pour sujet le dernier nom

Dieu, il est au singulier, parce que les trois sujets dont il est précédé se résument dans le dernier.

18° *Rien ne l'avait que lui seul*, c'est-à-dire *lui seul l'avait*; les autres mots, qui n'entrent pas dans cette dernière construction, sont explétifs. On pourrait aussi tourner *que*, par *si ce n'est*, *excepté*.

19° *Il ne lui en coûte qu'un seul mot... que de le vouloir.* — Le sujet réel de *coûte* est *faire de si grands ouvrages*. — Le pronom *en* signifiant, *pour cela*, rappelle l'idée du sujet réel. — Le premier verbe *coûte* a pour complément *un seul mot*, et le second a pour complément *de le vouloir*. — La préposition *de* devant ce dernier infinitif est explétive; le pronom *le*, signifiant *cela*, tient la place de *faire*, etc. — Le verbe *coûter*, ne pouvant exprimer une action, est nécessairement intransitif et ne peut conséquemment avoir de complément direct. Cependant, par une contradiction inexplicable, et quoique jamais le participe *coûté* ne puisse venir, comme un adjectif, immédiatement après un substantif, l'usage autorise la variabilité de ce participe, lorsqu'il est précédé d'un complément répondant à la question *quoi?* et n'exprimant pas une somme d'argent ou une valeur quelconque.

24° Exercice.

L'ÉTABLISSEMENT DU CHRISTIANISME. (*Lamennais.*)

Armé d'une croix de bois[1], on le voit tout à coup s'avancer au milieu des joies enivrantes et des religions dissolues d'un monde vieilli dans la corruption. Aux fêtes brillantes du paganisme, aux gracieuses images d'une mythologie enchanteresse[2], à la commode licence de la morale philosophique, à toutes les séductions des arts[3] et des plaisirs, il oppose les pompes de la douleur, de[4] graves et lugubres cérémonies, les pleurs de la pénitence, des[4] menaces terribles, de[4] redoutables mystères, le faste effrayant de la pauvreté, le sac, la cendre et tous les symboles d'un dépouillement absolu et d'une consternation profonde; car c'est là tout ce[5] que l'univers païen aperçut d'abord dans le christianisme. Aussitôt les passions s'élancent avec fureur contre l'ennemi qui se présente pour disputer l'empire. Les peuples, à grands flots, se précipitent sous leurs bannières : l'avarice y conduit les prêtres des idoles ; l'orgueil y amène[6] les sages, et la politique, les empereurs[7]. Alors commence une guerre effroyable : ni l'âge ni le sexe ne sont épargnés[8] ; les places publiques, les routes, les champs même[9] et jusqu'aux lieux les plus déserts se couvrent d'instruments de torture[10], de chevalets, de bûchers, d'échafauds ; les jeux se mêlent au carnage ; de toutes parts on s'empresse pour jouir de l'agonie et de la mort des innocents qu'on égorge ; et ce cri barbare : Les chrétiens aux lions ! fait tressaillir de joie une multitude ivre de sang. Mais dans ces épouvantables holocaustes, que l'on se hâte d'offrir à des divinités expirantes[11], il faut que chacune ait ses victimes choisies ; et une cruauté ingénieuse invente de nouveaux supplices pour la pudeur. Enfin, les bourreaux fatigués s'arrêtent, la hache échappe de leurs mains[12]. Je ne sais quelle vertu céleste, émanée de la croix, commence à les toucher eux-mêmes. A l'exemple de nations entières subjuguées avant eux, ils tombent aux pieds du christianisme, qui, en échange du repentir, leur promet l'immortalité et déjà leur prodigue l'espérance. Signe sacré[13] de paix et de salut, son radieux étendard flotte au loin sur les débris du fanatisme écroulé. Les Césars[14] jaloux avaient conjuré sa ruine, et le voilà assis[15] sur le trône des Césars ! Comment a-t-il vaincu tant de puissance ? en présentant son sein au glaive, et aux chaînes ses mains désarmées. Comment a-t-il triomphé de tant de rage ? en se livrant[16] sans résistance à ses persécuteurs.

QUESTIONS D'EXAMEN.

1° *Croix de bois.* Pourquoi l'article est-il supprimé devant *bois ?* Quels sont les homonymes de *croix ?* — 2° *Enchanteresse.* Comment ce mot fait-il au masculin ? La formation du féminin est-elle conforme à la règle ? — 3° *Arts.* Comment reconnaît-on l'orthographe de ce mot ? Quels sont ses homonymes ? — 4° *De graves cérémonies, des menaces terribles, de redoutables mystères.* Expliquez quand on doit employer *de* seulement et quand on met *des* devant un nom pris dans un sens partitif. — 5° *C'est là tout ce.* Quels sont le sujet et l'attribut de cette proposition ? Comment l'adverbe *là* entre-t-il dans le pronom *cela*, et l'adverbe *ci* ou *ici* dans le pronom *ceci ?* Quel est

5

l'usage différent de ces deux pronoms? — 6° *Amène.* Quand ce verbe change-t-il l'*è* ouvert en *e* muet? — 7° *La politique, les empereurs.* Qu'y a-t-il de sous-entendu entre ces deux noms? Quel est le féminin d'*empereur?* — 8° *Ne sont épargnés.* Pourquoi la seconde négative est-elle supprimée? Pourquoi *épargnés* s'accorde-t-il? — 9° *Les champs même.* Pourquoi *même* est-il invariable? — 10° *D'instruments de torture.* Pourquoi l'article est-il supprimé devant ces substantifs et devant les trois autres qui suivent dans la même phrase? — 11° *Expirantes.* Pourquoi ce mot est-il variable? — 12° *Échappe de leurs mains.* Quand après *échapper,* met-on *de* et quand met-on *à?* — 13° *Signe sacré.* A quoi le nom *signe* se rapporte-t-il? — 14° *Les Césars.* Quand les noms propres d'hommes prennent-ils l'article et la marque du pluriel? — 15° *Le voilà assis.* Pourquoi la préposition *voilà* a-t-elle le même complément qu'un verbe transitif? — 16° *En présentant,.. en se livrant.* Complétez, dans ces deux cas, la proposition implicite où ces mots figurent comme déterminatifs.

RÉPONSES.

1° *Croix de bois.* L'article est supprimé devant *bois,* parce que, étant complément d'un substantif, il exprime d'une manière générale la matière dont une chose est faite. — *Croix,* subst. fém., a pour homonymes *crois, croit* du verbe *croire,* et *crois, croît,* du verbe *croître.*

2° *Enchanteresse* est le féminin de l'adjectif ou du substantif qualificatif *enchanteur.* Cette formation du féminin fait exception au principe d'après lequel les adjectifs venant d'un participe présent par le changement de *ant* en *eur* forment leur féminin en *euse;* les mots *vengeur* et *bailleur* sont compris dans la même exception.

3° *Art.* On voit que ce mot se termine par *t,* parce que cette lettre se trouve dans son dérivé *artiste.* — Il a pour homonymes, *arrhes,* subst. fém. plur., gage d'un marché; *are,* subst. masc., mesure agraire; *hart,* subst. fém., lien d'osier, corde pour pendre; et *ars, hard,* moins usités.

4° *De graves cérémonies, des menaces terribles, de redoutables mystères.* Ces trois expressions offrent des exemples de l'emploi du mot *de* et du mot *des* devant un nom pris dans un sens partitif. On emploie *de* seulement quand le nom est précédé d'un qualificatif ou d'un verbe accompagné d'une négation, et *des* quand il n'y a ni négation ni qualificatif devant le nom pris dans un sens partitif.

5° *C'est là tout ce.* Le premier *ce* auquel il faut joindre *là* pour former le pronom *cela* rappelant ce qui a été dit précédemment, est sujet de cette proposition, qui a pour attribut *tout ce.* Le pronom *cela* est formé de l'adverbe *là* et le pronom *ceci* de l'adverbe *ci* ou *ici.* Ce dernier s'emploie pour désigner l'objet le plus proche (qui est *ici*), ou celui qui a été nommé en dernier lieu; *cela* sert à désigner l'objet le plus éloigné (qui est *là*), ou dont on a parlé en premier lieu. *Ceci* s'emploie encore pour annoncer ce que l'on va dire, et *cela* pour rappeler ce qui a été dit.

6° *Amène* prend un accent grave, parce que l'*e* est suivi d'une syllabe muette, mais autrement ce verbe ne prend pas d'accent; ainsi : *amener, nous amenons, il amena.*

7° *La politique, les empereurs.* Entre ces deux noms est sous-entendu *y amène.* — Le féminin du nom *empereur* est *impératrice.*

8° *Ne sont épargnés.* La seconde négative *pas* ou *point* se supprime après *ni.*—Le participe *épargnés* étant précédé du verbe *être,* s'accorde comme un adjectif avec les sujets dont il marque l'état.

9° *Les champs même.* Le mot *même* est adverbe et invariable, parce qu'il vient après plusieurs substantifs ; il signifie *aussi* et se rapporte au verbe de la proposition.

10° *D'instruments de torture.* L'article est supprimé devant *instruments* et devant les autres compléments de *se couvrent,* parce que ce verbe marque l'abondance. — Devant *torture,* l'article est également supprimé, parce que ce complément marque la nature ou l'usage des choses dont on parle.

11° *Expirantes* est adjectif verbal et variable, parce qu'il marque ce que sont *les divinités,* et qu'on peut le faire précéder de *tout à fait.*

12° *Échappe de leurs mains.* On dit *échapper de,* pour signifier *sortir de,* et *échapper à,* dans le sens du verbe *éviter.* (Déjà expliqué.)

13° *Signe sacré.* Le nom *signe,* joint par apposition à *étendard,* se rapporte à ce nom en qualité d'explicatif.

14° *Les Césars.* Les noms propres d'hommes ne prennent la marque du pluriel que quand ils sont employés comme noms communs ou pour désigner une famille historique ou célèbre, ou une dynastie. Le nom *Césars* dans le cas présent est pris comme synonyme d'empereurs romains.

15° *Le voilà assis.* Les deux prépositions *voici, voilà,* se construisent avec leur complément comme les verbes transitifs, parce qu'elles sont formées du verbe *voir.* Ce sont les seuls mots qui puissent avoir pour compléments directs, comme les verbes transitifs, les pronoms personnels *me, te, le, la, les,* et le pronom *que.*

16° *En présentant,... en se livrant,* forment deux propositions servant de réponses aux questions précédentes; c'est pour, *il a vaincu en présentant,* etc., *il a triomphé en se livrant,* etc. Ces propositions sont implicites, parce que les trois termes essentiels y sont sous-entendus.

25ᵉ Exercice.

DIVINITÉ DE LA RELIGION CHRÉTIENNE. (*Frayssinous.*)

Me transportant par la pensée aux temps anciens où toutes les nations étaient idolâtres, je suppose qu'au moment où Jésus commence à parcourir [1] la Judée pour y annoncer sa religion, il est rencontré [2] par un philosophe très-versé dans toutes ces connaissances que le monde estime; je suppose que Jésus ait [3] avec ce philosophe la conversation suivante : « Quel est, demande le philosophe [4] à Jésus, quel est votre dessein [5] en parcourant ainsi les villes et les bourgs [6] de la Judée pour enseigner aux peuples une doctrine nouvelle? — Mon dessein, reprend Jésus, est de réformer [7] les mœurs de toute la terre, de changer [7] la religion de tous les peuples, de détruire [7] le culte des dieux qu'ils adorent, pour faire adorer le seul Dieu [8] véritable; et, quelque étonnante que paraisse [9] mon entreprise, j'affirme qu'elle réussira.

« — Mais qu'aura-t-elle donc de si attrayant cette doctrine [10] pour attirer à elle [11] toute la terre? — Ma doctrine, réplique Jésus, portera sur des mystères incompréhensibles; la morale en sera [12] plus pure que celle [13] qu'on a enseignée [14] jusqu'ici; mes disciples publieront [15] de moi que je suis né dans une crèche, que j'ai mené une vie de pauvreté et de souffrance; et ils pourront ajouter que j'aurai expiré [16] sur une croix, car c'est par ce genre de supplice que je dois mourir. Tout cela sera hautement publié, tout cela sera cru parmi les hommes, et c'est moi, qui vous parle, que [17] la terre doit adorer un jour [18].

« — C'est-à-dire, répond enfin le philosophe avec un ton de pitié, que vous prétendez éclairer les sages par des ignorants, vaincre les puissants par des hommes faibles, attirer la multitude en combattant les vices, vous faire des disciples en leur promettant des souffrances , des mépris, des opprobres et la mort ; détrôner tous les dieux de l'Olympe pour vous faire adorer à leur place vous, qui devez être, dites-vous, attaché à une croix comme un malfaiteur et le plus vil des esclaves. Allez, votre projet n'est qu'une folie ; bientôt la risée publique en fera justice. Pour qu'il réussît il faudrait refondre la nature humaine ; et certes la réforme du monde moral par les moyens que vous proposez est aussi impossible que la réforme de ce monde matériel ; et plutôt que de croire au succès de votre entreprise , je croirais que vous pouvez d'un mot ébranler la terre et faire tomber du firmament le soleil et les étoiles. »

Voilà comment je me figure qu'aurait pensé et parlé un philosophe à qui Jésus eût communiqué le dessein de convertir le monde païen au christianisme ; et sans doute le succès était tellement impossible, à ne consulter que la raison humaine, que toute la sagesse eût été en apparence du côté du philosophe. Eh bien ! ce qui était humainement impossible est précisément ce qui est arrivé : la sagesse humaine a été confondue ; toutes les idées ordinaires ont été bouleversées ; la folie de la croix a triomphé de l'univers ; et voilà l'immortel monument de la divinité du christianisme !

QUESTIONS D'EXAMEN.

1° *A parcourir*. Cet infinitif est-il complément indirect ? Quand le verbe *commencer* veut-il *à*, et quand veut-il *de* devant l'infinitif dont il est suivi ? — 2° *Je suppose... qu'il est rencontré*. Pourquoi l'indicatif est-il employé ici après *supposer* ? — 3° *Je suppose que Jésus ait*. Pourquoi après le même verbe met-on le subjonctif ? — 4° *Demande le philosophe*. Quel motif fait placer ici le sujet après le verbe ? — 5° *Quel est votre dessein*. Indiquez le sujet et l'attribut, en donnant à cette proposition une construction directe. Quel est l'homonyme de *dessein* ? — 6° *Bourg*. Faites connaître par la dérivation pourquoi ce mot finit par *g* ? — 7° *De réformer, de changer, de détruire*. Qu'est la préposition *de* devant ces infinitifs et que sont-ils eux-mêmes par rapport au verbe ? quel est aussi l'attribut de cette proposition ? — 8° *Faire adorer le seul Dieu*. Quel est le complément de *faire* et quel est celui de l'infinitif *adorer?* Que faudrait-il pour que le complément dût appartenir aux deux verbes réunis? — 9° *Quelque étonnante que paraisse.* Que sont ici les deux mots *quelque* et *que?* Pourquoi *paraisse* est-il au subjonctif? — 10° *Qu'aura-t-elle de si attrayant cette doctrine.* Qu'est le mot *que?* Quel est le sujet de *aura,* qui forme pléonasme? Pourquoi *de* est-il explétif? Qu'est le mot *si* et que signifie-t il? — 11° *A elle.* Pourquoi *à soi* eût-il été plus conforme à la règle? — 12° *La morale en sera.* Pourquoi ne devrait-on pas dire : *sa morale sera,* etc? — 13° *Que celle.* Complétez la proposition que ces mots représentent. — 14° *Enseignée.* Pourquoi ce participe s'accorde-t-il? — 15° *Publieront.* Pourquoi met-on un *e* muet devant la terminaison *ront?* — 16° *J'aurai expiré.* Quand ce verbe doit-il prendre l'auxiliaire *avoir,* et quand met-on tantôt *avoir,* tantôt *être?* — 17° *C'est.... que.* Montrez comment ces mots sont seulement explétifs, ou comment on pourrait, avec *c'est moi,* faire une proposition. — 18° *Un jour.* Qu'est ici cette expression?

RÉPONSES.

1° *A parcourir.* Quoique précédé de la préposition *à,* cet infinitif est complément direct de *commence,* après lequel il répond à la question *quoi.* — Le verbe *commencer* veut tantôt *à,* tantôt *de,* devant l'infinitif qui lui sert de complément direct : il veut *à* quand on parle d'une action susceptible de progrès, d'accroissement, et *de* quand c'est une action qui doit se prolonger.

2° *Je suppose.... qu'il est rencontré.* Après *supposer,* on met l'indicatif quand ce verbe est pris pour signifier, mettre en fait, ou présenter une chose comme si elle était certaine.

3° *Je suppose que Jésus ait.* Après ce même verbe, on met le subjonctif, lorsqu'il signifie, admettre hypothétiquement ou par supposition, en laissant entendre que la chose n'est pas. On voit quelle est la double signification du verbe *supposer,* en tournant ainsi la phrase : J'admets comme un fait que Jésus-Christ *est rencontré* par un philosophe; j'admets ensuite, par hypothèse, qu'il *ait,* avec ce philosophe, etc.

4° *Demande le philosophe.* Le sujet est ici après le verbe, parce que cette proposition, qui annonce que l'on rapporte les paroles de quelqu'un, est insérée dans la citation.

5° *Quel est votre dessein.* Le verbe de cette proposition est précédé de l'attribut et suivi du sujet, lequel est rejeté après le verbe à cause de l'interrogation. La construction directe de cette proposition est : *Votre dessein est quel.* — Le substantif *dessein,* signifiant projet, a pour homonyme, *dessin,* subst. masc., art de dessiner, chose dessinée.

6° *Bourg*. On voit quelle est l'orthographe finale de ce mot par son dérivé *bourgade*.

7° *De réformer, de changer, de détruire*. La préposition *de* est mot explétif devant ces infinitifs qui sont, par le sens, sujets du verbe ; le nom *dessein* fait fonction d'attribut ; c'est pour : *réformer les mœurs* est *mon dessein*, la chose projetée par moi.

8° *Faire adorer le seul Dieu*. Le complément de *faire* est l'infinitif *adorer*, lequel a pour complément *le seul Dieu* ; c'est sur ce dernier complément que retombe l'action d'*adorer*. — Pour que le substantif complément appartînt aux deux verbes réunis, il faudrait que ce substantif fît l'action marquée par l'infinitif ; dans le cas contraire, il est complément seulement du second verbe.

9° *Quelque étonnante que paraisse*. Le mot *quelque*, se rapportant à l'adjectif *étonnante*, est adverbe, signifiant *si* ou *très* ; et le *que* est conjonction, ayant le sens de *quoique* ; c'est pour : *si* étonnante que paraisse, ou *quoique* mon entreprise paraisse *très*-étonnante. — Après *quelque... que*, on met toujours le subjonctif.

10° *Qu'aura-t-elle de si attrayant cette doctrine*. Le pronom interrogatif *que* est complément direct de *aura*. — Le sujet du verbe étant *cette doctrine*, le pronom *elle* est un sujet formant pléonasme et servant seulement à donner plus de force à l'interrogation. — *De* est mot explétif devant *attrayant*, qui est un adjectif se rapportant au complément direct *que*. — Le mot *si*, modifiant un adjectif, est adverbe et signifie *tellement*.

11° *A elle*. Il eût été plus conforme à la règle de dire *à soi*, le pronom *elle* ne s'employant ordinairement après une préposition qu'en rapport avec des personnes.

12° *La morale en sera*. Le pronom *en* tient la place du nom *doctrine* ; on n'aurait pu dire *sa morale sera*, parce que le possesseur étant une chose non exprimée dans la même proposition que l'objet possédé, *son, sa, ses*, devant le sujet du verbe *être*, se remplacent par l'article et le pronom *en*.

13° *Que celle*. Ces mots forment une proposition elliptique, dans laquelle sont sous-entendus le verbe et l'attribut ; c'est pour : *que celle-là n'est pure*.

14° *Enseignée*. Ce participe, joint à *avoir*, s'accorde avec son complément direct qui précède et dont il marque l'état ; on parle de *morale enseignée*.

15° *Publieront*, prend un *e* muet devant la terminaison du futur, parce que c'est un verbe de la première conjugaison.

16° *J'aurai expiré*. Ce verbe intransitif prend toujours *avoir* dans ses temps composés, lorsqu'il a pour sujet un nom de personne ; alors son participe passé ne peut pas se joindre immédiatement à un substantif. Appliqué à des choses, il prend *avoir* lorsqu'il exprime une action d'une durée momentanée, et *être* quand il marque une situation dont la durée se prolonge ; le participe *expiré* peut toujours se joindre immédiatement à un nom de choses.

17º *C'est... que.* On peut considérer ces mots comme explétifs puisque en les retranchant le sens reste le même ; ainsi : *la terre doit adorer un jour moi qui vous parle.* Si l'on veut conserver ces mots et faire de *c'est moi* une proposition, il faudra tourner ainsi : *Moi, qui vous parle, suis celui que la terre doit adorer un jour.*

18º *Un jour.* On peut faire de cette expression un complément indirect, signifiant, *dans un jour à venir ;* ou mieux en faire une locution adverbiale.

26ᶜ Exercice.

LE CHRISTIANISME AU POINT DE VUE SOCIAL. (*D'Alembert.*)

Il est un bien plus puissant que tous les autres, auquel l'Europe entière doit aujourd'hui l'espèce de société qui s'est perpétuée entre ses membres : le christianisme [1]. Méprisé à sa naissance, il servit [2] d'asile à ses détracteurs, après avoir été si cruellement et si vainement persécuté par eux.

Quelques prétendus esprits forts [3] disent que le christianisme est gênant : c'est avouer [4] qu'on est incapable de porter le joug des vertus [5] qu'il commande. Il est nuisible, ajoutent-ils [6] : c'est fermer les yeux aux avantages les plus sensibles, les [7] plus indispensables qu'il procure à la société. Ses devoirs excluent ceux de citoyen : c'est le calomnier manifestement, puisque le premier de ses préceptes [8] est de remplir les devoirs de son état. Il favorise le despotisme, l'autorité arbitraire des princes : c'est méconnaître son [9] esprit, puisqu'il déclare, dans les termes les plus énergiques, que les souverains au tribunal de Dieu seront jugés plus rigoureusement que les autres hommes, et qu'ils payeront avec usure l'impunité dont ils auront joui sur la terre. La foi qu'exige le christianisme contredit et humilie la raison : c'est insulter à [10] l'expérience et à la raison même que de [11] regarder comme [12] humiliant un joug qui soutient cette raison toujours vacillante [13], toujours inquiète quand elle est abandonnée à elle-même.

(La suite de ce sujet à l'exercice suivant.)

QUESTIONS D'EXAMEN.

1° Indiquer les cinq propositions que renferme la première phrase ; dire les termes de la première proposition, de la deuxième et de la cinquième. — 2° Expliquer les diverses acceptions du verbe *servir :* avec un complément direct, avec *de*, avec *à*, sans complément, et dans *se servir*. — 3° Que veut dire *prétendus esprits forts ?* — 4° Dans *c'est avouer*, quelle fonction font les mots *ce* et *avouer ?* — 5° Que signifie *le joug des vertus ?* — 6° Pourquoi dans *ajoutent-ils* le pronom personnel est-il après le verbe ? — 7° Pourquoi la répétition de l'article devant *plus indispensables ?* — 8° Dans la proposition, *puisque le premier de ses préceptes*, etc., quel est le sujet, quel est l'attribut ? — 9° Ne devrait-on pas dire : *c'est en méconnaître l'esprit;* l'emploi de *son* n'est-il pas contraire à la règle ? — 10° Quand *insulter* veut-il *à* devant son complément, quand veut-il un complément direct ? — 11° Qu'est ici l'expression *que de ?* — 12° Quelle fonction fait l'infinitif *regarder ?* qu'est le mot *comme* après *regarder ?* — 13° Comment prononce-t-on *vacillante ?* quel est le sens de ce mot ? (Ne pas s'étonner que certaines questions soient répétées).

RÉPONSES.

1° Les cinq propositions que renferme cette phrase sont : *Il est un bien plus puissant*, première proposition ; *que tous les autres*, deuxième ; *l'Europe entière doit aujourd'hui l'espèce de société*, troisième ; *qui s'est perpétuée entre ses membres*, quatrième ; *le christianisme*, cinquième. Pour analyser la première, la seconde et la cinquième, on devra les tourner ou les compléter ainsi : *un bien plus puissant existe ; que tous les autres sont puissants ; le christianisme est ce bien.*

2° Le verbe *servir* a une foule d'acceptions, dont voici les principales : *servir quelqu'un*, être à son service, lui être utile ; il se dit aussi avec un nom de chose pour complément direct : *servir une batterie, servir le dîner, servir une table, servir une rente*, etc. ; on dit *servir de*, dans le sens de faire l'office de, tenir lieu de, être employé comme ; *servir à*, être utile, propre à, être destiné à ; *servir*, sans complément, être au service de l'État ; *se servir de*, faire usage de, employer. On dit *ne servir à rien*, en parlant d'une inutilité momentanée, et *ne servir de rien*, en parlant d'une inutilité absolue.

3° Par *prétendus esprits forts*, on entend des gens qui prétendent avoir l'esprit fort, exempt de préjugés.

4° Dans *c'est avouer*, le mot *ce*, sujet de *est*, rappelle ce qui a été dit précédemment ; *avouer* sert d'attribut à la proposition.

5° *Le joug des vertus* signifie la sujétion que les vertus imposent ; *joug* est pris au figuré.

6° Cette proposition, *ajoutent-ils*, forme une incidente, intercalée dans une citation ; le pronom sujet se rejette alors après le verbe qui annonce la citation.

7° L'article simple se répète devant les superlatifs qui se suivent.

8° Dans la proposition, *puisque le premier de ses préceptes*, etc., ce qui précède le verbe *être* fait l'office d'attribut, et l'infinitif *remplir*, précédé de l'explétive *de*, est sujet de la proposition.

9° L'adjectif *son* devant *esprit*, complément direct, n'a pas besoin d'être remplacé par *en*, comme le veut la règle quand le possesseur est une chose non exprimée dans la même proposition que l'objet possédé, parce que, dans le cas présent, le christianisme, qui est le possesseur, est en quelque sorte personnifié.

10° *Insulter à*, verbe intransitif, signifie manquer d'égards ; *insulter quelqu'un*, verbe transitif, veut dire, faire insulte.

11° *Que de* devant *regarder* sont mots explétifs.

12° *Regarder* est sujet réel de *est* ; le pronom *ce*, relatif à *regarder*, n'est sujet que par pléonasme. *Comme* est adverbe et forme avec *regarder* une seule expression, équivalente à *trouver*. (Explication déjà donnée.)

13° Dans *vacillante*, les *ll* ne sont pas mouillées et se prononcent séparément, chacune dans la syllabe dont elle fait partie. Ce mot est pris au figuré, signifiant, irrésolu, chancelant.

27ᶜ Exercice.

LE CHRISTIANISME AU POINT DE VUE SOCIAL. (*D'Alembert.*)

(Suite.)

Que [1] deviendrait donc le monde, que [1] deviendraient ceux qui l'habitent, si, par la douceur [2] de ses conso-

lations, par l'attrait de ses espérances, par les compensations inestimables qu'elle offre aux malheureux, la
religion n'adoucissait[3] dans cette vie les maux inévita-
bles à chaque individu, et plus encore aux gens de bien?
C'est surtout[4] dans l'inégalité des conditions, dans l'inexacte distribution des honneurs et des récompenses
que cette religion fait connaître la douceur de son empire et la sagesse de ses lois, qui tempèrent et réparent,
autant qu'il est possible[5], les adversités humaines.

Comme[6] l'ordre de la société exige, pour son propre
soutien, de la subordination, de la dépendance, de la
fatigue; comme la corruption de l'humanité répand sur
le général et sur le particulier[7] des peines, des travaux,
des oppressions, des injustices, quel homme pourrait se
soumettre aux rigueurs d'un partage si cruel à la nature,
sans une lumière qui lui apprend à supporter[8] les amer-
tumes de son sort, sans un contre-poids qui réprime
les soulèvements d'une sensibilité trop souvent juste,
sans une loi de soumission qui lui fait accepter par des
vues surhumaines tout ce qui peut blesser son esprit et
révolter son cœur? Le mal du chrétien n'est, aux yeux
de[9] la foi, qu'un mal passager et toujours propre à lui
mériter[10] des récompenses éternelles. Le mal du philosophe[11] est un aiguillon[11] pour sa malice, un sujet
pour ses révoltes, un ferment[11] pour son humeur, un
motif d'injustice et d'iniquité.

Par la religion seule les maux cessent d'être ce
qu'ils sont[12]; par elle seule, souffrir est[13] un moindre
mal que de goûter[14] les douceurs de la vie, au pré-
judice de sa conscience et de ses devoirs; par elle seule,
l'homme élevé au-dessus de lui-même se dérobe en
quelque sorte aux mauvais traitements, à la persécu-
tion, à l'iniquité, pour se reposer sous ses auspices dans
un centre de bonheur et de paix au-dessus de tous les
revers.

QUESTIONS D'EXAMEN.

1° Qu'est le mot *que* dans *que deviendrait, que deviendraient?* —
2° De quoi les mots *par la douceur, par l'attrait, par les compensations,* sont-ils compléments? — 3° Pourquoi, après *n'adoucissait,*

la seconde négative n'est-elle pas exprimée? — 4° Dans la phrase commençant par *c'est surtout*, quels sont les mots explétifs et à quel verbe appartiennent les compléments précédés de la préposition *dans?* — 5° Dans *autant qu'il est possible*, quel est le sujet réel de *est?* — 6° Que signifie ici la conjonction *comme?* — 7° Que veut dire : *sur le général et sur le particulier?* — 8° *A supporter*, est-ce là un complément indirect? — 9° Qu'est cette expression : *aux yeux de?* — 10° Que signifie *à lui mériter;* quelle est l'autre acception de ce verbe? — 11° Quels sont les attributs du sujet *le mal du philosophe?* Quel est le sens de *aiguillon pour sa malice*, *ferment pour son humeur?* Que forme cette phrase avec la précédente? — 12° Dans *ce qu'ils sont*, tourner *ce que* de manière à faire du mot *que* l'attribut. — 13° Au lieu de *est un moindre mal* pourrait-on dire *c'est?* — 14° Qu'est l'infinitif *goûter*, après *que de?* qu'est ici le mot *de?*

RÉPONSES.

1° *Que*, devant *deviendrait*, *deviendraient*, signifie *quel*, *quels*, et se rapporte au sujet *monde* ou *ceux;* il fait partie de l'attribut *devenant*, qui demande toujours à être complété par un qualificatif ou un autre modificatif.

2° Les compléments *par la douceur*, *par l'attrait*, etc., placés ainsi par inversion, appartiennent au verbe *adoucir*.

3° Après *si*, mis pour *à moins que*, on peut supprimer la seconde négative.

4° Dans la phrase, *C'est surtout dans*, etc., les mots *c'est... que* sont explétifs; les compléments précédés de la préposition *dans* appartiennent à *fait connaître*.

5° Dans *autant qu'il est possible*, l'unipersonnel *est* a pour sujets réels les infinitifs *de tempérer*, *de réparer*, sous-entendus après *possible*.

6° La conjonction *comme* signifie ici *puisque*.

7° Par ces mots, *sur le général et sur le particulier*, on entend, sur tous les hommes et sur chacun en particulier.

8° *A supporter* veut dire, le moyen de supporter, la résignation à supporter; ce dernier infinitif, répondant à la question *quoi?* faite après le verbe *apprend*, en est le complément direct.

9° *Aux yeux de* forme une locution prépositive, analogue à *quant à*.

10° *Propre à lui mériter*, signifie, propre à le rendre digne, à lui faire obtenir. *Mériter*, n'étant pas accompagné d'un complément indirect, comme dans le cas présent, signifie, être digne, se rendre digne.

11° Le sujet, *le mal du philosophe*, a pour attributs les quatre noms *aiguillon*, *sujet*, *ferment*, et *motif*, avec leurs compléments ; c'est ce qu'on appelle un attribut composé et complexe. *Un aiguillon pour sa malice*, signifie une cause qui excite sa malice, qui le pousse à la méchanceté ; *un ferment pour son humeur*, veut dire une chose qui fait naître et entretient son humeur ; les mots *aiguillon* et *ferment* sont pris ici au figuré. Étant pris au propre, *aiguillon* désigne le dard d'un insecte, une pointe de fer dont on se sert pour piquer les bœufs et les exciter à marcher ; *le ferment*, c'est le levain, ou la substance qui, mêlée à certains corps, a la propriété d'y produire la fermentation. Cette phrase forme avec la précédente une antithèse.

12° En tournant *ce qu'ils sont* par *tels lesquels ils sont*, on voit que l'attribut est *que*, signifiant *lesquels*.

13° Devant *est*, ayant pour sujet un infinitif, on peut employer par pléonasme le pronom *ce*, servant souvent alors à donner plus de force à l'expression ou plus de précision au sens.

14° *Goûter* est ici sujet de *est un mal*, sous-entendu ; cette proposition forme le second terme de la comparaison ; le mot *de* avant *goûter* est explétif.

28ᵉ Exercice.

PRINCIPES PHILOSOPHIQUES DU CHRISTIANISME. (*V. Cousin.*)

Le christianisme, la dernière religion [1] qui ait paru [2] sur la terre, et aussi de beaucoup [3] la plus parfaite, le christianisme est le complément de toutes les religions antérieures [4], le dernier résultat de tous les mouvements religieux du monde ; il en est la fin [5], et avec le christianisme toute religion est consommée. En effet, le christianisme, si peu étudié, si peu compris, n'est pas moins que [6] le résumé des deux grands systèmes religieux qui ont régné tour-à-tour dans l'Orient et dans la Grèce.

Il réunit en lui tout ce qu'il y a de vrai [7], de sage dans le thème de l'Orient, dans l'héroïsme et dans le naturalisme de la Grèce et de Rome. La religion d'un Dieu fait homme [8] est une religion qui, d'une part, élève l'âme vers le ciel, vers son principe absolu, vers un autre monde, et qui en même temps lui enseigne que son œuvre [9] et ses devoirs sont en ce monde et sur cette terre. La religion de l'Homme-Dieu donne un prix infini à l'humanité. L'humanité est donc quelque chose de très-grand [10], puisqu'elle a été choisie pour être le réceptacle et l'image d'un Dieu. De là, dans le christianisme, la dignité de l'humanité confondue [11] avec la sainteté de la religion, et partout répandue [11] avec elle. Aussi le christianisme est-il [12] une religion éminemment humaine, éminemment sociale : en voulez-vous la preuve? Qu'est-il sorti [13] du christianisme et de la société chrétienne? la liberté moderne, les gouvernements représentatifs [14]. Tournez les yeux en dehors et au delà du christianisme : qu'ont produit depuis vingt siècles les autres religions, la religion brahmique, la religion musulmane et toutes les autres religions qui règnent encore aujourd'hui sur la terre ; que produisent-elles? Ici une dégradation [15] profonde, là une tyrannie [15] sans bornes. Au contraire, l'Europe chrétienne est le berceau de la liberté , et si c'était ici le lieu et le temps [16], je vous montrerais que le christianisme, qui, de fait, a produit les gouvernements représentatifs, pouvait seul porter cette forme de gouvernement qui identifie l'ordre et la liberté. C'est aussi le christianisme [17] qui, après avoir conservé le dépôt des sciences, des arts, des lettres, leur a donné une impulsion puissante. Le christianisme est la racine de la philosophie moderne. En effet, toute une époque est une ; il y a un rapport naturel entre la philosophie d'un temps et la religion de ce temps. Je fais donc profession de croire que les grandes vérités qu'a déjà développées [18] et que pourra développer encore la philosophie [19] moderne sous les formes qui lui sont propres, sont si loin [20] d'être opposées aux vérités du christianisme, qu'au contraire, selon moi, toute vraie philosophie est en germe dans les mystères chrétiens.

QUESTIONS D'EXAMEN.

1° *La dernière religion.* A quoi cette expression se rapporte-t-elle? — 2° *Ait paru.* Pourquoi le subjonctif et pourquoi le passé? — 3° *De beaucoup.* Qu'est cette expression et quand s'emploie-t-elle? — 4° *Antérieures.* Pourquoi cet adjectif fait-il ainsi son féminin? — 5° *Il en est la fin*. Pourquoi emploie-t-on *en* au lieu de l'adjectif possessif *sa?* — 6° *N'est pas moins que*. Quel est l'adverbe équivalent à *non moins que?* — 7° *Ce qu'il y a de vrai*. Montrez comment le sujet réel du verbe est *que* et comment *de* est mot explétif. — 8° *Un Dieu fait homme*. Quelle est la fonction du mot *homme?* — 9° *Son œuvre*. Quand *œuvre* est-il du féminin et quand est-il du masculin? — 10° *Quelque chose de très-grand*. Même question pour *quelque chose*. Qu'est ici la préposition *de?* — 11° *Confondue,... répandue*. Expliquez l'accord de ces deux participes. — 12° *Aussi le christianisme est-il*. Qu'est le mot *aussi?* Pourquoi *il* forme-t-il pléonasme? Pourquoi ce pronom rejeté après le verbe? — 13° *Qu'est-il sorti*. Quel est le sujet réel du verbe? — 14° *La liberté moderne*, etc. De quel verbe sous-entendu ce nom et le suivant sont-ils sujets? Qu'est cette proposition? — 15° *Ici une dégradation*, etc. De quel verbe sous-entendu ce nom et le suivant sont-ils compléments? — 16° *Si c'était ici le lieu et le temps*. Quels sont, dans cette proposition, le sujet et l'attribut? — 17° *C'est aussi le christianisme qui*, etc. Montrez comment le sujet est *le christianisme*, et l'attribut *ce*. — 18° *Développées*. Expliquez l'accord de ce participe. — 19° *La philosophie*. Pourquoi ce sujet est-il placé après son verbe? — 20° *Sont si loin*. Quel est le sujet de *sont?* A quoi se rapporte *si loin?*

RÉPONSES.

1° *La dernière religion*. Le nom *religion* est joint par apposition au nom *christianisme*, auquel il se rapporte comme explicatif.

2° *Ait paru* est au subjonctif après *qui*, parce que ce pronom est précédé de l'adjectif numéral ordinal, *dernière*.

Ce verbe est au passé du subjonctif, parce que le verbe de la proposition principale est au présent.

3° *De beaucoup* est une locution adverbiale, qui s'emploie lorsqu'on exprime une idée de comparaison.

4° *Antérieures*. Cet adjectif, signifiant *plus ancien*, fait son féminin par l'addition d'un *e* muet, parce qu'il est terminé en *érieur*, et principalement parce qu'il exprime une comparaison.

5° *Il en est la fin*. On ne pourrait pas dire : *Il est sa fin*, parce que le possesseur étant une chose non exprimée dans la même proposition que l'objet possédé, on remplace *son, sa, ses*, par l'article et le pronom *en*, devant le sujet du verbe *être*.

6° *N'est pas moins que*. La négative *ne pas* annulant l'idée d'infériorité ou de restriction exprimée par *moins*, il résulte de la réunion de ces deux mots une idée d'égalité, ou de parfaite conformité ; ici, *non moins que* est une locution adverbiale, signifiant *exactement, parfaitement, tout à fait*.

7° *Ce qu'il y a de vrai*. Le pronom conjonctif *que* s'emploie habituellement comme complément direct; le sujet réel d'un verbe unipersonnel se présente le plus ordinairement sous la forme d'un complément direct; ainsi, le sujet réel de *il y a* est le pronom *que*, comme on peut le voir en supprimant le *de* explétif et en tournant cette proposition par, *ce qui est vrai.*

8° *Un Dieu fait homme.* Le mot *homme* répond à la question *comment;* il complète le participe *fait* par une idée qualificative et les deux mots réunis se rapportent à *Dieu.*

9° *Son œuvre.* Le nom *œuvre*, signifiant *action, ouvrage*, est généralement du féminin, quoique dans la poésie, ou dans le style élevé, il s'emploie quelquefois au masculin dans le sens d'ouvrages littéraires, ou de choses d'une grande importance. Lorsque ce nom désigne une collection entière de musique ou de dessins d'un artiste renommé, il est du masculin; on dit aussi au masculin, le *grand œuvre*, en parlant de la pierre philosophale.

10° *Quelque chose de très-grand.* Le pronom indéfini *quelque chose*, signifiant *une chose*, est du masculin; on le reconnaît en ce que, entre les deux mots, on ne peut pas mettre un qualificatif. Le nom *chose* précédé de l'adjectif *quelque*, dont il peut être séparé par un qualificatif, est du féminin. — Les pronoms indéfinis *quelqu'un, quelque chose* étant suivis d'un adjectif, on met devant cet adjectif la préposition *de*, qui n'est alors employée que comme mot explétif.

11° *Confondue,... répandue.* Ces deux participes, qui ne sont joints à aucun auxiliaire, sont de véritables adjectifs.

12° *Aussi le christianisme est-il.* Le mot *aussi* signifie, *pour cette raison*, et est conjonction. — *Il* est sujet formant pléonasme, puisque le sujet de la proposition est *le christianisme.* Ce pronom est ainsi placé à cause du mot *aussi*, après lequel, pour donner plus de force à l'expression, le verbe prend la forme interrogative.

13° *Qu'est-il sorti.* Le sujet réel du verbe est *que* interrogatif; le pronom *il* ne sert qu'à donner au verbe une forme interrogative.

14° *La liberté moderne*, etc. Ce nom et le suivant sont sujets de *en sont sortis* sous-entendu; ils forment donc une proposition elliptique.

15° *Ici une dégradation*, etc. Ce nom et le suivant forment des propositions implicites qui servent de réponses à l'interrogation précédente, et dans lesquelles sont sous-entendus les deux mots *elles produisent.*

16° *Si c'était ici le lieu et le temps*, c'est-à-dire *si le lieu et le temps étaient convenables ici.* En tournant ainsi, on voit quels sont les sujets et l'attribut.

17° *C'est aussi le christianisme qui*, etc. Pour donner au sujet *christianisme* et à l'attribut *ce* les places qui leur conviennent, il faut tourner de cette manière : *Le christianisme est aussi ce qui* etc.

18° *Développées.* Ce participe s'accorde avec son complément direct *que* mis pour *vérités*, parce que l'on parle de *vérités développées.*

19° *La philosophie.* Ce sujet est placé après le verbe, parce que le verbe, étant précédé du pronom conjonctif *que*, peut être suivi du substantif qui lui sert de sujet. Il convient que le nom *philosophie*, sujet de *a développées* et de *pourra*, soit après ces deux verbes pour être plus rapproché de son relatif *lui*, sans quoi la clarté du sens pourrait en souffrir.

20° *Sont si loin.* Le verbe *sont* a pour sujet *vérités.* — *Si loin*, signifiant *si éloignées*, fait l'office d'attribut et se rapporte à *vérités.*

29ᵉ Exercice.

EFFET DU CHRISTIANISME SUR LE GÉNIE DE L'HOMME.

(*Villemain.*)

Les invasions des barbares replongèrent l'Europe dans l'ignorance, et l'anarchie qui suivit l'introduction du régime féodal ne contribua pas peu [1] à retarder les progrès des lumières. Les cloîtres devinrent le seul refuge [2] des connaissances humaines. Mais, du moment que [3] des jours plus sereins [4] commencèrent à luire [5], on vit les lettres et les sciences, longtemps concentrées dans ces solitudes, prendre tout à coup un rapide essor. Il appartenait [6] à la religion, qui en avait conservé le précieux dépôt, de leur donner [7] une vie nouvelle, d'en favoriser la marche, et de produire par son heureuse influence tant d'immortels ouvrages dont [8] l'antiquité n'offre pas de modèle. Quel noble et imposant caractère [9] en effet elle sait imprimer au talent ! Le lyrique français plane dans les cieux, lorsqu'il suit le vol du Psalmiste : Athalie est le fruit de la lecture des livres saints, et le Discours sur l'histoire universelle, le plus beau monument peut-être dont se puisse enorgueillir [10] notre littérature, a été tout entier inspiré par cette même religion, dont il décrit l'origine, la suite, les combats et le triomphe. Sans doute, à quelque [11] époque et en quelque [11] pays qu'ils fussent nés [12], Pascal, Racine et Bossuet n'auraient point été des hommes ordinaires ; mais on peut douter cependant qu'ils eussent atteint [13] ces hauteurs, dernières limites tracées, pour ainsi dire, à l'esprit humain, si leur génie n'eût été nourri [14] et fortifié par la méditation habituelle des vérités les plus sublimes. Voltaire et Rousseau même [15] sont toujours admirables, lorsque, dominés par un ascendant irrésistible, ils rendent hommage à ce culte qu'ils n'ont que trop souvent outragé ; le premier n'est jamais plus pathétique et plus touchant que quand il célèbre les vertus chrétiennes ; et le morceau le plus éloquent qu'ait écrit [16] l'autre est un éloge de Jésus-Christ. D'où vient que le génie dirigé par l'influence des opinions religieuses s'élève ainsi au-dessus de lui-même ? Pourquoi les auteurs chrétiens sont-ils supérieurs aux autres sages, lorsqu'ils parlent de Dieu, de l'homme, de l'éternité ? Est-ce l'effet [17] du perfectionnement de l'art, ou cela ne tient-il pas plutôt [18] à la puissance même de la vérité ?

QUESTIONS D'EXAMEN.

1° *Ne contribua pas peu.* Quel est le sens de *peu*, modifié par *ne pas ?* — 2° *Refuge.* Comment ce nom est-il employé ? — 3° *Du moment que.* Qu'est cette locution ? — 4° *Sereins.* Comment la dérivation fait-elle connaître l'orthographe de l'adjectif *serein*, et celle du nom *serin*, son homonyme ? — 5° *Luire.* A quoi reconnaît-on que ce verbe doit s'écrire par *ire* et non par *ir ?* Pourquoi *luire* est-il verbe défectif ? — 6° *Il appartenait.* Quel est le sujet réel de cet unipersonnel ? — 7° *De leur donner.* Pourquoi l'emploi de *leur* fait-il ici exception à la règle ? — 8° *Dont.* De quel mot ce pronom est-il complément ? — 9° *Quel noble et imposant caractère.* Pourquoi *quel* n'est-il pas répété devant le second adjectif ? — Que devrait-on faire si l'on supprimait *et ?* — 10° *Se puisse enorgueillir.* Pourquoi *puisse* au subjonctif ? — De quel verbe *se* est-il complément ? — 11° *Quelque,... quelque... que.* Que sont ces deux mots *quelque* et qu'est le mot *que* dont ils sont suivis ? — A quelle proposition appartiennent les deux noms précédés de *quelque ?* — 12° *Fussent nés.* Pourquoi ce verbe est-il au plus-que-parfait du subjonctif? — 13ᵉ *Eussent atteint.* Même question pour ce verbe que pour le précédent. — 14° *N'eût été nourri.* Pourquoi la seconde négative est-elle supprimée? — A quel temps est ce verbe? — 15° *Même.* Pourquoi ce mot est-il adverbe? — 16° *Qu'ait écrit.* Pourquoi le subjonctif? — 17° *Est-ce l'effet.* Quel est le sujet, quel est l'attribut? — Pourquoi *ce* est-il rejeté après le verbe? — 18° *Plutôt.* Quand ce mot s'écrit-il ainsi et quand écrit-on *plus tôt* en deux mots?

RÉPONSES.

1° *Ne contribua pas peu.* Le mot *peu* modifié par *ne pas* a le même sens que *beaucoup,* qui est son opposé. Souvent, pour rendre l'expression plus énergique ou plus élégante, on remplace un mot par son opposé en l'accompagnant d'une négation, comme aussi pour donner à la phrase un sens plus affirmatif on emploie quelquefois deux négations.

2° *Refuge* se rapporte comme qualificatif au sujet *cloîtres ;* le verbe *devenir* demande toujours après lui un qualificatif, soit nom, soit adjectif, pour compléter l'idée attributive de la proposition.

3° *Du moment que* est une locution conjonctive, signifiant *aussitôt que.*

4° *Sereins.* Cet adjectif, dont on reconnaît l'orthographe par son dérivé *sérénité,* a pour homonyme *serin,* subst. masc., oiseau, dont la terminaison s'écrit *in,* parce que son dérivé est *serinette.*

5° *Luire* appartient à la quatrième conjugaison, parce que son participe présent est *luisant.* Tous les verbes ayant à l'infinitif la consonance de la deuxième conjugaison, sont de la quatrième si leur participe présent est en *isant* ou en *ivant.*

Luire est verbe défectif, parce qu'il manque du passé défini et de l'imparfait du subjonctif.

6° *Il appartenait.* Ce verbe unipersonnel a pour sujet réel *de leur donner ;* la préposition *de* est explétive.

7° *De leur donner.* Le pronom *leur* tient la place des noms *lettres* et *sciences.* Il est employé par exception à la règle d'après laquelle *lui, leur,* se remplacent par *y* lorsqu'on désigne des choses. La clarté du sens et l'harmonie veulent que l'on préfère ici *leur* au mot *y.*

8° *Dont* est complément de *modèle.*

9° *Quel noble et imposant caractère.* Les deux adjectifs joints par *et* ne marquant pas des qualités opposées, l'adjectif *quel* ne doit pas être répété devant le second adjectif; on pourrait cependant répéter *quel* pour donner plus de force ou plus de grâce à l'expression, mais alors il faudrait supprimer la conjonction *et*.

10° *Se puisse enorgueillir*. On met *puisse* au subjonctif après le pronom conjonctif *dont* précédé de *le plus*. — Le pronom *se* est complément de l'infinitif *enorgueillir*.

11° *Quelque, quelque... que*. Les deux mots *quelque* suivis des substantifs *époque* et *pays* sont adjectifs; le mot *que*, ayant le sens de *où*, est pronom conjonctif, complément de *fussent nés*, au moyen de la préposition qui précède ses antécédents, lesquels sont compléments de la préposition *malgré* sous-entendue, et appartiennent à la proposition principale, comme on peut le voir en tournant ainsi : *ils n'auraient point été des hommes ordinaires malgré* ou *nonobstant quelque époque et quelque pays où ils fussent nés*.

12° *Fussent nés* est au plus-que-parfait du subjonctif après *quelque... que*, parce que le verbe de la proposition principale est à un passé.

13° *Eussent atteint* est au plus-que-parfait du subjonctif, quoique le premier verbe soit au présent, parce que la phrase renferme une expression conditionnelle qui est au passé.

14° *N'eût été nourri*. Après la conjonction *si* employée pour *à moins que*, on supprime la seconde négative. — *Eût été* est au plus-que-parfait du conditionnel.

15° *Même* est adverbe et invariable, parce qu'il est placé après deux substantifs et qu'il signifie *aussi* : Voltaire *et aussi*, *et même* Rousseau, etc.

16° *Qu'ait écrit*. Le subjonctif est employé après le pronom *que*, parce que ce pronom est précédé de *le plus*.

17° *Est-ce l'effet*. Le pronom *ce*, rappelant une pensée précédemment énoncée, est sujet du verbe, après lequel il est rejeté à cause de l'interrogation. Le nom *effet* est attribut de la proposition.

18° *Plutôt*, s'écrit en un seul mot lorsqu'il marque la préférence; on écrit *plus tôt* en deux mots lorsqu'il est l'opposé de *plus tard*.

30ᵉ Exercice.

L'ÉVANGILE. (*J.-J. Rousseau.*)

La majesté des Écritures m'étonne; la sainteté de l'Évangile parle à mon cœur¹. Voyez les livres des philosophes avec toutes leurs pompes : qu'ils sont pe-

tits [2] près de [3] celui-là ! Se peut-il qu'un livre à la fois si
sublime et si sage soit l'ouvrage des hommes ? Se peut-
il [4] que celui dont il fait l'histoire ne soit [5] qu'un homme
lui-même [6]? Est-ce là le ton [7] d'un enthousiaste ou d'un
ambitieux sectaire ? Quelle douceur [8] ! quelle pureté
dans ses mœurs ! quelle grâce touchante dans ses ins-
tructions ! quelle élévation dans ses maximes ! quelle
profonde sagesse dans ses discours ! quelle présence
d'esprit, quelle finesse et quelle justesse dans ses réponses ! quel empire sur ses passions ! Où est l'homme,
où est le sage qui sait [9] agir, souffrir et mourir, sans
faiblesse et sans ostentation ? Quand Platon peint son
juste imaginaire, couvert de tout l'opprobre du crime
et digne de tous les prix de la vertu, il peint trait pour
trait [10] Jésus-Christ ; la ressemblance est si frappante
que tous les Pères l'ont sentie, et qu'il n'est pas possible de s'y tromper.

Quels préjugés, quel aveuglement ne faut-il point [11]
avoir pour oser comparer [12] le fils de Sophronisque au
fils de Marie ! Quelle distance [13] de l'un à l'autre ! Socrate, mourant sans douleur, sans ignominie, soutient
aisément jusqu'au bout son personnage ; et si cette
facile mort n'eût honoré sa vie, on douterait si Socrate,
avec tout son esprit, fut autre chose qu'un sophiste. Il
inventa, dit-on, la morale ; d'autres, avant lui, l'avaient
mise en pratique ; il ne fit que dire ce qu'ils avaient
fait ; il ne fit que mettre en leçons leurs exemples. Aris-
tide avait été juste avant que Socrate eût dit ce que
c'était que la justice. Léonidas était mort pour son
pays avant que Socrate eût fait un devoir d'aimer la
patrie. Sparte était sobre avant que Socrate eût loué
la sobriété ; avant qu'il eût loué la vertu, la Grèce abon-
dait en hommes vertueux. Mais où Jésus avait-il pris
chez les siens cette morale élevée et pure dont lui seul
a donné les leçons et l'exemple ? Du sein du plus furieux fanatisme la plus haute sagesse se fit entendre,
et la simplicité des plus héroïques vertus honora le plus
vil de tous les peuples. La mort de Socrate, philoso-
phant tranquillement avec ses amis, est la plus douce
qu'on puisse désirer ; celle de Jésus expirant dans les

tourments, injurié, raillé, maudit de tout un peuple, est la plus horrible qu'on puisse craindre. Socrate, prenant la coupe empoisonnée, bénit celui qui la lui présente et qui pleure. Jésus, au milieu d'un affreux supplice, prie pour ses bourreaux acharnés. Oui, si la vie et la mort de Socrate sont d'un sage, la vie et la mort de Jésus sont d'un Dieu !

QUESTIONS D'EXAMEN.

1° Que veut dire cette expression : *parle à mon cœur?* Que sont les deux propositions de cette phrase? — 2° Qu'est le mot *que* dans : *qu'ils sont petits?* — 3° Que signifie ici *près de?* — 4° Expliquer l'expression *se peut-il.* — 5° Pourquoi *soit* au subjonctif et au présent? — 6° A quoi sert *lui-même?* — 7° Dans *est-ce là le ton,* quel est le sujet et quel est l'attribut? — 8° Quelle est la fonction du nom *douceur* et de tous les noms suivants qui sont précédés de *quel?* — 9° Pourquoi *qui sait* au singulier après les antécédents *homme* et *sage?* — 10° Qu'est l'expression *trait pour trait?* — 11° Le sens est-il négatif dans *ne faut-il point?* — 12° Quelle différence y a-t-il entre *comparer à* et *comparer avec?* — 13° Qu'y a-t-il de sous-entendu après *distance?*

RÉPONSES.

1° *Parler au cœur,* c'est parler de manière à intéresser le cœur; *parler* est pris ici dans un sens figuré : *la sainteté de l'Evangile parle au cœur,* cela signifie qu'elle est comprise par le cœur, qu'elle éveille des sentiments de conviction profonde. — Les deux propositions de cette première phrase sont également principales absolues ; la seconde n'est point ajoutée à la première pour la compléter : donc elle est principale; elle ne renferme aucun terme qui rappelle une idée énoncée dans la première, donc elle n'est point relative ; elle a , comme la première, un sens absolu et indépendant. ;

2° Dans *qu'ils sont petits,* le mot *que,* signifiant *combien* et modifiant *petits,* est adverbe d'extension; il sert ici à exprimer une exclamation.

3° *Près de* signifie ici *en comparaison de.*

4° *Se peut-il* est en même temps verbe pronominal et verbe unipersonnel; employé comme dans *cela se peut,* le verbe pronominal *se peut* a un sens passif et veut dire *cela peut être fait, on peut faire cela,* le sujet *cela* est objet et non cause de l'action; d'où il suit que *se,* comme dans tous les verbes pronominaux passifs, n'est complément direct que pour la construction. Pour analyser *se peut-il*, on tournera cette expression par *est-il possible*, le sujet réel de *est* sera la proposition suivante.

5° Ce qui veut *soit* au subjonctif, c'est l'unipersonnel *il se peut*; on met *soit* au présent, parce que le premier verbe est au présent.

6° *Lui-même* sert à donner plus de précision au sujet *celui*, et doit être considéré comme sujet répété par pléonasme.

7° *Est-ce là le ton*, c'est-à-dire *cela est*-il *le ton*, le sujet est *cela* et l'attribut *le ton*.

8° *Quelle douceur, quelle pureté*, etc., sont compléments du verbe *voyez* sous-entendu.

9° Après les antécédents *homme* et *sage*, on met *qui sait* au singulier, parce que ces deux antécédents sont placés par gradation.

10° *Trait pour trait*, locution adverbiale signifiant *fidèlement, exactement*.

11° Dans *ne faut-il point*, la forme interrogative ou exclamative, accompagnée des négatives *ne point*, a un sens aussi affirmatif, mais plus énergique que si l'on disait : *il faut*.

12° On dit *comparer à*, quand il y a analogie supposée, ou quand on veut établir quelque rapport de ressemblance entre les objets que l'on compare ; *comparer avec* s'emploie en parlant de deux objets entre lesquels on suppose un rapport d'opposition ou de dissemblance.

13° *Quelle distance de l'un à l'autre*, est une proposition elliptique ; après le sujet *distance* est sous-entendu le verbe *existe*.

31ᶜ Exercice.

LES MIRACLES. (*Bossuet.*)

Dieu peut faire et défaire ainsi qu'il lui plaît[1] ; il donne des lois à la nature, et les renverse quand il veut.

Si, pour se faire reconnaître, dans le temps que la plupart des hommes l'avaient oublié[2], il a fait des miracles étonnants[3] et a forcé[4] la nature à sortir[4] de ses lois les plus constantes, il a continué à montrer[5] par là qu'il en[6] était le maître absolu, et que sa volonté est le seul lien qui entretient[7] l'ordre du monde.

C'est justement ce que les hommes avaient oublié[8] ;

la stabilité d'un si bel ordre[9] ne servait plus qu'à[10] leur persuader que cet ordre avait toujours été, et qu'il était de soi-même[11] ; par où ils étaient portés à adorer ou le monde en général, ou les astres, les éléments, et enfin tous ces grands corps qui le composent. Dieu donc a témoigné au genre humain une bonté digne de lui, en renversant[12], dans des occasions éclatantes[12], cet ordre qui non seulement ne les frappait plus, parce qu'ils y étaient accoutumés[13], mais encore qui les portait, tant ils étaient aveugles[14], à imaginer hors de Dieu l'éternité et l'indépendance.

L'histoire du peuple de Dieu, attestée[15] par sa propre suite et par la religion, tant de ceux qui l'ont écrite[15], que de ceux qui l'ont conservée[15] avec tant de soin, a gardé, comme dans un fidèle registre, la mémoire de ces miracles, et nous donne par là l'idée véritable de l'empire suprême de Dieu, maître tout-puissant de ses créatures, soit pour les tenir sujettes aux lois générales qu'il a établies[15], soit pour leur en donner d'autres[16], quand il juge qu'il est nécessaire de réveiller par quelque coup surprenant le genre humain endormi.

QUESTIONS D'EXAMEN.

1° *Ainsi qu'il lui plaît.* Quel est le sujet réel de ce verbe unipersonnel ? Quand le verbe *plaire* prend-il un accent circonflexe ? Quels sont les homonymes de *plaît ?* — 2° *Dans le temps que la plupart des hommes l'avaient oublié.* De quoi *dans le temps* est-ce le complément ? Le pronom *que* est-il complément direct ? Quel autre mot eût-on pu mettre à sa place ? Pourquoi *avaient oublié* s'accorde-t-il avec *hommes,* complément de *la plupart ?* Pourquoi, *la plupart* étant collectif partitif, emploie-t-on après ce mot *des* et non *de ?* — 3° *Étonnants.* Dites pourquoi ce mot est adjectif verbal. — 4° *A forcé à sortir.* Après le verbe *forcer* ne peut-on pas mettre une autre préposition que *à* devant l'infinitif complément indirect ? — 5° *Il a continué à montrer.* La préposition *à* devant l'infinitif indique-t-elle ici un complément indirect ? Quand, après *continuer,* met-on *à,* quand met-on *de* devant l'infinitif ? — 6° *En.* Expliquez l'emploi du pronom *en* remplaçant l'adjectif *son ?* — 7° *Le seul lien qui entretient.* Quand, après *qui* précédé de *le seul,* met-on l'indicatif, et quand le subjonctif ? — 8° *C'est justement ce que.* Tournez le second *ce* par *cela,* que vous mettrez après le verbe *oublier,* et dites quel est l'usage des mots *c'est... que*. — 9° *Si bel ordre*. Pourquoi *si* convient-il mieux que *aussi?* — 10° *Ne servait plus qu'à*. Comment exprime-t-on la négation avec *ne plus?* Que signifie le mot *que?* Quand après *servir* met-on la préposition *à?* — 11° *De soi-même*. Pourrait-on dire : *de lui-même?* — 12° *Renversant,... éclatantes*. Pourquoi le premier mot est-il invariable, et le second variable? — 13° *Ils y étaient accoutumés*. Pourrait-on mettre *lui* ou *à lui* à la place de *y?* — 14° *Tant ils étaient aveuglés*. Que signifie *tant* et à quoi se rapporte-t-il? Quelle différence y a-t-il entre *tant* et *si?* — 15° *Attestée,... écrite,... conservée,... établies*. Expliquez l'accord de ces participes. — 16° *Pour leur en donner d'autres*. Tournez le pronom *en* par le nom dont il tient la place, et dites s'il est complément direct ou indirect.

RÉPONSES.

1° *Ainsi qu'il lui plaît*. Le sujet réel de l'unipersonnel *il plaît* c'est *faire* et *défaire*, dont le pronom absolu *il*, que l'on peut tourner par *cela*, tient la place. — Le verbe *plaire* prend l'accent circonflexe sur l'*i* devant un *t*. — *Plaît* et *plais*, du verbe *plaire*, ont pour homonymes : *plaie*, subst. fém., suite d'une blessure; *plaid*, subst. masc., plaidoyer, manteau écossais.

2° *Dans le temps que la plupart des hommes l'avaient oublié*. Le complément, *dans le temps*, dépend de *il a fait*. — Le pronom *que*, mis pour *dans lequel*, est complément indirect du verbe *oublier*; il serait plus conforme à la grammaire de mettre *où* à la place de *que*. — Le verbe *avaient oublié* est au pluriel, s'accordant avec *hommes*, parce que *la plupart* est un collectif partitif. — Devant le complément d'un collectif partitif, on emploie généralement *de* et non pas *des*; mais, après *la plupart* et après *bien de*, sauf dans *bien d'autres*, on ne supprime pas l'article.

3° *Étonnants* est adjectif verbal, parce qu'on peut le faire précéder de *très*.

4° *A forcé à sortir*. Après *forcer*, on emploie *à* ou *de* devant l'infinitif complément indirect; cependant *forcer* signifiant, obliger, mettre dans la nécessité, demande de préférence la préposition *de*, et signifiant contraindre, il veut plutôt la préposition *à*.

5° *Il a continué à montrer*. L'infinitif *montrer*, quoique précédé de la préposition *à*, est complément direct. — Devant l'infinitif complément direct de *continuer*, on met tantôt *à*, tantôt *de* : on met *à*, en parlant d'une chose qui se fait sans interruption, et *de*, quand il y a succession d'actions répétées, mais interrompues. (Déjà expliqué.)

6° *En* et l'article *le* devant *maître* remplacent *son*, parce que le possesseur, *nature*, n'est pas exprimé dans la même proposition. (Déjà expliqué.)

7° *Le seul lien qui entretient.* Après le pronom conjonctif précédé de *le seul*, on met l'indicatif ou le subjonctif, suivant que l'on présente la chose dont on parle comme certaine ou comme douteuse.

8° *C'est justement ce que les hommes avaient oublié.* On peut également admettre ici deux propositions ou une seule ; pour réduire à une seule proposition il faudrait, en supprimant *c'est que*, comme mots explétifs, tourner ainsi : *Les hommes avaient justement oublié cela* ; la pensée est aussi complétement énoncée qu'en maintenant deux propositions.

9° *Si bel ordre.* Pour signifier *tellement*, on emploie devant un adjectif l'adverbe *si* et non *aussi*.

10° *Ne servait plus qu'à.* On exprime avec *ne plus*, la négation la plus faible ; *ne plus* s'emploie ordinairement pour marquer qu'une chose a cessé d'être, ou seulement cessé d'être ce qu'elle était. — Le mot *ne*, quoique faisant partie de l'expression négative *ne plus*, sert ici avec *que* à former la locution adverbiale *ne que*, signifiant *seulement*, à moins que l'on ne suppose à *que* le sens de *si ce n'est, excepté.* — Après *servir*, on met la préposition *à*, quand ce verbe veut dire, *être utile, être propre, convenable.*

11° *De soi-même.* Après une préposition, on peut employer *soi* en rapport avec un nom de chose ; mais les pronoms *lui, elle*, précédés d'une préposition ne doivent se dire que des personnes.

12° *Renversant,... éclatantes.* Le premier de ces participes présents, étant précédé de la préposition *en*, exprime une action et est conséquemment invariable. Le second, pouvant être précédé de *très, plus, aussi, tout à fait*, exprime la qualité, et, devenu ainsi adjectif verbal, il s'accorde.

13° *Ils y étaient accoutumés.* On ne pourrait pas dire : *ils lui étaient accoutumés*, ni *ils étaient accoutumés à lui ;* les pronoms *lui*, pour à lui, à elle, et *leur*, se remplacent par le pronom *y*, lorsqu'on parle de choses.

14° *Tant ils étaient aveuglés.* L'adverbe *tant* signifie tellement, et se rapporte au participe *aveuglés.* — Les deux adverbes *tant* et *si* s'emploient l'un et l'autre dans le sens de *tellement*, mais *tant* ne se joint qu'à un verbe ou à un participe passé, et *si* ne peut se mettre que devant un adjectif ou un adverbe.

15° *Attestée,... écrite,... conservée,... établies.* Le participe *attestée* fait l'office d'adjectif à l'égard du nom *histoire*, auquel il est joint sans auxiliaire, et avec lequel, conséquemment, il s'accorde. — *Écrite* et *conservée* s'accordent avec leur complément direct *l'* mis pour *histoire*, dont ils sont précédés; on parle de *l'histoire écrite, conservée*; ces participes, en même temps qu'ils expriment, conjointement avec l'auxiliaire *avoir*, l'action du sujet, marquent donc aussi l'état du complément direct, auquel on peut les joindre comme des adjectifs. — *Établies* s'accorde, comme ces deux derniers, avec son complément direct *que* mis pour *lois*.

16° *Pour leur en donner d'autres*, c'est-à-dire *pour leur donner d'autres lois*. Le pronom *en* tient ici la place du complément direct *lois*, pris dans un sens partitif; ce pronom est donc véritablement complément direct.

32ᵉ Exercice.

BIENFAITS DU CHRISTIANISME. (*Châteaubriand*.)

De même que[1] le christianisme a sauvé la société d'une destruction totale, en convertissant les barbares et en recueillant les débris des civilisations et des arts; de même[1] il eût sauvé le monde romain de sa propre corruption, si ce monde n'eût point succombé sous des armes étrangères; une religion seule peut renouveler un peuple dans ses sources.

Déjà celle du Christ rétablissait toutes les bases morales. Les anciens admettaient l'infanticide et la dissolution du lien du mariage, qui n'est, en effet, que le premier lien social. Leur probité et leur justice étaient relatives à la patrie; elles ne passaient pas les limites de leur pays. Les peuples en corps[2] avaient d'autres principes que le citoyen en particulier[2]. La pudeur et l'humanité n'étaient pas mises[3] au rang des vertus. La classe la plus nombreuse[4] était esclave; les sociétés flottaient éternellement entre l'anarchie populaire et le despotisme. Voilà les maux[5] auxquels le christianisme apportait un remède certain, comme il l'a prouvé[6] en délivrant de ces maux les sociétés modernes[7].

L'excès[8] même des premières austérités des chrétiens était nécessaire : il fallait qu'il y eût des martyrs [9] de la chasteté, quand il y avait des prostitutions publiques ; des pénitents couverts de cendre [10] et de cilice, quand la loi autorisait les plus grands crimes contre les mœurs ; des héros de charité [10], quand il y avait des monstres de barbarie ; enfin, pour arracher tout un peuple corrompu aux vils combats [11] du cirque et de l'arène, il fallait que la religion eût, pour ainsi dire [12], ses athlètes et ses spectacles dans les déserts de la Thébaïde. Jésus-Christ peut donc, en toute vérité, être appelé, dans le sens matériel, le Sauveur [13] du monde, comme il l'est dans le sens spirituel ; son passage sur la terre est, même humainement parlant [14], le plus grand événement qui soit jamais arrivé [15] chez les hommes, puisque c'est à partir [16] de la prédication de l'Évangile que [16] la face du monde a été renouvelée.

Nous nous piquons de philosophie dans ce siècle ; mais, certes, la légèreté avec laquelle nous traitons les institutions chrétiennes n'est rien moins que [17] philosophique : l'Évangile, sous tous les rapports, a changé les hommes ; il leur a fait faire un pas immense vers la perfection. Considérez-le comme une grande institution religieuse en qui [18] la race humaine a été régénérée ; alors toutes les petites objections, toutes les chicanes de l'impiété disparaissent. Il est certain que les nations païennes étaient dans une espèce d'enfance morale, par rapport à ce que nous sommes aujourd'hui [19]. De beaux traits de justice, échappés à quelques peuples anciens, ne détruisent pas cette vérité et n'altèrent pas le fond des choses. Le christianisme nous a indubitablement apporté [20] de nouvelles lumières : c'est le culte [21] qui convient à un peuple mûri par le temps ; c'est, si nous osons parler ainsi, la religion [21] naturelle à l'âge présent du monde, comme le règne des figures convenait au berceau [22] d'Israël. Au ciel, elle n'a placé qu'un Dieu ; sur la terre, elle a aboli l'esclavage.

QUESTIONS D'EXAMEN.

1º *De même que,... de même.* Montrez ce qu'est le second *de même.*

Pour cela, rétablissez la construction grammaticale de la phrase en donnant à chaque proposition la place qui lui convient. — 2° *En corps,... en particulier*. Que sont ces locutions? — 3° *Mises*. Expliquez la cause de l'accord de ce participe. — 4° *La plus nombreuse*. Pourquoi *la* devant *plus* est-il variable? — 5° *Voilà les maux*. Remplacez *voilà* par le verbe et l'attribut pour compléter cette proposition. — 6° *Il l'a prouvé*. De quoi le pronom *l'* tient-il la place? — 7° *De ces maux les sociétés modernes*. Quelle règle suit-on dans la place à donner aux compléments? — 8° *L'excès*. Comment voit-on que ce nom finit par *ès*? — Quand cette terminaison prend-elle un accent grave? — 9° *Qu'il y eût des martyrs*. Pourquoi le verbe est-il au subjonctif et à l'imparfait? — Quel est le sujet réel de l'unipersonnel? — Quand *martyr* ne prend-il pas d'*e* muet final et quand en prend-il un? — 10° *Des pénitents couverts de cendre,... des héros de charité*. Pourquoi ces mots représentent-ils des propositions, et qu'y a-t-il de sous-entendu? Pourquoi l'article est-il supprimé devant *cendre* et *charité*? Quels sont les homonymes de *héros*? En quoi les dérivés de ce mot different-ils de leur primitif? — 11° *Vils combats*. Dites l'homonyme de l'adjectif *vil* et expliquez l'orthographe finale de *combat*? — 12° *Pour ainsi dire*. Qu'est cette locution? — 13° *Le Sauveur*. Comment ce substantif est-il employé? — 14° *Humainement parlant*. Analysez cette façon de parler? — 15° *Qui soit jamais arrivé*. Pourquoi le verbe est-il au subjonctif? — Pourquoi *jamais* ne veut-il pas ici la négative *ne*? — 16° *C'est à partir de la prédication... que*. Que résulte-t-il de ce que les mots *c'est... que* sont explétifs? — 17° *Rien moins que*. Qu'est cette locution et à quoi équivaut-elle? — 18° *En qui*. Pourquoi *en laquelle* serait-il plus conforme à la règle? — 19° *Ce que nous sommes aujourd'hui*. Montrez comment le pronom *que* est ici attribut. — 20° *Nous a apporté*. Pourquoi ce participe est-il invariable? — 21° *C'est le culte,... c'est la religion*. De quoi *ce* tient-il la place? — Pourquoi au lieu de *ce* ne met-on pas *l'*? — 22° *Convenait au berceau*. Quand *convenir* veut-il *à* et quand veut-il *de* devant son complément? — Quand ce verbe prend-il *avoir* dans ses temps composés, et quand prend-il *être*?

RÉPONSES.

1° *De même que,... de même*. Le second *de même* forme pléonasme et n'est employé qu'à cause de l'inversion; c'est ce qu'il est facile de voir en rétablissant la construction directe de la phrase; ainsi : *le christianisme eût sauvé le monde romain... de même qu'il a sauvé la société*.

2° *En corps, .. en particulier*. Ces expressions sont des locutions adverbiales, modifiant l'adjectif *pris* ou *considéré* sous-entendu.

3° *Mises* est employé comme adjectif et s'accorde, parce

que c'est un participe passé de verbe transitif qui fait après le verbe *être* l'office d'attribut, marquant seulement l'état ou la qualité du sujet.

4° *La plus nombreuse.* L'article *la* devant *plus* est variable, parce que *plus* est suivi d'un adjectif, après lequel on peut faire venir l'expression *de toutes*, et qu'ainsi il y a comparaison entre des choses.

5° *Voilà les maux.* En remplaçant *voilà* par *tels sont*, on a tous les termes de cette proposition explicitement énoncés.

6° *Il l'a prouvé* signifie, *il a prouvé cela* (qu'il apportait un remède certain). Le pronom *le* où *cela* tient la place d'une proposition.

7° *De ces maux les sociétés modernes.* Ordinairement le complément direct se place devant le complément indirect; cependant quand celui-ci est le plus court, on le met le premier, comme aussi quand sa place après le complément direct pourrait nuire à la clarté ou à l'harmonie.

8° *L'excès.* On voit que ce nom finit par *ès* en consultant son dérivé *excessif.* La terminaison *ès* prend un accent grave dans les mots polysyllabes; elle n'en prend pas dans les monosyllabes, excepté dans la préposition *dès*, qui se distingue ainsi de son homonyme, l'article contracte *des*.

9° *Qu'il y eût des martyrs.* Le verbe de cette proposition est au subjonctif, parce qu'il dépend de l'unipersonnel *il fallait;* il est à l'imparfait, parce que le premier verbe est au passé. — Cette proposition forme le sujet réel de l'unipersonnel *il fallait.* — *Martyr* s'écrit ainsi pour désigner ceux qui souffrent des violences, des tortures ou la mort pour rester fidèles à la foi; on écrit avec un *e* muet le nom *martyre*, désignant les supplices endurés pour la foi.

10° *Des pénitents couverts de cendre,... des héros de charité*, c'est-à-dire, *qu'il y eût des pénitents..., qu'il y eût des héros de charité.* Le verbe *qu'il y eût* est donc sous-entendu et doit être répété pour compléter ces propositions. — Devant *cendre* et *charité*, l'article est supprimé, parce que *cendre* est complément de l'adjectif *couverts*, et *charité* complément de l'adjectif *pleins* sous-entendu; ces deux adjectifs marquant l'abondance veulent la suppression de l'article devant leurs compléments. — Le nom *héros* a pour homonymes : *Héro*, nom pr. mythlogique; *héraut*, subst. masc., héraut d'armes; *Hérault*, nom pr. géographique. — La lettre *h*, qui est aspirée dans *héros*, est muette dans tous ses dérivés.

11° *Vils combats.* L'adjectif *vil* a pour homonyme *ville*, subst. fém., cité. On voit que *combat* se termine par *t*, en consultant son dérivé *combattre*.

12° *Pour ainsi dire* est une locution adverbiale.

13° *Le Sauveur*. Ce substantif servant à compléter le participe *appelé*, se rapporte en qualité d'explicatif au sujet *Jésus-Christ*.

14° *Humainement parlant*. Il convient de faire de cette expression un déterminatif de l'attribut, en sous-entendant la préposition *en* devant le participe présent, c'est comme s'il y avait : *même en parlant* ou *si l'on parle humainement* (au point de vue humain).

15° *Qui soit jamais arrivé*. Le subjonctif est employé après *qui*, parce que ce pronom est précédé de *le plus*. — *Jamais* ne veut point ici la négative *ne*, parce qu'il signifie *en un temps quelconque*, et qu'ainsi le sens n'est pas négatif.

16° *C'est à partir de la prédication... que*. Les mots *c'est... que* étant explétifs, il en résulte que le mot *prédication*, au moyen de la locution prépositive *à partir de*, est complément indirect du participe *renouvelée*.

17° *Rien moins que* peut être considéré comme locution adverbiale équivalente à *pas du tout*.

18° *En qui*. Le pronom *qui* après une préposition ne doit, d'après la règle, se rapporter qu'à des personnes. Or, ici, il a pour antécédent *institution*; mais comme après la préposition *en* l'article est habituellement supprimé, il serait choquant de dire en *laquelle*; pour l'harmonie, il est donc préférable d'employer *en qui*, même en rapport avec une chose. C'est aussi, pour cause d'harmonie, que dans les vers on n'emploie jamais *lequel*, mais toujours *qui*, après une préposition, en parlant de choses.

19° *Ce que nous sommes aujourd'hui*. Le mot *que* est attribut de la proposition; son antécédent *ce* appartient à la proposition précédente.

20° *Nous a apporté*. Le participe passé est invariable, parce que, étant joint à *avoir* et n'étant pas précédé de son complément direct, il exprime seulement l'action du sujet. Le complément direct est *lumière*; le mot *nous* signifiant *à nous* est complément indirect.

21° *C'est le culte..., c'est la religion*. Le pronom *ce* tient la place de *christianisme*. — On doit remplacer *il, elle*, par *ce*, pour rappeler un nom de chose devant le verbe *être*, lorsque l'attribut est un substantif précédé de l'article ou d'un adjectif déterminatif; on peut aussi, dans le même cas, employer *ce* au lieu de *il, elle*, pour rappeler un nom de personne.

22° *Convenait au berceau*. On dit *convenir à*, pour signifier *être convenable, être sortable, plaire ;* et *convenir de,* dans le sens de *être d'accord, avouer.* Dans cette dernière acception, ce verbe prend l'auxiliaire *être* dans ses temps composés ; *convenir à* prend l'auxiliaire *avoir.*

33ᵉ Exercice.

PRODIGES DE CHARITÉ DUS AU CHRISTIANISME. (*Châteaubriand.*)

Les savants vont bien visiter [1] les débris de l'Égypte ; mais d'où vient que [2], comme ces moines [3] chrétiens, objets de tant de mépris pour plusieurs, ils ne vont pas s'établir dans ces mers de sable [4], au milieu de toutes les privations, pour donner un verre d'eau [4] au voyageur, et l'arracher au cimeterre du Bédouin? Ah! sans doute qu'il est plus beau [5] de remuer la poussière des sépulcres que de secourir un homme [6].

Dieu des chrétiens, quelles choses n'as-tu pas faites [7]? partout [8] où on tourne les yeux, on ne voit que les monuments de tes bienfaits. Dans les quatre parties du monde, la religion a distribué ses milices et placé ses vedettes pour l'humanité. Le moine maronite appelle, par le claquement de deux planches suspendues à la cime d'un arbre, l'étranger que la nuit a surpris dans les précipices du Liban : ce pauvre et ignorant artiste [9] n'a pas de plus riche moyen de se faire entendre ; le moine abyssinien vous attend dans ses bois au milieu des tigres ; le missionnaire américain veille à votre conservation dans ses immenses forêts. Jetés par un naufrage sur des côtes inconnues, tout à coup vous apercevez une croix sur un rocher. Malheur à vous [10] si ce signe de salut ne fait pas couler vos larmes! Vous êtes en pays d'amis; ici sont des chrétiens. Vous êtes Français, il est vrai, et ils sont Espagnols, Allemands, Anglais : et qu'importe [11]! n'êtes-vous pas de la grande famille de Jésus-Christ? Ces étrangers vous reconnaîtront pour frères [12] ; ils ne vous ont jamais vus [13], et cependant ils vous aiment, et cependant ils pleurent de joie, car vous êtes sauvés [13] du désert....

Mais le voyageur des Alpes n'est qu'au milieu de sa

course. La nuit approche, les neiges tombent; seul, tremblant, égaré, il fait quelques pas et se perd sans retour. C'en est fait [14]. la nuit est venue : arrêté au bord d'un précipice, il n'ose ni avancer ni retourner en arrière. Bientôt le froid le pénètre, ses membres s'engourdissent, un funeste sommeil cherche ses yeux; ses dernières pensées sont pour ses enfants et son épouse ! Mais n'est-ce pas le son d'une cloche qui frappe son oreille à travers le murmure [15] de la tempête, ou bien est-ce le glas de la mort, que son imagination effrayée croit ouïr au milieu des vents ? Non, ce sont des sons réels, mais inutiles, car les pieds de ce voyageur refusent maintenant de le porter... Un autre bruit se fait entendre : un chien jappe sur les neiges, il approche, il arrive, il hurle de joie ; un solitaire le suit.

Ce n'était donc pas assez d'avoir [16] mille fois exposé [16] sa vie pour sauver les hommes, de s'être établi, pour jamais, au fond des plus affreuses solitudes; il fallait encore que les animaux mêmes apprissent [17] à devenir l'instrument de ces œuvres sublimes, qu'ils s'embrasassent [17], pour ainsi dire, de l'ardente charité de leurs saints maîtres, et que leurs cris, sur le sommet des Alpes, proclamassent [17] aux échos les miracles de la religion.

Ah! qu'on ne dise pas [18] que l'humanité seule puisse [19] conduire à de tels actes ; car d'où vient qu'on ne trouve rien de pareil [20] dans cette belle antiquité, pourtant si sensible? On parle de philanthropie ! c'est la religion chrétienne qui est seule philanthrope par excellence. Immense et sublime idée qui fait du chrétien de la Chine un ami [21] du chrétien de la France ; du sauvage néophite un frère du moine égyptien ! Nous ne sommes plus étrangers sur la terre ; nous ne pouvons plus nous y égarer. Chrétien ! il n'est plus d'océan ou de déserts inconnus pour toi [22]; tu trouveras partout la langue de tes aïeux et la cabane de ton père !

QUESTIONS D'EXAMEN

1° *Vont bien visiter*. Qu'est l'infinitif *visiter* par rapport au verbe *vont ?* Quels sont les verbes qui se terminent irrégulièrement comme *aller* dans *ils vont?* — 2° *D'où vient que*. Analysez cette locution et dites à quelle conjonction elle est équivalente. — 3° *Comme ces moines*, etc. Complétez cette proposition. — 4° *Mer de sable...*, *verre d'eau*. Expliquez la suppression de l'article après *de* dans ces deux cas. — 5° *Qu'il est plus beau de remuer*. De quelle conjonction le mot *que* tient-il la place? Quel est le sujet de l'unipersonnel *il est?* Qu'est la préposition *de* devant *remuer?* Comment s'écrit le futur de ce dernier verbe? — 6° *Que de secourir un homme*. Complétez cette proposition et dites quel en est le sujet. — 7° *Quelles choses n'as-tu pas faites (Dieu des chrétiens)*. Quels sont les mots qui rendent cette proposition inverse? De quels mots se compose le sujet? Pourquoi et avec quoi le participe *faites* s'accorde-t-il? — 8° *Partout*. A quel mot se rapporte cet adverbe? — 9° *Ce pauvre et ignorant artiste*. Pourquoi *ce* ne doit-il pas être répété devant le second adjectif? — 10° *Malheur à vous*. Ces mots devant faire une proposition, comment faut-il la compléter? — 11° *Qu'importe*. Faites de ces mots une proposition entière et directe. — 12° *Pour frères*. Le mot *pour* est-il bien ici préposition et le nom *frères* est-il un complément? — 13° *Vus..., sauvés*. Expliquez l'accord de ces deux participes. — 14° *C'en est fait*. Tournez ce gallicisme par une proposition susceptible d'être analysée. — 15° *A travers les murmures*. Quelle est la différence d'emploi de *à travers le* et *au travers de?* — 16° *Ce n'était donc pas assez d'avoir exposé*, etc. Qu'est ici le pronom *ce?* Quels sont les deux sujets réels de *était?* — 17° *Apprissent..., s'embrasassent..., proclamassent...* Pourquoi ces verbes sont-ils au subjonctif, et pourquoi à l'imparfait? — 18° *Qu'on ne dise pas*. Expliquez cet emploi du subjonctif. Si le verbe était à la seconde personne au lieu d'être à la troisième, quel temps emploierait-on? — 19° *Puisse*. Pourquoi encore ce verbe au subjonctif? — 20° *De pareil*. Qu'est ici le mot *de?* — 21° *Qui fait du chrétien de la Chine un ami*. Que sont ici les deux noms *chrétien* et *ami* quant à leur fonction? — 22° *Il n'est plus d'océan ou de déserts inconnus pour toi*. Faites connaître le sujet et 'attribut de cette proposition.

RÉPONSES.

1° *Vont bien visiter*. Le verbe intransitif *aller* ne pouvant avoir de complément direct, l'infinitif *visiter* est complément indirect au moyen de la préposition *pour* sous-entendue. — On trouve la terminaison irrégulière *ont* au présent de l'indicatif des verbes *aller*, *faire*, *avoir* et *être*; ainsi ils *vont*, ils *font*, ils *ont*, ils *sont*.

2° *D'où vient que*. Dans cette expression, *vient* est employé unipersonnellement, ayant pour sujet réel la proposition suivante, ainsi *d'où vient-il que*, etc. On peut faire de cet assemblage de mots une locution conjonctive équivalente à *pourquoi*.

3° *Comme ces moines*. Le mot *moines* est sujet de *vont* sous-entendu, et forme avec ce verbe une proposition elliptique ; le nom *objets* se rapporte au sujet en qualité de modificatif ou d'explicatif.

4° *Mer de sable,... verre d'eau*. L'article est supprimé dans ces deux cas, après *de*, parce que l'on exprime une idée de quantité.

5° *Qu'il est plus beau de remuer*. La conjonction *que* est ici équivalente à *parce que*. — Le sujet réel de l'unipersonnel *il est* est l'infinitif *remuer*, devant lequel la préposition *de* est seulement mot explétif. — Le futur de *remuer* est *je remuerai* ; l'*e* muet, qui est nul dans la prononciation devant la finale *rai*, ne doit point être omis, parce que c'est un verbe de la première conjugaison.

6° *Que de secourir un homme*, signifie, *qu'il n'est beau de secourir un homme*. Cette proposition ainsi complétée a pour sujet *secourir un homme*.

7° *Dieu des chrétiens, quelles choses n'as-tu pas faites ?* Cette proposition est inverse, parce que le sujet *tu* est après le verbe et que le complément *quelles choses* est placé avant le verbe *faire*, dont il dépend. — Le sujet se compose de *tu* ou *toi*, *Dieu des chrétiens ;* le nom *Dieu*, employé en apostrophe, se rapporte comme explicatif au sujet *toi*. — Le participe *faites*, joint à *avoir*, s'accorde avec son complément direct, *quelles choses*, dont il est précédé, parce qu'il en marque l'état : on parle de *choses faites*.

8° *Partout.* Il y a inversion dans l'ordre des deux propositions qui se suivent ; la seconde, à laquelle appartient l'adverbe *partout*, doit être la première ; cet adverbe modifie le verbe *voit*, et son relatif *où* modifie ou détermine le verbe *tourne*.

9° *Ce pauvre et ignorant artiste*. L'adjectif *ce* ne doit point être répété devant le second qualificatif, celui-ci ne marquant pas une idée opposée à celle du premier adjectif. L'adjectif déterminatif ne se répéterait devant le second adjectif que si l'on supprimait la conjonction *et* ; alors la répétition de *ce* servirait à donner plus de force à l'expression.

10° *Malheur à vous*. Ces mots forment une proposition signifiant, *qu'il arrive malheur à vous*.

11° *Qu'importe*. Pour faire de ces mots une proposition entière et directe, il faut tourner ainsi : *cela importe en quoi*.

12° *Pour frères*. Le mot *pour* ne fait point ici fonction de préposition ; il est équivalent à *comme* et fait l'office d'adverbe ; le nom *frères* est qualificatif, se rapportant au complément *vous*.

13° *Fus,... sauvés*. Le premier participe, joint à *avoir*, s'accorde avec son complément direct, parce qu'il en est précédé. Le second, *sauvés*, étant attribut de la proposition, s'accorde avec le sujet *vous*, auquel il se rapporte.

14° *C'en est fait*. Pour remplacer ce gallicisme par une proposition susceptible d'être analysée, il faut le tourner ainsi : *tout est fini* ou *tout espoir est perdu*.

15° *A travers le murmure*. On emploie *à travers*, lorsqu'il n'y a point d'obstacle à surmonter, et *au travers de*, lorsqu'il y en a.

16° *Ce n'était donc pas assez d'avoir exposé*, etc. Le pronom *ce* tient ici la place du pronon absolu *il* devant *était*, employé unipersonnellement; ou bien il forme un sujet par pléonasme annonçant les sujets qui vont suivre. Les sujets réels de *était* sont les infinitifs *avoir exposé*, *s'être établi*, précédés de la préposition *de*, employée comme explétif.

17° *Apprissent,... s'embrasassent,... proclamassent*. Ces trois verbes sont au subjonctif après *que*, parce qu'ils dépendent de l'unipersonnel *il fallait;* ils sont à l'imparfait du subjonctif, parce que le verbe dont ils dépendent est à un passé.

18° *Qu'on ne dise pas*. Ce verbe est au subjonctif, parce qu'il y a devant *que* un verbe sous-entendu, exprimant le commandement ou la volonté. Ce qui le prouve c'est que, si, au lieu d'être à la troisième personne, il était à la seconde, au lieu du subjonctif on emploierait l'impératif : *ne dites pas*.

19° *Puisse* est au subjonctif, parce que le premier verbe est *dire*, signifiant *prétendre*.

20° *De pareil*. Entre les pronoms indéfinis *quelqu'un, quelque chose, personne, rien, plusieurs, quoi*, et l'adjectif qui les suit et qui se rapporte à ces pronoms, on emploie *de* comme mot explétif.

21° *Qui fait du chrétien de la Chine un ami*. Cette façon de parler signifie, *qui fait le chrétien de la Chine ami de*, etc. Le complément direct est donc le nom *chrétien*, ayant pour modificatif *ami*.

22° *Il n'est plus d'océan ou de déserts inconnus pour toi*. En donnant à la préposition *de* le sens de *aucun*, on tournera cette phrase ainsi : *aucun océan, aucuns déserts ne sont plus inconnus pour toi*. De cette sorte, il est facile de reconnaître les sujets et l'attribut.

34ᵉ Exercice.

CONSEILS A UN JEUNE HOMME SUR LA FOI. (*J.-J. Rousseau.*)

On était en été[1], nous nous levâmes à la pointe du jour. Le bon prêtre me mena hors de la ville[2], sur une haute colline au-dessous de laquelle passait le Pô, dont on voyait le cours à travers les fertiles rives qu'il baigne; dans l'éloignement, l'immense chaîne[3] des Alpes couronnait le paysage; les rayons du soleil levant rasaient déjà les plaines[3], et, projetant sur les champs[3], par longues ombres, les arbres, les coteaux, les maisons, enrichissaient de mille accidents de lumière le plus beau tableau dont l'œil humain puisse être frappé. On eût dit[4] que la nature étalait à nos yeux toute sa magnificence pour en offrir le texte[5] à nos entretiens. Ce fut là qu'après[6] avoir quelque temps[7] contemplé ces objets en silence, l'homme de paix parla ainsi[8] :

« Mon fils, n'exposez plus votre vie aux tentations de la misère et du désespoir; ne la traînez plus avec ignominie à la merci[9] des étrangers, et cessez de manger le vil pain de l'aumône. Retournez dans votre patrie; ne craignez pas la mauvaise honte d'un retour humiliant; il faut rougir de faire une faute et non[10] de la réparer. Vous êtes encore dans l'âge où tout se pardonne[11], mais où l'on ne pèche[12] plus impunément. Quand vous voudrez écouter votre conscience, mille vains préjugés disparaîtront à sa voix.

« Tenez votre âme en état de désirer toujours qu'il y ait un Dieu[13], et vous n'en[14] douterez jamais; songez qu'un cœur juste est le vrai temple de la divinité; qu'aimer Dieu par-dessus tout et son prochain comme soi-même est le sommaire de la loi; que le culte intérieur est le premier des devoirs religieux, et que sans la foi nulle véritable vertu n'existe.

« Bon jeune homme, soyez sincère et vrai sans orgueil; sachez être ignorant : vous ne tromperez ni vous ni les autres. Si jamais[15] vos talents cultivés vous mettent en état de parler aux hommes, ne parlez jamais que selon votre conscience, sans vous embarrasser s'ils vous applaudiront. L'abus du savoir produit l'incrédulité.

« Tout savant dédaigne le sentiment vulgaire; chacun en veut avoir un à soi[16]. L'orgueilleuse philosophie mène à l'esprit fort, comme la dévotion aveugle mène au fanatisme. Evitez ces extrémités; restez toujours ferme dans la voie de la vérité, ou de ce qui vous paraîtra l'être[17] dans la simplicité de votre cœur, sans jamais vous en détourner par vanité ni par faiblesse. Osez confesser Dieu chez les philosophes; osez prêcher l'humanité aux intolérants; qu'on vous aime[18] ou qu'on vous haïsse, qu'on lise ou qu'on méprise vos écrits, il n'importe[18]. Dites[19] ce qui est vrai, faites[19] ce qui est bien : ce qui importe à l'homme est de remplir[20] ses devoirs sur la terre, et c'est en s'oubliant qu'on travaille pour soi, mon enfant; l'intérêt particulier nous trompe, il n'y a que l'espoir du juste qui[21] ne trompe point. »

Le bon prêtre avait parlé avec véhémence; il était ému, je l'étais aussi. A mesure qu'il me parlait selon sa conscienne, la mienne semblait me confirmer ce qu'il m'avait dit.

QUESTIONS D'EXAMEN.

1° *On était en été.* Quel est l'attribut de cette proposition? — 2° *Hors de la ville.* Emploie-t-on aussi *hors* sans le faire suivre de la préposition *de?* — 3° *Chaînes..., plaines..., champs.* Quels sont les homonymes de chacun de ces trois mots? — 4° *On eût dit.* A quel temps est le verbe *dire?* Comment distingue-t-on le passé antérieur d'avec les plus-que-parfaits du conditionnel et du subjonctif?—5° *Pour en offrir le texte.* Pourquoi doit-on employer *en* et non pas *son?* — 6° *Ce fut là qu'après,* etc. Que sont les mots *ce fut... que,* et à quoi se rapporte *là?* — 7° *Quelque temps.* Quelle est la préposition sous-entendue devant ce complément? — 8° *Parla ainsi.* Qu'est le mot *ainsi?* Quand est-il conjonction? — 9° *A la merci.* Que signifie ce mot et quel est son homonyme masculin? — 10° *Et non.* A quoi se rapporte l'adverbe *non?* — 11° *Tout se pardonne.* Qu'est ce verbe pronominal et comment peut-il se tourner? — 12° *Pêche.* Quand ce verbe prend-il un accent aigu au lieu d'un accent grave? — 13° *Qu'il y ait un Dieu.* Dites le sujet et l'attribut de cette proposition. —

14° *En.* De quoi ce pronom tient-il la place?—15° *Jamais.* L'adverbe *jamais* est-il ici négatif? que signifie-t-il? — 16° *En veut avoir un à soi.* Comment peut se tourner le pronom *en?* est-il complément indirect? Pourquoi dit-on *à soi* et non *à lui?* — 17° *L'être.* De quel mot le pronom *le* tient-il la place? — 18° *Qu'on vous aime,... il n'importe.* Pourquoi *aime* et les autres verbes qui suivent sont-ils au subjonctif? Quels sont les sujets réels de l'unipersonnel *il n'importe?* Qu'est-ce que ce verbe a de particulier? — 19° *Dites..., faites.* Expliquez en quoi ces formes de verbes sont irrégulières? — 20° *Ce qui importe à l'homme est de remplir.* Quel est le sujet de *est* et quel est l'attribut? — 21° *Il n'y a que l'espoir du juste qui,* etc. Tournez *ne que* par *seul* ou *seulement,* et réduisez la phrase à sa plus simple expression.

RÉPONSES.

1° *On était en été.* L'attribut de cette proposition est sous-entendu; c'est pour, *on était arrivé* ou *on était existant en été.*

2° *Hors de la ville.* La préposition *hors,* marquant le lieu, demande le plus ordinairement à être suivie de la préposition *de;* cependant on l'emploie quelquefois, dans le langage familier, sans être suivie du mot *de.* Signifiant *excepté, hormis,* la préposition *hors* ne prend pas *de* devant un substantif, mais seulement devant un infinitif.

3° *Chaînes,... plaines,... champs.* Le substantif féminin *chaîne* a pour homonyme, *chêne,* substantif masculin, arbre. — *Plaine,* substantif féminin, a pour homonyme, *pleine,* adjectif féminin de *plein.* — Le nom *champ,* étendue de terre labourable, a pour homonyme, *chant,* action de chanter.

4° *On eût dit.* Ce verbe est au plus-que-parfait du conditionnel; on écrit de même avec l'accent circonflexe le plus-que-parfait du subjonctif; mais le passé antérieur, qui se prononce de la même manière, ne prend pas d'accent. Pour savoir si l'on doit mettre l'accent circonflexe ou ne pas le mettre, on construit la phrase avec la première personne pluriel; alors, on voit si le sens amène *nous eussions* ou *nous eûmes.*

5° *Pour en offrir le texte.* Au lieu de *son,* on emploie *en* et l'article devant le complément direct, parce que le possesseur est une chose; dans ce cas présent, l'emploi de *son* nuirait à la clarté et à la précision du sens.

6° *Ce fut là qu'après,* etc. Les trois mots *ce fut que* sont explétifs. L'adverbe *là* se rapporte comme déterminatif au verbe *parler.*

7° *Quelque temps* est complément indirect ou circonstanciel du verbe *contempler,* au moyen de la préposition *pendant* sous-entendue.

8° *Parla ainsi*. Le mot *ainsi*, signifiant *de cette manière*, est adverbe. — Ce mot est conjonction quand il a le sens de *c'est pourquoi, donc*.

9° *A la merci* veut dire, à la discrétion. Le nom féminin *merci* signifie aussi, miséricorde; il a pour homonyme, *merci*, substantif masculin, remerciement, dont on forme le nom composé *grand-merci*.

10° *Et non*. Cette négation veut dire : *et il ne faut pas rougir* de la réparer

11° *Tout se pardonne*. C'est là un verbe pronominal passif; le sens est : *tout peut être pardonné*.

12° *Pêche*. Le verbe *pêcher* change é fermé en è ouvert devant une syllabe muette.

13° *Qu'il y ait un Dieu*, signifie *qu'un Dieu existe* (soit existant). Le sujet est *un Dieu* et l'attribut *existant*.

14° *En* sert à rappeler la pensée précédemment énoncée; ainsi, *vous ne douterez jamais de cela* (qu'il y a un Dieu).

15° *Si jamais*. L'adverbe *jamais* n'a point ici un sens négatif et signifie, *dans un temps quelconque, un jour*.

16° *En veut avoir un à soi*, c'est comme si l'on disait : *veut avoir un sentiment à soi*. Le pronom *en* tenant la place du nom *sentiment*, qui serait complément direct, est donc lui-même complément direct. — On doit mettre *à soi* et non *à lui*, parce que ce pronom a rapport à *chacun*.

17° *L'être*. Le pronom *l'* est mis pour *la voie de la vérité*.

18° *Qu'on vous aime..., il n'importe*. Le verbe *aime*, ainsi que ceux qui suivent et qui sont précédés de *que*, sont au subjonctif, parce qu'ils dépendent de l'unipersonnel *il n'importe*. — Les sujets réels de cet unipersonnel sont les diverses propositions qui le précèdent et qui se présentent sous la forme de compléments, puisqu'elles dépendent pour la construction de *il n'importe*, que l'on peut aussi tourner par, *cela n'importe pas*. En remplaçant *il* par *cela*, ce dernier mot servirait de sujet récapitulatif au verbe *importer*. — Ce verbe diffère des autres verbes essentiellement unipersonnels, bien qu'on ne puisse l'employer qu'à la troisième personne, en ce qu'il peut cependant être précédé d'un autre sujet que du pronom *il* pris absolument.

19° *Dites,... faites*. Ces formes de verbes, à l'impératif, sont doublement irrégulières, d'abord par le radical, qui n'est pas celui du primitif *disant, faisant*; de plus par la terminaison, qui est *tes* au lieu d'être *ez*. Ces deux verbes ont la même irrégularité au présent de l'indicatif; ce sont les seuls, avec le verbe *être*, qui fait *vous êtes*, dans lesquels on trouve la terminaison *tes*, au lieu de *ez*, à un autre temps qu'au passé défini.

20° *Ce qui importe à l'homme est de remplir*, etc. Tournez : *remplir ses devoirs est ce qui importe à l'homme.* On voit ainsi quel est le sujet de *est* et quel est l'attribut.

21° *Il n'y a que l'espoir du juste qui*, etc., c'est-à-dire *l'espoir seul du juste ne trompe point.* Les mots *il y a* et *qui* sont donc explétifs.

35ᵉ Exercice.

CAUSE ORDINAIRE DE L'INCRÉDULITÉ. (*Massillon*.)

On n'a point encore vu de ces hommes [1], qui affectent de se dire incrédules, lesquels aient commencé [2] par des doutes sur les vérités de la foi, et qui des doutes soient tombés [2] dans la débauche : on commence par les passions, les doutes viennent ensuite; on se laisse d'abord emporter [3] aux égarements de l'âge et aux excès de la débauche; et quand on y a fait un certain chemin, et qu'il ne paraît [4] plus possible de retourner sur ses pas, on se dit à soi-même [5], pour se calmer, qu'il n'y a rien après cette vie, ou du moins on est ravi de trouver des gens qui nous le disent. Ce n'est donc pas le peu de certitude [6] qu'on trouve dans la religion, qui fait conclure qu'il faut s'abandonner au plaisir, et qu'il est inutile de se faire violence, puisque tout meurt avec nous : c'est l'abandonnement au plaisir qui jette dans l'incertitude sur la religion, et qui, nous rendant la violence comme impossible, nous fait conclure qu'aussi bien elle est inutile. La foi ne devient donc suspecte que lorsqu'elle commence à devenir incommode ; et jusqu'ici l'incrédulité n'a point fait de voluptueux, mais la volupté a presque fait tous les incrédules.

Et une preuve de ce que je dis, vous que ce discours regarde [7], c'est que, tandis que vous avez vécu avec pudeur et avec innocence, vous n'avez pas douté. Rappelez les temps heureux où les passions n'avaient pas encore gâté votre cœur : la foi de vos pères ne vous offrait rien que d'auguste[8] et de respectable ; la raison pliait sans peine sous le joug de l'autorité ; vous ne vous avisiez pas de vous former à vous-mêmes des difficultés et des doutes : dès que les mœurs ont changé, les vues sur la religion n'ont plus été les mêmes. Ce n'est donc pas la foi qui a trouvé dans votre raison de nouvelles difficultés ; c'est la pratique des devoirs qui a rencontré dans votre cœur de nouveaux obstacles. Et si vous nous dites que vos premières impressions, si favorables à la foi, ne venaient que des préjugés de l'éducation et de l'enfance, nous vous répondrons que les secondes, si favorables à l'impiété, ne vous sont venues que des préjugés des passions et de la débauche, et que, préjugés pour préjugés[9], il nous semble qu'il vaut[10] encore mieux s'en tenir[11] à ceux qui sont formés dans l'innocence, et qui nous portent à la vertu, qu'à ceux qui sont nés dans l'infamie des passions et qui ne prêchent que le libertinage et le crime.

Ainsi, rien n'est plus humiliant pour l'incrédulité que de la rappeler à son origine : elle porte un faux nom de science et de lumière, et c'est un enfant de crime et de ténèbres[12]. Ce n'est donc pas la force de la raison qui a mené là nos prétendus incrédules : c'est la faiblesse d'un cœur corrompu qui n'a pu surmonter ses penchants les plus honteux ; c'est même une lâcheté de courage, qui, ne pouvant soutenir et regarder d'un œil ferme les terreurs et les menaces de la religion, tâche de s'étourdir, en redisant sans cesse que ce sont[13] des frayeurs puériles : c'est un homme qui a peur de la nuit[14] et qui chante en marchant tout seul dans les ténèbres pour se rassurer lui-même.

Non[15], nos prétendus esprits forts se donnent pour des hommes[16] fermes et courageux : suivez-les[17] de près ; ce sont les plus faibles et les plus lâches de tous les hommes.

QUESTIONS D'EXAMEN.

1° *On n'a point encore vu de ces hommes.* De quel mot sous-entendu est complément *de ces hommes ?* — 2° *Lesquels aient commencé,... soient tombés.* Pourquoi *lesquels* est-il employé au lieu de *qui ?*

Pourquoi *aient commencé*, et *soient tombés* sont-ils au subjonctif après *lesquels*? Pourquoi, après le *qui* précédent, ne met-on pas le subjonctif? — 3° *On se laisse emporter*. De quel verbe *se* est-il complément? — 4° *Et qu'il ne paraît*. Que signifie ici la conjonction *que*? Quel est le sujet réel de *paraît*? — 5° *On se dit à soi-même*. Quel est le mot qui forme pléonasme? Quand emploie-t-on *soi* en rapport avec des personnes? — 6° *Le peu de certitude*. Que signifie *le peu*, et auquel des mots *peu* et *certitude* se rattachent les relatifs qui suivent? — 7° *Et une preuve de ce que je dis, vous*, etc. Quelle est la fonction des mots *preuve* et *vous*? — 8° *Ne vous offrait rien que d'auguste*. Expliquez le sens de *rien* entre *ne que*. — 9° *Préjugés pour préjugés*. Que signifie cette façon de parler et comment doit-elle se tourner pour l'analyse? — 10° *Qu'il vaut*. Pourquoi l'indicatif après *il nous semble*? — 11° *S'en tenir*. A quoi sert ici le mot *en*? — 12° *C'est un enfant de crimes et de ténèbres*. De quoi le mot *ce* tient-il la place? Pourquoi l'article est-il supprimé après *de*? A quel nombre s'emploie *ténèbres*? — 13° *Ce sont*. Pourquoi le verbe est-il au pluriel après *ce*? — 14° *Qui a peur de la nuit*. Qu'est l'expression *avoir peur*? De quoi *nuit* est-il complément?— 15° *Non*. Que représente ce mot et à quoi équivaut-il? — 16° *Se donnent pour des hommes*. Le mot *hommes* est-il ici complément? Le mot *pour* a-t-il, dans ce cas, le sens et la valeur d'une préposition? — 17° *Suivez-les*. Pourquoi le pronom complément est-il après le verbe? Que ferait-on si l'impératif était accompagné d'une négation ou s'il y avait deux impératifs de suite?

RÉPONSES.

1° *On n'a point encore vu de ces hommes*. Après le verbe est sous-entendu le pronom indéfini *quelques-uns*, ou *aucuns*, ayant pour complément *de ces hommes*.

2° *Lesquels aient commencé,... soient tombés*. On emploie ici *lesquels*, pour montrer que le rapport de ce pronom avec le mot sous-entendu, *quelques-uns*, n'est pas le même que celui du pronom *qui* précédemment énoncé, dont l'antécédent est *hommes*. — Les deux verbes sont au subjonctif après *lesquels*, parce que ce pronom a rapport à un antécédent d'un sens indéfini et que de plus le premier verbe est accompagné d'une négation. — Le *qui* précédent ne veut pas après lui le subjonctif, parce que son antécédent *hommes* n'a pas un sens indéterminé.

3° *On se laisse emporter*. Le pronom *se* est complément de l'infinitif *emporter*, dont il reçoit l'action.

4° *Et qu'il ne paraît*. La conjonction *que* signifie ici *quand, lorsque*. — Cet unipersonnel a pour sujet réel l'infinitif suivant.

5° *On se dit à soi-même*. Le pronom *soi-même* est employé par pléonasme, répétant l'idée exprimée par *se*. On fait ainsi usage des pronoms *moi*, *toi*, *nous*, *vous*, suivis de l'adjectif *même*, pour donner plus de précision au sens. — Le pronom *soi*, qui ne se dit point au pluriel, ne peut s'appliquer à des personnes que quand elles sont désignées par un mot d'un sens indéfini.

6° *Le peu de certitude*. Le mot *le peu* signifie, *l'insuffisance*; il n'a donc point le sens de collectif partitif; d'où il suit que c'est avec ce mot et non avec son complément que l'accord a lieu.

7° *Et une preuve de ce que je dis, vous*, etc. Il y a ellipse dans cette phrase, c'est pour, *et si vous voulez une preuve de ce que je dis, vous que ce discours regarde*. Le nom *preuve* est ainsi complément du verbe sous-entendu et le mot *vous*, placé après *ce que je dis*, forme pléonasme avec *vous* sujet du verbe sous-entendu, cette répétition servant à rapprocher le pronom *que* de son antécédent. On pourrait encore rendre compte autrement de cette construction, en tournant ainsi : *Vous que ce discours regarde, vous n'avez pas douté, tandis que etc., est une preuve de ce que je dis;* le sujet du verbe *être* sera alors la proposition *vous n'avez pas douté*, et l'attribut sera *une preuve;* le premier *vous* sera le véritable sujet du verbe *douter*, avant lequel ce même pronom se trouvera répété par pléonasme.

8° *Ne vous offrait rien que d'auguste*. Le pronom *rien* entre *ne que* et suivi d'un adjectif, n'a point un sens négatif et est équivalent à *quelque chose :* c'est comme s'il y avait : *Ne vous offrait que quelque chose d'auguste*. Si *rien*, entre *ne que*, était suivi d'un substantif, il serait mot explétif, ainsi dans *il n'a rien que des dettes*, la suppression du mot *rien* ne change point le sens.

9° *Préjugés pour préjugés*. Dans cette façon de parler, la préposition *pour* entre deux noms dont le second est la répétition du premier, sert à marquer l'option ou la comparaison; ce gallicisme doit, pour l'analyse, être tourné par *de tous les préjugés*, dont on fera le complément du pronom *ceux*.

10° *Qu'il vaut*, est à l'indicatif après *il nous semble*, parce que cet unipersonnel a le sens de *nous croyons*, et que la seconde proposition exprime une chose présentée comme vraie.

11° *S'en tenir*. Le mot *en* ne peut être considéré séparément du verbe *se tenir*, avec lequel il forme une seule expression; il entre de la même manière dans d'autres expressions verbales, auxquelles il donne une acception particulière, comme *s'en aller, s'en retourner, en vouloir à quelqu'un, en venir à ses fins, en venir aux mains*, etc.

12° *C'est un enfant de crime et de ténèbres.* Le pronom *ce* tient la place du nom *incrédulité.* Devant le verbe *être* suivi d'un substantif attribut, on emploie *ce* de préférence à *il, elle,* en parlant de choses. — L'article est supprimé devant les compléments du nom *enfant,* parce qu'ils marquent une idée de qualité. — Le nom *ténèbres* est du féminin et ne s'emploie qu'au pluriel.

13° *Ce sont.* Le verbe *être* est au pluriel après *ce,* parce qu'il est suivi d'un substantif pluriel.

14° *Qui a peur de la nuit.* Les deux mots *avoir peur* forment ensemble une seule expression signifiant, *craindre.* Le nom *nuit* est complément des deux mots réunis.

15° *Non* forme à lui seul une proposition implicite; c'est comme si l'on disait : *cela n'est pas.*

16° *Se donnent pour des hommes.* Le nom *hommes* n'est point ici complément, il se rapporte comme qualificatif au pronom *se.* — Le mot *pour* n'est point ici préposition; il a le sens et la valeur de l'adverbe *comme.*

17° *Suivez-les.* Le pronom personnel complément se met après le verbe, quand celui-ci est à l'impératif, excepté quand l'impératif est accompagné d'une négation. Lorsqu'il y a deux impératifs de suite, on peut laisser devant le second le pronom personnel complément.

<hr>

36° Exercice.

MORT DU CHRÉTIEN. (*Chateaubriand.*)

La mort, si terrible pour l'incrédule, met le comble aux vœux du chrétien; il la désire comme saint Paul [1], afin d'être avec Jésus-Christ; il la désire pour commencer de vivre [2], pour être délivré du poids des organes, des liens matériels qui le retiennent [3] sur cette terre, où les pures jouissances qu'il goûte ne sont qu'une ombre légère de la félicité qu'il pressent. Vit-on jamais alors un chrétien donner [4] le même exemple que tant d'incrédules [5], abjurer [6] sa doctrine et regretter d'avoir cru [6]? Ah! c'est [7] à ce moment surtout qu'il [7] en connaît le prix, que [7] la vérité consolante brille à ses yeux de tout son éclat. La mort est le dernier trait de lumière qui le vient frapper [8]; lumière si vive [9] qu'elle rend presque imperceptible le passage de la foi à la claire

7.

vision de son objet. L'espérance, agitant son flambeau près de [10] la couche du mourant, lui montre le ciel ouvert où l'amour l'appelle. La croix qu'il tient entre ses mains débiles, qu'il presse sur ses lèvres et sur son cœur, réveille en foule dans son esprit des souvenirs de miséricorde, le fortifie, l'attendrit, l'anime. Encore un instant [11], et tout sera consommé; le trépas sera vaincu, et le profond mystère de la délivrance accompli [12]. Une dernière défaillance de la nature annonce que cet instant est venu. La religion alors élève la voix, comme par un dernier effort de tendresse : « Pars, dit-elle, âme chrétienne! sors de ce monde, au nom du Dieu tout-puissant qui t'a créée ; au nom de Jésus-Christ, fils du Dieu vivant, qui a souffert pour toi ; au nom de l'Esprit-Saint dont tu as reçu l'effusion! Qu'en te séparant du corps, un libre accès te soit [13] ouvert à la montagne de Sion, à la cité du Dieu vivant, à la Jérusalem céleste, à l'innombrable société des anges et des premiers-nés [14] de l'Église, dont les noms sont écrits au ciel! Que Dieu se lève [15] et dissipe les puissances des ténèbres ; que tous les esprits de malice fuient et n'osent toucher une brebis rachetée du sang de Jésus-Christ; que le Christ, mort pour toi, crucifié pour toi, te délivre des supplices et de la mort éternelle; que ce bon pasteur reconnaisse sa brebis et la place dans le troupeau de ses élus! Puisses-tu [16] voir éternellement ton rédempteur face à face [17]! Puisses-tu, à jamais présente devant la vérité dégagée de tout voile [18], la contempler sans fin [18] dans l'éternelle extase du bonheur! »

Au milieu de ces bénédictions, l'âme ravie brise ses entraves, et va recevoir [19] le prix de sa fidélité et de son amour. Ici l'homme doit se taire, sa parole expire avec sa pensée. Non « l'œil n'a point vu, l'oreille n'a point entendu, l'esprit ne saurait comprendre ce que Dieu réserve à ceux qui l'aiment. » Ce n'est point comme une mer qui ait son flux et reflux [20], c'est l'Océan immense qui déborde à la fois sur tous ses rivages. « Source intarissable de vie et de lumière, ô mon Dieu! s'écria un prophète, je serai rassasié quand votre gloire m'apparaîtra. »

QUESTIONS D'EXAMEN.

1° *Comme saint Paul.* Qu'y a-t-il ici de sous-entendu? — 2° *Commencer de vivre.* Pourquoi dit-on ici *commencer de* et non *commencer à?* — 3° *Retiennent.* Pourquoi cette forme de verbe est-elle irrégulière? Dans quel autre temps se remarque la même irrégularité? — 4° *Donner.* Dites la fonction de cet infinitif? — 5° *Que tant d'incrédules.* Complétez cette proposition et dites ce qu'est le mot *que.* — 6° *Abjurer... regretter d'avoir cru.* Que signifient les deux premiers infinitifs? — Pourquoi la préposition *de* après *regretter?* — 7° *C'est.., que.., que.* Lequel de ces deux *que* est, avec *c'est,* mot explétif? — Ne pourrait-on pas dire : *c'est à ce moment où il en connaît le prix?* — 8° *Le vient frapper.* L'infinitif est-il ici complément direct? — Comment pourrait-on réduire cette expression sans changer le sens? — Comment se place le pronom complément d'un infinitif lorsque cet infinitif est précédé d'un autre verbe? — 9° *Lumière si vive.* Faites de ces mots ou une proposition ou un complément répété par pléonasme. — 10° *Près de.* Pourquoi ne dirait-on pas *auprès de?* — 11° *Encore un instant.* Qu'y a-t-il de sous-entendu? — 12° *Accompli.* Même question. — 13° *Soit ouvert.* Pourquoi le subjonctif? — 14° *Des anges et des premiers-nés.* Pourquoi *des* et non pas *de* devant le complément du collectif *société?* — Pourquoi l'adjectif composé *premiers-nés* prend-il la marque du pluriel aux deux mots? — 15° *Que Dieu se lève.* Qu'y a-t-il de sous-entendu devant *que?* Pourquoi *lève* prend-il un accent grave? — 16° *Puisses-tu.* A quel temps est ce verbe? — Quand emploie-t-on cette façon de parler? — 17° *Face à face.* Quelle est cette locution? — 18° *Voile,... fin.* Dites les homonymes de ces deux mots. — 19° *Va recevoir.* Quelle fonction fait l'infinitif *recevoir?* — 20° *Qui ait son flux et reflux.* Pourquoi le subjonctif après *qui?* — La non-répétition de *son* devant le second substantif est-elle conforme à la règle?

RÉPONSES.

1° *Comme saint Paul.* C'est là une proposition elliptique signifiant, *comme saint Paul la désirait.*

2° *Commencer de vivre.* On doit dire *commencer de* et non *commencer à,* parce qu'on veut parler d'une chose qui doit avoir de la durée. *Commencer à* s'emploie en parlant d'une chose qui doit avoir du progrès, de l'accroissement.

3° *Retiennent.* Le radical de ce mot est irrégulier, parce qu'il n'est pas conforme à celui du participe présent *retenant.* La même irrégularité se remarque dans le présent du subjonctif, aux personnes qui ont le radical suivi d'un *e* muet.

4° *Donner,* pouvant se tourner par un participe présent, se rapporte comme modificatif à *chrétien.*

5° *Que tant d'incrédules,* c'est-à-dire *que tant d'incrédules ont donné.* Le pronom *que* relatif à *exemple* est donc complément direct du verbe sous-entendu.

6° *Abjurer,... regretter d'avoir cru.* Les deux infinitifs, *abjurer, regretter,* ont le sens du participe présent et se rapportent comme modificatifs à *chrétien.* — La préposition *de,* devant *avoir cru,* est explétive, cet infinitif étant complément direct de *regretter.*

7° *C'est... que,... que...* Les mots explétifs sont *c'est* et le second *que.* Le premier *que* ayant pour antécédent *moment* pourrait se remplacer par *où,* attendu que ces deux mots, l'antécédent et le conjonctif, ne sont pas compléments du même verbe ; *à ce moment* est complément de *brille* et *que* signifiant *où, dans lequel,* est complément de *connaît.*

8° *Le vient frapper.* L'infinitif est complément indirect de *vient* au moyen de la préposition *pour* sous-entendue. — Le verbe *vient* n'est point nécessaire à l'expression de la pensée ; en disant simplement *qui le frappe,* le sens est le même. — Le pronom complément de l'infinitif peut se placer devant le premier verbe ou devant le second.

9° *Lumière si vive.* On peut faire de ces mots une proposition, en disant : *cette lumière est si vive ;* ou bien on peut en faire la répétition du complément précédent, en sous-entendant la préposition *de* devant le second *lumière.*

10° *Près de.* On doit employer ici *près de* et non *auprès de,* parce que l'on parle d'une proximité immédiate. *Auprès de* s'emploie pour signifier une idée d'assiduité ou de voisinage.

11° *Encore un instant.* On peut faire de ces mots une proposition, comme, par exemple, *qu'il s'écoule encore un instant ;* ou bien, en supprimant les mots *encore, et,* faire du mot *instant,* avec la préposition *dans* supposée sous-entendue, le complément de *sera consommé.*

12° *Accompli,* c'est-à-dire *sera accompli.*

13° *Soit.* Le subjonctif est employé ici, parce que devant la conjonction *que* est sous-entendu, *je souhaite.*

14° *Des anges et des premiers-nés.* Devant ces noms, compléments du collectif *société,* on met *des* et non pas *de,* parce que *société* est un collectif général ; parce que, de plus, le nom *anges* est pris dans toute l'étendue de sa signification, conséquemment dans un sens déterminé, et que l'adjectif *premiers-nés,* qui est pris substantivement, a un sens déterminé par le complément qui le suit. — L'adjectif composé *premiers-nés* prend la marque du pluriel aux deux mots, parce qu'il signifie, *les enfants nés les premiers.*

15° *Que Dieu se lève*. Devant la conjonction *que* est sous-entendu *il faut*. De ce dernier verbe dépendent tous les verbes de la phrase qui sont précédés de la conjonction *que*.

16° *Puisses-tu*. Ce verbe est au subjonctif avec ellipse des mots *je souhaite que*. — On emploie cette façon de parler pour exprimer un vœu avec exclamation.

17° *Face à face*. C'est là une locution adverbiale, employée pour marquer la réciprocité.

18° *Voile,... fin*. Le nom masculin *voile* signifie ce qui sert à cacher, à voiler, ou la membrane qui tapisse la partie supérieure de la bouche, et que l'on appelle *voile du palais;* il a pour homonyme féminin, une *voile* de vaisseau. — *Fin*, substantif féminin, dont le dérivé est *finir*, et qui signifie le terme d'une chose, a pour homonymes : l'adjectif *fin*, dont le féminin est *fine;* le substantif féminin *faim*, dont le dérivé est *famine* et qui signifie, besoin de manger ; *feins, feint*, du verbe *feindre*.

19° *Va recevoir*. La préposition *pour* est sous-entendue devant *recevoir*, qui est complément indirect.

20° *Qui ait son flux et reflux*. Le subjonctif est employé, parce que le pronom *qui* a rapport à un antécédent d'un sens indéfini et est précédé d'une négation. — La règle voudrait la répétition de *son* devant le second substantif *reflux;* mais cette règle n'est point absolue.

37° Exercice.

MORT DE L'ATHÉE. (*Chateaubriand.*)

On annonce à l'athée qu'il faut mourir [1]. Que se passe-t-il en lui à ce dernier moment? Je veux, chose presque impossible [2], qu'il ait étouffé [3] le remords, qu'aucun doute n'alarme son incrédulité : est-il exempt pour cela de terreurs et d'angoisses [4]? Interrogez quiconque [5] a vu sur son lit de mort l'athée, non pas atteint d'une de ces maladies violentes dont l'effet est de suspendre les fonctions de l'âme, mais jouissant encore pleinement de ses facultés morales et sachant qu'il va bientôt expirer [6]. La vive image de ce qu'il perd occupe tout l'esprit du moribond. Il avait des attachements, des habitudes ; il tenait à la vie par mille liens qui se rompent à la fois : rupture effroyable [7] qui, séparant soudainement l'âme de tout ce qui lui fut cher, la laisse seule et blessée dans un vide infini. Cet abîme sans fond où elle va descendre [8], cette solitude morne, ce silence éternel, ce sommeil glacé, cette nuit, qui n'aura jamais d'aurore [9], cette privation de tout bien, avec un désir invincible du bien-être; toutes ces idées, et une foule d'autres non moins [10] désolantes, pèsent sur cette âme misérable, la bouleversent, la déchirent et commencent son affreux supplice. Mais que dire [11] de son état, pour peu qu'il [12] lui reste quelques doutes sur les principes qu'elle s'était faits [13]? Comment peindre [14] ces anxiétés, ces regrets à demi étouffés par le désespoir, et ce regard consterné qui ne rencontre de toutes parts qu'un passé sans consolation [15] et un avenir sans espérance [15]? Ce n'est plus alors le néant [16] qu'elle redoute; elle l'appelle au contraire de tous ses vœux et l'appelle en vain : l'éternité seule lui répond. Tirons le rideau sur le reste de cette scène épouvantable, et laissons à l'enfer ses secrets.

QUESTIONS D'EXAMEN.

1° *Il faut mourir.* Quel est le sujet et quel est l'attribut? — 2° *Chose presque impossible.* Qu'est-ce que ces mots représentent? — 3° *Ait étouffé.* Pourquoi le subjonctif et pourquoi le passé? — 4° *Exempt de terreurs et d'angoisses.* Comment voit-on que le mot *exempt* se termine par un *p* et un *t*? — Pourquoi l'article est-il supprimé après *de*? — 5° *Quiconque.* Faites connaître la double fonction de *quiconque.* A quoi ce mot équivaut-il? — 6° *Va bientôt expirer.* Quel gallicisme forme ici le verbe *aller*? — 7° *Rupture effroyable.* Formez avec ces mots une proposition. — 8° *Va descendre.* A quoi sert le verbe *aller* devant l'infinitif *descendre*? — 9° *N'aura jamais d'aurore.* Pourquoi la suppression de l'article après *de*? — Par quel adjectif indéfini peut-on remplacer cette préposition? — 10° *Non moins.* A quelle expression sont équivalents ces deux mots réunis? — 11° *Que dire.* Qu'y a-t-il de sous-entendu entre ces deux mots? — 12° *Pour peu que.* Qu'est cette locution? — 13° *Faits.* Expliquez l'accord de ce participe. — 14° *Comment peindre.* Complétez cette proposition. — 15° *Sans consolation,... sans espérance.* Expliquez la suppression de l'article. — 16° *Ce n'est plus alors le néant.* Quel est le sujet et quel est l'attribut?

1° *Il faut mourir*, c'est-à-dire *mourir est inévitable*. Le sujet est *mourir*, et l'attribut *inévitable*.

2° *Chose presque impossible*. Ces mots qui forment parenthèse représentent une proposition; c'est pour, *cette chose est presque impossible*.

3° *Ait étouffé*, est au subjonctif et au passé, parce que le premier verbe marque la volonté et qu'il est au présent.

4° *Exempt... de terreurs et d'angoisses*. On voit que le mot *exempt* s'écrit ainsi, par le dérivé *exemption*, où les deux consonnes se font sentir dans la prononciation. — L'article est supprimé après *de*, parce que les noms qui suivent sont compléments d'un mot marquant la privation.

5° *Quiconque* équivaut à *celui qui*; il est en même temps complément de *interrogez* et sujet de *a vu*.

6° *Va bientôt expirer*, c'est-à-dire *expirera bientôt*. Le verbe *aller* forme ici un gallicisme; il sert à donner à l'infinitif suivant un sens de futur.

7° *Rupture effroyable*. Pour faire de ces mots une proposition, on peut tourner ainsi : *Combien est effroyable cette rupture*.

8° *Va descendre* signifie *descendra tout à l'heure*. C'est le même gallicisme qu'à 6°.

9° *N'aura jamais d'aurore*. L'article est supprimé après *de*, parce que le nom *aurore* est complément direct d'un verbe accompagné d'une négation. La préposition *de* équivaut à l'adjectif *aucune*.

10° *Non moins*. L'adverbe *non*, servant à nier l'idée d'infériorité représentée par *moins*, le sens négatif disparaît et les deux mots réunis sont équivalents à *aussi*, marquant une comparaison d'égalité.

11° *Que dire* signifie, *que peut-on dire*.

12° *Pour peu que* est une locution conjonctive.

13° *Faits* s'accorde avec le complément direct *que* mis pour *principes*; on parle de *principes faits*.

14° *Comment peindre* signifie, *comment pourrait-on peindre*.

15° *Sans consolation,... sans espérance*. La préposition *sans* veut dire *dépourvu de*; l'article est supprimé devant ces deux noms, parce qu'ils sont compléments d'un mot marquant la privation.

16° *Ce n'est plus alors le néant*. Le sujet est *le néant* et l'attribut est *ce*; on doit tourner ainsi : *le néant n'est plus alors ce qu'il redoute*.

———

38ᵉ Exercice.

PARABOLE DES DEUX PÈRES DE FAMILLE. (*Lamennais.*)

L'un de ces hommes s'inquiétait [1] en lui-même, disant : « Que deviendront [2] mes enfants si je meurs ? » L'autre vivait tranquille ; car, disait-il : « Dieu, qui connaît [3] toutes les créatures et qui veille [3] sur elles, veillera aussi sur ma femme, sur nos enfants et sur moi ! »

Et celui-ci [4] vivait tranquille, et l'autre n'avait jamais ni joie ni paix [5] intérieure.

Un jour qu'il [6] travaillait aux champs, il vit quelques oiseaux entrer [7] dans un buisson, en sortir [7], et puis bientôt y revenir [7] encore.

Et s'étant approché, il vit deux nids posés côte à côte, et dans chacun plusieurs petits nouvellement éclos et encore sans plumes.

Or, voilà [8] qu'au moment où l'une des mères [9] rentrait avec sa becquée, un vautour la saisit, l'enlève, et la pauvre mère, se débattant vainement contre le vautour, jetait des cris perçants.

A cette vue [10], l'homme qui travaillait sentit son âme plus troublée qu'auparavant [11] ; car, pensait-il, la mort de la mère c'est [12] la mort des enfants ! Les miens n'ont que moi non plus [13] ; que deviendront-ils si je leur manque ?

Le lendemain [14], de retour [15] aux champs, il s'achemina vers le buisson, et regardant, il vit les petits bien portants ; pas un ne semblait [16] avoir pâti.

Et ceci l'ayant étonné [17], il se cacha pour voir.

Et après un peu de temps, il entendit un léger cri, et il aperçut la seconde mère qui distribuait la nourriture à tous les petits indistinctement, et il y en eut [18] pour tous, et les orphelins ne furent point délaissés dans leur misère.

Et ce père, qui s'était déjà défié [19] de la Providence, raconta à l'autre père ce qu'il avait vu.

Et celui-ci lui répondit : « Pourquoi s'inquiéter [20] ?

jamais Dieu n'abandonne les siens; son amour a des secrets que nous ne connaissons point. Croyons, espérons, aimons, et poursuivons notre route en paix.

« Si je meurs avant vous, vous serez le père de mes
enfants; si vous mourez avant moi, je serai le père des
vôtres.

« Et si l'un et l'autre [21] nous mourons avant qu'ils
soient en âge de pourvoir eux-mêmes à leurs nécessités, ils auront pour père [22] le Père qui est dans les
cieux. »

QUESTIONS D'EXAMEN.

1° *S'inquiétait.* Quand ce verbe change-t-il l'*é* fermé en *è* ouvert?
— 2° *Que deviendront.* Montrez comment *que* interrogatif se rapporte comme adjectif au sujet. Quand emploie-t-on *que* interrogatif
en rapport avec des personnes? — 3° *Qui connaît.., qui veille.* Pourquoi ces deux propositions ne peuvent-elles être qu'explicatives? —
4° *Celui-ci.* A laquelle des deux personnes se rapporte ce pronom?
— 5° *Ni joie, ni paix.* Pourquoi l'article est-il supprimé? — 6° *Un
jour que.* Quelles sont les deux manières dont on peut envisager cette
locution? — 7° *Entrer..., sortir..., revenir.* Comment ces trois infinitifs sont-ils employés? — 8° *Voilà que.* Ne pourrait-on pas supprimer cette expression? Comment doit-on alors la considérer? — 9°
L'une des mères. Pourquoi *l'une* et non pas seulement *une?* — 10°
A cette vue. De quoi ces mots sont-ils le complément? — 11° *Qu'auparavant.* Qu'est cette proposition? complétez-la — 12° *C'est.* A
quoi sert le pronom *ce* devant *être?* Est-il nécessaire quand le verbe
être se trouve entre deux substantifs? — 13° *Non plus.* Quand emploie-t-on *non plus* dans le sens de *pareillement?* — 14° *Le lendemain.* Avec quel mot ce substantif est-il en rapport et en quelle qualité? — 15° *De retour.* Qu'y a-t-il de sous-entendu devant ce complément? — 16° *Pas un.* Que signifie cette locution? — 17° *Ceci
l'ayant étonné.* Comment ces mots se rattachent-ils à la proposition? Montrez comment le pronom *ceci* est complément indirect de
se cacha. — 18° *Il y en eut.* Dites de quel mot *en* tient la place,
et comment ce pronom est le sujet réel de l'unipersonnel. — 19°
Qui s'était déjà défié. Pourquoi cette proposition est-elle subordonnée explicative? — 20° *Pourquoi s'inquiéter.* Qu'y a-t-il de
sous-entendu dans cette proposition? — 21° *L'un et l'autre.* Pourquoi ces deux mots sont-ils joints par *et?* A quoi se rapportent-ils?
— 22° *Ils auront pour père.* Doit-on considérer *pour père* comme
complément ou comme qualificatif?

RÉPONSES.

1° *S'inquiétait.* Dans ce verbe, comme dans tous ceux qui,

à l'infinitif, ont un *é* fermé devant la dernière syllabe, on change cet *é* fermé en *è* ouvert lorsqu'il est suivi d'une syllabe muette. Pourtant, les verbes en *éger* conservent l'*é* fermé dans toute leur conjugaison.

2° *Que deviendront.* Le sujet de ce verbe étant *mes enfants*, le pronom *que*, signifiant *quels*, se rapporte comme adjectif ou comme faisant partie de l'attribut au sujet *enfants*; c'est pour, *mes enfants deviendront quels ou comment.* — Le *que* interrogatif s'emploie en rapport avec des personnes pour signifier une idée d'état ou de qualité.

3° *Qui connaît,... qui veille.* Ces propositions, se rapportant à *Dieu*, sont nécessairement explicatives, attendu que *Dieu*, étant un nom propre, a par lui-même un sens déterminé et n'a, conséquemment, jamais besoin d'être suivi d'une expression déterminative.

4° *Celui-ci* a rapport à la personne nommée la dernière, parce qu'elle est la plus proche du moment où l'on parle.

5° *Ni joie ni paix.* Après *ni* répété et signifiant *aucun, aucune*, on supprime l'article.

6° *Un jour que.* On peut faire du mot *jour* un complément indirect au moyen de la préposition *en* sous-entendue et le rattacher par cette préposition au verbe *il vit*; alors, *que* signifiant, dans lequel, serait complément de *travaillait*. Il est plus simple et tout aussi rationnel de considérer *un jour que* comme locution conjonctive.

7° *Entrer,... sortir,... revenir.* Ces trois infinitifs, pouvant se tourner par le participe présent, se rapportent comme modificatifs au nom *oiseaux*.

8° *Voilà que* peut se retrancher sans que le sens soit changé; ces deux mots sont donc explétifs, servant seulement à donner plus de force à l'expression.

9° *L'une des mères.* On doit dire l'*une* et non pas *une*, parce que la quantité totale est connue et déterminée. Il n'y a dans cette circonstance que *deux mères.*

10° *A cette vue.* Ce complément, placé ainsi par inversion, dépend du verbe *sentir*.

11° *Qu'auparavant.* Proposition implicite, pour, *qu'elle n'était troublée auparavant.*

12° *C'est.* Le pronom *ce* donne plus de précision au sens, mais ordinairement il n'est point indispensable devant le verbe *être* placé entre deux substantifs, à moins que le premier figurant comme attribut, ne se trouve, par les mots qui le suivent, trop éloigné du verbe *être*.

13° *Non plus* s'emploie au lieu de *pareillement*, dans une proposition négative.

14° *Le lendemain* est complément indirect du verbe *s'achemina*, après lequel il répond à la question *quand?*

15° *De retour* est complément modificatif de *étant* sous-entendu ; il est à remarquer que ce complément, par cela même qu'il suit un temps du verbe *être*, a le sens d'un qualificatif et signifie *retourné*.

16° *Pas un* signifiant, *aucun*, forme une expression composée, que l'on doit considérer comme pronom indéfini.

17° *Ceci l'ayant étonné*. Le participe étant ainsi construit avec un pronom ou un substantif, il faut sous-entendre devant le substantif ou le pronom la préposition *après* ou *depuis*. La construction grammaticale sera donc : *il se cacha après ceci l'ayant étonné* (qui l'avait étonné).

18° *Il y en eut*, c'est-à-dire *il y eut de la nourrriture*, ou *de la nourriture se trouva*. Le nom *nourriture* ou le pronom *en*, qui en tient la place, est sujet réel de l'unipersonnel *il y eut*.

19° *Qui s'était déjà défié*, est une proposition explicative, parce qu'elle se rapporte à *ce père*, dont le sens est déterminé par *ce*, rappelant ce qui a été dit précédemment.

20° *Pourquoi s'inquiéter?* Cette proposition est implicite, signifiant, *pourquoi devrait-on s'inquiéter?*

21° *L'un et l'autre*. Ces deux mots se joignent par *et*, lorsqu'ils ne marquent pas la réciprocité, mais la similitude ; ils font alors la même fonction dans la phrase. Dans le cas présent, ils sont employés comme adjectifs du sujet *nous*.

22° *Ils auront pour père*. Le mot *pour* a le sens de l'adverbe *comme* ; en conséquence *père* n'est point complément du verbe *avoir*, mais bien modificatif du complément direct qui suit ; ce que l'on peut voir en tournant ainsi : *le père qui est dans les cieux sera leur père.*

39ᵉ Exercice.

LA VRAIE PIÉTÉ. (*Lettre de Ganganelli*, pape Clément XIV, à Mme.)

Toute personne [1] vraiment pieuse est patiente, douce, humble ; ne soupçonne point le mal, ne s'aigrit jamais, et cache les défauts du prochain lorsqu'elle ne peut les excuser. Toute personne vraiment pieuse rit avec ceux qui rient, pleure avec ceux qui pleurent, conformément à [2] l'avis de saint Paul, et n'est sage qu'avec sobriété, parce qu'il faut de la tempérance en toutes choses [3].

Enfin, la vraie dévotion est la charité [4], et sans elle tout ce qu'on fait est absolument inutile pour le salut. Les faux dévots ne font guère moins de mal à la religion que les impies mêmes [5]. Toujours prêts à [6] s'enflammer contre ce qui ne s'accorde ni avec leurs opinions [7] ni avec leur humeur [7], ils ont un zèle inquiet, impétueux, persécutant, et ils sont ordinairement fanatiques ou superstitieux, hypocrites ou ignorants. Jésus-Christ ne les épargne pas dans l'Évangile, pour nous apprendre à nous en méfier.

Quand vous sentirez, Madame, qu'il n'y a ni rancune dans votre cœur, ni hauteur dans votre esprit, ni singularité dans vos actions; que vous observez les préceptes de Dieu et de l'Église sans affectation, sans minutie, alors vous pourrez croire que vous êtes réellement dans la voie du salut.

Surtout rendez vos domestiques heureux en vous abstenant de les tourmenter. Ce sont d'autres nous-mêmes [8], et il faut continuellement alléger leur joug. Le moyen d'être bien servi, c'est d'avoir [9] toujours un visage serein; la vraie piété conserve en tout temps le même calme et la même tranquillité, tandis que la fausse dévotion varie à chaque instant.

Entretenez vos nièces selon leur condition, et n'exigez pas d'elles qu'elles fassent [10] précisément ce que vous ferez, parce que vous avez un attrait particulier pour la mortification.

Cet article demanderait une lettre entière. On [11] dégoûte souvent les jeunes personnes de la piété par la raison qu'on leur demande une trop grande perfection, et l'on [11] se lasse soi-même des œuvres de pénitence, lorsqu'on ne sait pas se modérer. La vie commune est sûre, quoi qu'elle ne soit pas la plus parfaite : c'est un parti violent que de vouloir [12] vous interdire toute visite et tout délassement. Prenez garde que votre directeur ne soit [13] trop mystique, et que sa direction ne finisse [13] par vous rendre scrupuleuse, plutôt que bonne chrétienne [14].

Faut-il donc tant se tourmenter pour embrasser la piété? La religion nous apprend ce qu'on doit croire, ce qu'on doit pratiquer, et il n'y aura jamais de meilleur directeur que l'Évangile. Mêlez la solitude à la société, et faites-vous des connaissances qui ne vous jettent ni dans la mélancolie ni dans la dissipation.

Variez vos lectures. Il y en a de récréatives [15] qu'on peut faire succéder à celles qui sont sérieuses. Saint Paul, en nous donnant des règles pour converser décemment, nous permet de dire des choses qui soient [16] riantes et gracieuses.

On servirait Dieu en esclave, si l'on s'imaginait toujours pécher. Le joug du Seigneur est le plus doux et le plus léger [17]. Aimez Dieu, dit saint Augustin, et faites ce que vous voudrez, parce que alors vous ne ferez rien qui ne lui soit [18] agréable, et vous agirez à son égard comme un fils envers un père [19] qu'il chérit.

Surtout aimez les pauvres, d'autant mieux que [20] vous êtes en état de les secourir. La religion a pour piédestal l'humanité, et, si l'on n'est pas charitable, on n'est pas chrétien.

QUESTIONS D'EXAMEN.

1° *Toute personne.* Que signifie *tout*, précédant immédiatement le substantif? — 2° *Conformément à.* Qu'est cette locution? A quelle préposition est-elle équivalente? — 3° *En toutes choses.* Quand, *tout* précédant immédiatement un substantif, met-on indifféremment le singulier ou le pluriel? — 4° *Est la charité.* Pourrait-on mettre *ce* devant *est* et pourquoi? — 5° *Que les impies mêmes.* Pourquoi *mêmes* s'accorde-t-il? Que représentent ces mots? — 6° *Prêts à.* Quand emploie-t-on *prêt à*, et quand *près de?* — 7° *Leurs opinions,... leur humeur.* Pourquoi le premier nom est-il au pluriel et le second au singulier? — 8° *Ce sont d'autres nous-mêmes.* Pourquoi le verbe *être* est-il au pluriel après *ce?* De quel mot *ce* rappelle-t-il l'idée? que signifie l'expression *d'autres nous-mêmes?* — 9° *C'est d'avoir.* Pourquoi met-on *ce* devant *est?* Quel est le sujet et quel est l'attribut de cette proposition? Qu'est le mot *de* devant *avoir?* — 10 *Qu'elles fassent.* Pourquoi le subjonctif? Qu'est cette forme de verbe? — 11° *On,... et l'on.* Quand doit-on employer *on* et quand faut-il se servir de *l'on?* — 12° *Que de vouloir.* Que sont les deux mots *que de* et quelle fonction fait l'infinitif *vouloir?* — 13° *Ne soit,... ne finisse.* Pourquoi le subjonctif et pourquoi la négative ne? — 14° *Plutôt que bonne chrétienne.* Complétez cette proposition. — 15° *Il y en a de récréatives.* Quels sont le sujet, le verbe et l'attribut de cette proposition? — 16° *Qui soient.* Pourquoi le subjonctif après *qui?* — 17° *Le plus doux et le plus léger.* Pourquoi l'article est-il répété? — 18° *Qui ne lui soit.* Pourquoi le subjonctif et pourquoi la négative *ne?* — 19° *Comme un fils envers son père.* Quel est le verbe sous-entendu? — 20° *D'autant mieux que.* Qu'y a-t-il à distinguer dans cette expression?

RÉPONSES.

1° *Toute personne.* L'adjectif *tout*, précédant immédiatement le substantif, signifie *chaque*. Dans ce cas, lorsqu'il n'est pas précédé d'une préposition, on l'emploie le plus ordinairement au singulier.

2° *Conformément à* est une locution prépositive, équivalente à *selon, suivant, d'après.*

3° *En toutes choses.* Quand *tout* précède immédiatement un substantif et qu'il vient après une préposition, on emploie indifféremment le singulier ou le pluriel.

4° *Est la charité.* On pourrait dire également : *c'est la charité.* Devant le verbe *être*, placé entre deux substantifs, on peut mettre ou ne pas mettre le pronom *ce*.

5° *Les impies mêmes.* Le mot *mêmes* est adjectif, parce qu'il vient après un seul substantif et qu'on peut le tourner par *eux-mêmes.* — Ces mots forment une proposition ; c'est pour, *que les impies mêmes ne lui font de mal.*

6° *Prêts à.* Cet adjectif signifie *disposé à.* La préposition *près de* veut dire *sur le point de.*

7° *Leurs opinions,... leur humeur.* Le premier nom est au pluriel, parce qu'on peut remplacer *leurs* par l'article pluriel ; le second doit être au singulier, parce que l'on ne peut remplacer *leur* que par l'article du singulier.

8° *Ce sont d'autres nous-mêmes.* Le verbe *être* est au pluriel après *ce,* parce que le sujet *vos domestiques,* dont *ce* tient la place, est du pluriel, et en outre parce que le verbe *être* est suivi d'une troisième personne plurielle. L'expression *d'autres nous-mêmes* signifie *d'autres personnes semblables à nous.*

9° *C'est d'avoir.* On met *ce* devant le verbe *être,* pour rappeler l'idée du nom *moyen* précédemment énoncé et figurant comme attribut de la proposition, dont le sujet est l'infinitif *avoir,* précédé du mot explétif *de.*

10° *Qu'elles fassent* est au subjonctif à cause du verbe *exiger,* qui précède *que.* — Cette forme de verbe est irrégulière, parce qu'elle n'offre point le radical du participe présent, son primitif.

11° *On,... et l'on.* Au commencement d'une phrase, il convient d'employer toujours *on;* il s'emploie aussi dans tous les autres cas où il ne donne pas lieu à un hiatus; *l'on* n'est préféré à *on* que pour éviter la rencontre de deux voyelles; encore s'abstient-on d'en faire usage devant les mots commençant par *l.*

12° *Que de vouloir.* Les deux mots *que de* sont explétifs. L'infinitif *vouloir* est sujet du verbe *être,* devant lequel il est remplacé par *ce,* sujet par pléonasme.

13° *Ne soit,... ne finisse.* Ces verbes sont au subjonctif, parce qu'ils dépendent du verbe *prendre garde;* ce dernier verbe demande aussi à être suivi de la négation *ne.*

14° *Plutôt que bonne chrétienne,* signifie *plutôt qu'elle ne vous rende bonne chrétienne.*

15° *Il y en a de récréatives.* Le pronom *en* mis pour *des lectures,* est sujet réel, et *récréatives* est attribut; cette proposition peut se tourner ainsi : *certaines lectures sont récréatives.* Le mot *de* est explétif.

16° *Qui soient.* Le verbe est au subjonctif après *qui,* parce que ce pronom a rapport à un antécédent pris dans un sens partitif, et que, de plus, il est précédé du verbe *permettre.*

17° *Le plus doux et le plus léger.* L'article se répète devant des adjectifs qui se suivent et qui sont précédés des adverbes *plus, mieux, moins.*

18° *Qui ne lui soit.* Le subjonctif est employé après *qui,* parce que ce pronom a rapport à un antécédent d'un sens indéfini, et qu'en même temps il est précédé d'un verbe accompagné d'une négation. — La négative *ne* après *qui* sert à détruire l'effet de la première négation et à rendre le sens de la phrase affirmatif, c'est comme si l'on disait : *Tout ce que vous ferez lui sera agréable.*

19° *Comme un fils envers un père.* Pour compléter cette proposition, il faut dire : *comme un fils agit envers un père.*

20° *D'autant mieux que.* Dans cette expression, il faut distinguer la locution adverbiale *d'autant mieux,* se rapportant à *aimez,* et la conjonction *que.* On pourrait également faire de ces mots une locution conjonctive.

40ᵉ Exercice.

L'AMOUR DE DIEU. (*Lamennais.*)

Il se rencontre des hommes[1] qui n'aiment point[2] Dieu et qui ne le craignent point : fuyez-les[3], car il sort d'eux une vapeur[4] de malédiction.

Fuyez l'impie, car son haleine tue; mais ne le haïssez-pas[5], car qui sait si déjà Dieu n'a pas changé son cœur?

L'homme qui, même de bonne foi, dit : Je ne crois point, se trompe souvent. Il y a bien avant[6] dans l'âme, jusqu'au fond, une racine de foi qui ne sèche point.

La parole qui nie Dieu brûle les lèvres sur lesquelles[7] elle passe, et la bouche qui s'ouvre pour blasphémer est un soupirail de l'enfer.

L'impie est seul dans l'univers. Toutes les créatures louent Dieu, tout ce qui sent le bénit, tout ce qui pense l'adore : l'astre du jour et ceux de la nuit le chantent dans leur langue mystérieuse.

Il a écrit au firmament son nom trois fois saint[8].

Gloire à Dieu[9] dans les hauteurs des cieux!

Il l'a écrit aussi dans le cœur de l'homme, et l'homme bon l'y conserve avec amour; mais d'autres tâchent de l'effacer.

Paix sur la terre[10] aux hommes dont la volonté est bonne!

Leur sommeil est doux, et leur mort est encore plus douce, car ils savent qu'ils retournent vers leur père.

Comme le pauvre laboureur au déclin[11] du jour quitte les champs, regagne sa chaumière, et, assis devant la porte, oublie ses fatigues en regardant[12] le ciel; ainsi, quand le soir se fait[13], l'homme d'espérance[14] regagne avec joie[14] la maison paternelle, et, assis sur le seuil, oublie les travaux de l'exil dans la vision de l'éternité[15].

QUESTIONS D'EXAMEN.

1° *Il se rencontre des hommes.* Quel est le sens de ce verbe uni-

personnel? Comment peut-on tourner cette proposition, soit pour
en faire le mot *hommes* sujet, avec un attribut passif, soit pour
faire du nom *homme* le complément direct d'un verbe transitif ayant
pour sujet *on?* — 2° *Ne... point.* Quelle différence y a-t-il entre
la négation *ne point* et *ne pas?* — 3° *Fuyez-les.* Pourquoi le pronom
complément est-il rejeté après le verbe? — 4° *Une vapeur.* Qu'est
le nom *vapeur* par rapport au verbe? Pourquoi n'y a-t-il pas nécessité de dire : *il en sort*, au lieu de *il sort d'eux?* — 5° *Ne le
haïssez pas.* Pourquoi le pronom complément n'est-il pas rejeté
après le verbe à l'impératif? Quand le verbe *hair* ne prend-il pas le
tréma? — 6° *Bien avant.* Qu'est ici le mot *avant?* — 7° *Sur lesquelles.*
Pourquoi *lesquelles* et non *qui?* — 8° *Trois fois.* Qu'est cette locution? — 9° *Gloire à Dieu.* Comment ces mots forment-ils une
proposition elliptique? — 10° *Paix sur la terre.* Même question.
— 11° *Au déclin.* De quel verbe dépend ce complément? Pourquoi
déclin s'écrit-il ainsi? — 12° *En regardant.* Quel est le double
rapport de ce participe présent, comme modificatif et comme complément? — 13° *Se fait.* Que signifie ce verbe pronominal? —
14° *D'espérance... avec joie.* Pourquoi la suppression de l'article? Quel
est l'homonyme de *joie?* — 15° Combien y a-t-il de propositions
dans la dernière phrase? Quelles sont-elles? Quelle est la nature et
la construction de chacune d'elles?

RÉPONSES.

1° *Il se rencontre des hommes.* Le verbe unipersonnel
il se rencontre est en même temps pronominal passif. On peut
tourner cette phrase en disant : *des hommes sont rencon-
trés*, ou *on rencontre des hommes.*

2° *Ne... point.* Cette négative est plus forte que *ne pas*;
elle s'emploie pour une négation absolue, et *ne pas* peut se
dire d'une négation seulement relative et susceptible de restriction. Dans l'usage ordinaire, on les emploie souvent
l'une pour l'autre.

3° *Fuyez-les.* Le pronom personnel complément est rejeté
après le verbe, parce que le verbe est à l'impératif et non accompagné d'une négation.

4° *Il sort d'eux une vapeur.* Le nom *vapeur* est sujet
réel du verbe unipersonnel. — On peut dire également *il sort
d'eux*, et *il en sort*, parce que l'on parle de personnes.

5° *Ne le haïssez pas.* Le pronom personnel complément
n'est pas rejeté après l'impératif, parce que le verbe est accompagné de la négation. — Le verbe *hair* ne prend pas de
tréma au singulier du présent de l'indicatif et au singulier de
l'impératif.

6° *Bien avant.* Le mot *avant* est ici adverbe.

7° *Sur lesquelles.* On ne pourrait employer *qui* à la place de *lesquelles*, parce que ce pronom est après une préposition et en rapport avec des choses.

8° *Trois fois* est une locution adverbiale, modifiant l'adjectif *saint*.

9° *Gloire à Dieu*. Ces mots forment une proposition elliptique; c'est pour, *que gloire soit rendue à Dieu*.

10° *Paix sur la terre*. Cette proposition est comme la précédente, et signifie, *que la paix soit donnée sur la terre*, etc.

11° *Au déclin* est complément du verbe *quitter*, devant lequel il est placé par inversion. — On voit que *déclin* s'écrit ainsi, par son dérivé *décliner*.

12° *En regardant*. Ce participe est en même temps modificatif de *laboureur*, dont il exprime l'action, et, par la préposition *en*, il est complément ou déterminatif du verbe *oublier*.

13° *Se fait*. Ce verbe n'a de pronominal que la forme; il n'exprime point l'action faite par le sujet sur un complément; sa signification est celle du verbe *arriver*.

14° *D'espérance,... avec joie*. L'article est supprimé devant *espérance*, parce que ce nom est complément de l'adjectif *plein* sous-entendu; il est supprimé aussi devant *joie*, parce que ce nom, après la préposition *avec*, marque la manière. — Le substantif féminin *joie* a pour homonyme *jouet*, subst. masc., objet avec lequel jouent les enfants.

15° La dernière phrase renferme six propositions. Les deux dernières, formant ensemble le premier terme de la comparaison, doivent être placées au commencement de la phrase, avec la subordonnée qui les accompagne; les trois qui suivent la conjonction *comme*, représentent le second terme de la comparaison.

La première proposition, *l'homme d'espérance regagne avec joie la maison paternelle*, est principale absolue, entière et directe.

La seconde proposition, *quand le soir se fait* ou *arrive*, est subordonnée déterminative de la première; elle est de plus entière et directe; il ne doit être tenu aucun compte du complément *se*, placé devant le verbe, attendu que ce pronom, ainsi qu'on l'a déjà dit, ne représente point l'objet réel de l'action.

La troisième proposition, *et, assis sur le seuil, oublie les travaux de l'exil dans les visions de l'éternité*, est principale comme la première, à laquelle elle est jointe par *et*; elle a pour sujet *il* sous-entendu devant *oublie*; elle est donc relative et elliptique; les mots qui dépendent du sujet étant placés devant, cette proposition est inverse.

Les trois autres propositions, qui forment le second terme
de la comparaison, sont, par cela même, subordonnées aux
deux principales et en même temps déterminatives, puisqu'elles sont indispensables pour compléter la comparaison.

La première de ces trois propositions est pleine et inverse;
la seconde est elliptique et directe; la troisième est elliptique
et inverse.

41ᵉ Exercice.

NÉCESSITÉ DE LA PRIÈRE. (*Lamennais.*)

Quand vous avez prié [1], ne sentez-vous pas votre cœur
plus léger et votre âme plus contente?

La prière rend l'affliction moins douloureuse et la
joie plus pure : elle mêle à l'une je ne sais quoi [2] de
fortifiant et de doux, et à l'autre un parfum céleste.

Que faites-vous sur la terre, et n'avez-vous rien à
demander [3] à celui qui vous y a mis?

Vous êtes un voyageur qui cherche [4] la patrie. Ne
marchez point la tête baissée [5] : il faut lever les yeux
pour reconnaître sa route.

Votre patrie, c'est le ciel [6], et quand vous regardez
le ciel, est-ce que [7], en vous, il ne se remue rien [8]?
est-ce que nul désir ne vous presse? ou ce désir est-il
muet?

Il en est qui [9] disent : « A quoi bon prier [10]? Dieu est
trop au-dessus de nous pour écouter d'aussi chétives
créatures. »

Et qui donc a fait ces créatures chétives, qui leur a
donné le sentiment et la pensée et la parole, si ce n'est
Dieu [11]?

Et s'il a été si bon envers elles, était-ce [12] pour les
délaisser ensuite et pour les repousser loin de lui?

En vérité [13], je vous le dis [14], quiconque dit dans son
cœur que Dieu méprise ses œuvres, blasphème [15] Dieu.

Il en est d'autres qui disent [16] : « A quoi bon prier?
Dieu ne sait-il pas mieux que nous [17] ce dont nous
avons besoin? »

Dieu sait mieux que vous ce dont vous avez besoin, et c'est pour cela qu'il veut que vous le lui demandiez ; car Dieu est lui-même votre premier besoin, et prier Dieu, c'est commencer à posséder Dieu.

Le père connaît les besoins de son fils : faut-il, à cause de cela, que le fils n'ait jamais [18] une parole de demande et d'actions de grâces pour son père ?

Quand les animaux souffrent, quand ils craignent, ou quand ils ont faim, ils poussent des cris plaintifs. Ces cris sont la prière qu'ils adressent à Dieu, et Dieu l'écoute. L'homme serait donc, dans la création, le seul être dont la voix ne dût [19] jamais monter à l'oreille du Créateur ?

Il passe quelquefois sur les campagnes un vent qui dessèche les plantes, et alors on voit leurs tiges flétries [20] pencher vers la terre ; mais humectées [20] par la rosée elles reprennent leur fraîcheur et relèvent leur tête [21] languissante [22].

Il y a toujours des vents brûlants [22] qui passent sur l'âme de l'homme et la dessèchent. La prière est la rosée qui la rafraîchit.

QUESTIONS D'EXAMEN.

1° *Quand vous avez prié.* Cette proposition est-elle à sa place grammaticale ? — 2° *Je ne sais quoi.* Ces mots qui forment gallicisme, comment doivent-ils se tourner ? — 3° *Rien à demander.* Quelle est la fonction de cet infinitif ? — 4° *Vous êtes un voyageur qui cherche.* Pourquoi le pronom *qui* a-t-il pour antécédent l'attribut *voyageur* et non le sujet du verbe ? — 5° *La tête baissée.* Dites de quoi le nom *tête* est complément. — 6° *C'est le ciel.* Est-il facultatif d'employer ou de ne pas employer *ce* devant *est* ? Quel est le sujet de *est* ? — 7° *Est-ce que.* Qu'est cette locution ? Faites-en l'analyse pour en former une proposition. Quel mot, placé après le verbe, dispenserait d'employer *est-ce que* ? — 8° *Il ne se remue rien.* Quel est le sujet réel ? Qu'est ce verbe pronominal ? — 9° *Il en est qui.* Faites de *en* le sujet réel de l'unipersonnel en le remplaçant par un nom, ou considérez ces mots comme gallicisme, et remplacez-les tous les quatre par un pronom indéfini équivalent pour le sens. — 10° *A quoi bon prier ?* Exprimez le verbe sous-entendu, et dites quels sont le sujet et l'attribut. — 11° *Si ce n'est Dieu.* Comment peut-on faire de ces mots une proposition, ou seulement un complément indirect ? — 12° *Était-ce.* De quoi *ce* tient-il la place ? Que signifie-t-il ? — 13° *En vérité.*

Qu'est cette expression et à quoi sert-elle? — 14° *Je vous le dis.*
À quoi le pronom *le* se rapporte-t-il? — 15° *Blasphème.* Quel est
le sujet de ce verbe? — 16° *Il en est d'autres qui.* Qu'est ici le pronom
en? Réduisez cette façon de parler à une plus simple expression. —
17° *Mieux que nous.* Exprimez le verbe sous-entendu après *nous.*
— 18° *Que le fils n'ait jamais.* Pourquoi le subjonctif? Pourquoi la
négative? — 19° *Dont la voix ne dît.* Pourquoi le subjonctif et pourquoi l'imparfait? — 20° *Flétries..., humectées.* Expliquez l'accord
de ces participes. — 21° *Leur tête.* Aurait-on pu mettre le pluriel
aussi bien que le singulier? — 22° *Languissante,... brûlants.* Pourquoi ces mots sont-ils variables?

RÉPONSES.

1° *Quand vous avez prié.* Cette proposition, placée par inversion au commencement de la phrase, dépend de la principale, dont elle est suivie, et avec laquelle elle est mise en rapport par la conjonction *quand.*

2° *Je ne sais quoi.* Ces mots forment gallicisme et doivent
se tourner par l'expression *quelque chose.*

3° *Rien à demander.* Des deux manières de rendre compte
de l'infinitif *à demander*, la plus simple est de le supposer
complément direct du verbe *avoir*, en lui donnant le pronom
rien pour complément : *n'avez-vous à demander rien.* —
On pourrait également tourner ainsi : *n'avez-vous rien devant être demandé.*

4° *Vous êtes un voyageur qui cherche.* Il faut dire *qui
cherche*, et non *qui cherchez*, en faisant rapporter *qui* à l'attribut et non au sujet *vous*, parce que l'attribut *voyageur* a
besoin d'être complété par la proposition qui le suit.

5° *La tête baissée.* Devant ce complément est sous-entendu
ayant ou *avec.*

6° *C'est le ciel.* On pourrait dire également : *votre patrie
est le ciel.* Devant le verbe *être* placé entre deux substantifs,
il est facultatif d'employer ou de ne pas employer *ce*, lorsque le
premier est attribut. Dans cette proposition, qui signifie *le ciel
est votre patrie*, le sujet est *ciel* et l'attribut *patrie.*

7° *Est-ce que*, est une locution interrogative que l'on peut
tourner par, *cela est-il vrai que.* Cette locution dispense de
donner au verbe une forme interrogative ; en supprimant cette
locution, il faudrait mettre le pronom *il* avec le *t* euphonique
après *se remue*, pour donner à ce verbe une forme interrogative.

8° *Il ne se remue rien.* Le sujet réel est *rien.* — Ce verbe
est pronominal passif ; c'est pour, *rien n'est remué.*

8.

9° *Il en est qui.* Le pronom *en*, mis pour *certains hommes*, est sujet réel de l'unipersonnel : *certains hommes existent qui.* On pourrait, sans rien changer au sens, remplacer ces quatre mots par le pronom indéfini *certains ;* ainsi : *certains disent.*

10° *A quoi bon prier*, c'est-à-dire, *à quoi est-il bon de prier.* Le sujet est *prier*, et l'attribut *bon à quoi.*

11° *Si ce n'est Dieu.* Cette expression peut se tourner de deux manières : par *si Dieu n'est celui-là*, ou par *excepté Dieu.*

12° *Était-ce.* Le pronom *ce* rappelle l'idée de la proposition précédente ; ainsi *cela* (que Dieu ait été si bon) *était-il fait pour*, etc.

13° *En vérité*, est une locution adverbiale, qui sert à donner plus de force à l'affirmation.

14° *Je vous le dis.* Le pronom *le* signifie *ceci*, et a rapport à ce qui va suivre.

15° *Blasphème* a pour sujet *quiconque ;* ce pronom, équivalant à *celui qui*, sert de sujet à deux propositions différentes.

16° *Il en est d'autres qui disent.* Le pronom *en*, mis pour *hommes*, est sujet réel de l'unipersonnel ; ainsi : *d'autres hommes existent qui.* La pensée peut s'exprimer en ne conservant de ces mots que le pronom *d'autres ;* ainsi : *d'autres disent.*

17° *Mieux que nous*, c'est-à-dire *mieux que nous ne savons.*

18° *Que le fils n'ait jamais.* Le subjonctif est employé après *que*, parce que le premier verbe est l'unipersonnel *il faut.* — Ce qui demande la négative *ne* devant le verbe, c'est l'adverbe négatif *jamais.*

19° *Dont la voix ne dût.* Le pronom *dont* veut après lui le subjonctif, parce qu'il est précédé de *le seul*, et que l'interrogation rend le sens dubitatif. — On met l'imparfait *dût*, parce que le premier verbe est au conditionnel.

20° *Flétries, humectées*, n'étant pas joints à un auxiliaire, sont employés comme adjectifs.

21° *Leur tête.* On aurait pu employer ici le pluriel aussi bien que le singulier ; le mot *leur* pouvant être également remplacée par *la* ou par *les ;* avec le singulier, le sens est distributif ; avec le pluriel, il serait collectif.

22° *Languissante, brûlants.* Ces deux participes, exprimant ce qu'est la chose dont on parle, et pouvant être précédés des adverbes *tout à fait, très*, sont employés comme adjectifs verbaux.

42ᵉ Exercice.

LE CURÉ DE CAMPAGNE. (*L'abbé de Boismont.*)

Le pasteur[1], sur lequel la politesse peut-être ne daigne pas abaisser ses regards, ce ministre[1] relégué dans la poussière et l'obscurité des campagnes, voilà l'homme de Dieu[2] qui les éclaire (les habitants des campagnes), et l'homme d'État qui les calme. Simple comme eux, pauvre avec eux[3], parce que son nécessaire même devient leur patrimoine, il les élève au-dessus de l'empire du temps, pour ne leur laisser ni le désir de ses trompeuses promesses, ni le regret de ses fragiles félicités. A sa voix, d'autres cieux, d'autres trésors s'ouvrent pour eux; à sa voix, ils courent en foule aux pieds de ce Dieu qui compte leurs larmes, ce Dieu, leur éternel héritage[4], qui doit les venger de cette exhérédation civile à laquelle une Providence qu'on leur apprend à bénir[5], les a dévoués[6].

Ce n'est pas tout : garant des promesses divines, ce pasteur, cet ange tutélaire les réalise[7], en quelque sorte dès cette vie, par les secours, par les soins les plus généreux, les plus constants : je dis les soins; et peut-être, hommes superbes, n'avez-vous jamais compris[8] la force et l'étendue de cette expression! Peignez-vous les ravages d'un mal épidémique, ou plutôt placez-vous dans ces cabanes infectes, habitées par la mort seule, incertaine sur le choix de ses victimes. Hélas! l'objet le moins affreux qui frappe nos regards est le mourant lui-même[9]; épouse, enfants, tout ce qui l'environne semble[10] être sorti du cercueil pour y rentrer pêle-mêle[11] avec lui. Si l'horreur du dernier moment est si pénétrante[12] au milieu des pompes de la vanité, sous le dais[13] de l'opulence qui couvre encore de son faste l'orgueilleuse proie que la mort lui arrache, quelle impression doit-elle produire dans les lieux où toutes les misères et toutes les horreurs sont rassemblées? Voilà ce[14] que bravent le zèle et le courage pastoral[15]. La nature, l'amitié, les ressources[16] de l'art, le ministre de la religion seul remplace tout ; seul[17] au milieu des gémissements et des pleurs, livré lui-même à l'activité du poison qui dévore tout à ses yeux ; il l'affaiblit, il le détourne ; ce qu'il ne peut sauver, il le console[18] ; il le porte jusque dans le sein de Dieu ; nuls témoins, nuls spectateurs[19], rien ne le soutient[20] ; ni la gloire, ni le préjugé, ni l'amour[21] de la renommée, ces grandes faiblesses de la nature, auxquelles on doit tant de vertus ; son âme, ses principes, le ciel[22] qui l'observe : voilà sa force et sa récompense[22]. Le monde, cet ingrat qu'il faut plaindre et servir, ne le connaît pas : s'occupe-t-il, hélas ! d'un citoyen utile qui n'a d'autre mérite que celui[23] de vivre dans l'habitude d'un héroïsme ignoré ?

QUESTIONS D'EXAMEN.

1° *Le pasteur..., ce ministre.* Quelle est la fonction de ces deux substantifs ? — 2° *Voilà l'homme de Dieu.* Comment le mot *voilà* tient-il lieu du verbe de la proposition ? — 3° *Simple comme eux, pauvre,* etc. A quoi se rapportent les deux adjectifs *simple* et *pauvre ?* — Que signifie *comme eux* et que représentent ces mots ? — 4° *Ce Dieu, leur éternel héritage.* Quelle est la fonction de ces mots ? — 5° *A bénir.* La préposition *à* indique-t-elle ici un complément indirect ? — 6° *Dévoués.* Expliquez l'accord de ce participe. — 7° *Réalise.* Pourquoi ce verbe, qui a deux sujets, est-il au singulier ? — 8° *N'avez-vous jamais compris.* Pourquoi le pronom sujet ne précède-t-il pas le verbe ? — Quand le verbe ayant une forme interrogative est à un temps composé, où se met le pronom personnel sujet ? — 9° *Est le mourant lui-même.* Pourrait-on dire, *c'est,* et pourquoi ? — Quel est le sujet et quel est l'attribut ? — 10° *Semble.* Pourquoi ce verbe, précédé de plusieurs sujets, est-il au singulier ? — 11° *Pêle-mêle.* Qu'est cette locution ? — 12° *Pénétrante.* A quel signe, indépendamment de la signification, reconnaît-on que ce mot est adjectif verbal ? — 13° *Dais.* Quels sont les homonymes du nom *dais ?* — 14° *Voilà ce.* Formulez explicitement cette proposition. — 15° *Pastoral.* Pourquoi cet adjectif, joint à deux noms, est-il au singulier ? — 16° *La nature, l'amitié,* etc. Quelle fonction font ces substantifs ? — 17° *Seul.* Pourquoi cet adjectif se rapporte-t-il au premier des deux noms ? — 18° *Ce qu'il ne peut sauver, il le console.* Avec quel mot le pronom *le* forme-t-il pléonasme ? — Placez ces deux propositions dans l'ordre grammatical. — 19° *Nuls témoins, nuls spectateurs.* A quel nombre s'emploie ordinairement l'adjectif *nul ?* — Quand l'emploie-t-on au pluriel ? — 20° *Soutient.* Pourquoi ce verbe, ayant plusieurs sujets, est-il au singulier ? — 21° *Gloire,... préjugés,... amour.* Quelle est la fonction de ces substantifs ? — 22° *Son âme, ses principes, le ciel... voilà sa force,* etc. Donnez à cette proposition une construction grammaticale. — 23° *Qui n'a d'autre mérite que celui.* Donnez à cette proposition une construction qui montre la fonction de chacun des deux mots *mérite* et *celui.*

RÉPONSES.

1° *Le pasteur,... ce ministre.* Ces deux substantifs, dont le second est synonyme du premier, sont sujets du verbe implicitement énoncé par *voilà.*

2° *Voilà l'homme de Dieu.* La préposition *voilà* tient lieu du verbe *est,* dont les deux noms synonymes, *pasteur* et *ministre,* forment le sujet.

3° *Simple comme eux, pauvre,* etc. Les deux adjectifs *simple* et *pauvre* se rapportent à *il.* — *Comme eux* signifient, *comme ils sont pauvres;* ces deux mots forment donc une proposition.

4° *Ce Dieu, leur éternel héritage.* La répétition de *ce Dieu* forme pléonasme avec le complément du mot *pieds.* Le second nom, *héritage,* se rapporte comme qualificatif à *Dieu,* auquel il est joint par apposition.

5° *A bénir.* Malgré la préposition *à,* cet infinitif est complément direct, parce qu'il répond à la question *quoi?* faite après le verbe *apprendre.*

6° *Dévoués.* Ce participe, joint à *avoir,* s'accorde avec son complément direct *les,* dont il est précédé

7° *Réalise* est au singulier après les deux sujets *pasteur* et *ange,* parce que ces deux sujets sont synonymes, ou au moins sont employés pour désigner une seule et même personne.

8° *N'avez-vous jamais compris.* Le pronom sujet n'est pas placé avant le verbe, parce qu'il y a interrogation. — Le verbe interrogatif étant à un temps composé, le pronom personnel sujet se met entre l'auxiliaire et le participe.

9° *Est le mourant lui-même.* On pourrait dire également *c'est,* parce que le nom *objet,* qui précède, fait fonction d'attribut.

10° *Semble.* Ce verbe est au singulier après plusieurs sujets, parce que les sujets, formant énumération, sont résumés par le sujet *tout ce,* qui seul règle l'accord du verbe.

11° *Pêle-mêle* est une locution adverbiale.

12° *Pénétrante.* Le signe auquel on reconnaît tout de suite que ce mot est adjectif verbal, c'est qu'il est précédé de l'adverbe *si,* qui ne peut se mettre que devant un adjectif.

13° *Dais*, subst. masc., a pour homonymes l'article contracte *des* et la préposition *dès*.

14° *Voilà ce*. Pour faire de ces mots une proposition, il faut tourner par, *telles sont les choses*.

15° *Pastoral*, joint à deux noms, reste au singulier, parce que le second exprime une idée qui comprend et efface celle du premier.

16° *La nature, l'amitié*, etc. Ces noms, formant énumération, sont compléments de *remplace*, après lequel ils sont résumés par le pronom *tout*.

17° *Seul*, signifiant *lui seul*, se rapporte à *ministre* et non à *religion*, parce que le sens est : *le ministre seul de la religion*.

18° *Ce qu'il ne peut sauver, il le console*. Le pronom *le* forme pléonasme avec *ce* complément réel de *console*. — L'ordre direct de ces deux propositions est : *il console ce qu'il ne peut sauver*.

19° *Nuls témoins, nuls spectateurs*. Le mot *nul* ne s'emploie habituellement qu'au singulier; il prend le pluriel seulement devant un nom qui n'a pas de singulier, ou quand, comme dans le cas présent, le sens de la phrase exige un pluriel.

20° *Soutient* est au singulier après plusieurs sujets, parce qu'ils sont résumés par le mot *rien*, qui alors règle seul l'accord.

21° *Gloire, préjugés, amour*, etc. Ces noms sont sujets de *le soutiennent* sous-entendu.

22° *Son âme, ses principes, le ciel... voilà sa force*. Pour donner à cette proposition une construction grammaticale, il faut remplacer *voilà* par le verbe *font* ou par le singulier *fait*, parce que les substantifs sujets sont placés par gradation.

23° *Qui n'a d'autre mérite que celui*. Pour montrer la fonction des deux mots *mérite* et *celui*, il faut tourner *de* par *aucun*, et *autre que* par *excepté* ; ainsi, *qui n'a aucun mérite excepté* (ou *si ce n'est*) *celui*, etc.

43ᵉ Exercice.

LE ROCHER ET LES DEUX VOYAGEURS. (*Lamennais*.)

Un homme voyageait dans la montagne, et il arriva en un lieu où un gros rocher, ayant roulé sur le chemin, le remplissait tout entier; et, hors du chemin, il n'y avait point d'autre issue [1] ni à gauche ni à droite.

Or, cet homme, voyant qu'il ne pouvait continuer son voyage à cause du rocher, essaya de le mouvoir [2] pour se faire un passage, et il se fatigua beaucoup à ce travail, et tous ses efforts furent vains.

Ce que voyant [3], il s'assit plein de tristesse [4] et dit : Que sera-ce de moi [5] lorsque la nuit viendra et me surprendra dans cette solitude, sans nourriture [6], sans abri, sans aucune défense, à l'heure où [7] les bêtes féroces sortent pour aller chercher leur proie ?

Et comme [8] il était absorbé dans cette pensée, un autre voyageur survint, et celui-ci, ayant fait ce qu'avait fait le premier, et s'étant trouvé aussi impuissant à remuer le rocher, s'assit en silence et baissa la tête.

Et, après celui-ci, il en vint plusieurs autres [9], et aucun ne put mouvoir le rocher, et leur crainte à tous [10] était grande.

Enfin, l'un d'eux dit aux autres : « Mes frères, prions [11] notre Père qui est dans les cieux ; peut-être il aura [12] pitié de nous dans cettte détresse. » Et cette parole fut écoutée, et ils prièrent le Père qui est dans les cieux.

Et, quand ils eurent prié, celui qui avait dit : « Prions, » dit encore : « Mes frères, ce qu'aucun de nous n'a pu faire seul, qui sait si nous ne le ferons pas tous [13] ensemble? »

Et ils se levèrent, et tous ensemble ils poussèrent le rocher, et le rocher céda, et ils poursuivirent leur route en paix.

Le voyageur, c'est l'homme [13] ; le voyage, c'est la vie [14] ; le rocher, ce sont les misères [14] qu'il rencontre à chaque pas sur sa route.

Aucun homme ne saurait soulever seul ce rocher ; mais Dieu en a mesuré le poids de manière qu'il n'arrête [15] jamais ceux qui voyagent ensemble.

QUESTIONS D'EXAMEN.

1° *Il n'y avait point d'autre issue.* Tournez cette proposition pour en montrer le sujet et l'attribut. — 2° *De le mouvoir :* Qu'est la préposition *de* devant cet infinitif? — 3° *Ce que voyant.* Les deux mots *ce que* formant gallicisme, remplacez-les par un seul mot d'un sens équivalent. — 4° *Plein de tristesse.* A quoi se rapporte *plein?* Quelle est la cause de la suppression de l'article devant *tristesse?* — 5° *Que sera-ce de moi.* Que signifie ce gallicisme? Donnez à cette proposition une construction grammaticale. — 6° *Sans nourriture.* Expliquez la suppression de l'article. — 7° *A l'heure où.* Le mot *où* ne devrait-il pas être remplacé par *que?* — 8° *Comme.* Cette conjonction est-elle ici comparative? Que signifie-t-elle? — 9° *Il en vint plusieurs autres.* De quel nom *en* rappelle-t-il l'idée? Quel est le sujet de l'unipersonnel? — 10° *Leur crainte à tous.* Le complément *à tous* ne suppose-t-il pas un mot sous-entendu? — 11° *Mes frères, prions.* Comment ce nom employé en apostrophe peut-il se rapporter à *vous* sous-entendu? Quel est avec *vous* le sujet de *prions?* — 12° *Peut-être il aura.* De quelle autre manière aurait-on pu construire le verbe avec le sujet? — 13° *Si nous ne le ferons pas tous.* Pourquoi le pronom *le* est-il ici complément répété par pléonasme? Construisez cette partie de phrase commençant à *ce,* de manière à faire disparaître l'inversion et le pléonasme. A quoi se rapporte *tous?* — 14° *C'est l'homme,... c'est la vie,... ce sont les misères.* Pourquoi *ce* devant le verbe *être?* Quel est dans ces trois cas le sujet du verbe? — 15° *De manière qu'il n'arrête.* Pourquoi le subjonctif après *de manière que?* Pourquoi le présent, quoique le premier verbe soit au passé?

RÉPONSES.

1° *Il n'y avait point d'autre issue,* c'est-à-dire *aucune autre issue n'existait.* La proposition étant tournée ainsi, il est facile d'en reconnaître le sujet et l'attribut.

2° *De le mouvoir.* Cet infinitif, répondant à la question *quoi?* faite après *essaya,* est complément direct. D'où il suit que *de* est mot explétif.

3° *Ce que voyant.* Ce gallicisme doit se tourner par, *voyant cela.*

4° *Plein de tristesse.* L'adjectif *plein* se rapporte à *il.* L'article se supprime devant *tristesse,* parce que ce nom est complément d'un mot marquant l'abondance.

5° *Que sera-ce de moi.* Ce gallicisme doit se tourner par *que deviendrai-je?* Le mot *que,* signifiant *quel,* se rapporte comme adjectif au sujet *je.*

6° *Sans nourriture.* Après la préposition *sans,* l'article se supprime, parce que l'on marque une idée de privation, et que le substantif n'est point accompagné d'un déterminatif.

7° *A l'heure où.* Il n'y a point nécessité de remplacer *où* par *que,* parce que ces deux déterminatifs n'ont pas le même rapport : *a l'heure* a rapport à *surprendre,* et *où* à *sortent.*

8º *Comme* signifie ici, *lorsque*. C'est une conjonction circonstancielle.

9º *Il en vint plusieurs autres*. Le pronom *en* rappelle l'idée de *voyageurs*, sujet réel de l'unipersonnel ; c'est pour, *plusieurs autres voyageurs vinrent*.

10º *Leur crainte à tous*. Le complément *à tous* ne peut appartenir au nom *crainte*, attendu que le complément d'un substantif doit être précédé de la préposition *de* ; c'est comme s'il y avait : *leur crainte commune à tous*.

11º *Mes frères, prions*. Le nom compellatif *mes frères* se rapporte à *vous* sous-entendu et est sujet avec *moi* de *prions* ; le sens est : *vous, mes frères et moi* (nous tous), *prions*.

12º *Peut-être il aura*. Avec *peut-être* précédant le verbe on pourrait rejeter le pronom sujet après et dire : *peut-être aura-t-il*.

13º *Si nous ne le ferons pas tous*. Le pronom *le* est employé par pléonasme, répétant l'idée du pronom *ce* qui précède. Le pléonasme disparaît si l'on rend la construction directe ; ainsi : *qui sait si nous ne ferons pas tous ensemble ce qu'aucun de nous*, etc. Le mot *tous* est adjectif se rapportant à *nous*.

14º *C'est l'homme,... c'est la vie,... ce sont les misères*. Le pronom *ce* doit être employé devant le verbe *être*, parce que le nom qui précède *ce* fait fonction d'attribut, et de plus parce que l'un des sujets qui suivent le verbe *être* est au pluriel.

15º *De manière qu'il n'arrête*. Le verbe est au subjonctif, parce que la locution *de manière que* signifie, *pour que*. On met l'indicatif après *de manière que*, quand cette locution signifie, *ainsi*. Quoique le premier verbe soit au passé, on met le second au présent, parce que devant la conjonction *pour que* le sens amène *c'est* ; ainsi, *Dieu en a mesuré le poids, c'est pour qu'il n'arrête jamais*, etc. — On pourrait également ment tourner *de manière que*, par, *et ainsi* il n'arrête, etc.

44ᶜ Exercice.

LE CURÉ. (*Lamartine.*)

Il est un homme [1] dans chaque paroisse, qui n'a point de famille [2], mais qui est de la famille [3] de tout le monde ; qu'on appelle comme témoin [4], comme conseil, ou comme agent de tous les actes les plus solennels de la vie civile ; sans lequel [5] on ne peut naître ni mourir ; qui prend l'homme au sein de sa mère et ne le laisse qu'à la tombe ; qui bénit ou consacre le berceau, la couche conjugale, le lit de mort et le cercueil ; un homme [6] que les petits enfants s'accoutument à aimer, à vénérer et à craindre ; [7] que les inconnus mêmes [8] appellent mon père ; [9] aux pieds duquel [10] les chrétiens vont répandre leurs aveux les plus intimes, leurs larmes les plus secrètes ; un homme [6] qui est le consolateur par état de toutes les misères de l'âme et du corps, l'intermédiaire obligé de la richesse et de l'indigence ; qui voit le pauvre et le riche frapper [11] tour à tour à sa porte : le riche [12] pour y verser l'aumône secrète, le pauvre [12] pour la recevoir sans rougir ; qui, n'étant d'aucun rang social, tient également à toutes les classes : aux classes inférieures [13], par la vie pauvre, et souvent par l'humilité de la naissance ; aux classes élevées [13], par l'éducation, la science et l'élévation des sentiments qu'une religion philanthropique inspire et commande ; un homme [6], enfin, qui sait tout, qui a le droit de tout dire, et dont la parole tombe de haut sur les intelligences et sur les cœurs avec l'autorité d'une mission divine et l'empire d'une foi toute faite...

Le reste de sa vie doit se passer à l'autel ; au milieu des enfants, auxquels il apprend à balbutier [14] le catéchisme, ce code [15] vulgaire de la plus haute philosophie, cet alphabet [15] d'une sagesse divine ; dans ses études sérieuses parmi les livres, société [15] morte du solitaire. Le soir [16], quand le marguillier a pris les clefs de l'église, quand l'angelus a tinté dans le clocher du hameau, on peut voir quelquefois le curé, son bréviaire à la main [17], soit [18] sous les pommiers de son verger, soit [18] dans les sentiers élevés de la montagne, respirer [19] l'air suave et religieux des champs, tantôt s'arrêter [19] pour lire un verset des poésies sacrées, tantôt regarder [19] le ciel ou l'horizon de la vallée, et redescendre [19] à pas lents dans la sainte et délicieuse contemplation de la nature et de son auteur.

Voilà sa vie et ses plaisirs [20] : ses cheveux blanchissent, ses mains tremblent en élevant le calice, sa voix cassée ne remplit plus le sanctuaire, mais retentit encore dans le cœur de son troupeau; il meurt : une pierre sans nom marque sa place au cimetière près de la porte de son église. Voilà une vie écoulée! Voilà un homme oublié à jamais! Mais cet homme est allé se reposer [21] dans l'éternité, où son âme vivait d'avance, et il a fait ici-bas ce qu'il avait de mieux à faire [22] : il a continué un dogme immortel, il a servi d'anneau à une chaîne immense de foi et de vertu, et laissé aux générations qui vont naître [23] une croyance, une loi, un Dieu.

QUESTIONS D'EXAMEN.

1° *Il est un homme.* Dites le sujet et l'attribut de cette proposition. — 2° *De famille.* Pourquoi l'article est-il supprimé? 3° *Qui est de la famille.* Quel est l'attribut sous-entendu? — 4° *Comme témoin.* Qu'est le mot *comme* et à quoi se rapporte *témoin* ? — 5° *Sans lequel.* Pourquoi doit-on employer *lequel* plutôt que le mot *qui*? — 6° *Un homme.* Complétez cette proposition en répétant la première. Le même cas se représente deux autres fois dans la période; faire de même que pour celui-ci. — 7° *A aimer, à vénérer*, etc. Qu'y a-t-il à remarquer ici sur la préposition *à*? — 8° *Mêmes.* Pourquoi ce mot est-il adjectif? — 9° *Mon père.* A quoi ce nom se rapporte-t-il? — 10° *Aux pieds duquel.* Quand le pronom conjonctif suit-il le mot dont il est complément? Comment l'article se joint-il à *quel* pour former le pronom conjonctif? — 11° *Frapper.* Comment cet infinitif peut-il se tourner et quelle sa fonction? — 12° *Le riche,... le pauvre.* Faites avec chacun de ces mots une proposition. — 13° *Aux classes inférieures,... aux classes élevées.* Faites de même avec chacun de ces compléments. — 14° *A balbutier.* Cet infinitif est-il complément indirect? — 15° *Ce code,.. cet alphabet,.. société.* A quel mot se rapporte chacun de ces trois noms? — 16° *Le soir.* De quel mot est-ce le complément, et au moyen de quelle préposition sous-entendue? — 17° *Son bréviaire à la main.* De quel mot sous-entendu *bréviaire* est-il complément? — 18° *Soit* (répété). Qu'est ce mot ? — 19° *Respirer,... s'arrêter,... regarder,... redescendre.* Que sont ces infinitifs, et comment peuvent-ils se tourner? — 20° *Voilà sa vie et ses plaisirs.* Formez une proposition en remplaçant *voilà* par le verbe et l'attribut. — 21° *Est allé se reposer.* Quelle sorte de complément est cet infinitif après *aller*. — 22° *Ce qu'il avait de mieux à faire.* Quel est le complément de *avait* et quel est celui de *faire*? Qu'est l'expression *de mieux*? — 23° *Vont naître.* Comment ces deux verbes font-ils ensemble l'équivalent d'un futur?

RÉPONSES.

1° *Il est un homme*, c'est-à-dire *un homme existe ;* sujet *un homme*, attribut *existant.*

2° *De famille.* L'article est supprimé après *de*, parce que ce nom est complément direct d'un verbe accompagné d'une négation. Les deux mots réunis *point de* ont le sens de *aucune.* — Le nom *famille* est pris dans un sens partitif.

3° *Qui est de la famille.* L'attribut sous-entendu est, *faisant partie.*

4° *Comme témoin.* Le mot *comme*, signifiant *en qualité de*, est adverbe. *Témoin* est qualificatif, se rapportant au complément *que.*

5° *Sans lequel.* Le pronom *lequel*, ayant pour antécédent *un homme*, doit être employé au lieu de *qui*, pour donner plus de précision au sens, parce que l'antécédent est éloigné du pronom conjonctif.

6° *Un homme*, ainsi répété plusieurs fois dans la période, forme une proposition qui est la même que celle du commencement de la phrase : *il est un homme.*

7° *A aimer, à vénérer et à craindre.* La préposition *à* doit se répéter devant chacun des compléments qui se suivent.

8° *Mêmes* est adjectif, parce qu'il vient après un seul substantif, et qu'on peut le tourner par *eux-mêmes.*

9° *Mon père* se rapporte comme explicatif au complément *que.*

10° *Aux pieds duquel.* Le pronom conjonctif est ordinairement suivi du mot dont il est complément, excepté quand il est complément d'un nom précédé d'une préposition ; alors on remplace toujours *dont* par *duquel, de laquelle, desquels.* L'article, soit simple soit contracte, formant avec *quel* un pronom conjonctif, doit s'y joindre comme si les deux mots n'en faisaient qu'un.

11° *Frapper.* Cet infinitif, pouvant se tourner par le participe présent, se rapporte comme modificatif aux mots *pauvre* et *riche*, employés substantivement.

12° *Le riche,..... le pauvre.* Ces deux noms sont sujets de *frappe* sous-entendu ; c'est pour, *le riche y frappe*, etc.

13° *Aux classes inférieures...... aux classes élevées.* Avec ces deux compléments il faut faire deux propositions, en supposant devant chacun les deux mots *il tient*, sous-entendus.

14° *A balbutier.* répondant à la question *quoi ?* faite après *il apprend*, en est le complément direct.

15° *Ce code,... cet alphabet.... société.* Les noms *code* et *alphabet* se rapportent comme explicatifs à *catéchisme*, auquel ils sont joints par apposition. *Société* se rapporte de la même manière à *livres*.

16° *Le soir*, signifiant, *au soir, vers le soir, sur le soir*, est complément indirect de *voir*.

17° *Son bréviaire à la main*, c'est-à-dire *tenant* ou *ayant son bréviaire à la main*.

18° *Soit* (répété), conjonction alternative, signifiant *ou*.

19° *Respirer,... s'arrêter,... regarder,... redescendre*. Ces quatre infinitifs, pouvant se tourner par le participe présent, se rapportent comme modificatifs au nom *curé*.

20° *Voilà sa vie et ses plaisirs*. Pour faire de ces mots une proposition, il faut tourner par, *tels sont sa vie et ses plaisirs*.

21° *Est allé se reposer*. Devant l'infinitif complément du verbe *aller* est sous-entendue la préposition *pour*.

22° *Ce qu'il avait de mieux à faire*. Le complément de *avait*, c'est l'infinitif *faire*, lequel a pour complément *que*. L'adverbe *mieux* a le sens de l'adjectif *meilleur* et se rapporte à *que*. Le mot *de* est explétif.

23° *Vont naître*. Le verbe *vont* ne sert ici qu'à donner à l'infinitif un sens de futur ; c'est pour, *naîtront*.

———

45ᵉ Exercice.

LES ROGATIONS. (*Chateaubriand.*)

Les cloches du hameau se font entendre [1], les villageois quittent leurs travaux : le vigneron descend de la colline, le laboureur accourt de la plaine, le bûcheron sort de la forêt ; les mères, fermant [2] leurs cabanes, arrivent avec leurs enfants, et les jeunes filles laissent leurs fuseaux, leurs brebis et les fontaines, pour assister à la fête.

On s'assemble dans le cimetière de la paroisse, sur les tombes verdoyantes des aïeux [3]. Bientôt on voit paraître tout le clergé destiné à la cérémonie : c'est un vieux pasteur qui n'est connu que sous le nom de curé [4], et ce nom vénérable, dans lequel est venu se perdre [5] le sien, indique moins le ministre du temple, que le père [6] laborieux du troupeau. Il sort de sa retraite, bâtie auprès de la demeure des morts, dont il surveille la cendre. Il est établi dans son presbytère comme une garde avancée [7] aux frontières de la vie, pour recevoir ceux qui entrent et ceux qui sortent de ce royaume [8] de douleurs. Un puits, des peupliers, une vigne autour de sa fenêtre, quelques colombes, composent l'héritage de ce roi des sacrifices.

Cependant l'apôtre de l'Évangile, revêtu d'un simple surplis, assemble ses ouailles devant la grande porte de l'église ; il leur fait un discours, fort beau sans doute, à en juger par les larmes de l'assistance. On lui entend souvent répéter [9] : mes enfans, mes chers enfants ! et c'est là tout le secret de l'éloquence du Chrysostôme champêtre.

Après l'exhortation, l'assemblée commence à marcher en chantant : « Vous sortirez avec plaisir et vous serez reçus avec joie ; les collines bondiront et vous entendront avec joie. » L'étendard des saints, antique bannière [10] des temps chevaleresques, ouvre la carrière au troupeau, qui suit pêle-mêle avec son pasteur. On entre dans des chemins ombragés et coupés profondément par la roue des chars rustiques ; on franchit de hautes barrières [11] formées d'un tronc de chêne ; on voyage le long d'une haie d'aubépine où bordonne l'abeille, et où sifflent les bouvreuils et les merles. Les arbres sont couverts [12] de leurs fleurs, ou parés [13] d'un naissant feuillage. Les bois, les vallons, les rivières, les rochers entendent tour à tour les hymmes des laboureurs. Étonnés de ces cantiques, les hôtes des champs sortent des blés nouveaux et s'arrêtent à quelque distance, pour voir passer [14] la pompe villageoise.

La procession rentre enfin au hameau. Chacun retourne à son ouvrage : la religion n'a pas voulu que le jour où l'on demande à Dieu les biens de la terre fût [15] un jour d'oisiveté. Avec quelle espérance on enfonce le soc dans le sillon, après avoir imploré Celui qui dirige le soleil, et qui garde dans ses trésors les vents du midi et les tièdes ondées ! Pour bien achever un jour si saintement commencé, les anciens du village viennent, à l'entrée de la nuit, converser [16] avec le curé, qui prend son repas du soir sous les peupliers de sa cour. La lune répand alors les dernières harmonies sur cette fête que ramènent [17] chaque année [18] le mois le plus doux et le cours de l'astre le plus mystérieux. On croit entendre de toutes parts les blés germer dans la terre, et les plantes croître et se développer ; des voix inconnues s'élèvent dans le silence des bois, comme le chœur [19] des anges champêtres dont on a imploré le secours ; et les soupirs du rossignol parviennent à l'oreille des vieillards, assis non loin des [20] tombeaux.

QUESTIONS D'EXAMEN.

1° *Se font entendre.* De quoi *se* est-il complément et quel est le complément de *font ?* Montrez comment cette expression équivaut à un verbe passif. — 2° *Fermant.* Pourquoi ce participe présent est-il invariable? — 3° *Aïeux.* Pourquoi n'a-t-on pas pris le pluriel *aïeuls ?* En quoi diffèrent ces deux mots? — 4° *Le nom de curé.* Pourquoi l'article est-il supprimé après *de ?* — 5° *Dans lequel est venu se perdre.* Pourquoi *dans lequel* et non *dans qui ?* — A quoi sert ici le verbe *venir* devant *se perdre ?* Réduisez cette expression en conservant seulement le second verbe. — 6° *Que le père,* etc. Complétez cette proposition. — 7° *Comme une garde avancée.* Que peut-on faire avec ces mots ? — 8° *De ce royaume.* Ce complément convient-il au premier verbe ? Quelle devrait être la construction pour être conforme à la règle ? — 9° *On lui entend souvent répéter.* Que signifie *lui* et de quoi est-il complément ? — 10° *Antique bannière.* A quoi se rapporte *bannière ?* — 11° *De hautes barrières.* Pourquoi l'article est-il supprimé ? — 12° *Le long de.* Qu'est cette locution ? — 13° *Couverts,... parés.* Expliquez l'accord de ces participes. — 14° *Passer.* Quelle est la fonction de cet infinitif? Quel est le complément de *voir ?* — 15° *Fût.* Pourquoi le subjonctif et pourquoi l'imparfait ? — 16° *Converser.* Quel complément forme cet infinitif? — 17° *Ramènent.* Pourquoi ce verbe est-il au pluriel? Quels en sont les sujets? Prend-il toujours un *è* ouvert ? — 18° *Chaque année.* Quelle fonction fait ce substantif ? —19° *Comme le chœur,* etc. Complétez cette proposition. Pourquoi *chœur* est-il écrit ainsi ? — 20° *Non loin de.* Qu'est cette locution et à quoi équivaut-elle ?

RÉPONSES.

1° *Se font entendre.* Le pronom *se* est complément de l'infinitif, lequel est lui-même complément de *font.* — Il serait préférable de considérer ces trois mots comme formant une seule expression ou un verbe pronominal passif, pouvant se tourner par, *sont entendues.*

2° *Fermant* est participe présent invariable, parce qu'il marque l'action , comme l'indique le complément direct dont il est suivi.

3° *Aïeux*, signifiant *ancêtres*, doit être employé ici, et non *aïeuls*, qui veut dire, grand-père paternel et grand-père maternel, et qui, sous le rapport de la signification, est le seul pluriel de *aïeul*.

4° *Le nom de curé*. L'adjectif est supprimé après *de*, parce que le second substantif n'est que l'explication du premier.

5° *Dans lequel est venu se perdre*. On doit dire *dans lequel*, et non *dans qui*, parce que le pronom conjonctif vient après une préposition et qu'il a pour antécédent un nom de chose — *Est venu se perdre*. Gallicisme, qu'il faut tourner par, *s'est perdu*.

6° *Que le père*, signifie, *qu'il n'indique le père*.

7° *Comme une garde avancée*. On peut faire de ces mots une proposition : *comme est établie une garde avancée*.

8° *De ce royaume*. La non-répétition du complément après les deux verbes *entrent* et *sortent* est une infraction à la grammaire. Pour l'harmonie de la phrase, il est préférable de ne pas faire cette répétition, qui donnerait le pronom *en* pour complément au second verbe ; la phrase se terminant par *ceux qui en sortent* serait moins harmonieuse. En tout cas, cette elli pse du complément du premier verbe n'est point à imiter.

9° *On lui entend souvent répéter*. Le pronom *lui* signifie, *par lui*, et est complément de *répéter*.

10° *Antique bannière*, se rapporte comme explicatif à *étendard*.

11° *De hautes barrières*. L'article est supprimé après *de*, parce que *barrières*, pris dans un sens partitif, est précédé d'un adjectif.

12° *Le long de* est une locution prépositive.

13° *Couverts,... parés*. Ces deux participes de verbes transitifs sont, après le verbe substantif *être*, de véritables adjectifs, servant d'attributs au sujet *arbres*.

14° *Passer*, infinitif ayant le sens du participe présent , se rapporte comme modificatif à *pompe*, complément de *voir*.

15° *Fût* est au subjonctif et à l'imparfait, parce que le verbe précédant *que* est *a voulu*, qui est au passé.

16° *Converser*, signifiant *pour converser*, est complément indirect de *viennent*.

17° *Ramènent* est au pluriel, ayant pour sujets *mois* et *cours*. L'*è*, qui est ouvert dans *ramènent*, est muet dans *ramener*, et toutes les fois que la syllabe qui suit cet *e* n'est pas muette.

18° *Chaque année*, est complément indirect au moyen de la préposition *dans* sous-entendue.

19° *Comme le chœur*, signifie, *comme s'élève le chœur*. — On écrit ainsi *chœur*, désignant une réunion de musiciens ou de personnes qui chantent ensemble.

20° *Non loin de*, est une locution prépositive, signifiant, *près de*.

46° Exercice.

LE PRÊTRE (*Lamennais.*)

Un prêtre est, par devoir, l'ami [1], la providence vivante de tous les malheureux, la consolation des affligés, le défenseur de quiconque est privé de défense, l'appui de la veuve, le père de l'orphelin, le réparateur de tous les désordres et de tous les maux qu'engendrent vos passions et vos funestes doctrines. Sa vie entière n'est qu'un long et héroïque dévouement au bonheur de ses semblables. Qui de vous consentirait à échanger, comme lui [2], les joies domestiques, toutes les jouissances, tous les biens que les hommes recherchent si avidement, contre des travaux obscurs, des devoirs pénibles, des fonctions dont l'exercice brise le cœur et rebute les sens, pour ne recueillir souvent d'autre fruit [3] de tant de sacrifices, que le dédain [3], l'ingratitude et l'insulte ? Vous êtes encore plongés dans un profond sommeil, et déjà l'homme de charité, devançant l'aurore, a recommencé le cours de ses bienfaisantes œuvres. Il a soulagé le pauvre, visité [4] le malade, essuyé [4] les pleurs de l'infortune ou fait [4] couler ceux du repentir, instruit [4] l'ignorant, fortifié [4] le faible, affermi [4] dans la vertu des âmes troublées par les orages des passions.

Après une journée toute remplie [5] de pareils bienfaits, le soir arrive, mais non le repos [6]. À l'heure où le plaisir vous appelle aux spectacles, aux fêtes, on accourt en grande hâte près du ministre sacré : un chrétien touche à ses derniers moments, il va mourir [7] et peut-être d'une maladie contagieuse : n'importe [8], le

9.

bon pasteur ne laissera pas expirer sa brebis sans adoucir ses angoisses, sans l'environner des consolations de l'espérance et de la foi, sans prier à ses côtés le Dieu qui mourut pour elle, et qui lui donne, à cet instant même, dans le sacrement d'amour, un gage certain d'immortalité.

Voilà le prêtre[9]! le voilà, non tel[10] qu'en en jugeant sur quelques exceptions malheureuses, votre aversion se plaît à se le figurer, mais tel que réellement il existe[11] au milieu de nous. Oui, la religion est aujourd'hui ce qu'elle fut[12] à son origine. Il y a moins de chrétiens[13], mais les chrétiens ne sont pas changés. Les plus pures vertus, des vertus[14] dignes des premiers siècles, honorent encore le christianisme. Je n'en voudrais pour preuve que ces pieuses associations, ces utiles établissements qu'un zèle aussi vif qu'éclairé forme tous les jours sous nos yeux. Que d'hommes[15] et de femmes de toutes conditions, que de jeunes gens même, se dérobent à tous les regards pour faire le bien, selon le précepte de l'Évangile ; consacrent, à chercher le malheur et à le soulager, le temps que vous perdez dans de frivoles amusements ou que vous employez peut-être à insulter la religion sainte qui leur inspire ce merveilleux dévoûment. Vous ne les connaissez pas, je le sais[16], mais on les connaît dans les hôpitaux, dans les prisons, dans les réduits obscurs, où l'indigence qu'ils ont secourue[17], les bénit. La dame de charité n'a point oublié[17] le chemin qui conduit à la demeure du pauvre ; et, si vous ne la rencontrez jamais, c'est à vous que nous en demanderons la raison.

QUESTIONS D'EXAMEN.

1° *Un prêtre est l'ami*, etc. De quels mots se compose l'attribut de cette proposition ? Quelles sont les deux subordonnées qui dépendent de l'attribut ? — 2° *Comme lui*. Complétez cette proposition. — 3° *D'autre fruit que le dédain*. Comment doit se tourner *que* après *d'autre ?* Que sont les substantifs qui suivent *que ?* — 4° *Visité,... essuyé,... instruit,... fortifié,... affermi*. Qu'y a-t-il de sousentendu devant chacun de ces participes et que représentent-ils ? —

5° *Toute remplie.* Qu'est ici le mot *toute* et pourquoi s'accorde-t-il ?
— 6° *Mais non le repos.* Que forment ces mots ? — 7° *Il va mourir.*
Expliquez ce gallicisme. — 8° *N'importe.* Tournez cette expression
pour en faire une proposition. — 9° *Voilà le prêtre.* Faites de ces
mots une proposition. — 10° *Le voilà, non tel que.* Qu'est ici le mot
le, et pourquoi cette analogie entre *voilà* et un verbe transitif?
Qu'est le pronom *que* après *tel* ? — 11° *Mais tel que réellement il
existe.* Montrez que le pronom *que* après *tel* se rapporte ici comme
attribut au pronom *il*. A quelle proposition se rapportent *mais tel* ?
— 12° *Ce qu'elle fut.* Dites le sujet et l'attribut de cette proposition.
— 13° *Il y a moins de chrétiens.* Même question. — 14° *Des vertus.* Comment ce nom est-il employé ? — 15° *Que d'hommes et de
femmes.* Qu'est le mot *que*? Pourquoi l'article est-il supprimé après
de? — 16° *Je le sais.* De quoi le pronom *le* tient-il la place?
Quand ce pronom est-il invariable et quand est-il variable ? — 17° *Secourue,... oublié.* Expliquez l'accord du premier participe et l'inva-
riabillité du second.

RÉPONSES.

1° *Un prêtre est l'ami*, etc. L'attribut de cette proposition
se compose des noms *ami, providence, consolation, défenseur, appui, père* et *réparateur.*—Les subordonnées dépendant de l'attribut sont *quiconque est privé de défense* et
qu'engendrent vos passions, etc.

2° *Comme lui,* c'est-à-dire *comme lui y consent.*

3° *D'autre fruit que le dédain.* Le mot *de* devant *autre*
doit se tourner ici par *aucun ;* les deux mots *autre que* signifient *excepté*, préposition ayant pour complément *dédain*, et
les deux autres noms qui suivent. Le sens est : *pour ne recueillir aucun fruit excepté le dédain*, etc.

4° *Visité,... essuyé,... fait,... instruit,... fortifié,...
affermi.* Devant chacun de ces participes sont sous-entendus les mots *il a ;* chacun d'eux représente donc une proposition.

5° *Toute remplie.* Le mot *toute* est adverbe, signifiant
tout à fait ; cependant il s'accorde par euphonie, parce qu'il
précède un adjectif féminin commençant par une consonne.

6° *Mais non le repos,* c'est-à-dire *mais le repos n'arrive
pas.*

7° *Il va mourir.* Cette proposition signifie, *il mourra tout
à l'heure.*

8° *N'importe*, c'est-à-dire *cela n'importe pas.*

9° *Voilà le prêtre*, c'est-à-dire *tel est le prêtre.*

10° *Le voilà, non tel que.* Le pronom *le* est le complément de *voilà*, à cause de l'analogie de cette préposition avec

le verbe *voir*, dont elle est formée. — Pour analyser ces mots, il faut les tourner ainsi : *Vous le voyez*, ou *je vous le montre non tel que*, etc. — Le pronom *que* paraît être le complément de *se le figurer*, mais en tournant *que* par *lequel* ou par *tel*, il est facile de voir qu'il se rapporte comme adjectif au pronom *le*, complément direct de *se figurer* ; ainsi, *votre aversion se plaît à se figurer lui tel*.

11° *Mais tel que réellement il existe*. Le pronom *que* se rapporte ici comme adjectif au sujet *il*, ainsi, *lequel réellement il existe*; ou, en répétant *tel* : *il existe réellement tel*. Il est bon de remarquer que *tel* répété et *tel que* sont deux expressions identiques ; *tel père, tel fils*, c'est la même chose que, *le fils est tel que le père*. D'où il suit que le mot *que* après *tel* peut lui-même se tourner par *tel*, et est adjectif. — Les deux mots *mais tel* appartiennent à la proposition, *je vous le montre non tel* ; la conjonction *mais* joint le second adjectif *tel* au premier *tel*, dont le sens est négatif.

12° *Ce qu'elle fut*. Le sujet de cette proposition est *elle* et l'attribut *que*. Les deux mots *ce que* ont le sens de *telle que* ou *telle quelle*. Le pronom *ce* est attribut de la proposition précédente, et *que* fait dans la seconde proposition la même fonction que son antécédent *ce*.

13° *Il y a moins de chrétiens*, c'est-à-dire *moins de chrétiens existent*.

14° *Des vertus*. Ce nom joint par apposition au nom *vertus*, qui précède, s'y rapporte comme explicatif.

15° *Que d'hommes et de femmes*. Le mot *que* est adverbe, signifiant, *combien*. L'article est supprimé après *de*, parce que ces noms sont compléments d'un adverbe de quantité.

16° *Je le sais*. Le pronom *le*, signifiant *cela*, tient la place d'une proposition ; c'est pour, *je sais que vous ne les connaissez pas*. — Le pronom *le* est invariable, lorsqu'il tient la place d'un adjectif, d'un nom pris adjectivement, d'un infinitif ou d'une proposition ; alors il peut se tourner par *cela*. Ce pronom est variable, lorsqu'il tient la place d'un substantif ; alors on peut le tourner par *cette personne, ces personnes ; cette chose, ces choses*.

17° *Secourue,... oublié*. Le premier participe s'accorde avec son complément direct *que*, mis pour *indigence*, dont il est précédé ; on parle d'*indigence secourue* Le second participe, *oublié*, étant joint à *avoir*, sans être précédé de son complément direct, est invariable ; il exprime seulement l'action du sujet.

47ᵉ Exercice.

LA PRIÈRE DU SOIR A BORD D'UN VAISSEAU. (*Chateaubriand.*)

Le globe du soleil, dont nos yeux pouvaient alors soutenir l'éclat, prêt à se plonger dans les vagues étincelantes, apparaissait entre les cordages du vaisseau et versait encore le jour dans des espaces sans bornes[1]. On eût dit, par le balancement de la poupe, que l'astre radieux changeait à chaque instant[2] d'horizon. Les mâts, les haubans, les vergues du navire étaient couverts d'une teinte de rose. Quelques nuages erraient sans ordre dans l'orient, où la lune montait avec lenteur. Le reste du ciel était pur; à l'horizon du nord, formant un glorieux triangle avec l'astre du jour et celui de la nuit, une trombe chargée des couleurs[3] du prisme, s'élevait de la mer comme une colonne de cristal[4], supportant la voûte du ciel.

Il eût été bien à plaindre celui[5] qui, dans ce beau spectacle, n'eût pas reconnu[6] la beauté de Dieu! Des larmes coulèrent malgré moi de mes paupières, lorsque tous mes compagnons, ôtant leurs chapeaux goudronnés, vinrent à entonner[7] d'une voix rauque leur simple cantique à Notre-Dame-de-Bon-Secours, patronne des mariniers. Qu'elle était touchante la prière[8] de ces hommes, qui, sur une planche fragile, au milieu de l'Océan, contemplaient un soleil couchant sur les flots! Comme elle allait à l'âme cette invocation[9] du pauvre matelot à la Mère[10] de douleur! Cette humiliation[11] devant Celui qui envoie les orages et le calme; cette conscience[11] de notre petitesse à la vue de l'infini; ces chants[11] s'étendant au loin sur les vagues; les monstres marins[11], étonnés de ces accents inconnus, se précipitant au fond de leurs gouffres; la nuit[11] s'approchant avec ses embûches; la merveille[11] de notre vaisseau au milieu de tant de merveilles; un équipage religieux[11], saisi d'admiration et de crainte; un prêtre[11] auguste en prière; Dieu[11], penché sur l'abîme, d'une main retenant le soleil aux portes de l'occident, de l'autre élevant la lune à l'horizon opposé, et prêtant, à travers[12] l'immensité, une oreille attentive à la faible voix de sa créature :

Voilà ce que l'on ne saurait peindre, et ce que tout le cœur de l'homme suffit à peine pour sentir.

QUESTIONS D'EXAMEN.

1° Quelle est, dans la première phrase, la première proposition ? pourquoi est-elle principale, absolue, entière et directe ? Quelle est l'autre proposition, qui est également principale, mais relative et elliptique ? Quelle est la proposition subordonnée et pourquoi est-elle explicative ? Pourquoi aussi est-elle inverse ? — 2° *Changeait à chaque instant.* Pourquoi la terminaison de *changeait* est-elle précédée d'un *e* muet ? A quel nombre emploie-t-on *chaque* ? — 3° *Des couleurs.* Pourquoi l'article n'est-il pas supprimé devant *couleurs* ? — 4° *De cristal.* Pourquoi est-il supprimé devant *cristal* ? — 5° *Il eût été bien à plaindre celui.* Quel est le sujet réel de *eût été* ? Quel est le sujet qui forme pléonasme ? Quel est le sens de l'infinitif *à plaindre* et quelle est sa fonction ? — 6° *N'eût pas reconnu.* Comment reconnaît-on que ce verbe est au mode conditionnel ? — 7° *Vinrent à entonner.* Traduisez ce gallicisme en réduisant à une plus simple expression. — 8° *Qu'elle était touchante la prière.* Qu'est le mot *que* et que signifie-t-il ? Comment *elle* est-il employé et quel est le sujet réel du verbe ? Pourquoi *touchante* s'accorde-t-il ? — 9° *Comme elle allait à l'âme cette invocation.* Faites les mêmes remarques sur les deux mots employés ici comme sujets. Qu'est le mot *comme* et à quoi se rapporte-t-il ? — 11° *A la mère.* De quel mot sous-entendu ce nom est-il complément ? — 11° *Cette humiliation,... cette conscience,... ces chants,... les monstres marins,... la nuit,... la merveille,... un équipage,.. un prêtre,... Dieu.* Quelle est la fonction de tous ces mots et que forment-ils ? — 12° *A travers.* Pourquoi n'aurait-on pu dire ici *au travers* ?

RÉPONSES.

1° Dans la première phrase, la première proposition est : *le globe du soleil, prêt à se plonger dans les vagues étincelantes, apparaissait entre les cordages du vaisseau.* Cette proposition est *principale*, parce qu'elle n'est ajoutée à aucune autre pour la compléter ; *absolue*, parce qu'elle ne renferme aucun terme relatif à une autre proposition ; *entière*, parce que aucun mot n'y est sous-entendu ; *directe*, parce que tous les mots sont placés dans l'ordre grammatical.

L'autre proposition également principale, jointe à la première par *et*, est : *il* (sous-entendu) *versait encore le jour dans des espaces sans bornes.* Elle est *relative*, à cause de son sujet *il,* rappelant une idée de la proposition précédente ; elle est en outre *elliptique,* son sujet *il* étant sous-entendu.

La troisième proposition, subordonnée à la première principale, à laquelle elle est jointe par le conjonctif *dont,* est : *dont nos yeux pouvaient alors soutenir l'éclat.* Cette proposition est *explicative,* parce que le nom *globe,* auquel elle se rapporte, est déterminé par *du soleil ;* elle est de plus *inverse,* parce que le pronom *dont,* qui la commence, a sa place grammaticale après *l'éclat,* dont il est le complément.

2° *Changeait à chaque instant.* Le verbe *changer,* comme tous les verbes en *ger,* prend un *e* muet après le *g,* pour en adoucir la prononciation devant les voyelles *a, o.* — L'adjectif *chaque,* exprimant un sens distributif, ne s'emploie jamais au pluriel.

3° *Des couleurs.* On met devant ce nom *des* et non pas *de,* après l'adjectif *chargé,* parce que le substantif *couleurs* est suivi d'un déterminatif.

4° *De cristal.* L'article est supprimé devant *cristal,* parce que ce complément marque une qualité et n'est pas déterminé.

5° *Il eût été bien à plaindre celui.* Le sujet réel de *eût été* est le mot *celui,* qui a dû être placé ainsi pour être rapproché de la proposition qui lui est indispensable comme déterminatif. — Le pronom *il* n'est sujet que par pléonasme et pourrait être remplacé par *celui-là,* pronom qui n'a pas besoin d'être suivi d'un déterminatif. — *A plaindre* a un sens passif et signifie, *digne d'être plaint ;* c'est l'attribut du sujet de *eût été.*

6° *N'eût pas reconnu.* On voit que ce verbe est au mode conditionnel, parce qu'on peut le tourner par *n'aurait pas reconnu.*

7° *Vinrent à entonner.* Le verbe *venir,* avec son complément, forme ici un gallicisme, qui doit se tourner par *entonnèrent.*

8° *Qu'elle était touchante la prière.* Le mot *que* signifie *combien* et est adverbe, se rapportant à *touchante.* — Le pronom *elle* est sujet par pléonasme, le sujet réel est *la prière.* — On voit que *touchante* est adjectif verbal, parce qu'il est précédé du verbe *être.*

9° *Comme elle allait à l'âme cette invocation.* Il y a ici, comme précédemment, deux mots faisant fonction de sujet ; *elle,* sujet par pléonasme, et *invocation,* sujet réel. — Le mot *comme* est adverbe, signifiant *combien.*

10° *A la mère.* Ce complément appartient au mot *adressée,* sous-entendu.

11° *Cette humiliation,... cette conscience,... ces chant s,... la nuit,... un prêtre,... Dieu*, etc. Tous ces noms forment une énumération et sont sujets d'un verbe sous-entendu; ils peuvent aussi être considérés comme se rattachant, par apposition ou en qualité d'explicatifs, au sujet du verbe de la proposition : *Voilà ce*, signifiant *telles sont les choses*.

12° *A travers*. On ne pourrait mettre ici *au travers de*, parce que le complément ne suppose ni difficultés ni obstacles à surmonter.

48ᵉ Exercice.

LA PERTE D'UN AMI. (*X. de Maistre.*)

J'avais un ami, la mort me l'a ôté : elle l'a saisi au commencement de sa carrière; sa mémoire ne vit plus que dans mon cœur; elle n'existe plus parmi ceux qui l'environnaient et qui l'ont remplacé; cette idée me rend plus pénible le sentiment de sa perte[1]. La nature, indifférente de même au sort des individus, se pare[2] de toute sa beauté autour du[3] cimetière où il repose. Les arbres se couvrent de feuilles[4] et entrelacent leurs branches; les oiseaux chantent sous le feuillage; tout respire la joie et la vie dans le séjour de la mort; et le soir[5], tandis que la lune brille dans le ciel et que je médite près de ce triste lieu, j'entends le grillon poursuivre[6] gaîment son chant infatigable, caché sous l'herbe qui couvre la tombe silencieuse de mon ami. La destruction insensible des êtres et tous les malheurs de l'humanité sont comptés pour rien dans le grand Tout[7]. La mort d'un homme sensible qui expire au milieu de ses amis désolés, et celle d'un papillon que[8] l'air froid du matin fait périr dans le calice d'une fleur, sont des époques semblables dans le cours de la nature : l'homme n'est rien qu'un fantôme[9], une ombre, une vapeur qui se dissipe[10] dans les airs.

Mais[11] l'aube matinale commence à blanchir le ciel; les noires idées qui m'agitaient s'évanouissent avec la nuit, et l'espérance renaît dans mon cœur. Non[12], celui qui inonde ainsi l'orient de lumière ne l'a point fait briller à mes regards pour me plonger bientôt dans la nuit du néant! Celui[13] qui étendit cet horizon incommensurable, celui [13] qui éleva ces masses énormes dont le soleil dore[14] les sommets glacés, est aussi celui qui a ordonné à mon cœur de battre[15] et à mon esprit de penser[15].

Non, mon ami n'est point entré dans le néant. Quelle que soit la barrière[16] qui nous sépare, je le reverrai. Ce n'est point sur un syllogisme que je fonde[17] mon espérance. Le vol d'un insecte qui traverse les airs suffit pour me persuader; et souvent l'aspect de la campagne, le parfum des airs, et je ne sais quel charme[18] répandu autour de moi, élèvent tellement mes pensées, qu'une preuve invincible de l'immortalité entre dans mon âme et l'occupe tout entière.

QUESTIONS D'EXAMEN.

1° Quelles sont, dans la première phrase, les six propositions principales? Pourquoi la première est-elle principale absolue, et les autres principales relatives? Quelles sont les deux subordonnées? Sont-elles déterminatives ou explicatives, et pourquoi? — 2° *Pare*. Quel est l'infinitif de ce verbe? Quels sont les homonymes de ce mot? — 3° *Autour de*. Qu'est cette locution? pourrait-on la remplacer par *à l'entour*? — 4° *De feuilles*. Expliquez la suppression de l'article devant *feuilles*. — 5° *Le soir*. Avec quel verbe ce complément est-il en rapport? — 6° *Poursuivre*. Quel est le rapport de cet infinitif? — 7° *Tout*. Comment ce mot est-il employé? — 8° *Que*. De quoi ce pronom est-il complément? — 9° *N'est rien qu'un fantôme*. Si l'on donne à *ne que* le sens de *seulement*, comment devra-t-on considérer le mot *rien*? Si *ne* est supposé la négative complétée par *rien*, quelle devra être alors la signification de *que*? — 10° *Qui se dissipe*. Pourquoi le singulier après plusieurs substantifs, antécédents de *qui*? — 11° *Mais*. Comment s'explique la présence de cette conjonction au commencement d'une phrase? — 12° *Non*. A quoi se rapporte cette négation? Ne forme-t-elle pas pléonasme? — 13° *Celui* (répété). De quel verbe ce pronom est-il sujet? — 14° *Doré*. Quel est l'infinitif de ce verbe? Ses homonymes *dors* et *dort*, à quel verbe appartiennent-ils? Qu'est l'expression écrite ainsi, *d'or*? — 15° *De battre,... de penser*. Ces infinitifs sont-ils compléments indirects? — 16° *Quelle que soit la barrière*. Pourquoi *quelle que* est-il écrit ainsi? Que signifie le mot *que*? Quelle fonction fait le mot *quelle*? — 17° *Ce n'est pas sur un syllogisme que je fonde*, etc. Supprimez les mots explétifs et donnez au complément indirect sa place grammaticale. Dites l'infinitif de *fonde ?* A quel temps ce même mot se trouve-t-il dans le verbe *fondre ?* — 18° *Je ne sais quel charme.* Comment le mot *quel* forme-t-il seul le complément de *je ne sais*, et qu'est le mot *charme* par rapport au verbe suivant ?

RÉPONSES.

1° La première phrase renferme six propositions principales : *J'avais un ami, — la mort me l'a ôté : — elle l'a saisi au commencement de sa carrière ; — sa mémoire ne vit plus dans mon cœur ; — elle n'existe plus parmi ceux... — cette idée me rend plus pénible le sentiment de sa perte.* La première, ne renfermant aucun mot relatif à une autre proposition, est principale absolue ; les cinq autres sont principales relatives, parce qu'elles rappellent une idée précédemment énoncée.

Les deux propositions subordonnées qui se trouvent dans la même phrase, sont : *qui l'environnaient et qui l'ont remplacé ;* elles sont déterminatives du pronom *ceux*, dont elles complètent et précisent la signification.

2° *Pare* vient du verbe *parer.* Les homonymes de ce mot sont : *pars, part,* du verbe *partir ; part,* subst. fém., portion, partie ; *par,* préposition.

3° *Autour de* est une locution prépositive, que l'on ne doit point remplacer par *à l'entour,* qui est un adverbe et ne saurait être suivi d'un complément.

4° *De feuilles.* L'article est supprimé après *de,* parce que le nom *feuilles,* qui n'a aucun déterminatif, est complément de *courrent,* verbe qui comporte une idée de quantité et après lequel peut se sous-entendre soit un collectif partitif, soit un adverbe de quantité.

5° *Le soir.* Ce mot, devant lequel est sous-entendue la préposition *pendant,* est complément indirect de *j'entends.*

6° *Poursuivre,* signifiant *poursuivant,* se rapporte en qualité de modificatif à *grillon.*

7° *Tout* est employé ici comme substantif ; dans ce cas, il conserve le *t* au pluriel et s'écrit *touts.*

8° *Que* est complément des deux verbes réunis *fait périr.*

9° *N'est rien qu'un fantôme.* En donnant à *ne que* le sens de *seulement,* le mot *rien* devient explétif et peut être supprimé ; si l'on considère *ne* comme une négative complétée par *rien,* le mot *que* devra être tourné par *si ce n'est* ou *excepté.*

10° *Qui se dissipe.* Les substantifs, antécédents de *qui,* étant placés par gradation, l'accord se fait seulement avec le dernier.

11º *Mais.* Cette conjonction, placée au commencement de la phrase, sert à en rattacher le sens à celui de la phrase précédente.

12º *Non.* L'emploi de cet adverbe au commencement de la phrase forme pléonasme avec la négative jointe au verbe suivant, et sert à donner plus de force à la négation.

13º *Celui* (répété)... *est aussi.* Ce pronom, répété devant *qui*, est sujet du verbe *est*, après lequel le mot *celui* est aussi énoncé comme attribut.

14º *Dore* vient du verbe *dorer;* il a pour homonymes : *Dors, dort,* du verbe *dormir;* et *d'or,* composé des deux mots *de* et *or.*

15º *De battre,... de penser.* Ces infinitifs sont compléments directs du verbe *ordonner,* après lequel ils répondent à la question *quoi?*

16º *Quelle que soit la barrière.* On écrit séparément les deux mots *quelle que,* parce qu'ils précèdent le verbe *être.* — Le mot *que* est conjonction, signifiant *quoique.* — Le mot *quelle* est attribut, se rapportant au sujet *barrière.*

17º *Ce n'est point sur un syllogisme que je fonde.* En supprimant les mots explétifs, on dirait : *Je ne fonde point mon espérance sur un syllogisme.* — *Fonde* vient du verbe *fonder;* il a pour homonyme, *fonde,* au présent du subjonctif du verbe *fondre.*

18º *Je ne sais quel charme.* On peut tourner cette expression de deux manières : *un charme, je ne sais lequel;* alors *lequel* est seul complément de *je ne sais,* et le mot *charme* reste, comme il doit l'être réellement, l'un des sujets de *élèvent.* Il serait plus simple, en supposant ici un gallicisme, de tourner le tout par, *un charme quelconque.*

49ᵉ Exercice.

EXORDE DU P. BRIDAINE. (*OEuvres du cardinal Maury.*)

SERMON PRONONCÉ DEVANT LA COUR.

A la vue ¹ d'un auditoire si nouveau pour moi, il semble² que je ne devrais ³ ouvrir la bouche que pour vous demander grâce⁴ en faveur d'un pauvre missionnaire dépourvu de tous les talents⁵ que vous exigez, quand on vient vous parler[6] de votre salut. J'éprouve cependant aujourd'hui un sentiment différent; et si je suis humilié, gardez-vous de croire que je m'abaisse[7] aux méprisables inquiétudes de la vanité. A Dieu ne plaise[8] qu'un ministre du ciel pense jamais avoir besoin d'excuse auprès de vous! car, qui que vous soyez[9], vous n'êtes, comme moi[10], que des pécheurs. C'est devant votre Dieu et le mien que je me sens pressé dans ce moment de frapper ma poitrine.

Jusqu'à présent, j'ai publié les justices du Très-Haut dans des temples couverts de chaume; j'ai prêché les rigueurs de la pénitence à des infortunés qui manquaient de pain[11]; j'ai annoncé aux bons habitants des campagnes les vérités les plus effrayantes[12] de ma religion. Qu'ai-je fait? malheureux[13]! j'ai contristé les pauvres, les meilleurs amis de mon Dieu; j'ai porté l'épouvante et la douleur dans ces âmes simples et fidèles, que j'aurais dû plaindre et consoler.

C'est ici où[14] mes regards ne tombent que sur des grands, sur des riches, sur des oppresseurs de l'humanité souffrante ou des pécheurs endurcis; ah! c'est ici seulement qu'il fallait faire retentir la parole sainte dans toute la force de son tonnerre, et placer avec moi dans cette chaire[15], d'un côté la mort qui vous menace, et de l'autre mon grand Dieu, qui vient vous juger. Je tiens aujourd'hui votre sentence à la main : tremblez donc devant moi, hommes superbes et dédaigneux qui m'écoutez[16]. La nécessité du salut, la certitude de la mort, l'incertitude de cette heure si effroyable pour vous, l'impénitence finale, le jugement dernier, le petit nombre des élus, l'enfer, et, par-dessus tout, l'éternité : l'éternité! voilà les sujets dont je viens vous entretenir, et que j'aurais dû sans doute réserver pour vous seuls.

Et qu'ai-je besoin[17] de vos suffrages, qui me damneraient peut-être sans vous sauver? Dieu va vous émouvoir, tandis que son indigne ministre vous parlera; car j'ai acquis une expérience de ses miséricordes. Alors, pénétrés d'horreur pour vos iniquités passées, vous viendrez vous jeter entre mes bras en versant des larmes

de componction et de repentir, et, à force de [18] remords,
vous me trouverez assez éloquent.

QUESTIONS D'EXAMEN.

1° *A la vue.* De quoi ce mot est-il complément? — 2° *Il semble.*
Quel est le sujet réel de ce verbe? — 3° *Devrais.* Pourquoi après
il semble n'y a-t-il pas le subjonctif? — 4° *Demander grâce.* Que
forment ces deux mots? — 5° *De tous les talents.* Pourquoi l'article
n'est-il pas supprimé devant le complément de *dépourvu*? — 6° *On
vient vous parler.* Quelle préposition est sous-entendue devant l'infinitif *parler*? — 7° *Que je m'abaisse.* Pourquoi ce verbe est-il au
subjonctif? — 8° *A Dieu ne plaise.* Qu'est cette expression et quelle
construction grammaticale peut-on substituer à ce gallicisme? —
9° *Qui que vous soyez.* Quelle différence y a-t-il entre *qui que* et
quel que? — 10° *Comme moi.* Qu'y a-t-il ici de sous-entendu? —
11° *De pain.* Pourquoi l'article est-il supprimé après *de*? — 12° *Les
plus effrayantes.* Pourquoi l'article devant *plus* est-il variable?
Pourquoi *effrayantes* n'est-il pas invariable? — 13° *Qu'ai-je fait?
malheureux!* Qu'est le mot *que* et à quoi se rapporte *malheureux*?
Ce dernier mot ne pourrait-il pas représenter à lui seul une proposition? — 14° *C'est ici, où.* Pourquoi l'emploi de ces adverbes,
qui se suivent, est-il correct? Quel est le rapport de chacun d'eux?
— 15° *Chaire.* Quels sont les homonymes de ce mot? — 16° *Qui
m'écoutez.* Quel est l'antécédent sous-entendu de *qui*? — 17° *Qu'ai-
je besoin.* Montrez comment *que* peut se rapporter comme adjectif
à *besoin*, où former un complément indirect. — 18° *A force de.*
Qu'est cette locution?

RÉPONSES.

1° *A la vue* est complément de *je devrais.*
2° *Il semble.* Ce verbe unipersonnel a pour sujet réel la
proposition suivante.
3° *Devrais.* Après *il semble*, au présent de l'indicatif, on
pourrait mettre ici également l'imparfait du subjonctif ou le
conditionnel, parce que dans l'ensemble de la pensée est sous-
entendue l'idée d'une condition; c'est comme si l'on disait:
*si je me laissais émouvoir par la vue d'un auditoire si
nouveau pour moi.* L'emploi du conditionnel, au lieu de l'imparfait du subjonctif, donne plus de force à l'expression.
4° *Demander grâce.* Ces deux mots forment une seule
expression.
5° *De tous les talents.* L'article n'est pas supprimé devant
talents, complément de *dépourvu*, parce que ce nom est accompagné d'un déterminatif.

6° *On vient vous parler*, signifie, *on vient pour vous parler.*

7° *Que je m'abaisse*, est au subjonctif, parce que le premier verbe est *gardez-vous*. Ce verbe, avec l'infinitif qui suit, forme une expression négative ; *gardez-vous de croire* équivaut à, *ne croyez pas.*

8° *A Dieu ne plaise*, est une expression exclamative, marquant l'éloignement, l'aversion, ou la crainte ; c'est là un gallicisme, que l'on peut tourner par, *il ne faut point.*

9° *Qui que vous soyez.* On emploie *qui que* devant le verbe *être*, lorsque le sujet est un pronom de la première ou de la seconde personne, comme on emploie *quel que* lorsque le sujet est de la troisième personne. Le mot *qui* fait, comme le mot *quel*, fonction d'attribut, et le *que* suivant est conjonction, signifiant *quoique*. — On trouve aussi *quel que* en rapport avec la première ou la seconde personne, pour marquer une qualité indéfinie,

10° *Comme moi*, signifie, *comme j'en suis un, comme je suis moi-même un pécheur.*

11° *De pain.* L'article est supprimé après *de*, parce que le nom *pain* est complément d'un verbe marquant la privation.

12° *Les plus effrayantes.* L'article est variable devant *plus*, parce que l'on peut faire suivre l'adjectif des mots *de toutes*, et qu'ainsi il y a comparaison entre des choses. *Effrayantes* est adjectif verbal ; ce qui le prouve, c'est qu'il est précédé de *plus.*

13° *Qu'ai-je fait ? malheureux !* Le *que* interrogatif est complément direct du verbe *faire*. On peut faire rapporter *malheureux* au pronom *je*, ou supposer qu'il représente une proposition : *Combien je suis malheureux !*

14° *C'est ici où.* L'emploi de ces deux adverbes qui se suivent est correct, parce que *ici* a rapport à *faire retentir*, et *où* est déterminatif de *tombent.*

15° *Chaire*, subst. fém., siége de prédicateur, de professeur, a pour homonymes : *chair*, subst. fém. : la chair des animaux ; *cher*, adject. et adverbe ; et *Cher*, rivière.

16° *Qui m'écoutez.* Le pronom *qui* a pour antécédent *vous* sous-entendu.

17° *Qu'ai-je besoin*, peut se tourner par, *quel besoin ai-je*, ou *en quoi ai-je besoin* ; dans le premier cas, *que* fait fonction d'adjectif, et dans le second, de complément indirect.

18° *A force de*, est une locution prépositive.

50ᵉ Exercice.

LE DÉLUGE. (*Chateaubriand.*)

Soit que Dieu[1], soulevant le bassin des mers, ait versé[2] sur les continents l'Océan troublé, soit que, détournant le soleil de sa route, il lui ait commandé[2] de se lever sur le pôle avec des signes funestes, il est certain[3] qu'un affreux déluge a ravagé[4] la terre.

En ce temps-là[5], la race humaine fut presque anéantie. Toutes les querelles des nations finirent, toutes les révolutions cessèrent. Rois, peuples, armées[6] ennemies, suspendirent leurs haines sanglantes et s'embrassèrent, saisis d'une mortelle frayeur. Les temples se remplirent de suppliants qui avaient peut-être renié la Divinité toute leur vie[7] ; mais la Divinité les renia à son tour, et bientôt on annonça que l'Océan tout entier était aussi à la porte des temples. En vain les mères se sauvèrent avec leurs enfants sur le sommet des montagnes ; en vain les hommes disputèrent aux ours effrayés la cime des chênes ; l'oiseau même, chassé de branche en branche[8] par le flot toujours croissant, fatigua inutilement ses ailes sur des plaines d'eau sans rivages. Le soleil, qui n'éclairait plus que la mort au travers des[9] nues livides, se montrait terne et violet comme un énorme cadavre[10] noyé dans les cieux ; les volcans s'éteignirent en vomissant de tumultueuses fumées[11], et l'un[12] des quatre éléments, le feu, périt avec la lumière.

Ce fut alors que[13] le monde se couvrit d'horribles ombres, d'où sortaient[14] d'effroyables clameurs ; ce fut alors qu'au milieu des humides ténèbres, le reste des êtres vivants, le tigre et l'agneau, l'aigle et la colombe, le reptile et l'insecte, l'homme et la femme, gagnèrent tous ensemble la roche la plus escarpée du globe ; l'Océan les suivit, et, soulevant autour d'eux sa menaçante immensité, fit disparaître sous ses solitudes orageuses le dernier point de la terre.

Dieu, ayant accompli sa vengeance, dit aux mers de

rentrer dans l'abîme; mais il voulut imprimer sur ce globe des traces éternelles de son courroux : les dépouilles de l'éléphant des Indes s'entassèrent dans les régions de la Sibérie; les coquillages magellaniques vinrent s'enfouir dans les carrières de la France; des bancs entiers de corps marins s'arrêtèrent au sommet des Alpes, du Taurus et des Cordilières, et ces montagnes elles-mêmes furent les monuments que Dieu laissa dans les trois mondes pour marquer son triomphe sur les impies, comme un monarque plante un trophée dans le champ où il a défait ses ennemis.

QUESTIONS D'EXAMEN.

1° Pourquoi y a-t-il inversion dans l'ordre des propositions dont se compose la première phrase? — 2° *Ait versé,... ait commandé.* Qu'est-ce qui veut ces deux verbes au subjonctif? — 3° *Il est certain.* Quel est le sujet réel de cette proposition? — 4° *A ravagé.* Pourquoi ce verbe est-il à l'indicatif après un verbe unipersonnel? — 5° *En ce temps-là.* A quoi sert l'adverbe *là*, ainsi placé? — 6° *Rois, peuples, armées.* Pourquoi l'article est-il supprimé devant ces noms? — 7° *Toute leur vie.* Quelle est la proposition sous-entendue devant ce complément? — 8° *De branche en branche.* Pourquoi l'article est-il supprimé? — 9° *Au travers des.* Pourquoi emploie-t-on ici *au travers* et non *à travers?* — 10° *Comme un énorme cadavre.* A quel mot se rapporte cette expression qualificative? — 11° *De tumultueuses fumées.* Pourquoi *de* et non pas *des?* — 12° *L'un.* Pourrait-on employer *un* au lieu de *l'un?* — 13° *Ce fut... que.* Pourquoi ces mots sont-ils explétifs? — 14° *D'où sortaient.* Dans quel sens devrait-on employer *dont*, et non pas *d'où*, avec le verbe *sortir?*

RÉPONSES.

1° Il y a inversion dans l'ordre des propositions dont se compose la première phrase, parce que les deux propositions qui devraient être au commencement et dont les autres dépendent, se trouvent à la fin; ces propositions sont : *il est certain qu'un affreux déluge a ravagé la terre.*

2° *Ait versé,... ait commandé.* Ce qui veut ces deux verbes au subjonctif, c'est la conjonction *soit que*, dont ils sont précédés.

3° *Il est certain.* Cette proposition a pour sujet réel la proposition suivante.

4° *A ravagé*, est à l'indicatif après un verbe unipersonnel, parce que l'on exprime une idée de certitude, et que les verbes unipersonnels ne veulent après eux le subjonctif que quand ils donnent au second verbe un sens de doute.

5° *En ce temps-là.* Les adverbes *ci* et *là*, qui se joignent aux pronoms *celui, celle*, se mettent aussi après des substantifs : l'adverbe *ci*, pour marquer une chose présente ou proche, l'adverbe *là* pour marquer une chose passée ou éloignée.

6° *Rois, peuples, armées.* L'article est supprimé devant ces noms, pour donner plus de rapidité à l'énumération.

7° *Toute leur vie* signifie, *pendant toute leur vie.*

8° *De branche en branche.* On supprime l'article devant un substantif, lorsqu'il y a répétition du même mot après une préposition. Si le premier substantif est précédé aussi d'une préposition, les deux substantifs forment alors deux compléments ; s'il n'y a de préposition que devant le second, ils forment ensemble, le plus souvent, une locution adverbiale, comme *tour à tour, face à face*, etc.

9° *Au travers des.* On doit employer ici *au travers* et non *à travers*, parce que la lumière est supposée ne traverser qu'avec peine les nues qui lui font obstacle.

10° *Comme un énorme cadavre.* Le mot *comme*, signifiant *semblable à*, forme avec le nom qui suit une expression qualificative. Grammaticalement, *comme* est adverbe modifiant *se montrait*, et *un énorme cadavre* est une expression qualificative se rapportant à *se*.

11° *De tumultueuses fumées.* On met *de* et non pas *des*, parce que le nom *fumées*, pris dans un sens partitif, est précédé d'un adjectif.

12° *L'un.* On doit dire *l'un* et non pas *un*, parce que l'on parle de choses dont la quantité est déterminée.

13° *Ce fut... que.* Ces mots sont explétifs, attendu que, si on les retranche, le sens reste le même.

14° *D'où sortaient.* On emploie *dont* et non pas *d'où* avec le verbe *sortir*, seulement quand ce verbe signifie, *tirer son origine, être issu.*

51° Exercice.

DÉSESPOIR DE SATAN. (*Milton, traduit par Chateaubriand.*)

O toi [1], qui, couronné d'une gloire immense, laisses [2] du haut de ta domination solitaire tomber tes regards [2] comme le dieu de ce nouvel univers ; toi, devant qui [3] les étoiles cachent leurs têtes humiliées, j'élève ma voix vers toi [3], mais non pas une voix amie; je ne prononce ton nom, ô soleil, que pour te dire combien je hais tes rayons, qui me rappellent de quelle hauteur je suis tombé, et combien jadis je brillais glorieux au-dessus de ta sphère. L'orgueil et l'ambition m'ont précipité. J'osai, dans le ciel même, déclarer la guerre au roi du ciel. Il ne méritait pas un pareil retour, lui [4] qui m'avait créé ce que j'étais [5], dans un rang éminent..... Élevé si haut, je dédaignai d'obéir [6]; je crus qu'un pas de plus me porterait au rang suprême, et me déchargerait en un moment de la dette immense d'une reconnaissance éternelle..... Oh! pourquoi sa volonté toute-puissante ne me fit-elle pas naître [7] au rang de quelque ange inférieur? je serais encore heureux aujourd'hui; mon ambition n'eût pas été nourrie par une espérance illimitée..... Misérable! où fuir [8] une colère infinie, un désespoir infini? L'enfer est partout où je suis; moi-même, je suis l'enfer..... O Dieu, ralentis tes coups! N'est-il aucune voie laissée [9] au repentir, aucune à la miséricorde [10] : aucune, hors l'obéissance [11]? L'orgueil me le défend [12]: quelle honte pour moi [13] devant les esprits de l'abîme! Ce n'était [14] pas par des promesses de soumission que [14] je les séduisis, lorsque j'osai me vanter de subjuger le Tout-Puissant. Ah! tandis qu'ils m'adorent sur le trône des enfers, qu'ils savent peu combien je paye cher [15] ces paroles superbes, combien je gémis intérieurement sous le fardeau de mes douleurs!... Mais, si je me repentais ; si, par un acte de la grâce divine, je remontais à ma première place! un rang élevé rappellerait bientôt de hautes pensées [16]; les serments d'une feinte soumission seraient bientôt démentis;.... le tyran le sait [17], et il est aussi loin [18] de m'accorder la paix, que je suis loin de la demander. Adieu donc, espérance [19], et avec toi, adieu crainte, adieu remords [19]; tout est perdu pour moi. Mal, sois mon unique bien! par toi, du moins, avec le roi du ciel je partagerai l'empire : peut-être même règnerai-je [20] sur plus d'une moitié, comme l'homme et ce monde nouveau l'apprendront en peu de temps.

QUESTIONS D'EXAMEN.

1° *O toi.* Comment est employé le pronom *toi?* — 2° *Laisses tomber tes regards.* De quoi *regards* est-il complément? — 3° *Toi, devant qui.* Pourquoi peut-on mettre *qui* au lieu de *lequel* après la préposition, quoique l'antécédent soit une chose? Quelle est ici la fonction du pronom *toi?* — 4° *Lui.* Pourquoi ce mot est-il employé par pléonasme? — 5° *Ce que j'étais.* Quelle est la fonction de *ce* et quelle est celle de *que?* — 6° *D'obéir.* Qu'est la préposition *de* devant l'infinitif *obéir?* — 7° *Ne me fit-elle pas naître.* De quoi *me* est-il complément? — 8° *Misérable! où fuir,* etc. A quoi se rapporte *misérable?* De quel verbe sous-entendu *fuir* est-il complément? — 9° *N'est-il aucune voie laissée.* Quel est le sujet? Quel est l'attribut? — 10° *Aucune à la miséricorde, aucune,* etc. Que représente chacun des mots *aucune?* — 11° *Hors l'obéissance.* Que signifie *hors?* — 12° *Me le défend.* Pourquoi *le* est-il invariable? — 13° *Quelle honte pour moi.* Complétez cette proposition. — 14° *Ce,… était,… que.* Supprimez ces mots comme explétifs et donnez à la proposition sa construction grammaticale. — 15° *Qu'ils savent peu combien je paye cher.* A quoi se rapportent les adverbes *que* et *combien?* Qu'est le mot *cher?* — 16° *Rappellerait de hautes pensées.* Pourquoi *rappellerait* avec deux *l?* Pourquoi *de* et non pas *des?* — 17° *Le sait.* De quoi le pronom *le* tient-il la place? — 18° *Aussi loin.* Qu'est-ce que représente ici l'adverbe *loin?* — 19° *Adieu donc, espérance,… adieu crainte,… adieu remords.* Montrez que ce sont là des propositions implicites; formez-en des propositions entières. — 20° *Régnerai-je.* Pourquoi le pronom sujet est-il rejeté après le verbe? Quand ce verbe change-t-il l'*è* ouvert en *é* fermé?

RÉPONSES.

1° *O toi.* Le pronom *toi* est employé en apostrophe. On pourrait en faire une proposition qui serait : *ô toi, écoute-moi;* ou bien on peut supposer qu'il forme répétition, de même que l'autre mot *toi,* placé un peu plus loin, avec le pronom *toi,* complément de la préposition *vers;* ainsi, il y aurait lieu de faire de ces trois pronoms un seul et même complément.

2° *Laisses tomber tes regards.* Le nom *regards* est complément de *laisses* et non pas de *tomber,* qui est verbe intransitif; cet infinitif se rapporte comme modificatif à *regards,* dont il exprime l'action. On pourrait aussi, par analogie avec ce qui a lieu quand le verbe *faire* est suivi d'un infinitif exprimant l'action du complément, admettre que le nom *regards* est complément des deux verbes réunis, *laisses tomber.*

3° *Toi, devant qui.* Après la préposition, on emploie bien ici le pronom *qui*, parce qu'il a rapport à une chose personnifiée. *Toi*, forme pléonasme avec *toi*, dans *vers toi*.

4° *Lui* forme pléonasme avec le pronom *il ;* ce pléonasme est nécessaire pour rapprocher du pronom *qui* son antécédent.

5° *Ce que j'étais,* c'est-à-dire *tel que* ou *tel quel j'étais.* Le pronom *ce*, signifiant *tel*, se rapporte à *me*, complément de *avait créé ;* le mot *que*, tourné par *quel*, ou *lequel*, est attribut, se rapportant à *je*.

6° *D'obéir.* La préposition *de* est mot explétif et l'infinitif *obéir*, répondant à la question *quoi ?* après *dédaignai*, est le complément direct de ce verbe.

7° *Ne me fit-elle pas naître.* Le pronom *me* est complément direct des deux verbes réunis ; il ne peut être complément de l'infinitif seul, attendu que *naître* est verbe intransitif, et que *me* représente la personne faisant l'action exprimée par cet infinitif.

8° *Misérable ! où fuir.* Il faut tourner ainsi cette proposition : *où moi, misérable, puis-je fuir*, etc. L'adjectif *misérable* se rapporte à *moi*, sujet par pléonasme du verbe *pouvoir ;* l'infinitif *fuir* est complément de *puis-je.*

9° *N'est-il aucune voie laissée,* c'est-à-dire *aucune voie n'est-elle laissée.* Le sujet réel *aucune voie* est répété par le pronom *elle* formant pléonasme, et servant à donner au verbe après lequel il est rejeté une forme interrogative. L'attribut est le participe *laissée.*

10° *Aucune à la miséricorde, aucune,* etc. Chacun de ces mots *aucune* se rapporte à *voie* sous-entendu, et représente le sujet d'une proposition elliptique ; c'est pour *aucune voie n'est laissée à la miséricorde, aucune absolument n'est laissée,* etc.

11° *Hors l'obéissance.* La préposition *hors* signifie *hormis, excepté.* Elle n'admet alors après elle la préposition *de* que devant un infinitif.

12° *Me le défend.* Le pronom *le* ne se rapporte point ici à *obéissance ;* le sens est : *l'orgueil me défend d'employer, de prendre cette voie ;* le pronom *le*, tenant ainsi la place d'un infinitif, doit être invariable.

13° *Quelle honte pour moi,* c'est-à-dire *quelle honte en résulterait pour moi*, ou *quelle serait ma honte.*

14° *Ce... était... que.* En supprimant ces mots explétifs, la construction de la phrase sera : *je les séduisis non pas par des promesses,* etc.

15° *Qu'ils savent peu combien je paye cher.* L'adverbe *que* modifie *peu*, et *combien* modifie *cher ;* ainsi le sens est :

combien peu il savent combien cher je paye. Le mot *cher*,
signifiant *chèrement* et se rapportant à *payé*, est adverbe.

16° *Rappellerait de hautes pensées.* On double la lettre
l dans le verbe *rappeler*, quand elle est suivie d'un *e* muet.
— On met *de* et non pas *des* devant *pensées*, parce que ce
nom est pris dans un sens partitif et précédé d'un adjectif.

17° *Le sait.* Le pronom *le* tient la place d'une proposition
et peut se tourner par *cela*; c'est pour, *le tyran sait cela
(que les serments seraient démentis).*

18° *Aussi loin.* Placé après le verbe *être*, l'adverbe *loin*
tient lieu de l'attribut *éloigné.*

19° *Adieu donc, espérance..., adieu crainte, adieu remords.* Ce sont là des propositions implicites, qui peuvent se
compléter ainsi : *je te dis donc adieu, espérance, et avec
toi je dis adieu à la crainte et au remords.*

20° *Régnerai-je.* Le pronom sujet est ainsi placé, parce
que le verbe est précédé de l'adverbe *peut-être.* — Le verbe
régner prend un accent aigu quand la lettre *e* n'est pas suivie
d'une syllabe muette.

52ᵉ Exercice.

APOSTROPHE A SATAN ET AUX ANGES REBELLES. (*Bossuet.*)

Esprit superbe et malheureux, vous vous êtes arrêté
en vous-même; admirateur de votre beauté[1], elle vous
a été un piége. Vous avez dit : Je suis beau, je suis parfait et tout éclatant de lumière; et au lieu de remonter[2]
à la source d'où vous venait cet éclat, vous avez voulu
comme vous mirer en vous-même. Et c'est ainsi que
vous avez dit : Je monterai jusqu'aux cieux, et je serai
semblable au Très-Haut; comme un nouveau Dieu[3],
vous avez voulu jouir de vous-même. Créature si élevée
par la grâce de votre Créateur, vous avez affecté une
autre élévation qui vous fût[4] propre, et vous avez voulu
vous élever un trône au-dessus des astres, pour être
comme le Dieu et de vous-même et des autres[5] esprits
lumineux que vous avez attirés à l'imitation de votre
orgueil. Et voilà que[6] tout à coup[7] vous êtes tombé;
et nous[8], qui sommes en terre, nous[8] vous voyons dans
l'abîme au-dessous de nous. C'est vous qui l'avez voulu,

10.

ange superbe; il ne faut point chercher d'autre cause que[9] votre volonté propre.

Dieu n'a besoin ni de la foudre[10], ni de la force[10] d'un bras indomptable pour atterrer ces rebelles[11]; il n'a qu'à se retirer[12] de ceux qui se retirent de lui et qu'à livrer à eux-mêmes ceux qui se cherchent eux-mêmes. Maudit esprit, laissé à toi-même, il n'en a pas fallu davantage[13] pour te perdre. Esprits rebelles qui l'avez suivi, Dieu, sans vous ôter votre intelligence sublime, vous l'a tournée en supplice. Vous avez été les ouvriers de votre malheur, et dès que vous vous êtes aimés vous-mêmes plus que Dieu[14], tout en vous s'est changé en mal. Au lieu de votre sublimité naturelle, vous n'avez plus eu qu'orgueil, ostentation; les lumières de votre intelligence se sont tournées en finesses et artifices malins; l'homme, que Dieu avait mis au-dessous de vous, est devenu l'objet de votre envie, et dénués de la charité qui devait faire votre perfection, vous vous êtes réduits[15] à la basse et malicieuse occupation d'être premièrement nos séducteurs, ensuite les bourreaux de ceux que vous avez séduits[15]. Ministres injustes de la justice de Dieu, vous l'éprouvez les premiers; vous augmentez vos tourments en leur faisant éprouver vos rigueurs jalouses; votre tyrannie fait votre gloire, et vous n'êtes capables que de ce plaisir noir et malin, si on le peut appeler ainsi, que donnent un orgueil aveugle et une basse envie. Vous êtes ces esprits privés d'amour, qui ne vous nourrissez[16] plus que du venin[17] de la jalousie et de la haine. Et comment s'est fait[18] en vous ce grand changement? Vous vous êtes retirés de Dieu, et il s'est retiré; c'est là[19] votre plus grand supplice et sa grande et admirable justice. Mais il a pourtant fait plus encore : il a tonné, il a frappé; vous gémissez sous les coups incessamment redoublés de sa main invincible et infatigable; par ses ordres souverains, la créature corporelle qui vous était soumise naturellement vous domine et vous punit; le feu vous tourmente; sa fumée, pour ainsi parler, vous étouffe; d'épaisses ténèbres vous tiennent captifs dans des prisons éternelles. Maudits esprits, haïs de Dieu et le haïssant[20], comment êtes-vous tombés si bas ? Vous l'avez voulu, vous le voulez en- core, puisque vous voulez toujours être superbes, et que, par votre orgueil indompté, vous demeurez obs- tinés à votre malheur.

Créature, quelle que tu sois, et si parfaite que tu te crois?[1], songe que tu as été tirée du néant ; que de toi-même tu n'es rien ; c'est du côté de cette basse ori- gine que tu peux toujours devenir pécheresse, et dès là éternellement et infiniment malheureuse.

Superbes et rebelles, prenez exemple sur le prince de la rébellion et de l'orgueil ; et voyez et considérez, et entendez ce qu'un seul sentiment d'orgueil a fait en lui et dans ses sectateurs !

QUESTIONS D'EXAMEN.

1° *Admirateur de votre beauté.* A quoi ces mots se rapportent-ils ? — 2° *Au lieu de remonter.* Qu'est là locution *au lieu de ?* De quoi *remonter,* est-il complément indirect ? — 3° *Comme un nouveau Dieu.* Expliquez ce qu'est le mot *comme* et à quoi se rapporte l'expression qualificative dont il est suivi. — 4° *Fait.* Pourquoi ce verbe est-il au subjonctif ? — 5° *Et de vous-même, et des autres.* A quoi sert ici la première conjonction *et ?* — 6° *Voilà que.* A quoi servent ces mots et comment doivent-ils être considérés ? — 7° *Tout à coup.* Quelle différence y a-t-il entre *tout à coup* et *tout d'un coup ?* — 8° *Nous.* A quoi donne lieu l'un des deux *nous ?* — 9° *D'autres causes, que votre volonté.* Comment ces mots doivent-ils se tourner ? — 10° *De la foudre, de la force.* Pourquoi l'article n'est-il pas supprimé devant ces compléments de *a besoin ?* — 11° *Rebelles.* Par quel moyen connaît-on que *rebelle,* au masculin, prend deux *ll,* tandis qu'on n'en met qu'une dans *fidèle ?* — 12° *Il n'a qu'à se retirer.* Que signifie cette façon de parler? — 13° *Il n'en a pas fallu davantage.* Qu'est le mot *en,* et quel est le sujet réel de l'unipersonnel ? — 14° *Plus que Dieu.* Complétez cette proposition. — 15° *Réduits,... séduits.* Pourquoi ces participes s'accordent-ils ? — 16° *Qui ne vous nourrissez.* L'accord de *qui* est-il ici conforme à la règle ? — 17° *Du venin.* Pourquoi, après *se nourrir,* n'y a-t-il pas *de* avec suppression de l'article ? — 18° *S'est fait.* Quel est le sens de ce verbe pro- nominal ? — 19° *C'est là.* Pourquoi le verbe *être,* précédé de *ce,* n'est-il pas ici au pluriel ? Quel est le sujet ? — 20° *Haïs de Dieu et le haïssant.* Expliquez l'accord du participe *haïs* et l'invariabilité de *haïssant.* — 21° *Quelle que tu sois et si parfaite que tu te croies.* Pourquoi les deux verbes sont-ils au subjonctif ? — Que signifient les deux *que ?* Pourquoi *quelle que* est-il écrit en deux mots, et que si- gnifie *quelle ?* Qu'est le mot *si,* et que signifie-t-il ?

RÉPONSES.

1° *Admirateur de votre beauté.* Le mot *admirateur* se rapporte comme qualificatif au pronom *vous* placé après.

2° *Au lieu de remonter.* La locution *au lieu de* est une préposition composée. — L'infinitif *remonter* est par le moyen de cette préposition complément indirect de *vous avez voulu.*

3° *Comme un nouveau Dieu.* On pourrait tourner par *comme l'eût fait un nouveau Dieu,* mais il vaut mieux faire de *comme* un adverbe équivalant à *presque, en quelque sorte,* et considérer toute cette expression comme qualificative, se rapportant à *vous.*

4° *Fût* est au subjonctif après *qui,* parce que ce pronom est précédé d'un adjectif indéfini et en même temps du verbe *affecter,* ayant ici un sens analogue à *prétendre* ou à *vouloir.*

5° *Et de vous-même et des autres.* La première conjonction *et* ne sert point, comme la seconde, à joindre deux mots de même fonction. Placé devant le premier complément, elle donne lieu à une répétition qui ajoute de la force à l'expression.

6° *Voilà que.* Ces mots, qui servent seulement à donner une tournure particulière à la phrase, sont inutiles au sens et doivent être considérés comme explétifs.

7° *Tout à coup* veut dire *subitement,* et *tout d'un coup* signifie *en une seule fois.*

8° *Nous.* La répétition de ce pronom donne lieu à un pléonasme; *nous,* devant être placé devant le pronom *qui,* dont il est l'antécédent, doit être répété, pour la clarté du sens, devant le verbe auquel il sert de sujet.

9° *D'autre cause que votre volonté.* Ces mots doivent se tourner ainsi : *une cause quelconque si ce n'est* ou *excepté votre volonté.*

10° *De la foudre, de la force.* Devant ces compléments de *a besoin* on exprime l'article, parce que *la foudre* est pris dans toute son acception, et que *force* est déterminé par le complément qui suit.

11° *Rebelle.* On voit que *rebelle,* au masculin, prend deux *ll* par le dérivé *rébellion,* que l'on prononce en faisant sentir la double consonne, tandis que *fidèle,* ne prend qu'une *l,* comme on le voit par son dérivé *fidélité.*

12° *Il n'a qu'à se retirer,* c'est-à-dire *il se retire seulement,* ou *il lui suffit de se retirer.*

13° *Il n'en a pas fallu davantage.* Le pronom *en* est complément de l'adverbe *davantage,* et ces deux mots réunis forment le sujet réel de *n'a pas fallu;* ainsi : *plus que cela* (d'être laissé à toi-même) *n'a pas été nécessaire pour te perdre.*

14° *Plus que Dieu.* Ces mots forment une proposition ; c'est pour, *plus que vous n'aimiez Dieu.*

15° *Réduits..., séduits.* On parle de *vous réduits,* de *ceux-là séduits,* donc ces participes s'accordent. Le premier, qui est participe de verbe pronominal s'accorde avec le second pronom *vous,* complément direct ; le second, *séduits,* s'accorde avec son complément direct *que,* mis pour *ceux,* dont il est précédé.

16° *Qui ne vous nourrissez.* L'accord de *qui* paraîtrait devoir se faire avec l'attribut *ces esprits,* dont le sens, au premier abord, demanderait à être complété par la proposition suivante ; il semblerait donc que l'on devrait dire : *qui ne se nourrissent.* Mais il convient plutôt de supposer que l'adjectif *ces* détermine le nom *esprits* en rappelant ce qui a été dit précédemment ; dans ce cas, l'accord de *qui* avec le sujet *vous* est parfaitement correct, et la proposition commençant par ce conjonctif est seulement explicative.

17° *Du venin.* Après *se nourrir,* on emploie en effet *de* en supprimant l'article, mais quand le complément n'est pas accompagné d'un déterminatif. Or, ici *venin* est suivi des déterminatifs *de la jalousie et de la haine.*

18° *S'est fait,* est un verbe pronominal passif, et signifie *a été fait.*

19° *C'est là.* Le verbe *être,* précédé de *ce,* n'est pas au pluriel, parce qu'il n'est pas suivi d'un substantif pluriel. Le sujet du verbe est *cela,* rappelant ce qui a été dit précédemment.

20° *Haïs de Dieu et le haïssant.* Le participe *haïs* s'accorde, parce qu'il est employé comme adjectif. *Haïssant* est participe présent invariable, parce qu'il a un complément direct.

21° *Quelle que tu sois et si parfaite que tu te croies.* Les deux verbes sont au subjonctif après *quelle que* et après *si que,* parce que ces locutions marquent une idée d'opposition ou de supposition. — Les deux *que,* après *quelle* et après *si,* sont conjonctions signifiant, *quoique* ou *supposé que.* On écrit en deux mots *quelle que,* parce qu'il est suivi du verbe *être ;* le mot *quelle* est adjectif, faisant fonction d'attribut. — *Si,* modifiant l'adjectif *parfaite,* est adverbe et, à cause du *que* et du subjonctif dont il est suivi, il a le sens de *quelque.*

OBSERVATION PÉDAGOGIQUE

RELATIVE AUX EXERCICES DE LA DEUXIÈME PARTIE
DU MANUEL D'EXAMEN GRAMMATICAL.

On s'est borné, pour la seconde partie du MANUEL, à indiquer, en les mettant en italique, les mots ou expressions qui doivent faire l'objet des études grammaticales. Ce nouveau procédé peut donner lieu à un travail intéressant de la part des élèves, auxquels sont laissés l'initiative et le choix des explications. Ainsi, son attention étant appelée sur les mots en italique, l'élève devra trouver les remarques auxquelles ces mots peuvent donner lieu sous le rapport de l'orthographe, de l'analyse, de la syntaxe ou du sens. Les questions sur lesquelles il a été exercé dans la première partie lui ont donné l'habitude de reconnaître les difficultés et d'y répondre. Or, il arrivera que le même mot sera envisagé par plusieurs à des points de vue différents; mais, bien loin que ce soit un inconvénient, il en résultera une variété d'explications formant une étude d'un intérêt et d'une utilité multiples, éminemment instructive et propre à exciter l'émulation.

Cet avantage, dont on reconnaîtra aisément le prix, ne saurait être obtenu avec des questions formulées d'avance soit par le livre, soit par le maître. Aussi, engageons-nous les professeurs à ne les formuler eux-mêmes que s'ils ne peuvent faire autrement. L'esprit des élèves se montrera peut-être, au premier abord, un peu paresseux pour se livrer à ce travail, qui demande de la réflexion et des recherches. Cependant préparé, comme il aura dû l'être, par cette multitude de questions et de réponses contenues dans les cinquante-deux premiers exercices, un élève, pour peu qu'il soit intelligent, et que, en même temps, il soit doué d'une volonté persévérante, ne rencontrera aucune difficulté sérieuse dans l'emploi du procédé que nous recommandons pour les exercices de la 2ᵉ partie. Ce procédé, judicieusement employé, aura pour résultat certain de développer chez les élèves l'aptitude de l'observation, de la réflexion, du raisonnement, en un mot de les habituer à voler de leurs propres ailes, à étudier et à s'instruire eux-mêmes, sans avoir besoin qu'un maître les conduise par la main. N'est-ce pas là le couronnement nécessaire de l'éducation intellectuelle?   ADR. G. DE H.

DEUXIÈME PARTIE

MORALE ET ÉDUCATION

53ᵉ Exercice.

DE L'ÉDUCATION MORALE.

L'éducation morale est complétement négligée, *même* par les hommes les plus aimés, les plus estimés *du* public. Cette partie de l'éducation est cependant la plus importante, car si l'on envisage séparément, pour un moment, l'éducation qui règle les rapports sociaux et celle qui préside à la répartition du travail, c'est-à-dire au développement des capacités individuelles, en d'autres termes, l'éducation générale ou commune à tous, et l'éducation spéciale ou professionnelle, on se convaincra bientôt qu'une lacune dans la première entraîne *de* bien plus graves conséquences que celles qui peuvent se rencontrer dans la seconde; et, en effet, le *fond* des connaissances spéciales peut encore se conserver et même se perfectionner en l'absence de tout enseignement direct et régulier; il se transmet alors d'individu à individu, sans ordre, sans prévoyance, il est vrai; mais enfin, dans cet état, il se conserve et s'étend même. Ainsi, de nos jours, des progrès sont *obtenus* dans ce genre de connaissances, bien que l'institution chargée de la répandre *soit* défectueuse, ou *que* même toute prévision sociale manque à cet égard. Il n'*en* est pas de même des sentiments généraux ou généreux, car ces deux mots, dans ce cas, sont *synonymes*. Dès que l'éducation morale *vient à manquer*, les liens sociaux se relâchent, et bientôt ils se rompent; il n'y a pas seulement alors pour l'humanité ralentissement, temps d'arrêt dans sa marche, mais, sous un certain point de vue, *tendance rétrograde*, c'est-à-dire retour de la vie sociale vers la vie de famille seulement, et de celle-ci vers la vie sauvage, vers l'égoïsme le plus abrutissant. C'est dans ces moments critiques que l'homme, ne comprenant plus le dévoûment, l'appelle *folie, mysticisme, faiblesse, ridicule*; tout sentiment généreux est éteint dans son âme. Et cependant, alors encore, on travaille avec ardeur, avec passion; mais le but de ce travail, *quel* est-il? Est-ce pour que l'humanité ne souffre plus de la misère et de l'ignorance, que l'industriel et le savant s'épuisent de sueurs et de veilles? Non, c'est pour enrichir le *moi*, pour éclairer le *moi*; c'est pour satisfaire des appétits physiques et intellectuels purement égoïstes.

La seule considération de rappeler l'homme à la plénitude de son existence, à toute la dignité de son être, suffirait donc pour que l'on *dût* s'occuper d'abord de réorganiser l'éducation morale. Mais il y a d'ailleurs, à un autre point de vue, à celui des travaux spéciaux eux-mêmes, nécessité de le faire...

Les lois ne *règlent* jamais que ce qui n'a pas été *réglé* par l'éducation; et comment, en effet, concevoir la nécessité d'une *action coercitive*, si ce n'est pour triompher de la résistance des volontés? Or, l'objet de l'éducation est précisément de mettre les sentiments, les calculs, les actes de chacun en harmonie avec les exigences sociales; l'intervention de la loi ne devient donc nécessaire que lorsqu'il y a lacune ou défaut d'intensité dans l'enseignement moral.

SAINT-SIMON.

NOTE COMMUNE A TOUS LES EXERCICES
DE LA DEUXIÈME PARTIE.

Examiner à quelles remarques grammaticales ou analytiques peuvent donner lieu les mots en italique. Expliquer ce que ces mots offrent de particulier sous le rapport de l'orthographe, de l'analyse, de la syntaxe, ou du sens. (Voir l'OBSERVATION placée à la fin de la première partie du livre, p. 178.)

54ᵉ Exercice.

MÊME SUJET.

L'éducation morale doit s'appliquer à désarmer les méchants, qui sont plus rares qu'on *ne* pense, et à élever jusqu'au bien les natures médiocres, qui sont innombrables. Elle doit *user*, pour les ennoblir, des plus ingénieuses et des plus constantes leçons, des plus salutaires exemples et surtout de la toute-puissante influence de l'habitude. Elle doit enfin être ambitieuse dans ses enseignements et demander beaucoup pour obtenir *quelque chose*. *Qu'elle* ne *croie* nulle exhortation trop vive, *nul* exemple trop sublime; qu'elle prépare ces jeunes âmes aux assauts de la vie, qui leur *enlèveront* toujours assez de leur vertu. En attendant cette épreuve, qu'elles vivent *entourées* de ce que notre espèce a fait *de* plus grand, de ce qu'elle a pensé *de* plus généreux et *de* plus noble ; qu'elles s'habituent à respirer dans ces régions pures et lumineuses ; élevez-les au plus haut, si vous ne voulez les voir trop descendre. Aspirez à faire des héros, si vous voulez faire des honnêtes gens ; c'est sur les débris de ce jeune héroïsme que reposera l'honnêteté de l'âge *mûr*.

Il ne suffit pas d'être éclairé et bon ; un homme intelligent, qui est en même temps un honnête homme, n'est pas encore un modèle achevé de la nature humaine *cultivée* par la civilisation. Il lui manque quelque chose s'il n'est point touché du mystère qui, nous dérobant l'entrée et la sortie de ce monde, nous y *assiège* de toutes parts, et que notre entendement rencontre partout où il se porte, comme pour le surprendre et le borner. L'homme s'élève, à nos yeux, s'il s'est souvent incliné devant ces questions redoutables, où son esprit s'arrête, où son âme s'émeut, par cela même qu'elle ne les peut dépasser, et qu'elle soupçonne un vaste horizon derrière l'obscurité de cette infranchissable frontière. Il est enfin plus heureux sans rien sacrifier *de sa raison*, plus doux sans rien perdre de sa force, s'il a entrevu Dieu dans ce mystère, s'il se *croit* soutenu dans le bien par une main secourable et toute-puissante. Il marche alors dans ce monde d'un pas plus ferme et plus hardi, il dépasse avec plus d'ardeur les tristes limites du devoir, il ne croit jamais faire assez pour ses semblables ni pour la satisfaction de sa conscience, et mesure toutes ses actions à cette perfection infinie qui domine et qui échauffe sa pensée.

Il a de plus ce *privilége* précieux, dans le tumulte des affaires humaines, de ne pouvoir jamais s'estimer vaincu, désespérer du bien qu'il a voulu faire. Comme jadis le citoyen d'une grande nation s'écriait sur la croix : « Je suis citoyen romain ! » il a la consolation de dire dans la défaite et dans la mort : « Je suis ouvrier de Dieu ! » *Non pas* dans un vain désir de vengeance, ni dans l'égoïste espoir d'une récompense, mais avec une pleine et douce certitude dans l'accomplissement de *son œuvre* et dans la fécondité de *son sang*.

Prévost-Paradol.

53ᵉ Exercice.

LA FAMILLE.

L'intention de Dieu a été que les animaux *n'eussent* besoin de leurs semblables que *quelques mois*, quelques jours, quelques heures, quelques moments, selon les espèces. Il a mesuré, juste à la durée de ce besoin, l'instinct de l'amour, d'un côté, et, de l'autre, l'instinct de la reconnaissance ; et, *le besoin cessant*, ils se sont *méconnus, quittés*, réciproquement *oubliés*.

Pour ceux des animaux dont l'union est la plus longue, la nourriture et la défense sont tous les besoins des petits. Les pères et *les* mères ne leur enseignent rien. L'instinct leur tient lieu d'instruction, d'expérience et d'habitude. Nos petits chats n'ont jamais vu leur mère *guetter* et *prendre* les souris. Les canetons que la poule a *couvés*, en apercevant l'eau, s'y jettent et nagent sans crainte, tandis que, sur le bord, leur mère adoptive s'agite et s'épouvante du danger qu'ils semblent *courir*. L'aiglon, en s'élançant de son nid, a naturellement l'ardeur et le courage de son père, mais n'a point reçu son exemple ; ce *sont* les vents qui lui enseignent à se balancer dans les airs.

Enfin l'intention de Dieu à l'égard de l'homme a été que sa longue enfance et sa longue imbécillité le *rendît* longtemps dépendant du père et de la mère qui lui ont donné le jour ; et pourquoi ? parce qu'il était perfectible et qu'en lui l'industrie, l'intelligence, le sentiment, l'instinct moral, étaient susceptibles de développement, d'instruction ; parce qu'il était destiné à être libre, juste et bon ; parce que la raison et la vertu étaient son privilége et que ces avantages devaient être le fruit d'une longue éducation. Ce ne *sont* point ici de vaines conjectures, ce sont des faits incontestables. L'ordre de la nature y est si marqué, qu'il est impossible d'y méconnaître le dessein de Dieu.

Ce qui, dans cet ordre admirable, devait le plus contribuer à donner à l'espèce humaine la supériorité qui lui est assurée sur tous les animaux, et à l'élever au degré de dignité et de prédominance convenables à sa destinée, le soin des pères et des mères pour leurs enfants, le retour de tendresse et de reconnaissance des enfants pour *leur père* et *leur mère* ont donc été, dans la loi naturelle, les plus saints, *comme* les premiers devoirs de l'humanité.

Ce fut sans doute pour exprimer combien, du côté des enfants, ce sentiment d'amour et de reconnaissance devait être religieux, que les anciens y attachèrent le nom de piété filiale. En effet, *quoi de* plus approchant du culte que l'on doit à Dieu que les sentiments que l'on doit à ceux dont il a fait lui-même, envers nous, les ministres de sa bonté, les dispensateurs de ses grâces ? Et sans compter la vie que mon père et ma mère m'ont *donnée*; sans compter, après ma naissance, le soin dont il les a *chargés* de me nourrir, de me défendre, ne leur a-t-il pas confié le soin d'observer, de conduire, d'éclairer les progrès de mon entendement? Ne les a-t-il pas donnés pour guides et conseils de ma raison naissante? N'est-ce pas à leur vigilance qu'il a recommandé la direction de mes premiers penchants? Préposés pour régir mes sentiments, mes pensées, ne les a-t-il pas *institués* gardiens de mon innocence? N'a-t-il pas remis dans leurs mains les *rênes* de ma volonté? Chargés de ces fonctions divines, n'ont-ils pas été pour mon âme *de* seconds créateurs? Dieu même, en les associant aux desseins de sa providence paternelle, ne leur a-t-il rien communiqué de ce caractère divin?

Quel charme, quel attrait, quelle douceur inexprimable, ce Dieu a pris soin d'attacher aux sentiments pieux des enfants pour *leurs* père et mère! Y a-t-il quelques délices comparables à *celles* d'un fils qui procure à ses parents un doux repos, une vie exempte de travail et d'inquiétudes, lorsque, sur le déclin des ans, ils ont besoin de son appui? Y a-t-il pour lui une jouissance comparable à celle des beaux jours qu'il leur fait passer, et des consolations qu'il verse dans leur âme? On ne lit point sans attendrissement dans la vie d'Épaminondas, du meilleur, du plus vertueux des héros de l'antiquité, qu'il mettait au-dessus de toutes les faveurs des dieux le bonheur d'avoir gagné la bataille de Leuctres du vivant de *ses* père et mère. *Heureux* le fils qui, comme lui, par quelque belle ou bonne action, fait couler les larmes de joie des yeux d'une sensible mère, ou qui se sent pressé dans les bras d'un père attendri! Plus heureux encore si, tous les jours, il les entend *bénir* le ciel de sa naissance et en rendre grâces au ciel!

MARMONTEL.

56ᵉ Exercice.

DIGNITÉ DE L'HOMME.

Tout marque dans l'homme, même à l'extérieur, sa supériorité sur les êtres *vivants*; il se soutient droit et élevé; son attitude est celle du commandement; sa tête regarde le ciel et présente une face auguste sur *laquelle* est imprimé le caractère de sa dignité; l'image de l'âme y est *peinte* par la physionomie; l'excellence de sa nature perce *à travers* les organes matériels, et anime d'un feu divin les traits de son visage;

son *port* majestueux, sa démarche ferme et hardie, annoncent sa noblesse et son rang : il ne touche à la terre que par ses extrémités les plus éloignées, il ne la voit que de loin et semble la dédaigner. Les bras ne lui sont pas donnés pour *servir de* piliers d'appui à la masse de son corps ; sa main ne doit pas fouler la terre et perdre, par les frottements réitérés la finesse de toucher *dont* elle est le principal organe ; le bras et la main sont faits pour *servir à* des ouvrages plus nobles, pour exécuter les ordres de sa volonté, pour saisir les choses éloignées, pour écarter les obstacles, pour prévenir les rencontres et le choc de ce qui pourrait *nuire*, pour embrasser et *retenir* ce qui peut plaire, pour le mettre à portée des autres sens.

Lorsque l'âme est tranquille, toutes les parties du visage sont dans un état *de repos :* leur proportion, leur union, leur ensemble marquent encore assez la douce harmonie des pensées, et répondent au calme de l'intérieur ; mais, lorsque l'âme est agitée, la face humaine devient un tableau vivant, où les passions sont *rendues* avec autant de délicatesse que d'énergie, où chaque mouvement de l'âme est exprimé par un trait, *chaque action* par un caractère dont l'impression vive et prompte devance la volonté, nous *décèle*, et rend au dehors, par des signes pathétiques, les images de nos *secrètes* agitations.

C'est surtout dans les yeux *qu'*elles se peignent et *qu'*on peut les reconnaître. L'œil appartient à l'âme *plus qu'aucun autre organe ;* il reçoit et réfléchit en même temps la lumière de la pensée et la chaleur du sentiment : *c'est* le sens de l'esprit et la langue de l'intelligence.   BUFFON.

57ᶜ Exercice.

UTILITÉ DES MŒURS.

Quel sujet plus intéressant et plus grand ? Il touche l'homme *tout* entier, il touche aussi le citoyen ; car c'est l'homme qui fait le citoyen. Notre politique moderne l'a trop négligé : elle a *travaillé* sur les *faites*, lorsque les fondements étaient en ruines. Oui, les mœurs sont le vrai fondement de la prospérité des empires ; les mœurs peuvent tout, même sans les lois, et les lois sans les mœurs ne peuvent presque rien.

Les lois humaines et positives ne *règlent* de l'homme que les actions principales, qui portent de grandes atteintes à l'ordre politique et civil. Vous avez reconnu des supérieurs et vous refusez *d'obéir* : les lois politiques *vont fixer* les règles du commandement et de l'obéissance ; vous croyez un Dieu et vous négligez *de l'adorer* : les lois religieuses vous prescriront un culte ; vous avez des concitoyens et vous attaquez leur fortune et leur repos : les lois civiles vous forceront d'être paisibles et justes. Ces actions essentielles, ces saillies des passions qui *s'élèvent* du fond de la vie commune sont de l'empire des lois, le reste est de celui des mœurs ; les lois enregistrent nos actions publiques pour en rendre témoignage au public ; elles conduisent l'homme au temple, au sénat, dans les places, dans les palais, dans les *camps*, mais elles le laissent à la porte de sa maison, et c'est là qu'il entre sous le règne des mœurs ; *c'est* là *que* la nature l'attend pour le dépouiller des institutions sociales ; c'est là que le citoyen, le magistrat, le monarque, n'*est* plus enfin qu'un homme : le monarque est un père qui *commande à ses* enfants, et les sujets sont des enfants qui l'aiment et obéissent ; les concitoyens sont des frères, des époux qui se chérissent ; la patrie, *c'est* la famille. C'est là qu'au tumulte civil *succède tout à coup* le silence domestique ; le cœur humain cesse d'être agité de ces mouvements impétueux qui donnent à la vertu même le caractère de la passion ; rendu à lui-même, il laisse couler ses sentiments doux et paisibles sur le penchant uniforme de la nature.   SERVAN.

58ᵉ Exercice.

DE L'INFLUENCE DE L'INSTRUCTION SUR LES MŒURS.

Des écrivains, mécontents de leur siècle, *ont prétendu* que nos sciences et nos arts *sont* funestes aux mœurs. Si, d'un côté, je vois que l'industrie multiplie les besoins, complique les intérêts et fournit de nouveaux aliments aux passions ambitieuses ; d'un autre côté, je suis frappé de voir que les peuples sans *arts*, sans *besoins*, ont des mœurs farouches, et qu'ils *préfèrent* la rapine au travail ; ce qui caractérise ces sauvages, *c'est* la paresse et la férocité. Mais, on me dira peut-être qu'il ne faut chercher l'état le plus convenable à l'homme ni dans les forêts, ni dans les capitales, et, pour modèles, on me citera des peuplades innocentes, heureuses, *telles qu'en* offrent aux regards du voyageur quelques vallées de la Suisse. Je sais goûter le charme des récits qui me font habiter un moment ces humbles vallées, et je bénis la Providence d'avoir rendu ce bonheur si facile. Toutefois, ce n'est pas avec une imagination romanesque qu'il faut discuter les intérêts de l'humanité. Les peuples ne peuvent rester éternellement chasseurs ou pasteurs ; l'industrie se développe et leur donne une nouvelle existence. Pour les améliorer, il faut étudier les ressources que présente leur situation, et non se livrer à des regrets, à des rêves, vains sujets d'idylles et d'amplifications. Pour donner aux peuples industrieux autant de bonheur que *le* comporte leur nature, il faut employer deux moyens qui ont entre eux des rapports intimes : il faut rendre l'aisance aussi générale *qu'il est possible*, et répandre des lumières. Mais on s'abuse étrangement *si l'on* croit que, pour répandre les lumières, on *doive* chercher à faire de tous les hommes *des* beaux-esprits et des savants. L'instruction serait portée au plus haut degré dans le pays où chaque individu saurait tout ce qu'il a besoin d'avoir appris, pour remplir en ce monde sa destination particulière.

Il existe dans l'univers une lutte entre la force physique et la force morale. Un des plus redoutables agents de la force aveugle est la multitude ignorante. Sans cesse elle propage les vices, les crimes ; et, dans de grandes circonstances, elle est lancée contre les gens de bien, tantôt par les despotes, tantôt par les factieux. C'est l'affaiblir, c'est la diminuer en nombre *que d*'instruire les hommes. A mesure qu'on répand *de* sages lumières, on accroît ici-bas l'influence de la force morale, et *l'on* restreint celle de la force physique.　　　DROZ.

59ᵉ Exercice.

DU BUT DE L'INSTRUCTION.

Si l'instruction *n*'avait pour but *que de* former l'homme aux belles-lettres et aux sciences ; si elle se bornait à le rendre habile, éloquent, propre aux affaires ; et si, en attirant l'esprit, elle *négligeait* de régler le cœur, elle ne répondrait pas à tout ce qu'on a droit *d'en* attendre, et ne nous conduirait pas à une des principales fins pour lesquelles nous sommes nés. *Pour peu qu'*on examine la nature de l'homme, ses inclinations, sa fin, il est aisé de reconnaître qu'il n'est pas fait pour lui seul, mais pour la société. La Providence l'a destiné à *y* remplir quelque emploi.

Or, *c'est* la vertu seule *qui* met les hommes en état de bien remplir les postes publics. *Ce sont* les bonnes qualités du cœur qui donnent le prix aux autres, et qui, en faisant le vrai mérite de l'homme, le rendent aussi un instrument propre à procurer le bonheur de la société. C'est la vertu, qui lui donne le goût de la véritable et solide gloire, qui lui inspire l'amour de la patrie et les motifs pour la bien servir, qui lui apprend à préférer toujours le bien public au bien particulier, à ne trouver rien de nécessaire *que* le devoir, rien d'estimable que la droiture et l'équité, rien de consolant que le témoignage de sa conscience et l'approbation des gens de bien, rien de honteux que le vice. C'est la vertu, qui le rend désintéressé pour le conserver libre ; qui l'*élève* au-dessus des flatteries, des reproches, des menaces et des malheurs ; qui l'empêche de *céder* à l'injustice, *quelque* puissante et *quelque* redoutable *qu'elle soit*, et qui l'accoutume, dans toutes ses démarches, à respecter le jugement durable et incorruptible de la postérité, et à ne lui point préférer une fausse et courte lueur de gloire, qui s'évanouit avec la vie comme une légère fumée.

Voilà ce que se proposent les bons maîtres dans l'éducation de la jeunesse. Ils estiment peu les sciences, si elles ne conduisent pas à la vertu. Ils comptent *pour rien* la plus vaste érudition, si elle est sans probité. Ils *préfèrent* l'honnête homme à l'homme savant ; et, en instruisant les jeunes gens de ce que l'antiquité a *de* plus beau, ils songent moins à les rendre habiles *qu'à les rendre* vertueux, bons fils, bons pères, bons maîtres, bons amis, bons citoyens.

ROLLIN.

60ᵉ Exercice.

EFFET MORAL DE LA PHILOSOPHIE.

Il est étonnant que l'homme, placé au milieu de la nature, qui lui offre le plus grand spectacle qu'il *soit* possible d'imaginer, et environné de tous côtés d'une infinité *de merveilles* qui sont *faites* pour lui, ne songe presque jamais ni à considérer ces merveilles, si dignes de son attention et de sa curiosité, ni à se considérer lui-même. Il vit au milieu du monde, dont il est le roi, comme un étranger pour qui tout ce qui se passe serait indifférent et qui n'y prendrait aucun intérêt. L'univers, dans toutes ses parties, annonce et montre son auteur ; mais, pour le plus grand nombre, c'est à des sourds et à des aveugles, qui ont des oreilles sans entendre et des yeux sans voir.

Un des plus grands services que la philosophie *puisse* nous rendre, c'est de nous réveiller de cet assoupissement, et de nous tirer de cette léthargie qui déshonore l'humanité, et qui nous rabaisse *en quelque sorte* au-dessous des bêtes, dont la stupidité n'est que la suite de leur nature et non l'effet de l'oubli ou de l'indifférence. Elle pique notre curiosité, elle excite notre attention, et nous conduit *comme* par la main dans toutes les parties de la nature, pour nous *en* faire étudier et approfondir les merveilles.

Elle présente à nos yeux l'univers *comme* un grand tableau dont chaque partie a son usage, *chaque trait* sa grâce et sa beauté, mais dont le tout ensemble est encore plus merveilleux. En nous montrant un si beau spectacle, elle nous fait observer avec quel ordre, quelle symétrie, quelle proportion, tout y est placé; avec quelle égalité cet ordre général et particulier *s'observe et se maintient;* et par là elle nous fait reconnaître l'intelligence et la main invisible qui règle tout.

La philosophie, en conduisant ainsi l'homme de merveille en merveille, et le promenant *pour ainsi dire* dans tout l'univers, ne souffre pas qu'il *demeure* étranger par rapport à lui-même, et qu'il ignore le fond de son propre être, où Dieu s'est peint lui-même d'une manière infiniment plus sensible et plus parfaite *que* dans le reste des créatures.

ROLLIN.

61ᵉ Exercice.

SOURCES DU BONHEUR, CAUSES DU MALHEUR.

Dans l'homme, le plaisir et la douleur *physique* ne sont que la moindre partie de ses peines et de ses plaisirs; son imagination, qui travaille continuellement, fait tout ou *plutôt* ne fait rien que pour son malheur, car elle ne présente à l'âme que des fantômes vains ou des images exagérées, et la force à s'en occuper : plus agitée par ces illusions qu'elle ne *le* peut être par les objets réels, l'âme perd sa faculté de juger et même son empire; elle ne compare que des chimères, elle ne veut plus qu'en second, et souvent elle veut l'impossible; sa volonté, qu'elle ne détermine plus, lui devient donc à charge; ses désirs outrés sont des peines, et ses vaines espérances sont tout au plus *de* faux plaisirs qui disparaissent et s'évanouissent dès que le calme *succède*, et que l'âme, reprenant sa place, *vient à les juger.* Nous nous préparons donc des peines toutes les fois que nous cherchons des plaisirs; nous sommes malheureux dès que nous désirons être plus heureux. Le bonheur est au dedans de nous-même, il nous a été donné; le malheur est au dehors, et nous *l'allons chercher*. Pourquoi ne sommes-nous pas convaincus que la jouissance paisible de notre âme est notre seul et vrai bien, que nous pouvons l'augmenter sans risquer de le perdre, que moins nous désirons *et* plus nous possédons; qu'enfin, tout ce que nous voulons au delà de ce que la nature peut nous donner, est peine, et que rien n'est plaisir *que* ce qu'elle nous offre?

Or, la nature nous a donné et nous offre encore à tout instant des plaisirs sans nombre... Et nous avons encore de plus un autre moyen de plaisir, c'est d'exercer notre esprit. Cette source de plaisir serait la plus abondante et la plus pure, si nos passions, en s'opposant à son cours, ne *venaient à la troubler;* elles détournent l'âme de toute contemplation; dès qu'elles ont pris le dessus, la raison est dans le silence, ou du moins elle n'élève plus qu'une voix faible et souvent importune; le dégoût de la vérité suit, le charme de l'illusion augmente, l'erreur se fortifie, nous entraîne et nous conduit au malheur; car *quel malheur plus grand* que de ne plus rien voir *tel qu'il est*, que de ne plus rien juger que relativement à sa passion, de n'agir que par son ordre, de paraître en conséquence injuste ou ridicule aux autres, et d'être forcé de se mépriser soi-même lorsqu'on *tient à s'examiner.*

Dans cet état d'illusion et de ténèbres, nous voudrions changer la nature de notre âme: elle ne nous a été donnée que pour connaître, nous ne voudrions l'employer qu'à sentir; si nous pouvions étouffer en entier sa lumière, nous n'en regretterions pas la perte, nous *envierions* volontiers le sort des insensés.

Une passion sans intervalle est démence, et l'état de démence est pour l'âme un état de mort. *De* violentes passions, avec des intervalles, sont des accès de folie, des maladies de l'âme d'autant plus dangereuses, qu'elles sont plus longues et plus fréquentes. La sagesse n'est que la somme des intervalles de santé que les accès nous laissent; cette somme n'est point celle de notre bonheur, car nous sentons alors que notre âme a été malade, nous blâmons nos passions, nous condamnons nos actions...

BUFFON.

11.

62° Exercice.

L'ART D'ÊTRE HEUREUX.

Les biens essentiels sont la tranquillité d'âme, l'indépendance, la santé, l'aisance et l'affection de quelques-uns de nos semblables.

L'âme tranquille est celle que n'agitent ni les remords ni l'ambition : or, il dépend de nous de ne point commettre *des* actions coupables, et de ne pas rechercher un pouvoir et des honneurs dont la possession, toujours incertaine et troublée, ne dédommage jamais de ce qu'il en a coûté pour se la procurer. Le repos de l'âme peut être détruit par le malheur, mais on rend l'impression du malheur moins vive, moins terrible en se familiarisant d'avance avec son image : on éprouve quelquefois une sorte de volupté en mesurant ses forces avec les siennes ; enfin la résistance a ses charmes, et le temps vient à bout des plus profondes douleurs.

L'indépendance absolue n'existe pas ; mais il en est une qui résulte nécessairement de l'élévation de l'âme, combinée avec la modération des désirs : *quiconque* est assez sage pour se contenter du nécessaire, et assez fier pour ne pas vouloir acheter le superflu par de basses soumissions, ne dépend que de lui-même, et, s'il engage une portion de son temps, il n'*aliène* pas du moins son opinion et sa volonté.

La santé est encore ordinairement un produit de la modération ; les émotions douces l'entretiennent, celles qui sont violentes *l'altèrent*. L'imagination paraît avoir sur elle une puissante influence : c'est donc un remède moral dont nous pouvons utilement opposer les effets aux désordres physiques.

L'aisance est relative : elle s'étend ou se restreint au gré des désirs ; la plus limitée est la meilleure. Il faut travailler pour l'acquérir ; mais, une fois qu'on la possède, l'augmenter *c'est* la détruire ; elle tend alors à devenir l'opulence, et l'on se tourmente encore, quand on ne devrait plus que jouir.

Reste l'affection de nos semblables : ne nous asservissons point aux caprices tyranniques de l'opinion ; en possession de notre propre estime, joignons-y celle de quelques hommes de bien, et tâchons d'obtenir leur affection en échange de la nôtre ; du reste, ayons de l'indulgence pour tous les hommes, et faisons-leur du bien autant qu'*il dépendra* de nous.

AUGER.

63ᵉ Exercice.

PRINCIPAUX ÉLÉMENTS DU BONHEUR.

Le bonheur est le but commun de l'éducation et de la vie; mais, bien que tous les hommes tendent à ce but par réflexion et par instinct, et bien *qu'il n'en soit aucun* qui ne désire être heureux, la plupart *ignorent* en quoi consiste réellement le bonheur, et payent chèrement cette fatale ignorance. Les uns, abandonnés à des passions *inquiètes*, à des illusions séduisantes, s'épuisent en pénibles efforts quand ils pourraient le trouver sous leurs pas; les autres, par une méprise plus funeste, *n'emploient* pour le conserver que des moyens de ruine et d'infortune, et empoisonnent leur existence en cherchant à la rendre heureuse.

L'observation, l'expérience et la raison paraissent indiquer trois éléments essentiels de bonheur : la force du corps ou la santé, l'élévation de l'âme ou la moralité, la culture de l'esprit ou l'instruction. Plusieurs autres moyens de bonheur, secondaires et accessoires, quoique très-importants, viennent se rattacher à ces premières causes et en dépendent nécessairement. La fortune, par exemple, objet de tant de vœux et réputée souvent le premier bien, n'a pu d'abord devenir le partage que d'un homme qui avait su l'acquérir par son travail et par ses talents, par l'activité du corps et de l'esprit, par l'estime et la confiance qu'avaient *inspirées* ses qualités morales. Si elle a été *transmise* par héritage, elle ne peut être *conservée* que par une conduite prudente et par un esprit d'ordre et d'économie. La fortune, ainsi que la puissance, les honneurs, la réputation, *est un moyen* mais non pas un but; elle donne des avantages réels et solides, lorsqu'on *en* sait faire un noble et digne usage pour soi-même et pour les autres; mais elle ne pourrait seule *suffire* au bonheur : elle n'acquiert de prix qu'autant qu'elle serait accompagnée des autres avantages que nous avons *indiqués*.

Supposons en effet un homme possesseur d'une immense fortune, qui serait tourmenté par les maladies, plongé dans une grossière ignorance, dépourvu *de moralité*, privé par conséquent *des douceurs* de l'amitié, des charmes de la société, des jouissances dont les sciences et les arts *viennent embellir* la vie : comment cet homme pourrait-il être heureux? Il *en* est de même des autres biens qui excitent nos désirs : aucun d'eux n'a de prix que par la santé qui permet d'en jouir, par l'état de calme et de dignité de l'âme, par l'égalité d'humeur, de caractère, et par une bonne moralité, qui procurent le double avantage d'être bien avec soi-même et d'avoir des amis avec lesquels on augmente son bonheur en le *partageant* ; enfin, par la culture et l'élévation de l'esprit, ou par l'instruction, *qui fait* même apprécier tous les moyens de conservation et de bien-être, et qui leur prête un nouveau charme.

JULLIEN.

64ᵉ Exercice.

DIFFÉRENCE DE LA PROBITÉ ET DE LA VERTU.

Plus on a *de* lumières, *plus* on a *de* devoirs à remplir ; si l'esprit n'en inspire pas les sentiments, il *suggère* les procédés et démontre l'obligation d'y satisfaire.

Il y a un autre principe d'intelligence sur ce sujet, supérieur à l'esprit même : c'est la sensibilité d'âme qui donne une sorte de sagacité sur les choses honnêtes, et va plus loin que la pénétration de l'esprit seul. On pourrait dire que le cœur a des idées qui lui sont propres. On remarque entre deux hommes dont l'esprit est également étendu, profond et pénétrant sur des matières purement intellectuelles, quelle supériorité gagne celui dont l'âme est sensible, sur les sujets qui sont de cette classe-là. *Qu'il y a d'idées* inaccessibles à ceux qui ont le sentiment froid ! Les âmes sensibles peuvent, par vivacité et chaleur, tomber dans des fautes que les hommes à procédés ne commettraient pas ; mais elles l'emportent beaucoup pour la quantité *de biens* qu'elles produisent.

Les âmes sensibles ont plus d'existence *que les autres* ; les biens et les maux se multiplient à leur égard. Elles ont encore un avantage pour la société, c'est d'être persuadées des vérités dont l'esprit n'est que convaincu. La conviction n'est souvent que passive ; la persuasion est active, et il n'y a de ressort que ce qui fait agir. L'esprit seul peut et doit faire l'homme de probité ; la sensibilité fait l'homme vertueux. Je vais m'expliquer.

Tout ce que les lois exigent, ce que les mœurs recommandent, ce que la conscience inspire, se trouve renfermé dans cet axiome si connu et si peu développé : NE FAITES PAS A AUTRUI CE QUE VOUS NE VOUDRIEZ PAS QUI VOUS FUT FAIT. L'observation exacte et précise de cette maxime fait la probité. *Faites à autrui ce que vous voudriez qui vous fût fait :* voilà la vertu.

Il semble, au premier coup d'œil, que les législateurs *fussent* des hommes bornés ou intéressés, qui, n'ayant pas besoin des autres, voulaient empêcher qu'on *ne* leur *fît* du mal, et se dispenser de faire du bien. Cette idée paraît d'autant plus vraisemblable que les premiers législateurs ont été des princes, des chefs de peuples, ceux, en un mot, qui avaient le plus à perdre et le moins à gagner. Aussi les lois se bornent-elles à défendre; en y faisant réflexion, nous avons vu que *c'est* par sagesse *qu'elles en ont usé* ainsi. Les mœurs ont été plus loin *que les lois;* mais c'est en partant du même principe. La conscience même se borne à inspirer la répugnance pour le mal. La vertu, supérieure à la probité, exige qu'on *fasse* le bien et en inspire le désir.

La probité défend, et la vertu commande; on estime la probité, on respecte la vertu. La probité consiste presque dans l'inaction, la vertu agit. On doit de la reconnaissance à la vertu, on pourrait s'en dispenser à l'égard de la probité, parce que, un homme éclairé, *n'eût-il* que son intérêt pour sujet, n'a pas, pour y parvenir, *de* moyen plus sûr que la probité. La vertu est dans le cœur, c'est un sentiment, une inclination au bien, un amour pour l'humanité; elle est aux actions honnêtes ce que le vice est au crime : c'est le rapport de la cause à l'effet.

Duclos.

65e Exercice.

EFFET DU DÉRÉGLEMENT PENDANT LA JEUNESSE.

J'ai toujours vu que les jeunes gens corrompus de bonne heure étaient inhumains et cruels; leur imagination, pleine d'un seul sujet, se refusait à tout le reste; ils ne connaissaient *ni piété, ni miséricorde;* ils auraient sacrifié père et mère, et l'univers entier au moindre de leurs plaisirs.

Au contraire, un jeune homme élevé dans une heureuse simplicité est porté par les mouvements de la nature vers les passions tendres et affectueuses; son cœur compatissant s'émeut sur les peines de ses semblables; il *tressaille* d'aise quand il revoit son camarade; ses bras savent trouver des étreintes *caressantes,* ses yeux savent verser des larmes d'attendrissement; il est sensible à la honte de déplaire, au regret d'avoir offensé. Si l'ardeur d'un sang qui s'enflamme le rend vif, emporté, colère, on voit, *le moment d'après*, toute la bonté de son cœur dans l'effusion de son repentir; il pleure, il gémit sur la blessure qu'il a *faite :* il voudrait, au prix de son sang, racheter celui qu'il a versé ; tout son emportement s'éteint, toute sa fierté s'humilie devant le sentiment de sa faute. Est-il offensé lui-même : au fort de sa fureur, une excuse, un mot le *désarme ;* il pardonne les torts d'autrui d'aussi bon cœur qu'il répare les siens. L'adolescence n'est l'âge ni de la vengeance, ni de la haine ; elle est celui de la commisération, de la clémence, de la générosité. *Oui,* je le soutiens et je ne crains point d'être démenti par l'expérience, un enfant qui n'est pas mal né, et qui a conservé jusqu'à vingt ans son innocence, est, à cet âge, le plus généreux, le meilleur, le plus aimant et le plus aimable de tous les hommes.

J.-J. ROUSSEAU.

66ᵉ Exercice.

LA VIE CHAMPÊTRE.

Nous avons tous un goût naturel pour la vie champêtre. Loin du fracas des villes et des jouissances factices que leur vaine et tumultueuse société peut offrir, avec quel plaisir vivement ressenti nous allons y *respirer* l'air de la santé, de la liberté, de la paix !

Une scène se prépare plus intéressante mille fois que toutes celles que l'art invente à grands frais pour vous amuser ou vous distraire. Du sommet de la montagne qui borne l'horizon, l'astre du jour s'élance brillant de tous ses feux. Le silence de la nuit n'est encore interrompu que par le chant plaintif et tendre du rossignol, ou le zéphir léger qui murmure dans le feuillage, ou le bruit confus du ruisseau qui roule dans la plaine ses eaux *étincelantes.* Voyez-vous ces collines se *dépouiller* par degrés du voile de pourpre qui les recèle, ces moissons mollement agitées se balancer au loin sous des nuances incertaines, ces châteaux, ces bois, ces chaumières, bizarrement groupés, s'élever du sein des vapeurs, ou se dessiner en traits ondoyants dans le vague azuré des airs ? L'homme des champs s'éveille. Tandis que sa robuste compagne fait couler dans une urne grossière le lait de nos troupeaux, le voyez-vous ouvrir gaiement un pénible sillon, ou, *la serpe à la main,* émonder en chantant l'arbuste qui ne produit que pour vous ses fruits savoureux ? Cependant, le soleil s'avance dans sa carrière enflammée ; l'ombre, comme une vague immense, roule et se précipite vers la gorge solitaire *d'où* s'échappent

les eaux du torrent; le vent fraîchit; l'air s'épure; une abondante rosée tombe en perles d'argent sur le velours des fleurs,
ou se résout en étincelles de feu sur la naissante verdure.
Ah! combien votre âme est émue! quelle fraîcheur délicieuse
pénètre alors vos sens! *Comme elles* sont consolantes et pures
les *pensées* du matin! Comme elles égayent le rêve mélanco-
lique de la vie! En s'abandonnant à leurs douces erreurs, combien aisément on oublie et les tristes projets de la grandeur
et les jouissances de la gloire, et le mépris du monde et sa
froide injustice!

Nous ne remarquons pas assez l'influence prodigieuse que
la nature conserve encore sur nos âmes, malgré l'étonnante
variété de nos goûts, et la profonde dépravation de nos penchants. *Je ne sais*, mais il me semble qu'à la campagne notre
sensibilité *devient* et moins orgueilleuse et plus vive; que nous
y aimons nos amis avec plus de franchise, nos parents avec
plus de tendresse; que les jeux de nos enfants nous y inté-
ressent davantage; que nous y parlons de nos ennemis avec
moins d'aigreur, de la fortune avec plus d'indifférence. *Est-ce*
en respirant la vapeur embaumée du soir, et se promenant à
la lueur tranquille et douce de l'astre des nuits, qu'on peut
ourdir une trame perfide ou méditer de tristes vengeances?
Ce berceau que vos mains ont planté, où le chèvre-feuille, le
jasmin et la rose entrelacent leurs tiges odorantes, ne l'avez-
vous orné avec tant de soin que pour vous y livrer aux rêves
pénibles de l'ambition? Dans cette solitude champêtre qu'ont
habitée vos pères, dans cet asile des mœurs, de la confiance
et de la paix, *que* vous importent les vains discours des
hommes, et leurs lâches intrigues, et leur haine impuissante,
et leurs promesses trompeuses? Quelle impression peut encore
faire sur votre âme le récit importun de leurs erreurs ou de
leurs crimes? Au déclin d'un jour orageux, ainsi gronde la
foudre dans le nuage flottant sur les bords enflammés de l'horizon; ainsi retentit le torrent qui ravage au loin une terre
agreste et sauvage.

BERGASSE.

67ᵉ Exercice.

BONHEUR DE L'OBSCURITÉ.

Heureux aujourd'hui celui qui, au lieu de parcourir le
monde, vit loin des hommes! Heureux celui qui ne connaît
rien au delà de son horizon et pour qui le village voisin même

est une terre étrangère ! Il n'a point laissé son cœur à des objets aimés qu'il ne reverra plus, ni sa réputation à la discrétion des méchants. Il met sa gloire et sa religion à rendre heureux ce qui l'environne. S'il ne voit dans ses jardins ni les fruits de l'Asie ni les ombrages de l'Amérique, il cultive des plantes qui font la joie de sa femme et de ses enfants. Il n'a pas besoin des monuments de l'architecture pour ennoblir son paysage : un arbre à l'ombre *duquel* un homme vertueux s'est reposé lui donne *de* sublimes ressouvenirs ; le peuplier dans les forêts lui *rappelle* les combats d'Hercule, et le feuillage des chênes, les couronnes du Capitole.

La culture des blés lui présente bien d'autres concerts agréables avec la vie humaine : il connaît à leurs ombres les heures du jour, à leurs accroissements les rapides saisons, et il ne compte ses années fugitives que par leurs récoltes innocentes. Ses travaux sont toujours surpassés par les bienfaits de la nature. Dès que le soleil est au signe de la Vierge, il rassemble ses parents, il invite ses voisins, et *dès* l'aurore il entre avec eux, *la faucille à la main*, dans ses blés mûrs. Son cœur palpite de joie en voyant ses gerbes *s'accumuler*, et ses enfants *danser* autour d'elles, couronnés de *bluets* et de *coquelicots* ; leurs jeux lui rappellent ceux de son premier âge et la mémoire des vertueux ancêtres qu'il *espère* revoir un jour dans un monde plus heureux. Il ne doute pas qu'il y *ait* un Dieu, à la vue de ses moissons ; et, aux douces époques qu'elles *ramènent* à son souvenir, il le remercie d'avoir lié la société passagère des hommes par une chaîne éternelle de bienfaits.

Prés fleuris, majestueuses et murmurantes forêts, fontaines mousseuses, sauvages rochers fréquentés de la seule colombe, aimables solitudes, *qui nous ravissez* par d'ineffables concerts ! heureux qui saura découvrir vos charmes et les apprécier, mais *plus heureux encore celui* qui peut les goûter en paix dans le patrimoine de ses pères !

BERNARDIN DE SAINT-PIERRE.

68ᵉ Exercice.

LEÇON DE SAGESSE.

(Réponse à un jeune homme.)

Vous ignorez, *monsieur*, que vous écrivez à un *pauvre homme* accablé *de maux*, et, de plus, fort occupé, qui n'est guère en état de vous répondre et qui *le* serait encore moins d'établir avec vous la société que vous lui proposez. Vous m'honorez en pensant que je pourrais vous y être utile, et vous êtes louable du motif qui vous le fait désirer ; mais, sur le motif même, je ne vois rien de moins nécessaire que de vous établir à Montmorency : vous n'avez pas besoin d'aller chercher si loin les principes de la morale.

Rentrez dans votre cœur, et vous les y trouverez, et je ne pourrai rien vous dire à ce sujet, que ne vous *dise* encore mieux votre conscience, quand vous voudrez la consulter. La vertu, monsieur, n'est pas une science qui *s'apprend* avec tant d'appareil : pour être vertueux, *il suffit* de vouloir l'être, et, si vous avez bien cette volonté, tout est fait ; votre bonheur est décidé.

S'il m'appartenait de vous donner des conseils, le premier que je voudrais vous donner serait de ne point vous livrer à ce goût que vous dites avoir pour la vie contemplative, et qui n'est qu'une paresse de l'âme, condamnable à tout âge et surtout au vôtre. L'homme n'est point fait pour méditer, mais pour agir ; la vie laborieuse que Dieu nous impose *n'a rien que de doux* au cœur de l'homme de bien qui s'y livre en vue de remplir son devoir, et la vigueur de la jeunesse ne vous a pas été *donnée* pour la perdre à d'oisives contemplations.

Travaillez donc, monsieur, dans l'état où vous ont placé vos parents et la Providence : voilà le premier précepte de la vertu que vous voulez suivre ; et si le séjour de Paris, joint à l'emploi que vous remplissez, vous paraît d'un trop difficile alliage avec elle, faites mieux, monsieur, retournez dans votre province ; allez vivre au sein de votre famille ; servez, soignez vos vertueux parents : *c'est* là *que* vous remplirez véritablement les soins que la vertu vous impose.

Une vie dure est plus facile à supporter en province *que la fortune à poursuivre* à Paris, surtout quand on sait, comme vous ne l'ignorez pas, que les plus indignes manéges y font plus de fripons gueux que de parvenus. Vous ne devez point vous estimer malheureux de vivre comme fait monsieur votre père, et *il n'y a point de sort* que le travail, la vigilance, l'innocence et le contentement de soi ne rendent supportable, quand on s'y soumet en vue de remplir son devoir.

Voilà, monsieur, des conseils qui valent tous ceux que vous pourriez venir prendre à Montmorency ; peut-être ne seront-ils pas de votre goût, et je crains que vous *ne preniez pas* le parti de les suivre ; mais je suis sûr que vous vous en repentirez un jour. Je vous souhaite un sort qui ne vous *force* jamais à vous en souvenir.   J.-J. ROUSSEAU.

69ᵉ Exercice.

DES PLAISIRS DES SENS ET DES PLAISIRS DU CŒUR.

L'auteur de la nature, en douant l'homme d'une volonté libre, l'a visiblement destiné à être un agent moral : nous avons un tel besoin de morale que les idées du juste et de l'injuste doivent remonter au commencement de notre existence et précéder le raisonnement.

Plaisirs des sens, *plaisirs* de l'esprit, *plaisirs* du cœur : *voilà*, si nous savons en user, les biens que la nature a *répandus* avec profusion sur le chemin de la vie.

Et qu'on se garde de mettre en balance ceux qui viennent du corps et ceux qui naissent du fond de l'âme.

Rapides et fugitifs, les plaisirs des sens ne laissent après eux que du vide, et tous les hommes s'en dégoûtent avec l'âge.

Les plaisirs de l'esprit ont un attrait toujours nouveau : l'âme est toujours jeune pour les goûter; et le temps, loin de les affaiblir, leur donne *chaque jour* plus de vivacité. Pythagore offre aux dieux une hécatombe, pour les remercier d'un théorème qui porte encore son nom. Kepler ne changerait pas ses règles contre la couronne des plus grands monarques. *Est-il* des jouissances au-dessus de telles jouissances?

Oui, il *en* est de plus grandes. *Quels que soient* les ravissements que fait éprouver la découverte de la vérité, *il se peut* que Newton, rassasié d'années et de gloire, Newton qui avait décomposé la lumière et trouvé la loi de la pesanteur, *se soit dit*, en jetant un regard en arrière : VANITAS! tellement le souvenir d'une bonne action suffit pour embellir les derniers jours de la vieillesse, et nous accompagne jusque dans la tombe.

Combien s'abusent ceux qui placent la suprême félicité dans les sensations! Ils peuvent connaître le plaisir, ils n'ont pas idée du bonheur.

LAROMIGUIÈRE.

70ᵉ Exercice.

DES PLAISIRS DU TRAVAIL.

Je ne conçois pas comment on *regarderait* le travail *comme* une peine *imposée* à l'homme. Les desseins de la Divinité sur nous, et sa prévoyance pour le maintien des sociétés ont plus de profondeur et de bonté que ne *le* pensent même les sages. Le travail n'est pas une peine, c'est un plaisir. Les choses *auxquelles* nous donnons ce nom ne sont, *à vrai dire*, que des distractions rapides qui ne peuvent avoir que des instants de durée. Après l'ivresse de la passion, si le devoir lui a été sacrifié, il s'élève *comme* un remords qui en trouble toute la joie. Mais le travail est un plaisir pur, vrai, sans amertume et sans repentir, et, malgré les excès que le besoin des familles et l'ardente soif du gain ne rendent que trop fréquents, il est encore le bien dont les hommes abusent *le moins.*

Seul de tous les plaisirs de l'homme, le travail, qui nous est imposé *comme* une nécessité, ne nous cause pas *d'ennui* et ne produit pas l'inconstance par la satiété : *plus* on le goûte, *plus* on veut le goûter ; il convient à tous les âges, il nous conduit par la main jusqu'au tombeau. Le travail *est* l'absence du mal, le contre-poids des conseils pervers, l'oubli ou le retard des mauvais desseins, et le frein le plus puissant de tant d'hommes réunis que les menaces des lois ne *sauraient* contenir.

Si nous pouvions, *comme la Divinité*, lire d'un regard dans tous les cœurs, connaître leurs passions, suivre les mouvements de leur volonté, voir les desseins formés, arrêtés, suspendus, affaiblis tour à tour en eux, et enfin tout à fait oubliés, le nombre des victimes *attendues* par le malheur et que le travail a *sauvées* du crime et *ramenées* à la vertu, *serait* le plus magnifique des éloges pour la sagesse qui l'a donné à l'homme *comme* un préservatif et un asile contre les tentations funestes.

P.-F. TISSOT.

71e Exercice.

DES PLAISIRS DE L'ÉTUDE.

Le travail, *de quelque nature qu'il soit*, affranchit l'âme des passions dont les chimères se placent au milieu des loisirs de la vie. L'étude offre un but qui cède toujours *en proportion des* efforts, vers lequel les progrès sont certains, dont la route présente de la variété sans crainte de vicissitudes, dont les succès ne peuvent être suivis de revers.

Soit qu'on *lise*, soit qu'on *écrive*, l'esprit facilite un travail qui lui donne à *chaque instant* le sentiment de la justesse ou de son étendue, et sans qu'aucune réflexion d'amour-propre *se mêle* à cette jouissance; elle est réelle, *comme le plaisir* qu'éprouve l'homme robuste dans l'exercice du corps proportionné à ses forces.

L'âme trouve de vastes consolations dans l'étude et la méditation. Il semble que notre propre destinée *se perde* au milieu du monde qui se découvre à nos yeux; que des réflexions qui tendent à tout généraliser portent à nous considérer nous-même comme l'une des *mille* combinaisons de l'univers, et, qu'*estimant* plus en nous la faculté de penser *que celle* de souffrir, nous *donnions* à l'une le droit de chasser l'autre. Sans doute l'impression de la douleur est absolue pour celui qui l'éprouve, et chacun la ressent d'après *lui* seul. Cependant il est certain que l'étude de l'histoire, la connaissance de tous les malheurs qui ont été éprouvés avant nous, livrent l'âme à des contemplations philosophiques dont la mélancolie est plus facile à supporter que le tourment de ses propres peines. Le joug d'une loi commune à tous ne fait pas naître ces mouvements de rage qu'un sort sans exemple exciterait. *En réfléchissant* sur les générations qui se sont *succédé* au milieu des douleurs; *en observant* ces mondes innombrables où des milliers *d'êtres* partagent simultanément avec nous le bienfait ou le malheur de l'existence, l'intensité même du sentiment individuel s'affaiblit, et l'abstraction *enlève* l'homme à lui-même.

Mme DE STAEL.

72e Exercice.

DU SENTIMENT.

Tout devient sentiment dans un cœur sensible. L'univers entier *ne* lui offre *que* des sujets d'attendrissement et de gratitude. Partout il aperçoit la bienfaisante main de la Providence; il recueille *ses* dons dans les productions de la terre; il voit *sa* table couverte par *ses* soins, il s'endort sous *sa* protection, *son* paisible réveil lui vient d'elle, il sent *ses* leçons dans les disgrâces et *ses* faveurs dans les plaisirs. Les biens dont jouit tout ce qui lui est cher, sont autant de nouveaux sujets d'hommages. Si le Dieu de l'univers échappe à ses faibles yeux, il voit partout le père commun des hommes. Honorer ainsi ses bienfaits suprêmes, *n'est-ce pas servir,* autant qu'on peut, l'Être infini?

O *sentiment,* sentiment! douce vie de l'âme! quel est le

cœur *de fer* que tu n'as jamais touché? quel est l'infortuné mortel à qui tu n'arrachas jamais *de larmes?* Les scènes de plaisir et de joie que produit la vivacité du sentiment, n'épuisent un instant la nature que pour la ranimer d'une vigueur nouvelle ; elles sont rarement dangereuses.

À mesure qu'on avance en âge, tous les sentiments se concentrent : on perd tous les jours quelque chose de ce qui nous fut cher et *l'on* ne le remplace plus. On meurt ainsi par degrés jusqu'à ce que, n'aimant enfin que *soi-même*, on *ait cessé* de sentir et de vivre, avant de cesser *d'exister*. Mais un cœur sensible se défend de toute sa force contre cette mort anticipée ; quand le froid commence aux extrémités, il rassemble autour de lui toute sa chaleur naturelle ; *plus* il perd, *plus* il s'attache à ce qui lui reste, et il tient, *pour ainsi dire*, au dernier objet par les liens de tous les autres.

J.-J. ROUSSEAU.

73ᵉ Exercice.

DE LA VRAIE ET DE LA FAUSSE PHILANTHROPIE.

Il y a deux manières de se donner aux hommes. La première est *de se faire aimer*, non pour être leur idole, mais pour employer leur confiance à les rendre bons. Cette philanthropie est toute divine. *Il y en a une autre*, qui est une fausse monnaie. Quand on se donne aux hommes pour leur plaire, pour les éblouir, pour usurper de l'autorité en les flattant, *ce n'est pas eux* qu'on aime, c'est soi-même. On n'agit que par vanité et par intérêt ; on fait semblant de se donner, pour posséder ceux à qui on fait accroire qu'on se donne à eux. Ce faux philanthrope est *comme un pêcheur* qui *jette* un hameçon avec un appât ; il paraît nourrir les poissons, mais il les prend et *les* fait mourir. Tous les tyrans, tous les magistrats, tous les politiques qui ont de l'ambition, paraissent bienfaisants et généreux ; ils paraissent se donner, et ils veulent prendre les peuples ; ils jettent l'hameçon dans les festins, dans les compagnies, dans les assemblées publiques. Ils ne sont pas sociables pour l'intérêt des hommes, mais pour abuser de tout le genre humain. Ils ont un esprit flatteur, insinuant, artificieux, pour corrompre les mœurs des hommes, *comme les courtisanes*, et pour réduire en servitude tous ceux dont ils ont besoin. La corruption de *ce qu'il y a de meilleur* est le plus pernicieux de tous les maux. De tels hommes sont les pertes du genre humain. Au moins l'amour-propre d'un misanthrope n'est que sauvage et inutile au monde, mais celui de ces faux philanthropes est traître et tyrannique; ils promettent toutes les vertus de la société, et ils ne font *de la société* qu'un trafic, dans lequel ils veulent tout attirer à eux et asservir tous les citoyens. Le misanthrope fait *plus de peur* et *moins de mal*. Un serpent qui se glisse entre les fleurs est *plus à craindre* qu'un animal sauvage qui s'enfuit vers sa tanière dès qu'il vous aperçoit.

FÉNELON.

74ᶜ Exercice.

L'AMOUR MATERNEL.

Tout Paris se souvient de cette nuit désastreuse qui fut si funeste à *l'amour maternel*. Un ambassadeur d'Allemagne faisait célébrer le mariage d'un illustre conquérant; mille flambeaux éclairaient un palais magique, élevé avec autant de célérité que d'imprévoyance. Tous les arts avaient *réuni* leurs merveilles pour enchanter ce beau lieu; les colonnes étaient *couvertes de festons*, de guirlandes, de chiffres enlacés, et autres ornements symboliques, auxquels un vernis combustible avait imprimé les plus fraîches couleurs. *Qui eût cru* que les larmes étaient si près de la joie? Un torrent *de feu* naquit d'une simple étincelle, enveloppa en un instant cette belle enceinte où tant *de familles* réunies se livraient à l'innocent plaisir de la danse. Des cris sinistres, les gémissements prolongés de la douleur succédèrent *tout à coup* au son des instruments qui avait donné le signal de la fête; les voûtes de l'édifice tremblaient, et déjà plusieurs victimes étaient écrasées. Le peu d'eau que l'on jetait à la hâte *ne faisait que nourrir* ce vaste embrasement; tout s'engloutissait dans ce gouffre dévorateur. On s'embarrassait dans la fuite; mais, *ce qu'il y avait* de plus touchant au milieu de ces scènes d'horreur et de désespoir, *c'est* le courage sublime d'une multitude *de femmes*, pâles, échevelées, s'élançant au milieu des flammes et *disputant* leurs filles à l'horrible incendie. Toutes les craintes personnelles s'évanouissaient devant les intérêts sacrés de la maternité malheureuse. En quelques minutes, ce théâtre d'allégresse fut converti en un monceau *de cendres*. Une princesse adorée y perdit la vie; et, le lendemain, quand on fouilla les décombres, on trouva le cadavre d'une autre mère, qui tenait le corps de son enfant étroitement embrassé ; non loin d'elle on apercevait les fragments d'un collier, des bracelets, des pierreries, quelques diamants épargnés par le feu, et autres ornements, *tristes restes* de la vanité humaine, dont la vue *affligeait* les regards, en rappelant à l'âme contristée la futilité de nos biens et la fragilité de notre nature.

ALIBERT.

75ᵉ Exercice.

ANGOISSES DE L'AMOUR MATERNEL.

(La Recluse aux archers qui veulent lui enlever sa fille.)

« Messeigneurs! messieurs les sergents, *un mot!* C'est une chose qu'il faut que je vous *dise!* C'est ma fille, voyez-vous? ma chère petite fille que j'avais *perdue!* Écoutez. C'est une histoire. Figurez-vous que je connais très-bien messieurs les sergents. Ils ont toujours été bons pour moi dans le temps que les petits garçons me jetaient des pierres, parce que j'étais folle. Voyez-vous? vous me laisserez mon enfant, quand vous saurez. Je suis une pauvre fille ; *ce sont* les bohémiens qui me l'ont *volée.* Même que j'ai gardé son soulier *quinze ans.* Tenez, *le voilà.* Elle avait ce pied-là. À Reims! la Chantefleurie! rue Folle-Peine! Vous avez connu cela peut-être. C'était moi! Dans votre jeunesse, alors, c'était un beau temps, on passait *de bons quarts-d'heure.* Vous aurez pitié de moi, n'est-ce pas, messeigneurs? Les égyptiennes me l'ont *volée;* elles me l'ont *cachée* quinze ans. Je la croyais morte. J'ai passé quinze ans ici, dans cette cave, sans feu *l'hiver.* C'est dur, cela. Le pauvre petit soulier! J'ai tant crié que le bon Dieu m'a *entendue.* Cette nuit, il m'a rendu ma fille. C'est un miracle du bon Dieu. Elle n'était pas morte. Vous ne me la prendrez pas, j'en suis sûre. Encore, si c'était moi, je ne dirais pas ; mais elle, une enfant de seize ans! Laissez-lui le temps de voir le soleil! *Qu'est-ce qu'*elle vous a fait? rien du tout, ni moi non plus. Si vous saviez que je n'ai qu'elle, que je suis vieille, que c'est une bénédiction que la sainte Vierge m'envoie. Et puis, vous êtes si bons tous! Vous ne saviez pas que *c'était ma fille,* à présent, vous *le* savez. Oh! je l'aime! monsieur le grand prévôt, j'aimerais mieux un trou à mes entrailles, qu'une égratignure à son doigt! C'est vous qui avez l'air d'un bon seigneur! Ce que je vous dis-là, vous explique la chose, *n'est-il pas vrai?* Oh! si vous avez eu une mère, monseigneur! Vous êtes le capitaine, laissez-moi mon enfant! Considérez que je vous prie à genoux, comme on prie Jésus-Christ! Je ne demande rien à personne; *je suis de Reims*, messeigneurs; j'ai un petit champ de mon oncle Mahiet Pradon. Je ne suis pas une mendiante. Je ne veux rien, mais je veux mon enfant! Oh! je veux garder mon enfant! Le bon Dieu, *qui est le maître*, ne me l'a pas *rendue* pour rien! Le roi! vous dites le roi! Cela ne lui fera déjà pas beaucoup de plaisir qu'on tue ma petite fille! Et puis, le roi est bon! C'est ma fille! c'est ma fille, à moi! elle n'est pas au roi! elle n'est pas à vous! Je veux m'en aller! nous voulons nous en aller! enfin, deux femmes qui passent, dont l'une est la mère et l'autre la fille, on les laisse passer! Laissez-nous passer! nous sommes de Reims. Oh! vous êtes bien bons, messieurs les sergents, je vous aime tous, vous ne me prendrez pas ma chère petite, c'est impossible! N'est-ce pas que c'est tout à fait impossible? Mon enfant! mon enfant! »

VICTOR HUGO.

76ᵉ Exercice.

L'AMOUR FILIAL.

L'amour filial n'est pas seulement un devoir de reconnaissance, c'est encore un devoir d'impérieuse convenance. Dans le cas assez rare où nous aurions des parents peu bienveillants, peu en droit d'exiger notre estime, cette seule circonstance qu'ils sont les auteurs de notre vie doit leur imprimer à nos yeux un caractère si respectable que nous ne pouvons sans infamie, *je ne dirai pas* les insulter, mais les traiter avec *tant soit peu* d'insouciance. Dans ce cas, les égards dont nous userons auront un plus grand mérite, mais ils n'en seront pas moins une dette payée à la nature, à l'édification de nos semblables, à notre propre dignité.

Malheur à celui qui se fait le censeur sévère de quelque défaut de ses parents! Et par qui commencerons-nous à pratiquer la charité, si nous la refusons à un père, à une mère.

Exiger pour les respecter qu'ils *soient* sans défauts, qu'ils *soient* la perfection du genre humain, *c'est* de l'orgueil et de l'injustice. Nous, qui désirons que tout le monde *nous* respecte et *nous* aime, sommes-nous toujours irréprochables? Lors même qu'un père *ou* une mère *seraient* loin de cet idéal de sens et de vertu que nous voudrions voir réalisé en eux, *faisons-nous* ingénieux à les excuser, à cacher leurs torts aux yeux d'autrui, à apprécier toutes leurs bonnes qualités. En agissant ainsi, nous nous améliorons nous-même en acquérant un caractère pieux, généreux, habile à reconnaître le mérite des autres.

Mon ami, *que* souvent ton âme s'ouvre à cette pensée triste, mais féconde en *tolérance* et en *longanimité :* « Ces têtes blanches qui sont là devant moi, qui sait si avant peu elles ne dormiront pas dans la tombe ? » Ah ! tandis que tu as le bonheur de les voir, honore-les, et cherche-leur des consolations à ces maux de la vieillesse, *qui sont si grands !*

Leur âge ne les porte déjà que trop à la tristesse ; mais toi, ne contribue jamais à les attrister. *Que* toutes tes manières avec eux, que toute ta conduite à leur égard *soient* toujours *si* aimables que ta vue les ranime et les *réjouisse.* Chaque sourire que tu *rappelleras* sur leurs vieilles lèvres, chaque contentement que tu feras naître dans leur cœur, sera pour eux le plus salutaire des plaisirs, et tournera à ton avantage. Les bénédictions que reçoit d'un père et d'une mère un fils reconnaissant sont toujours *sanctionnées de Dieu.*

SILVIO PELLICO.

77e Exercice.

L'AMOUR FRATERNEL.

Tu as des frères et des sœurs : fais tous tes efforts pour que l'amour que tu dois à tes semblables commence à s'effectuer en toi, dans toute sa perfection, premièrement envers *tes père et mère*, et ensuite envers ceux qui te sont liés par la plus étroite des fraternités, *celle* de devoir la vie aux mêmes parents.

Pour bien pratiquer envers tous les hommes la divine science de la charité, il faut en faire l'apprentissage dans sa famille.

Quelle douceur *n'y a-t-il pas* dans cette pensée : « Nous sommes fils de la même mère ! *Quelle douceur* encore d'avoir trouvé, à peine *venu* au monde, les mêmes objets *à vénérer* et *à chérir !* L'identité du sang et la conformité de beaucoup d'habitudes entre frères et sœurs engendrent naturellement une forte sympathie ; pour la détruire, *il ne faut pas moins qu'un* horrible égoïsme.

Si tu veux être bon frère, garde-*toi* de l'égoïsme, propose-

toi chaque jour, dans les relations fraternelles, *d'être* généreux. Que chacun de tes frères et de tes sœurs *puisse* voir que leurs intérêts te sont chers *comme les tiens*. Si l'un d'eux vient à faillir, sois indulgent, non pas seulement comme tu le serais envers un autre, mais plus encore. Réjouis-toi de leurs vertus ; imite-les, fortifie-les encore par ton exemple ; fais ensuite *qu'ils aient* à bénir le ciel de t'avoir *pour frère...*

Que l'intimité domestique ne *te fasse* jamais négliger *d'être* poli avec tes frères ; sois-le davantage encore avec tes sœurs : leur sexe est doué d'une grâce puissante, et elles se *prévalent* ordinairement de ce céleste privilége pour répandre la sérénité dans toute la maison, pour en bannir la mauvaise humeur, pour mitiger les reproches paternels ou maternels *qu'il* leur arrive parfois *d'entendre*. Honore en elles la suavité des vertus de la femme, réjouis-toi de l'influence qu'elles ont pour adoucir ton âme ; et, parce que la nature les a *faites* plus faibles et plus sensibles que toi, sois-*en* plus attentif à les consoler si elles sont affligées, à ne les point affliger toi-même, à leur témoigner constamment du respect et de l'amour.

Ceux qui contractent avec leurs frères et leurs sœurs des habitudes de malveillance et de grossièreté , demeurent grossiers et malveillants avec *qui que ce soit*. Que le commerce de la famille soit *tout* beau, tout aimant, tout saint ; et, quand le jeune homme sortira de la maison paternelle, il portera dans ses relations avec le reste de la société cette tendance aux nobles affections et cette foi dans la vertu qui sont le fruit de l'exercice habituel des sentiments élevés.

SILVIO PELLICO.

78ᵉ Exercice.

L'AMITIÉ.

Ne déshonore point le nom sacré *d'ami*, en le donnant à un homme de peu ou point de vertu.

Celui qui hait la religion, *celui* qui n'a pas un soin extrême de sa dignité d'homme, *celui* qui ne sent pas qu'on *doit* honorer la patrie par son intelligence et sa probité, *celui* qui se montre *fils* peu respectueux et *frère* malveillant, *fût-il* le plus merveilleux des hommes par les agréments de son extérieur et de ses manières, par l'éloquence de sa parole, par la multiplicité de ses connaissances, et même par quelque élan brillant vers les actions généreuses, tout cela ne doit pas t'engager à te lier d'amitié avec lui. Te *témoignât*-il la plus vive affection, ne lui accorde point ta familiarité : l'homme vertueux a seul les qualités requises pour être ton ami. Celui qui se lie avec des compagnons pervers se pervertit bientôt lui-même, ou du moins fait rejaillir sur *soi* l'opprobre de leur propre infâmie.

Mais *heureux celui* qui trouve un digne ami ! Abandonnée à sa propre force, sa vertu souvent languissait : l'exemple et l'approbation d'un ami *en* doublent l'énergie. Peut-être d'abord s'effrayait-il en se voyant enclin à beaucoup de fautes, et, n'ayant pas la conscience de sa propre valeur, l'estime de son ami le *relève* à ses propres yeux. Il rougit encore secrètement de ne pas *posséder* toutes les vertus que l'indulgence d'un autre lui suppose; mais son courage s'accroît pour travailler à se corriger. Il se réjouit *de ce que* ses bonnes qualités *n'aient* point échappé à son ami; il lui en est reconnaissant; il ambitionne d'*en* acquérir d'autres, et l'on voit souvent, grâce à l'amitié, s'avancer vigoureusement vers la perfection un homme qui en était loin et qui en serait demeuré éloigné.

Ne *va* pas non plus *faire* de grands efforts pour avoir des amis : *mieux vaudrait* n'*en* posséder aucun que *de* s'exposer au regret de les avoir *choisis* avec précipitation. Mais quand tu *en* as une fois trouvé un, accorde-lui une sincère et solide amitié.

Ce noble sentiment a été sanctionné par tous les philosophes ; il est consacré par la religion. Nous en rencontrons *de beaux exemples* dans l'Écriture : « L'âme de Jonathas s'unit étroitement à l'âme de David ; Jonathas l'aima comme son âme. » *Qui* n'a été touché de la tendre affection du Rédempteur pour son disciple bien aimé, quand l'évangéliste nous le représente tenant sur son sein la tête de Jean qui dormait, et quand, du haut de la croix, avant d'expirer, il prononça ces divines paroles qui sont *tout amour* fraternel et amitié : « Ma mère, voilà votre fils; disciple, voilà votre mère ! »

SILVIO PELLICO.

79ᵉ Exercice.

LE VÉRITABLE PATRIOTE.

Pour aimer la patrie avec un sentiment véritablement élevé, nous devons *commencer par* lui donner en nous-mêmes des citoyens *dont* elles n'*ait* point à rougir, *dont* elle *puisse* au contraire se faire honneur. Tourner en dérision la religion et les bonnes mœurs, et aimer dignement la patrie, *c'est* choses incompatibles. Si un homme *fait outrage* aux autels, à la sainteté du lien conjugal, à la décence, à la probité, et puis *vient crier :* « Patrie ! patrie ! » ne le croyez pas ; c'est un hypocrite de patriotisme, c'est un très-mauvais citoyen.

Il *n'y a* de bon patriote *que* l'homme vertueux, l'homme qui comprend et aime tous ses devoirs, et se fait une étude de les suivre.

Celui-là jamais ne se confond ni avec l'adulateur des puissants, ni avec l'ennemi acharné de toute autorité. Être servile et être irrévérent sont deux excès pareils.

S'il occupe un emploi du gouvernement, *soit* civil, *soit* militaire, *son but* n'est pas sa propre fortune, mais bien l'honneur et la prospérité du prince et du peuple.

S'il est simple particulier, l'honneur et la prospérité du prince et du peuple sont également l'objet de ses plus ardents désirs, et il ne fait rien qui s'y oppose ; il fait au contraire tout ce qu'il peut pour y contribuer.

Il sait que, dans toutes les sociétés, *il y a* des abus ; il désire que ces abus *soient corrigés*, mais il a horreur de la fureur de ceux qui voudraient les corriger avec des rapines et de sanglantes vengeances, parce que, de tous les abus, ceux-là sont *les plus* terribles et *les plus* funestes.

Il n'invoque pas, il ne suscite pas les dissensions civiles ; il est au contraire, autant qu'il peut, par son exemple et ses discours, le modérateur des esprits exagérés, l'éloquent avocat de l'indulgence et de la paix. Il ne cesse d'être un agneau que lorsque la patrie en danger a besoin d'être défendue ; alors il devient un lion, *il* combat et triomphe, ou meurt.

SILVIO PELLICO.

80ᵉ Exercice.

L'AMOUR DE LA PATRIE.

Aimer sa patrie, *c'est* faire tous ses efforts pour qu'elle *soit* redoutable au dehors et tranquille au-dedans. Des victoires ou des traités lui attirent le respect des nations. Le maintien des lois et des mœurs peut seul affermir *sa* tranquillité intérieure ; ainsi, pendant qu'on oppose aux ennemis de l'État des généraux et des négociateurs habiles, il faut opposer à la licence et aux vices qui tendent à tout détruire, des lois et des vertus qui tendent à tout rétablir ; et de là, *quelle foule de devoirs*, aussi essentiels qu'indispensables, pour chaque classe *de citoyens*, pour chaque citoyen en particulier!

O *vous*, qui êtes l'objet de ces réflexions, *vous* qui me faites regretter en ce moment de n'avoir pas une éloquence assez vive pour vous parler dignement des vérités dont je suis pénétré; *vous*, enfin, que je voudrais embraser de *tous* les amours honnêtes, parce que vous n'*en* seriez que plus heureux; *souvenez-vous* sans cesse que la patrie a des droits imprescriptibles et sacrés sur vos talents, sur vos vertus, sur vos sentiments et sur toutes vos actions; qu'en quelque état que vous vous trouviez, vous n'êtes que des soldats en faction, toujours obligés de veiller pour elle et de voler à son secours au moindre danger!

Pour remplir une si haute destinée, il ne suffit pas *de* vous acquitter des emplois qu'elle vous confie, *de* défendre ses lois, *de* connaître ses intérêts, *de* répandre même votre sang dans un champ de bataille ou dans la place publique. Il est pour elle *des ennemis* plus dangereux *que les ligues* des nations et les divisions intestines, *c'est la guerre* sourde et lente, mais vive et continue, que les vices font aux mœurs : *guerre* d'autant plus funeste que la patrie n'a par elle-même aucun moyen de l'éviter ou de la soutenir.

Mais si les âmes honnêtes ne peuvent pas se confédérer contre les hommes faux et pervers, *qu'elles se liguent* du moins en faveur des gens de bien; qu'elles se pénètrent surtout de cet esprit *d'humanité* qui est dans la nature, et qu'il serait temps de restituer à la société, *d'où* nos préjugés et nos passions l'ont banni. Il nous apprendrait *à* n'être pas toujours en guerre les uns avec les autres, *à* ne pas confondre la légèreté de l'esprit avec la méchanceté du cœur, *à* pardonner les défauts, *à* éloigner de nous ces préventions et ces défiances, *sources* funestes de tant de dissensions et de haines. Il nous apprendrait aussi que la bienfaisance s'annonce moins par une protection distinguée et des libéralités éclatantes, *que par le sentiment* qui nous intéresse aux malheureux.

Vous voyez *tous les jours* des citoyens qui gémissent dans l'infortune, d'autres qui n'ont besoin que d'un mot de consolation et d'un cœur qui se pénètre de leurs peines, et vous demandez si vous pouvez être utiles aux hommes, et vous demandez si la nature nous a donné des compensations pour les maux dont elle nous afflige! Ah! si vous saviez *quelle douceur* elle répand dans les âmes qui suivent ses inspirations! Si jamais vous arrachez un homme de bien à l'indigence, au trépas, au déshonneur, *j'en prends à témoin* les émotions que vous éprouverez; vous verrez alors qu'il est dans la vie *des moments* d'attendrissement qui *rachètent* des années de peines. C'est alors que vous aurez pitié de ceux qui s'alarmeront de vos succès, ou qui les oublieront après en avoir recueilli le fruit... On a dit quelquefois : « Celui qui rend un service doit l'oublier; celui qui le reçoit, s'en souvenir »; et *moi* je vous dis que le second s'en souviendra, si le premier l'oublie. Et *qu'importe* que je me trompe? *Est-ce* par intérêt *qu'on* doit faire le bien?

J.-J. BARTHÉLEMY.

81ᵉ Exercice.

L'EXILÉ.

Il *s'en allait* errant sur la terre. *Que* Dieu guide le pauvre exilé!

J'ai passé *à travers* les peuples et ils m'ont regardé, et je les ai *regardés* et nous ne nous sommes point *reconnus*. L'exilé partout est seul.

Lorsque je voyais, au déclin du jour, s'élever du creux d'un vallon la fumée de quelque chaumière, je me disais : *Heureux celui* qui retrouve le soir le foyer domestique, et s'y assied au milieu des siens! L'exilé partout est seul.

Où vont ces nuages que chasse *la tempête?* Elle me chasse *comme eux* et *qu'importe où?* L'exilé partout est seul.

Ces arbres sont beaux, ces fleurs sont belles; mais *ce ne sont* point les fleurs ni les arbres de mon pays; ils ne me disent rien. L'exilé partout est seul.

Ce ruisseau coule mollement dans la plaine; mais son murmure n'est pas celui qu'entendit mon enfance; il ne rappelle à mon âme aucun souvenir. L'exilé partout est seul.

Ces chants sont doux, mais les tristesses et les joies qu'ils réveillent ne sont ni mes tristesses ni mes joies. L'exilé partout est seul.

On m'a demandé : Pourquoi pleurez-vous? Et, quand je l'ai dit, nul n'a pleuré, parce qu'on ne me comprenait point. L'exilé partout est seul.

J'ai vu des vieillards entourés d'enfants, *comme l'olivier* de ses rejetons; mais aucun de ces vieillards ne m'appelait *son fils*, aucun de ces enfants ne m'appelait *son frère*. L'exilé partout est seul.

J'ai vu des jeunes filles *sourire*, d'un sourire aussi pur *que la brise du matin*, à celui que leur amour s'était choisi *pour époux*, mais *pas une* ne m'a souri. L'exilé partout est seul.

J'ai vu des jeunes hommes, poitrine contre poitrine, *s'étreindre* comme s'ils avaient voulu de deux vies ne faire qu'une vie ; mais pas un ne m'a serré la main. L'exilé partout est seul.

Pauvre exilé! cesse *de gémir* ; tous sont bannis *comme toi* ; tous voient *passer* et *s'évanouir* pères, frères, épouses, amis.

La patrie n'est point ici-bas ; l'homme vainement l'y cherche ; ce qu'il prend *pour elle* n'est qu'un gîte d'une nuit.

Il s'en va errant sur la terre. Que Dieu guide le pauvre exilé!

LAMENNAIS.

82ᵇ Exercice.

LA JEUNE FILLE ET SA MÈRE.

C'était une nuit d'hiver! Le vent soufflait au dehors et la neige blanchissait les toits.

Sous un de ces toits, dans une chambre étroite, étaient assises, *travaillant* de leurs mains, une femme à cheveux blancs et une jeune fille.

Et, de temps en temps, la vieille femme réchauffait à un petit brasier ses mains pâles. Une lampe *d'argile* éclairait cette pauvre demeure, et un rayon de la lampe *venait expirer* sur une image de la Vierge, suspendue au mur.

Et la jeune fille, levant les yeux, regarda en silence, pendant quelques moments, la femme à cheveux blancs ; puis elle lui dit : *Ma mère*, vous n'avez pas toujours été dans ce dénûment?

Et *il y avait* dans sa voix une douceur et une tendresse inexprimables.

Et la femme à cheveux blancs répondit : Ma fille, Dieu est le maître ; ce qu'il fait est bien fait.

Ayant dit ces mots, elle se tut un peu de temps, ensuite elle reprit :

Quand je perdis votre père, ce fut une douleur que je crus sans consolation ; cependant, vous me restiez, mais je ne sentais qu'une chose alors.

Depuis, j'ai pensé que s'il vivait et *qu'il* nous *vit* en cette détresse, son âme se briserait ; et j'ai reconnu que Dieu avait été bon envers lui.

La jeune fille ne répondit rien ; mais elle baissa la tête et quelques larmes, qu'elle s'efforçait de cacher, tombèrent sur la toile qu'elle tenait entre ses mains.

La mère ajouta : Dieu qui a été bon envers lui, a été bon aussi envers nous. De quoi avons-nous manqué, tandis que d'autres manquaient de tout?

Il est vrai qu'il a fallu nous habituer à peu, et *ce peu, le gagner* par notre travail; mais ce peu ne suffit-il pas? Et tous n'ont-ils pas été, dès le commencement, *condamnés* à vivre de leur travail?

Dieu, dans sa bonté, nous a *donné* le pain de chaque jour, et combien ne l'ont pas, combien ne savent où se retirer?

Il vous a, ma fille, *donnée* à moi; de quoi me plaindrais-je?

A ces dernières paroles, la jeune fille tout émue tomba aux genoux de sa mère, prit ses mains, les baisa et se pencha sur son sein en pleurant.

Et la mère, faisant un effort pour élever la voix : Ma fille, *dit-elle*, le bonheur n'est pas de posséder beaucoup, mais d'espérer et d'aimer beaucoup.

Notre espérance n'est pas ici-bas, *ni notre amour non plus*, ou, s'il y est, ce n'est qu'en passant.

Après Dieu, vous m'êtes tout en ce monde; mais ce monde s'évanouit, *comme un songe*, et *c'est pour quoi* mon amour s'élève avec vous vers un autre monde.

Lorsque je vous portais dans mon sein, un jour je priai avec plus d'ardeur la vierge Marie, et elle m'apparut pendant mon sommeil, et *il me semblait* qu'avec un sourire céleste elle me *présentait* un petit enfant.

Et je pris l'enfant qu'elle me présentait, et lorsque je le tins dans mes bras, la vierge Marie posa sur sa tête une couronne de *de roses* blanches.

Peu de mois après vous naquîtes, et la douce vision *était toujours* devant mes yeux.

Ce disant, la femme aux cheveux blancs tressaillit et serra sur son cœur la jeune fille.

A quelque temps de là, une âme sainte vit deux formes lumineuses *monter* vers le ciel, et une troupe d'anges les *accompagnait*, et l'air retentissait de leurs chants d'allégresse.

LAMENNAIS.

83ᵉ Exercice.

A UNE JEUNE FILLE.

Que te dirai-je, *jeune fille* au front serein, au regard calme ou joyeux ? Tu es jolie. *Est-ce* un bien, *est-ce* un mal? L'avenir te l'apprendra. L'avenir, pauvre enfant! *il* est gros *d'orages* que tu ne vois pas, et *plus* je te contemple, *plus* je te prends en pitié ; car, de même que de distance en distance quelques-unes des fleurs que tu portes et trouves si riantes et si belles, tes plus riantes illusions t'abandonneront à ton insu, et lorsqu'il sera trop tard pour les retenir.

Alors, le souvenir de ton âge, *tout* fait de joie et d'insouciance, de ton âge, qui te donne un bonheur d'autant plus grand que tu ne cherches pas à l'approfondir, sera dans ta vie *ce qu'est* dans un verre d'eau une goutte d'huile ; elle surnage toujours. À trente, à quarante, à soixante ans encore, tu regretteras ton adolescence, et tu diras : « *Que* n'ai-je encore quinze ans! » Cet âge est celui que la femme ne devrait jamais cesser d'avoir. — Car alors l'amour d'une mère lui suffit, et *fût-elle* laide, elle est presque jolie de grâce et de fraîcheur.

Car alors nulle émotion n'est émoussée en elle, nulle peine n'est prévue! Oh! *n'est-ce pas*, jeune fille, que chacune de tes nuits est une nuit de sommeil? que chacun de tes jours est un jour de bonheur?... et que ton plus grand chagrin ne t'est jamais venu que d'une fête manquée, d'une leçon mal apprise ou d'une robe déchirée?... N'est-ce pas que des arbres *à secouer*, des fleurs *à effeuiller*, des rochers *à gravir*, des oiseaux pour chanter avec toi, et ta mère pour te bénir le soir, te font des jours dont tu ne comprendras tout le prix que lorsque tu les auras *perdus?* Oh! garde, garde longtemps, ce trésor d'ignorance, *dont* un monde jaloux te dépouillera, pour qu'il ne *soit* pas dit qu'une créature humaine *puisse* traverser la vie, *le bonheur* dans les yeux, *le sourire* sur les lèvres et *la vertu* dans le cœur...

Oh! *que si* je t'avais *pour fille*, je te garderais du monde! de ce monde, dont le souffle ternit tout, alors qu'il ne tue pas! *Que* je voudrais prolonger ton enfance, tes jeux, et te voir conserver longtemps cette douce gaucherie, première *grâce* de la jeunesse!

Ceux qui te regardent ne voient que tes yeux brillants, ton front uni comme une glace et ton frais sourire ; mais moi, à qui la vie ouvrit ses sources empoisonnées, à l'âge où tout encore est joie et bonheur, je vois ton front *s'assombrir*, tes contours gracieux *s'amaigrir*, et tes yeux *se mouiller* de ces pleurs qui leur font un cercle bleuâtre, *dont* les baisers d'une mère ne peuvent effacer la trace. Oui, jeune fille, si tu étais mienne, je ne te conduirais pas dans les bals et les fêtes ; je n'apâlirais point sous des guirlandes *de fleurs* ton front de seize ans; je ne t'exposerais pas à ces regards qui enseignent *à rougir*, à ces mots qui, se glissant dans le cœur, *comme le ver* dans le bouton de rose, y font germer la mort avant que la vie y *soit* développée. Je n'apprendrais pas à ta bouche à dire *non*, quand ton cœur dirait *oui*. Je ne façonnerais pas ton âme pure et confiante à tous les vices, pour lui donner tout les semblants de la vertu. Je ne te dirais pas surtout : « Tu es belle, ma fille, et le monde te regarde ! »

Je te ferais pieuse et craintive, franche et dévouée; je t'apprendrais à croire le bien plutôt que le mal, et à beaucoup pardonner. Puis, *chaque soir*, quand à mes genoux tu ferais ta prière, j'ajouterais bien bas : « Mon Dieu! épaississez autour d'elle le nuage qui lui cache le monde! »

Mᵐᵉ MÉLANIE WALDOR.

84ᵉ Exercice.

LA BONTÉ.

La bonté est la vertu primitive, elle existe par un mouvement spontané ; et, *comme* elle seule est véritablement nécessaire au bonheur général, elle seule est *gravée* dans le cœur, tandis que les devoirs qu'elle n'inspire pas sont *consignés* dans les codes, que la diversité des pays et des circonstances peut modifier ou présenter trop tard à la connaissance des peuples. L'homme bon est de tous les temps et de toutes les nations ; il n'est pas même dépendant du degré de civilisation du pays qui l'a vu naître ; *c'est* la nature morale dans sa pureté, dans son essence ; c'est *comme* la beauté dans la jeunesse, où tout est bien sans effort. La bonté existe en nous *comme le principe* de la vie, sans être l'effet de notre propre volonté; elle semble un don du ciel, *comme toutes les facultés;* elle agit sans se faire connaître, et *ce n'est* que par la comparaison *qu'*elle apprend sa propre valeur. Jusqu'à ce qu'il eût rencontré le méchant, l'homme bon n'a pas dû croire à la possibilité d'une manière d'être différente de la sienne propre. La triste connaissance du cœur humain fait, dans le monde, de l'exercice de la bonté un plaisir plus vif ; on se sent plus nécessaire, en se voyant si peu *de rivaux*, et cette pensée anime à l'accomplissement d'une vertu *à laquelle* le malheur et le crime offrent tant de maux à réparer.

La bonté recueille aussi toutes les véritables jouissances du sentiment ; mais elle *diffère de lui* par cet éminent caractère où se retrouve toujours le secret du bonheur ou du malheur de l'homme : elle ne veut, n'attend rien des autres, et place sa félicité *tout* entière dans ce qu'elle éprouve. Elle ne se livre pas à un seul mouvement personnel, pas même au besoin d'inspirer un sentiment réciproque, et ne jouit que de ce qu'elle donne.

S'il était vrai que, dans la nature des choses, il se *fût rencontré* des obstacles à la félicité parfaite que l'Être suprême aurait voulu donner à ses créatures, la bonté *continuerait* l'intention de la Providence, elle ajouterait pour ainsi dire à son pouvoir.

Qu'il est heureux celui qui a sauvé la vie d'un homme ! il ne peut plus croire à l'inutilité de son existence, il ne peut plus être fatigué de lui-même. Qu'il est plus heureux encore celui qui a assuré la félicité de l'un de ses semblables ! On ne sait pas ce qu'on donne en sauvant la vie ; mais en vous arrachant à la douleur, en renouvelant la source de vos jouissances, on est certain d'être votre bienfaiteur.

Il n'est au pouvoir d'aucun événement de *rien* retrancher au plaisir que nous a valu la bonté. L'amour pleure souvent ses propres sacrifices, l'ambition voit *en eux* la cause de ses malheurs ; la bonté, n'ayant voulu que le plaisir même de son action, ne peut jamais s'être *trompée* dans ses calculs. Elle n'a rien à faire avec le passé ni l'avenir : une suite d'instants présents composent sa vie ; et son âme, constamment en équilibre, ne se porte jamais avec violence sur une époque, ni sur une idée ; ses vœux et ses efforts se répandent également sur chacun de ses jours, parce qu'ils appartiennent à un sentiment toujours le même et toujours facile à exercer.

Mme DE STAEL.

85e Exercice.

L'ÉGOÏSME.

Il semble que l'égoïsme *fait* le *fond* de toutes les passions, de tous les vices, de tous les mouvements coupables de notre cœur.

L'égoïste voit quelque avantage dans la probité, et il *en* a ; mais il *en* a tout juste ce qu'il *en* faut pour n'être pas réputé *en* manquer.

Il n'a pas dans ses manières la grossièreté que l'on devrait attendre d'un homme occupé de lui seul ; il sent, au contraire, le besoin de cacher la dureté de son âme sous des dehors prévenants ; mais sa politesse n'est ni l'envie de plaire ni celle de servir : elle se réduit à ces frivoles attentions qui coûtent peu et qui n'engagent à rien.

Il est habituellement froid et indifférent pour tout ce qui ne le regarde pas ; il devient cruel dès que son intérêt *l'*exige, mais sa cruauté éclate bien plus par des refus que par des violences ; il use sans pitié de ses droits. Une seule idée l'occupe : c'est l'utilité qu'il peut tirer des choses, des lieux et des hommes ; elle l'occupe dans un désastre public ; elle l'occupe au pied du lit de mort de son père ; au moment où le vieillard expire, son imagination parricide entre en possession de l'hérédité.

L'égoïste peut prendre de l'affection, mais il ne se marie pas ; il ne voit dans le mariage que des embarras qu'il redoute. Il se *mariera* pourtant si vous voulez le rendre riche et puissant; alors sa femme et ses enfants devront s'occuper de son bonheur.

Voilà comment il espère ; *voici* comment il est ami. Vous épanchez dans son sein un cœur dévoré de chagrins ; s'il a éprouvé quelques-uns de ces chagrins, il se dira : « J'ai été dans cette situation-là et je n'y suis plus. » *C'est* ainsi *qu'il* tirera un plaisir pour lui-même de la douleur dont il est le confident, et voilà tout ce que vos peines auront remué dans son âme.

Il ne voit dans tout ce qu'on *appelle* belles *actions* que des traits de dupe qu'un homme prudent ne fait pas ; *dans les parents*, que des gens dont on attend des successions et avec qui malheureusement on les partage ; *dans tous les hommes*, que des êtres plus ou moins semblables à lui, et par conséquent de qui il ne faut rien attendre. *Tel* est l'égoïste.

LACRETELLE aîné.

86e Exercice.

DE LA BONTÉ ENVERS LES SERVITEURS.

Lorsque les maîtres traitent leurs serviteurs avec *bonté*, qu'ils adoucissent pour eux l'amertume de leur dépendance et la rigueur de leur condition par des égards, des attentions affectueuses, ils *se les* attachent pour la vie, et *en* font d'autres membres de la famille. Les serviteurs de tels maîtres, à qui le joug est ainsi rendu plus léger, *en* deviennent plus disposés à l'obéissance d'abord, ensuite à cet amour qui naît d'un sentiment, d'une bonté journellement exercée envers eux. Ces bons serviteurs vieillissent avec les maîtres, dont ils sont les confidents, dont ils possèdent et gardent religieusement les secrets *comme tous ceux* de la famille elle-même, en un mot, dont ils sont les véritables amis ; ils s'en regardent comme inséparables autrement que par la mort. L'adversité de ceux avec lesquels ils ont longtemps vécu les retiendrait *plutôt près d'eux* qu'elle n'aurait la puissance de les en éloigner.

L'habitude de la douceur, de la bonté chez les maîtres, de la régularité, de la probité chez les serviteurs, forme *à la longue* ce lien d'affection réciproque qui finit par devenir assez fort pour ne pouvoir plus être rompu. Ce n'est pas tout : si le sentiment des égards que les maîtres ont pour ceux qui se consacrent à leur service se transmet héréditairement en quelque sorte aux enfants des premiers, les seconds aussi continuent *à ne voir* dans les enfants que les parents eux-mêmes. Ils les aiment, ils les soignent plus encore par inclination *que par devoir* ; ils se réjouissent de leurs progrès, de leurs succès ; quelquefois même ils s'en montrent fiers comme si ces succès étaient leur propre ouvrage. D'un autre côté, de tels enfants ne sont point ingrats : accoutumés dès leurs plus tendres années au dévouement des serviteurs de leurs parents, ils contractent naturellement de l'affection pour eux, et, *parvenus* à l'âge de la reconnaissance efficace, ils *paient* aux derniers ans de ces vieux amis, avec usure et sans effort, les soins que leur jeune âge en a *reçus*.

BILLECOCQ.

87e Exercice.

LE NÈGRE.

Cruauté et Désespoir.

« Travaille donc, *esclave*. — Je me repose *un moment*. — Travaille. — La chaleur du jour m'accablait ; j'ai cru... » Aussitôt le bâton est levé ; le nègre malheureux tombe ; les coups redoublent et le sang coule.

Sa compagne était auprès de lui, et elle tenait son enfant entre ses bras. L'enfant pleura quand il vit frapper son père : la femme ne disait rien, elle *y* était *habituée.*

Le colon s'éloigne ; Pierre tourna ses regards vers le rivage, le contempla *quelque temps* et attendit le soir.

Le soir vint. Il ne rentra point à la case ; il s'échappa furtivement et monta sur un rocher élevé qui dominait la mer. Il s'assit en silence. Il n'était pas encore *nuit ;* le beau ciel de la Martinique se parsemait *d'étoiles,* le bruit des flots qui battaient le rivage troublait seul le repos de l'île ; on entrevoyait dans l'éloignement la voile d'un navire et l'on entendait même la proue rapide qui fendait le sein des ondes. Pierre commença sa dernière chanson.

« Bientôt je *jetterai* les fers qui chargent mes mains, et je chercherai la liberté au fond de la mer.

« Continue ta route, *navire* que j'aperçois de loin, sillonne le vaste Océan. Tu vogues, favorisé par un vent protecteur ; mais le vent peut changer ; l'orage peut se former et te menacer du naufrage. Ah ! si tu portes des Européens, *puisses-tu* rencontrer un écueil ; *que* tu t'y brises et que les matelots s'engloutissent avec toi ! Moi et eux, nous nous retrouverons alors ;

« Car bientôt je jetterai les fers qui chargent mes mains et je chercherai la liberté au fond de la mer.

« *Idée* riante et douloureuse qui se présente rapidement à mon imagination ! Aurais-tu par hasard quelques-uns de mes frères à ton bord ? Des nègres gémiraient-ils, resserrés dans ta cale fétide, attachés, comme je l'ai été moi-même par un lourd collier de fer ? Oh ! *que* je voudrais les distinguer du haut du rocher où je suis assis ! *Que* je voudrais les saluer de la main et du regard ! Ceux-là sont mes amis, mes compatriotes ; que les vagues les épargnent et qu'ils regagnent sur une planche *bienfaitrice* le doux pays *dont* ils sont exilés. *Qu'ils vivent !*

« Moi je jetterai bientôt les fers qui chargent mes mains, et je chercherai la liberté au fond de la mer.

« Je fus enlevé jeune à ce doux pays, objet sacré de mon amour. Je me *rappelle* que mon père, ma mère, mes sœurs furent *massacrés* à mes côtés, que leur sang ruissela sur moi. Je me rappelle encore que, la main étendue sur leurs cadavres *palpitants*, je jurai haine éternelle aux Européens ; je jurai une guerre d'extermination aux assassins de ma famille. Je ne croyais pas mourir sans avoir tenu mon serment ; cependant l'heure est arrivée.

« Je jetterai bientôt les fers qui chargent mes mains, et je chercherai la liberté au fond de la mer.

« *Adieu donc tout ce* que j'ai de plus cher au monde ; *adieu, toi* qui fus la compagne fidèle de mes maux ; *adieu, mon enfant, toi* qu'un bourreau me défendait *de caresser,* toi qui ne grandiras sans doute que pour venir, *comme ton père,* t'asseoir sur ce rocher funeste et te précipiter dans les flots ! Pauvre orphelin, s'il est écrit dans le ciel que tel sera ton sort, dis aussi en mourant :

« Je jetterai bientôt les fers qui chargent mes mains, et je chercherai la liberté au fond de la mer (*). »

M. FONTAN.

88ᵉ Exercice.

LA BIENFAISANCE.

Hommes, soyez humains, *c'est* votre premier devoir. Soyez-*le* pour tous les états, pour tous les âges, pour tout ce qui n'est pas étranger à l'homme. Quelle sagesse *y a-t-il* pour vous hors de l'humanité ?

L'occasion de faire des heureux est plus rare qu'on ne pense ; la punition de l'avoir *manquée* est de ne la plus retrouver, et l'usage que nous en faisons nous laisse un sentiment éternel de contentement ou de repentir.

Ce n'est pas *d'argent* seulement qu'ont besoin les infortunés, et *il n'y a que* les paresseux de bien faire qui ne *sachent* faire du bien que *la bourse à la main*. Les consolations, les conseils, les soins, les amis, la protection, sont autant de ressources que la commisération laisse au défaut des richesses, pour le soulagement de l'indigent. Souvent les opprimés ne *le* sont, que parce qu'ils manquent *d'organe* pour faire entendre leurs plaintes. Il ne s'agit quelquefois que d'un mot qu'ils ne peuvent dire, d'une raison qu'ils ne savent point exposer, de la porte d'un grand qu'ils ne peuvent franchir. L'intrépide appui de la vertu désintéressée suffit pour lever une infinité d'obstacles ; et l'éloquence d'un homme de bien peut effrayer la tyrannie au milieu de toute sa puissance. Si vous voulez donc être homme en effet, apprenez *à redescendre*. L'humanité, *comme* une eau pure et salutaire, *va fertiliser* les lieux bas, elle cherche toujours le niveau ; elle laisse à sec ces roches arides qui menacent la campagne, et ne donnent qu'une ombre nuisible ou des éclats pour écraser leurs voisins.

Il n'y a que l'exercice continuel de la bienfaisance qui *garantisse* les meilleurs cœurs de la contagion des ambitieux ; un tendre intérêt au malheur d'autrui sert à mieux en trouver la source, et à s'éloigner en tous sens des vices qui les ont *produits*.

(*) Le but de ce morceau est d'exciter la commisération en faveur de cette race malheureuse que les cruautés de maîtres barbares et impitoyables réduisent au désespoir.

S'il est des bénédictions humaines que le ciel daigne exaucer, ce ne *sont* point celles qu'arrachent la flatterie et la bassesse en présence des gens qu'on loue, mais *celles* que dicte en secret un cœur simple et reconnaissant. *Voilà l'encens* qui plaît aux âmes bienfaisantes.

Un homme bienfaisant satisfait mal son penchant au milieu des villes, il ne trouve presque *à exercer* son zèle que pour des intrigants et pour des fripons.

Il ne serait pas plus aisé à une âme sensible et bienfaisante *d'être* heureuse en voyant des misérables, qu'à l'homme droit de conserver sa vertu toujours pure *en vivant* sans cesse au milieu des méchants. Une âme de ce caractère n'a point cette pitié barbare qui se contente de détourner les yeux des maux qu'elle pourrait soulager ; elle *les* va chercher pour les guérir. C'est l'existence et non la vue des malheureux qui la tourmente ; il ne lui suffit point de ne point savoir *qu'il y en a ;* il faut pour son repos qu'elle *sache* qu'il n'y en a pas, du moins autour d'elle : car *ce* serait sortir des termes de la raison *que de faire dépendre* son bonheur de celui de tous les hommes.

Nul honnête homme ne peut jamais se vanter d'avoir du loisir, tant qu'il y aura du bien *à faire,* une patrie *à servir,* des malheureux *à soulager.*

Les premiers besoins, ou du moins *les plus* sensibles, sont ceux d'un cœur bienfaisant ; et, tant que quelqu'un manque du nécessaire, quel honnête homme a du superflu ?

Il n'y a que les infortunés *qui* sentent le prix des âmes bienfaisantes.

J.-J. ROUSSEAU.

89ᵉ Exercice.

LA DURETÉ ENVERS LES INDIGENTS.

On accompagne souvent la miséricorde de tant *de dureté* envers les malheureux ; en leur tendant une main secourable, on leur montre un visage *si* dur et *si* sévère, qu'un simple refus *eût été* moins accablant pour eux *qu'une charité* si sèche et si farouche ; car la pitié qui paraît touchée de leurs maux, les console presque autant que *la libéralité* qui les soulage. On *leur* reproche *leur* force, *leur* paresse, *leurs* mœurs errantes et vagabondes ; on *s'en prend* à eux de leur indigence et de leur misère ; et, en les secourant, on *achète* le droit de *les* insulter.

Mais s'il était permis à ce malheureux que vous outragez

de vous répondre ; si l'abjection de son état n'avait pas mis le frein de la honte et du respect sur sa langue : « *Que* me re-prochez-vous? vous dirait-il ; *une vie* oiseuse et *des mœurs* inutiles et errantes? Mais *quels* sont les soins qui vous occu-pent dans votre opulence? *les soucis* de l'ambition, *les inquié-tudes* de la fortune, *les mouvements* de la volupté! Je puis être un serviteur inutile : n'êtes-vous pas *vous-même* un ser-viteur infidèle? Ah! si les plus coupables étaient les plus pau-vres et les plus malheureux ici-bas, votre destinée aurait-elle *quelque chose* au-dessus de la mienne? Vous me reprochez des forces dont je ne me sers pas ; mais quel usage faites-vous des vôtres? Je ne devrais pas manger, parce que je ne travaille point : mais êtes-vous dispensé vous-même de cette loi? N'êtes-vous riche que pour vivre dans une indigne mol-lesse? Ah! Dieu jugera entre vous et moi; et devant son tri-bunal redoutable, on verra si vos voluptés et vos profusions vous étaient plus permises *que l'innocent artifice* dont je me sers pour trouver du soulagement à mes peines. »

Offrons du moins aux malheureux des cœurs sensibles à leurs misères; adoucissons du moins par notre humanité le joug de l'indigence, si la médiocrité de notre fortune ne nous permet pas *d'en* soulager tout à fait nos frères. Hélas! on donne dans un spectacle des larmes aux aventures chimériques d'un personnage de théâtre; on honore des malheurs feints d'une véritable sensibilité; on sort d'une représentation, *le cœur* encore tout ému du récit de l'infortune d'un héros fabu-leux ; et votre frère, que vous rencontrez au sortir de là, cou-vert de plaies et qui veut vous entretenir de l'excès de ses peines, vous trouve insensible, et vous détournez vos yeux de ce spectacle de religion! et vous ne daignez pas l'entendre, et vous l'éloignez même rudement et achevez de lui serrer le cœur de tristesse! Ame inhumaine! avez-vous donc laissé toute votre sensibilité sur un théâtre? Le spectacle d'un homme souffrant n'offre-t-il rien qui *soit* digne de votre pitié?

MASSILLON.

90ᵉ Exercice.

DEVOIRS DES RICHES ENVERS LES PAUVRES.

Il me semble en ce moment *entendre* la voix de Dieu qui me dit comme autrefois au prophète : Prêtre du Dieu vivant, que voyez-vous? — Seigneur, je vois, et je vois avec consola-tion un nombre prodigieux *de grands*, *de riches* émus, touchés pour la première fois du sort des misérables. — Passez à un autre spectacle ; percez ces murs, percez ces voûtes, que voyez-vous ?— Une foule *d'infortunés*, plus malheureux peut-être *que coupables*. Ah ! j'entends leurs murmures confus, ces plaintes de la misère délaissée, ces gémissements de l'innocence méconnue, ces hurlements du désespoir. *Qu'ils sont perçants !* mon âme *en* est *déchirée.* — Descendez : que trouvez-vous ?— *Une clarté* funèbre, *des tombeaux* pour habitation , l'enfer au-dessous, une nourriture qui sert autant à prolonger les tourments que la vie, un peu de paille éparse çà et là, quelques haillons, des cheveux hérissés, des regards farouches , des voix sépulcrales qui s'exhalent en sanglots comme de dessous terre ; les contorsions de la rage, des fantômes hideux se dé-battant dans des chaînes... ; des hommes..., l'effroi des hommes. — Suivez ces victimes désolées jusqu'au lieu de leur immolation : que découvrez-vous ? — Au milieu d'un peuple immense, *la mort* sur un échafaud , armée de tous les ins-truments de la douleur et de l'infamie. Elle frappe : *quelle consternation* de toutes parts ! quelle terreur ! un seul cri de l'humanité entière et point de larmes. — Comparez à présent ce que vous avez vu de part et d'autre, et concluez vous-même. — Seigneur, plus je considère attentivement et plus je trouve que la compensation est exacte. Je vois un protecteur pour chaque opprimé, un riche pour chaque pauvre, un libé-rateur pour chaque captif, ils sont même presque en pré-sence les uns des autres ; il n'y a qu'un mur entre eux et le cœur des riches. *Un prodige* de votre part, ô mon Dieu, et la charité ne fera bientôt plus de ces deux visions qu'une seule vision. Le prodige *s'opère :* les riches nous abandonnent ; ils se précipitent vers les prisons, ils fondent dans les cachots. Il n'y a plus *de* malheureux, il n'y a plus *de* débiteurs, il n'y a plus *de* pauvres. *Restent* seulement quelques criminels dé-voués au glaive de la justice pour l'intérêt général de la so-ciété, dont ils ont violé les lois les plus sacrées ; mais du moins consolés, mais soulagés, mais disposés à recevoir leur supplice en esprit de pénitence et la mort même en sacrifice d'expiation , ces monstres vont mourir *en chrétiens. C'en est fait :* aux approches de la charité tous ces objets lugubres qui affligeaient l'humanité *ont disparu*, et je ne vois plus que les cieux ou-verts, où seront admises ces âmes véritablement divines, puis-qu'elles sont miséricordieuses, dignes de régner éternellement avec vous, ô le rédempteur des captifs ! ô le consolateur des affligés ! ô le père des pauvres ! ô le Dieu des miséricordes !

L'abbé POULLE.

91ᵉ Exercice.

L'OUBLI ET L'ABANDON DES PAUVRES.

Combien de pauvres *sont oubliés!* combien *demeurent* sans secours et sans assistance! *Oubli* d'autant plus déplorable, que de la part des riches il est volontaire et par conséquent criminel. Je m'explique : combien de malheureux réduits aux dernières rigueurs de la pauvreté et que l'on ne soulage pas, parce qu'on ne les connaît pas et qu'on ne veut pas les connaître! Si l'on savait l'extrémité de leurs besoins, on aurait pour eux, malgré *soi*, sinon de la charité, au moins de l'humanité. A la vue de leurs misères, on rougirait de ses excès, on aurait honte de ses délicatesses, on se reprocherait ses folles dépenses, et l'on *s'en* ferait avec raison des crimes. Mais parce qu'on ignore ce qu'ils souffrent, parce qu'on ne veut pas s'en instruire, parce qu'on craint d'en entendre parler, parce qu'on les éloigne de sa présence, on croit *en être quitte* en les oubliant; et, *quelque* extrêmes *que soient* leurs maux, on y devient insensible.

Combien de véritables pauvres, que l'on rebute comme s'ils ne l'étaient pas, sans qu'on se donne et qu'on *veuille* se donner la peine de discerner s'ils *le* sont en effet! Combien de pauvres dont les gémissements sont trop faibles pour venir jusqu'à nous, et dont on ne veut pas s'approcher pour se mettre en devoir de les écouter! Combien de pauvres abandonnés! Combien de désolés *dans les prisons!* Combien de languissants *dans les hôpitaux!* Combien de honteux *dans les familles* particulières! Parmi ceux qu'on connaît *pour pauvres*, et dont on ne peut ni ignorer ni même oublier le douloureux état, combien sont négligés! Combien sont durement traités! Combien manquent de tout pendant que le riche est dans l'abondance, dans le luxe, dans les délices! S'il n'y avait point *de jugement* dernier, *voilà ce* que l'on pourrait appeler le scandale de la Providence : la patience des pauvres outragée par la dureté et par l'insensibilité des riches.

BOURDALOUE.

92ᵉ Exercice.

DE LA BIENVEILLANCE.

Derniers avis d'un père proscrit à sa fille.

Ma chère enfant, si mes caresses, si mes soins ont pu,

dans ta première enfance, te consoler quelquefois, *puissent* ces conseils, dictés par ma tendresse, être *reçus* de la tienne avec une douce confiance et contribuer à ton bonheur!

Dans quelque situation *que* tu *sois*, quand tu liras ces lignes que je trace loin de toi, *indifférent* à ma destinée, mais *occupé* de la tienne et de celle de ta mère, songe que rien ne t'en garantit la durée.

Prends l'habitude du travail, non-seulement pour te *suffire* à toi-même sans un service étranger, mais pour que ce travail *puisse* suffire à tes besoins, et que tu puisses être *réduite* à la pauvreté sans *l'*être à la dépendance.....

L'habitude des actions de bonté, *celle* des affections tendres, *est* la source de bonheur *la plus* pure et *la plus* inépuisable. Elle produit un sentiment de paix, une sorte de volupté douce qui répand du charme sur toutes les occupations, et même sur la simple existence.

Prends *de bonne heure* l'habitude de la bienfaisance, mais d'une bienfaisance *éclairée* par la raison, *dirigée* par la justice. Ne te borne pas à donner de l'argent; *sache* aussi donner tes soins, ton temps, tes lumières, et ces affections consolatrices sont souvent plus précieuses *que des secours.* Apprends surtout à l'exercer avec cette délicatesse, avec le respect pour le malheur qui double le bienfait et ennoblit le bienfaiteur à ses propres yeux.

Jouis des sentiments des personnes que tu aimeras, mais surtout jouis des tiens; occupe-toi de leur bonheur, et le tien en sera la récompense. Cette espèce d'oubli de toi-même dans toutes les affections tendres *en* augmente la douceur et diminue les peines de la sensibilité. Si l'on y mêle de la personnalité, on est trop souvent mécontent des autres.

Ne te borne point à ces sentiments profonds qui peuvent t'attacher à un petit nombre *d'individus;* laisse germer dans ton cœur *de douces affections* pour les personnes que les événements, les habitudes de la vie, les goûts, les occupations rapprocheront de toi.

Que celles qui t'auront engagé leurs services ou que tu emploieras *aient* part à ces sentiments de préférence, qui tiennent le milieu entre l'amitié et cette simple bienveillance par laquelle la nature nous a *liés* à tous les êtres de notre espèce.

Ces sentiments délassent et calment l'âme, que des affections trop vives fatiguent et troublent quelquefois. En se défendant d'affections trop exclusives, ils préservent *des fautes* ou *des maux* auxquels leur excès pourrait exposer. Le sort peut nous ravir nos amis, nos parents, ce que nous avons *de* plus cher; nous pourrons être condamnés à leur survivre, à gémir de leur indifférence ou de leur injustice; mais nous ne pouvons les remplacer par d'autres objets; notre âme même s'y refuse; alors ces sentiments, *en quelque sorte* secondaires, n'en remplissent pas le vide, mais empêchent d'en sentir toute l'horreur; ils ne consolent pas, mais ils adoucissent les regrets.

Cette douce sensibilité, qui peut être une source de bonheur, a *pour origine* première ce sentiment naturel qui *nous* fait partager la douleur de tout être sensible. Conserve donc ce sentiment dans toute sa pureté; qu'il ne se borne point aux souffrances des hommes : que ton humanité *s'étende* même sur les animaux. Ne rends point malheureux ceux qui t'appartiendront; ne dédaigne point de t'occuper de leur bien-être; ne sois pas insensible à leur naïve et sincère reconnaissance; ne cause à aucun des douleurs inutiles : c'est une véritable injustice, c'est un outrage à la nature, dont elle nous punit par la dureté de cœur que l'habitude de cette cruauté ne peut manquer de *produire.....*

CONDORCET.

93ᵉ Exercice.

LA MÉDISANCE.

La médisance est un vice que *nulle* circonstance ne saurait jamais excuser; cependant, c'est celui qu'on est le plus ingénieux à *se* déguiser *à soi-même*, et *à qui* le monde et la piété font aujourd'hui plus de grâce. *Ce n'est pas que* le caractère du médisant ne *soit* odieux devant les hommes; mais on ne comprend dans ce nombre que certains médisants d'une malignité plus noire et plus grossière, qui médisent sans art et sans ménagement, et qui, avec assez de malice pour censurer, n'ont pas assez de cet esprit qu'il faut pour plaire.

La langue du détracteur est un feu dévorant qui flétrit tout ce qu'il touche; qui exerce sa fureur sur le bon grain *comme* sur la paille, sur le profane *comme* sur le sacré; qui ne laisse partout où il a passé que la ruine et la désolation; qui creuse jusque dans les entrailles de la terre, et *va s'attacher* aux choses les plus cachées; qui change en de viles cendres ce qui nous avait paru, *il n'y a qu'un moment,* si précieux et si brillant; qui noircit ce qu'il ne peut consumer, et qui sait plaire et briller quelquefois avant de mourir. Il est une sorte de médisants *qui condamnent* la médisance et qui se la permet-

tent; qui déchirent sans égards leurs frères, et qui s'applaudis-
sent encore de leur modération nécessaire, qui portent le
trait jusqu'au cœur, mais, parce qu'il est plus brillant et plus
affilé, ne voient pas la plaie qu'il a *faite.*

La médisance est *un assemblage* d'iniquités : *une envie* basse,
qui, blessée des talents ou de la prospérité d'autrui, *en* fait
le sujet de sa censure, et s'étudie à obscurcir l'éclat de tout ce
qui l'efface ; *une haine* déguisée, qui répand sur ses paroles
l'amertume cachée dans le cœur ; *une duplicité* indigne, qui
loue en face et déchire en secret ; *une légèreté* honteuse, qui
ne sait pas se vaincre et se retenir sur un mot, et qui sacrifie
souvent sa fortune et son repos à l'imprudence d'une censure
qui sait plaire ; *une barbarie* de sang-froid, qui va percer un
frère absent ; *une injustice,* où nous lui ravissons ce qu'il a
de plus cher.

La médisance est un mal inquiet qui trouble la société, qui
jette la dissension dans les cours et dans les villes, qui dé-
sunit les amitiés les plus étroites, qui est la source des haines
et des vengeances, qui remplit tous les lieux où elle entre *de
désordre* et *de confusion :* partout *ennemie* de la paix, de
la douceur, de la politesse. C'est une source pleine d'un venin
mortel ; tout ce qui en part est infecté, et infecte tout ce qui
l'environne. Ses louanges *mêmes* sont empoisonnées ; ses applaudissements malins, son silence criminel, ses gestes, ses
mouvements, ses regards, *tout a* son poison et le *répand* à
sa manière.

MASSILLON.

94ᶜ Exercice.

L'ENVIE.

L'envie est le plus noir et le plus secret effet d'un orgueil
faible, qui se sent ou *diminuer* ou *effacer* par le moindre
éclat des autres, et qui ne peut soutenir la moindre lumière.
C'est le plus dangereux venin de l'amour-propre ; il *commence par* consumer celui qui le vomit sur les autres, et le
porte aux attentats les plus noirs, car l'orgueil naturellement
est entreprenant et veut éclater ; mais l'envie se cache sous
toutes sortes de prétextes et se plaît aux plus sourdes, aux plus
actives menées. La médisance déguisée, les calomnies, les tra-
hisons, tous les mauvais artifices *en* sont l'ouvrage et le partage.

L'envie, *le poison* de tous les cœurs, dit saint Grégoire de
Nazianze, est la plus juste et la plus injuste des passions : *la*

plus injuste, sans doute, car elle attaque les innocents ; *mais la plus juste* tout ensemble, car elle punit le coupable et fait le juste et insupportable supplice de celui qui la nourrit dans son cœur. *Quel* est le sujet de votre envie ? Vous enviez à cet homme son élévation : s'il ne s'acquitte dignement d'un si grand emploi, n'est-il pas plus digne de pitié *que d'envie*, et pouvez-vous lui envier une élévation qui découvre à tout l'univers sa faiblesse déplorable, ou ses emportements furieux, ou ses ignorances grossières ? *Que s'il fait bien* dans un grand emploi, pourquoi portez-vous envie au soleil *de ce qu'il vous* éclaire avec tous les autres ?

Venez plutôt *profiter* du bien qu'il fait à tout l'univers ; profitez de cette belle fontaine qui arrose vos terres *aussi bien que celle* de vos voisins, au lieu de songer à *en* faire tarir *la* source.

BOSSUET.

95ᵉ Exercice.

L'AMBITION.

L'ambition, *ce désir* insatiable de s'élever au-dessus et sur les ruines *mêmes* des autres ; *ce ver*, qui pique le cœur et ne le laisse jamais tranquille ; *cette passion*, qui est le grand ressort des intrigues et de toutes les agitations des cours, qui forme les révolutions des États, et qui donne tous les jours à l'univers de nouveaux spectacles ; *cette passion*, qui ose tout et à laquelle rien ne coûte, rend malheureux celui qui en est possédé.

L'ambitieux ne jouit de rien : *ni de sa gloire*, il la trouve obscure ; *ni de ses places*, il veut monter plus haut ; *ni de sa propriété*, il sèche et dépérit au milieu de son abondance ; *ni des hommages* qu'on lui rend, ils sont empoisonnés par ceux qu'il est obligé de rendre lui-même ; *ni de la faveur*, elle devient amère dès qu'il faut la partager avec ses concurrents ; *ni de son repos*, il est malheureux à mesure qu'il est obligé d'être plus tranquille.

Son ambition, en le rendant ainsi malheureux, l'avilit encore et le dégrade. *Que de bassesses pour parvenir !* Il faut paraître, non pas *tel qu'on est*, mais *tel qu'on nous souhaite. Bassesse* d'adulation, on encense et on adore l'idole qu'on méprise ; *bassesse* de lâcheté, il faut savoir essuyer des dégoûts, dévorer des rebuts et les recevoir presque comme des grâces ; *bassesse* de dissimulation, n'avoir point de sentiment à soi et ne penser que d'après les autres ; *bassesse* de dérèglement, devenir les complices et peut-être les ministres des passions de ceux de qui nous dépendons, et entrer en part de leurs désordres, pour participer plus sûrement à leurs grâces ; enfin *bassesse* même d'hypocrisie, emprunter quelquefois les apparences de la piété, jouer l'homme de bien pour parvenir, et faire servir à l'ambition la religion même qui la condamne. *Qu'on nous dise* après cela que *c'est* le vice des grandes âmes ! *C'est* le caractère d'un cœur lâche et rampant, *c'est* le trait le plus marqué d'une âme vile. Le devoir tout seul peut nous mener à la gloire ; celle qu'on doit aux bassesses et aux intrigues de l'ambition porte toujours avec elle un caractère de honte qui nous déshonore ; elle ne promet les royaumes du monde et toute leur gloire qu'à ceux qui se prosternent devant l'iniquité, et qui se dégradent honteusement eux-mêmes. On reproche toujours nos bassesses à notre élévation ; nos places *rappellent* sans cesse les avilissements qui les ont *méritées*, et les titres de nos honneurs et de nos dignités deviennent eux-mêmes les traits publics de notre ignominie.

L'ambition nous rend faux, lâches, timides, quand il faut soutenir les intérêts de la vérité. On craint toujours *de déplaire ;* on veut toujours tout concilier, tout accommoder. On n'est pas capable *de droiture, de candeur,* d'une certaine noblesse qui inspire l'amour de l'équité, et qui seule fait les grands hommes, les bons sujets, les ministres fidèles et les magistrats illustres. Ainsi, on ne saurait compter sur un cœur en qui l'ambition domine ; il n'a rien *de* sûr, rien *de* fixe, rien *de* grand ; sans principes, sans maximes, sans sentiment, il prend toutes les formes ; il se plie sans cesse au gré des passions d'autrui, prêt à tout également, selon que le vent tourne : ou *à soutenir* l'équité, ou *à prêter* sa protection à l'injustice. *On a beau dire* que l'ambition est la passion des grandes âmes : on n'est grand que par l'amour de la vérité et lorsqu'on ne veut plaire que par elle.

MASSILLON.

96ᵉ Exercice.

L'AMOUR-PROPRE.

La nature de l'amour-propre et du *moi* humain est de n'aimer que soi et de ne considérer que soi. Mais que fera-t-il ? Il ne saurait empêcher que cet objet qu'il aime *ne soit* plein *de défauts* et *de misères* ; il veut être grand, et il se voit petit ;

il veut être heureux, et il se voit misérable; il veut être parfait, et il se voit plein d'imperfections; il veut être l'objet de l'amour et de l'estime des hommes, et il voit que ses défauts ne méritent que leur aversion et leur mépris. Cet embarras où il se trouve produit en lui la plus injuste et la plus criminelle passion qu'il *soit* possible *d'imaginer;* car il conçoit une haine mortelle contre cette vérité qui le reprend et qui le *convainc* de ses défauts. Il désirerait *de* l'anéantir, et, ne pouvant la détruire en elle-même, il la détruit, autant qu'il peut, dans sa connaissance et dans celle des autres, c'est-à-dire qu'il met toute son application à couvrir ses défauts et aux autres et à *soi-même*, et qu'il ne peut souffrir qu'on *les lui fasse* voir, ni qu'on les *voie*.

C'est sans doute un mal *que d'être* plein de défauts; mais c'est encore un plus grand mal *que d'en être* plein et *de* ne pas vouloir les connaître, puisque c'est y ajouter encore celui d'une illusion volontaire. Nous ne voulons pas que les autres nous trompent; nous ne trouvons pas juste qu'ils *veuillent* être estimés de nous plus qu'ils ne méritent; il n'est donc pas juste aussi que nous les *trompions*, et que nous *voulions* qu'ils nous estiment plus que nous ne méritons.

Ainsi, lorsqu'ils ne nous découvrent que des imperfections et des vices que nous avons en effet, il est visible qu'ils ne nous font point *de tort*, puisque *ce* ne *sont* pas eux qui en sont cause; et qu'ils nous font un bien, puisqu'ils nous aident à nous délivrer d'un mal, qui est l'ignorance de ces imperfections. Nous ne devons pas être fâchés qu'ils les connaissent, *étant juste* et qu'ils nous connaissent *pour ce que* nous sommes, et qu'ils nous méprisent si nous sommes méprisables.

Voilà les sentiments qui naîtraient d'un cœur qui serait plein d'équité et de justice. Que devons-nous donc dire du nôtre, en y voyant une disposition toute contraire? Car n'est-il pas vrai que nous haïssons la vérité et ceux qui nous la disent, et que nous aimons qu'ils se trompent à notre avantage, et que nous voulons être *estimés d'eux, autres que* nous ne sommes en effet.

PASCAL.

97ᶜ Exercice.

AUX JUGES, SUR L'ACCUEIL QU'ILS DOIVENT A UN ACCUSÉ.

Le moment critique est arrivé où l'accusé *va paraître* aux yeux de ses juges. Je me hâte de *le* demander: quel est l'accueil que vous lui destinez? Le recevez-vous *en magistrats* ou bien *en ennemis?* Prétendez-vous l'épouvanter ou vous instruire? *Que* deviendra cet homme enlevé subitement à son cachot, ébloui du jour qu'il revoit, et transporté tout à coup au milieu des hommes qui *vont traiter* de sa mort? Déjà tremblant, il lève à peine un œil incertain sur les arbitres de son sort, et leurs sombres regards épouvantent et repoussent les siens. Il croit lire d'avance son arrêt sur les replis sinistres de leurs fronts; ses sens, déjà *troublés*, sont *frappés* par des voix rudes et *menaçantes ;* le peu de raison qui lui reste achève *de* se confondre ; ses idées s'effacent, sa faible voix pousse à peine une parole *hésitante ;* et, *pour comble* de maux, ses juges imputent peut-être au trouble du crime un désordre que produit la terreur seule de leur aspect. *Quoi !* vous vous méprenez sur la consternation de cet accusé, *vous* qui n'oseriez peut-être parler avec assurance devant quelques hommes assemblés! Éclaircissez ce front sévère ; laissez lire dans vos regards cette tendre inquiétude pour un homme qu'on désire *de trouver* innocent ; que votre voix, douce dans sa gravité, semble ouvrir avec votre bouche un passage à votre cœur, contraignez cette horreur secrète que vous inspirent la vue de ces fers et les dehors affreux de la misère. Gardez-vous de confondre ces signes équivoques du crime avec le crime même, et songez que ces tristes apparences cachent peut-être un homme vertueux. *Quel objet!* Levez les yeux, et voyez sur votre tête l'image de votre Dieu, qui fut innocent accusé. Vous êtes homme, soyez humain ; vous êtes juge, soyez modéré ; vous êtes chrétien, soyez charitable. Homme, juge, chrétien, *qui que vous soyez,* respectez le malheur, soyez doux et compatissant pour un homme qui se repent, ou qui peut-être n'a point *à se repentir.*

Servan.

98° Exercice.

DE L'ÉCONOMIE.

L'économie est aussi éloignée de l'avarice *que de la prodigalité.* L'avarice entasse, non pour consommer, non pour reproduire, mais pour entasser ; *c'est* un instinct, un besoin machinal et honteux. L'économie est fille de la sagesse et d'une raison éclairée ; elle sait se refuser le superflu pour ménager le nécessaire, tandis que l'avare se refuse le nécessaire, afin de se procurer le superflu dans un avenir qui n'arrive jamais. On peut porter l'économie dans une fête somptueuse, et l'économie fournit les moyens de la rendre plus belle encore : l'avarice ne peut se montrer nulle part sans tout gâter. Une personne économe *compare* ses facultés *avec* ses besoins présents, *avec* ses besoins futurs, *avec* ce qu'exigent d'elle sa famille, ses amis, l'humanité ! Un avare n'a point *de famille*, point *d'amis;* à peine a-t-il des besoins, et l'humanité n'existe pas pour lui. L'économie ne veut rien consommer en vain; l'avarice ne veut rien consommer *du tout.* La première est l'effet d'un calcul louable; *louable,* parce qu'il offre seul les moyens de s'acquitter de ses devoirs et d'être généreux sans être injuste. L'avarice est un poison vil; *vil,* parce qu'elle se considère seule et sacrifie tout à elle.

On a fait *de l'économie* une vertu, et ce n'est pas sans raison : elle suppose la force et l'empire de soi-même, *comme les autres vertus,* et nulle n'est plus féconde en bienfaits. C'est elle qui, dans les familles, prépare la bonne éducation physique et morale des enfants, et le soin des vieillards; c'est elle qui assure à l'âge mûr cette sérénité d'esprit nécessaire pour se bien conduire, et cette indépendance qui met un homme au-dessus des bassesses. *C'est* par l'économie seule *qu'*on peut être libéral, qu'on peut l'être longtemps, et qu'on peut l'être avec fruit. Quand on n'est libéral que par prodigalité, on donne sans discernement à ceux qui ne méritent pas, comme à ceux qui méritent; à *ceux* à qui l'on ne doit rien, aux dépens de ceux à qui l'on doit. Souvent on voit le prodigue obligé d'implorer le secours des gens qu'il a *comblés* de profusions; il semble qu'il ne donne qu'à charge de revanche; tandis qu'une personne économe donne toujours gratuitement, parce qu'elle ne donne que ce dont elle peut disposer. Elle est riche avec une fortune médiocre, au lieu que l'avare et le prodigue sont pauvres avec une grande fortune.

Le désordre est fatal à l'économie. Il marche au hasard, *un bandeau sur les yeux, au travers des* richeses : tantôt il a sous la main ce qu'il désire le *plus,* et passe sans s'en apercevoir; tantôt il saisit et dévore ce qu'il lui importe *de conserver;* il est perpétuellement dominé par les événements : *ou* il ne les prévoit pas, *ou* il n'est pas libre de s'y soustraire; jamais il ne sait où il est, ni *quel parti* il faut prendre.

Une maison où l'ordre ne règne pas devient la proie de tout le monde; elle se ruine même avec des agents fidèles, elle se ruine même avec de la parcimonie. Elle est exposée à une foule *de petites pertes* qui se *renouvellent* à chaque instant, sous toutes les formes et pour les causes les plus méprisables.

J.-B. SAY.

99ᵉ Exercice.

L'AVARICE.

L'avare n'amasse que pour amasser; ce n'est pas pour fournir à ses besoins : il se les refuse. Son argent lui est plus précieux *que sa santé, que sa vie, que lui-même*. Toutes ses actions, toutes ses vues, toutes ses affections ne se rapportent qu'à cet indigne objet. Personne *ne* s'y trompe, et il *ne* prend aucun soin de dérober aux yeux du public le misérable penchant dont il est possédé; car *tel* est le caractère de cette honteuse passion, *de se manifester* de tous les côtés, *de ne faire* au dehors aucune démarche qui ne *soit* marquée de ce maudit caractère, et *de n'être un mystère* que pour celui-là seul qui en est possédé. Toutes les autres passions sauvent du moins les apparences; on les cache aux yeux du public : une imprudence peut quelquefois les dévoiler, mais le coupable cherche, *autant qu'il est en soi*, les ténèbres; mais, pour la passion de l'avarice, l'avare ne se la cache qu'à lui-même. *Loin de prendre* des précautions pour la dérober aux yeux du public, tout l'annonce en lui, tout la montre *à découvert;* il la porte *écrite* dans son langage, dans ses actions, dans toute sa conduite, et, pour ainsi dire, sur son front.

L'âge et les réflexions guérissent d'ordinaire les autres passions, au lieu que l'avarice semble se ranimer et reprendre *de nouvelles forces* dans la vieillesse. *Plus* on avance vers ce moment fatal où tout cet amas sordide doit disparaître et nous être enlevé, *plus* on s'y attache; *plus* la mort approche, *plus* on couve des yeux son misérable trésor, *plus* on le regarde *comme* une précaution nécessaire pour un avenir chimérique. Ainsi l'âge rajeunit, pour ainsi dire, cette indigne passion. Les années, les maladies, les réflexions, *tout l'enfonce* plus profondément dans l'âme; et elle se nourrit et s'enflamme par les remèdes *mêmes* qui guérissent et éteignent toutes les autres. On a vu des hommes dans une décrépitude où à peine leur restait-*il* assez de force pour soutenir un cadavre tout *prêt à* tomber en pourriture, ne conserver, dans la défaillance totale des facultés de leur âme, un reste de sensibilité, et, pour ainsi dire, de signe de vie, que pour cette indigne passion; *elle seule se soutenir*, se ranimer sur les débris de tout le reste; *le dernier soupir être* encore pour elle; *les inquiétudes* des derniers moments la *regarder* encore; et l'*infortuné* qui meurt *jeter* encore des regards *mourants*, qui *vont s'éteindre*, sur un

argent que la mort lui arrache, mais dont elle n'a pu arracher
l'amour de son cœur.

MASSILLON.

100ᵉ Exercice.

DE LA VOLONTÉ.

Une chose bien remarquable, *c'est que* chez les hommes
dont la volonté paresseuse néglige la direction de certaines facultés, ces facultés semblent s'accoutumer à cette indépendance,
et ne *se* laissent reprendre et gouverner de nouveau qu'avec
une incroyable résistance. Ainsi, quand nous avons pris l'habitude de laisser flotter à son gré notre faculté de penser, *ce
n'est* qu'à grand'peine et par des efforts soutenus *que* nous
pouvons l'appliquer et la fixer sur un objet; à chaque instant
elle nous échappe, et nous sommes *obligés* de la ramener et
de peser, pour ainsi dire, sur elle de tout le *poids* de notre autorité pour la retenir. *C'est* cette même négligence, *qui* fait que
certaines personnes ne peuvent contenir la fougue de leurs sentiments. En général, notre autorité en nous-mêmes ne s'entretient que par un exercice continuel; *c'est* aussi par là seulement *qu'*elle peut croître et devenir facile. La mesure de cette
autorité est aussi celle de la dignité de l'homme, parce que
cette autorité est l'homme même.

Naturellement, les capacités sont insoumises, parce que
l'autorité de la volonté leur impose une direction qui contrarie
leur pente naturelle. Or, *la plupart des hommes laissent*
leurs capacités dans cet état d'insubordination, ou tout au
plus *en* soumettent une ou deux dont le service docile est indispensable à la profession qu'ils exercent. *Il* suit de là que,
chaque capacité se déployant à l'aventure, tout en eux est
l'image de l'anarchie et du désordre; au lieu que l'homme devrait *régner* sur elles, elles *règnent* sur lui, et il est l'esclave de
toutes les sensations, de toutes les passions, de toutes les erreurs, de toutes les imaginations, de toutes les folies qu'elles
enfantent. Une circonstance *se présente-t-elle* qui exigerait
l'action prompte et vigoureuse de *l'une* de ces facultés, en
vain la volonté *essaie* de l'employer: *comme* elle n'a pas été
accoutumée à servir, elle résiste à ses ordres, et la laisse
impuissante ou faible *là où* elle aurait dû triompher. L'expérience répétée de cette impuissance *jette* l'homme dans un
profond découragement, et, s'il se rend justice, dans un mé-

contentement de lui-même qui le rend très-misérable. Le plus souvent il ne trouve pas la force de sortir de cet état : effrayé des difficultés, corrompu par l'habitude de la faiblesse, il s'abandonne, il renonce à *soi-même*, et continuant à déchoir, de *lâcheté* en *lâcheté*, il tombe presque au niveau des choses, *finit par* s'oublier, et présente le triste spectacle d'une noble nature *abrutie* et *dégradée* par sa propre faute.

Il n'y a qu'un moyen d'*échapper à* cette déplorable destinée : *c'est* d'établir en *soi*, à la sueur de son front, l'empire de la volonté. La tâche est plus facile dans certaines natures que dans d'autres, et c'est *un* des bienfaits d'une bonne éducations d'*y* préparer l'homme dans l'enfance et de lui *en* rendre l'accomplissement moins pénible. Mais *les plus* heureuses dispositions et l'éducation *la mieux* dirigée ne peuvent qu'adoucir la lutte et ne *sauraient* en dispenser. Beaucoup *d'âmes*, obéissant à de nobles impulsions, embrassent cette lutte généreuse dans les beaux jours de la jeunesse ; mais *bien peu la soutiennent* avec constance. *La plupart* ne *tardent* pas à céder à la fatigue, et, sans renoncer au combat, passent leur vie dans des alternatives de courage et de faiblesse qui les rendent tour à tour heureuses et malheureuses, fières ou mécontentes d'elles-mêmes, et qui les tiennent à égale distance de la dégradation et de la sainteté *morales*.

TH. JOUFFROY.

101e Exercice.

DE L'IRRÉSOLUTION.

L'homme *sans résolution*, sans caractère, sans énergie, sans volonté, marche de *fautes* en *fautes*, de *regrets* en *regrets*. Il est victime de sa bonté, dupe de sa complaisance, jouet des autres et de lui-même ; on ne lui sait aucun gré de ce qu'il fait *de* bien ; on lui attribue et on lui reproche tout la mal que laisse faire *sa faiblesse*. Un tel homme peut avoir de l'esprit, mais il ne s'en sert que pour voir avec effroi combien il manque d'*esprit de conduite*, et combien ses bonnes qualités *mêmes*, mal employées, lui sont funestes. *Quiconque* a observé son faible prend sur lui de l'ascendant et de l'influence. Il *cède*, et n'a pas même à opposer la force d'inertie ; son habitude de se laisser aller l'entraîne, *comme* par une pente douce et insensible, et *cependant* rapide. Il rougit de lui-même ; son jugement et sa raison ne servent qu'à le dégrader et à le décourager à ses propres yeux. Il se trahit par sa bonté, par ses vertus, *plus que le méchant* par ses vices ; ou plutôt les vices et les crimes du méchant sont presque toujours les instruments de sa fortune, et de sa trompeuse prospérité.

L'homme faible mérite souvent l'amour et l'estime par plusieurs excellentes qualités ; mais une seule qui lui manque l'expose au mépris de lui-même et des autres : la capacité de vouloir, ou la volonté, *qui constitue* et *qui fait* la force morale de l'homme. Une certaine fierté intérieure qui se révolte du sentiment d'une pénible et continuelle dépendance, *résultat* nécessaire d'un caractère faible, la conscience d'une supériorité réelle de talent et d'un mérite distingué, qui rend plus affreux l'état d'avilissement auquel condamne la faiblesse du caractère, *ajoutent* au supplice de celui qui n'a pas su se créer un caractère, *à lui*, pour se diriger, pour maîtriser jusqu'à un certain point sa fortune et se faire enfin respecter de ses inférieurs, de ses égaux et même de ses supérieurs.

Heureux le jeune homme qu'un père prévoyant et sage a prémuni, par des observations salutaires bien inculquées dans l'esprit et dans le cœur, contre le défaut le plus dangereux, le plus ennemi de toute espèce de succès et de bonheur, l'*irrésolution* et l'*impuissance* de la volonté.

JULLIEN.

102ᵉ Exercice.

DE LA FORCE D'AME.

Il n'y a personne qui *ne* demeure d'accord que la raison nous est *donnée* pour nous *servir de guide* dans la vie, pour nous faire discerner les biens et les maux, et pour nous régler dans toutes nos actions. Mais *combien y en a-t-il peu* qui l'*emploient* à cet usage et qui vivent selon leur propre raison ! Nous flottons dans la mer de ce monde au gré de nos passions qui nous emportent *comme* un vaisseau sans voile et sans pilote, et ce n'est pas la raison qui se sert des passions, mais *ce sont* les passions qui se servent de la raison pour arriver à leur fin. C'est tout l'usage qu'on *en* fait ordinairement.

Souvent même la raison voit ce qu'il faudrait faire ; elle est convaincue du néant des choses qui nous agitent ; mais elle ne *saurait* empêcher l'impression qu'elles font sur nous. Combien *de gens s'allaient* autrefois battre en duel en déplorant et en condamnant cette mauvaise coutume et en se blâmant eux-mêmes de la suivre! Mais ils n'avaient pas pour cela la force de mépriser les jugements de ceux qui les eussent traités *de lâches* s'ils eussent obéi à la raison. Combien de gens se ruinent, parce qu'ils ne sauraient résister à la fausse honte de ne pas faire *comme les autres!*

Qu'y a-t-il *de* plus aisé *que de convaincre* les hommes du peu de solidité de ce qui les séduit dans le monde? Cependant, mille choses vaines les emportent et les renversent, parce que leur âme n'a point *de force* ni *de fermeté.*

NICOLE.

103ᶜ Exercice.

LE SUICIDE.

Tu veux cesser *de vivre :* mais je voudrais bien savoir si tu as commencé. *Quoi!* fus-tu placé sur la terre pour n'y rien faire? Le ciel ne t'imposa-t-il point avec la vie une tâche pour la remplir? Si tu as fait ta journée avant le soir, *repose-toi le reste* du jour, tu *le* peux ; mais voyons ton ouvrage. Quelle réponse tiens-tu prête au Juge suprême qui te demandera compte de ton temps! Malheureux! trouve-*moi* ce juste qui se vante d'avoir assez vécu : *que j'apprenne* de lui comment il faut avoir porté la vie pour être en droit de la quitter.

Tu comptes les maux de l'humanité, et tu dis : La vie est un mal. Mais regarde, cherche dans l'ordre des choses si tu y trouves quelques biens qui ne *soient* point mêlés de maux. *Est-ce donc à dire* qu'il n'y *ait* aucun bien dans l'univers, et peux-tu confondre ce qui est mal par sa nature avec ce qui ne souffre le mal que par accident? La vie passive de l'homme n'est rien et ne regarde qu'un corps dont il sera bientôt délivré ; mais sa vie active et morale, qui doit influer sur tout son être, consiste dans l'exercice de sa volonté. La vie est un mal pour le méchant qui *prospère*, et un bien pour l'honnête homme infortuné ; car ce n'est pas une modification passagère, mais son rapport avec son objet, *qui* la *rend* ou bonne ou mauvaise.

Tu t'ennuies de vivre, et tu dis : la vie est un mal. Tôt ou tard tu seras consolé, et tu diras : la vie est un bien. Tu diras plus vrai sans mieux raisonner ; car rien n'aura changé *que* toi. Change donc dès aujourd'hui ; et, puisque *c'est* dans la mauvaise disposition de ton âme *qu'est* le mal, corrige tes affections déréglées, et ne brûle pas ta maison pour n'avoir pas la peine de la ranger.

Que sont dix, vingt, trente ans pour un être immortel? La peine et le plaisir passent *comme une ombre :* la vie s'écoule en un instant; elle n'est rien par elle-même ; *son* prix dépend de son emploi. Le bien seul qu'on a fait demeure, et c'est *par lui* qu'elle est quelque chose. Ne dis donc plus que *c'est* un mal pour toi *de vivre*, puisqu'il dépend de toi seul que ce *soit* un bien; et si c'est un mal d'avoir vécu, ne dis pas *non plus* qu'il t'est permis de mourir : car autant *vaudrait* dire qu'il t'est permis de n'être pas homme, qu'il t'est permis de te révolter contre l'auteur de ton être et de tromper ta destination.

Le suicide est une mort furtive et honteuse, c'est un vol fait au genre humain. Avant de le quitter, *rends-lui* ce qu'il a fait pour toi. Mais je ne tiens à rien, je suis inutile au monde. Philosophe d'un jour! ignores-tu que tu ne *saurais* faire un pas sur la terre sans trouver quelque devoir à remplir, et que tout homme est utile à l'humanité par cela seul *qu'il* existe.

Jeune insensé! s'il te reste au fond du cœur *le moindre sentiment* de vertu, viens *que je t'apprenne* à aimer la vie. *Chaque fois que* tu seras tenté d'en sortir, dis en toi-même : « *Que je fasse* encore une bonne action avant que de mourir; » puis, *va chercher* quelque indigent *à secourir*, quelque infortuné *à consoler*, quelque opprimé *à défendre*.

Si cette considération te retient aujourd'hui, elle te retiendra demain, après-demain, *toute la vie*. Si elle ne te retient pas, meurs : tu n'es qu'un méchant.

J.-J.-Rousseau.

104ᵉ Exercice.

LE DUEL.

Gardez-vous de confondre le nom sacré de l'honneur avec le préjugé féroce qui met toutes les vertus à la pointe d'une épée, et n'est propre qu'à faire *de braves scélérats*.

En quoi consiste ce préjugé? *Dans l'opinion* la plus extravagante et la plus barbare qui entra jamais dans l'esprit humain, savoir, *que* tous les devoirs de la société sont suppléés par la bravoure; qu'un homme n'est plus fourbe, fripon, calomniateur; qu'il est civil, humain, poli, quand il sait se battre; que le mensonge se change en vérité, que le vol devient légitime, la perfidie honnête, l'infidélité louable, sitôt qu'on soutient tout cela *le fer à la main ;* qu'un affront est toujours bien réparé par un coup d'épée, et qu'on n'a jamais tort avec un homme, pourvu qu'on le tue......

L'homme droit, dont toute la vie est sans tache, et qui ne donna jamais aucun signe de lâcheté, refusera *de souiller* sa main d'un homicide, et *n'en* sera que plus honoré. Toujours *prêt à* servir la patrie, à protéger le faible, à remplir les devoirs les plus dangereux, et à défendre en toute rencontre juste et honnête ce qui lui est cher, au prix de son sang, il met dans ses démarches une inébranlable fermeté, qu'on n'a point sans le vrai courage. Dans la sécurité de sa conscience, il marche *la tête levée :* il ne fuit ni ne cherche son ennemi. On voit aisément qu'il craint moins de mourir *que de mal faire,* et qu'il redoute le crime et non le péril. Si les vils préjugés s'élèvent un instant contre lui, tous les jours de son honorable vie sont autant de témoins qui les récusent; et, dans une conduite si bien liée, on juge d'une action sur toutes les autres.

Les hommes si ombrageux et si prompts à provoquer les autres sont, *pour la plupart,* de malhonnêtes gens qui, de peur qu'on ose leur montrer ouvertement le mépris qu'on a pour eux, s'efforcent de couvrir de quelques affaires d'honneur l'infamie de leur vie entière.

Tel fait un effort et se présente une fois, pour avoir le droit de se cacher *le reste* de sa vie. Le vrai courage a plus *de constance* et moins *d'empressement ;* il est toujours *ce qu'il doit* être, *il ne faut* ni l'exciter ni le retenir; l'homme de bien le porte partout avec lui : au combat, contre l'ennemi; dans un cercle, en faveur des absents et de la vérité; dans son lit, contre les attaques de la douleur et de la mort. La force de l'âme qui l'inspire est *d'usage* dans tous les temps : elle met toujours la vertu au-dessus des événements, et ne consiste pas à se battre, mais à ne rien craindre.

J.-J. ROUSSEAU.

105ᵉ Exercice.

DU FASTE.

Vous me demandez si l'éclat sied bien et si je vous conseille de l'aimer; il me semble *qu'il sied* bien aux maîtres du monde, aux princes, aux généraux d'armée et même aux gouverneurs de provinces, car *ce* serait une chose de mauvais air et peu digne de ces personnes qui doivent paraître, que d'aller à petit bruit. *Pour ce qui est des* particuliers, l'éclat et le faste ne leur servent qu'à s'attirer la haine et l'envie, et qu'à s'incommoder dans leurs affaires domestiques ; un train commode et réglé, une dépense honorable et modeste les *fait* estimer et les *rend* agréables : la plus belle action du monde qui se fait par vanité n'est pas louable ; celles *mêmes* qui ne viennent que d'un principe de vertu ne sont pas tout à fait heureuses quand on les peut soupçonner de vanité ; mais une action belle et grande, qui se fait en secret et qu'on n'apprend que par une espèce de révélation, quelle haute estime *ne donne-t-elle point,* au prix de celles qui se passent à la vue de deux armées !

Pour en revenir aux particuliers, je n'en connus jamais un seul à qui l'éclat et le faste *aient réussi.* Mais quoi ! *dira quelqu'un* qui se sentira dans l'abondance, c'est le moyen de se donner grand air, et puisqu'il m'est aisé de soutenir cette dépense, *à quoi bon* voudrais-je épargner du bien qui me serait inutile ? On croirait que celui qui tient ce langage est libéral ; toutefois, les plus avares que je me souviens avoir vus *raisonner* de la sorte, sont aussi vains *qu'avares ;* et pour répondre à cet homme qui paraît si libéral, je dis que se donner grand air, comme il l'entend, c'est se mettre en parade pour attirer les yeux d'un sot sur un sot, et que ce bien qui lui resterait d'une dépense raisonnable serait le seul dont il serait riche, et qu'il lui rendrait la vie heureuse, s'il avait l'esprit d'en user. Mais ces beaux messieurs plaindraient (*) moins dix mille écus pour se rendre ridicules parmi les honnêtes gens, *que dix pistoles* pour sauver la vie au plus brave homme de la terre.   Le chevalier DE MÉRÉ.

106ᵉ Exercice.

DE L'ESPRIT.

Il sert ou il nuit au bonheur plus *qu'aucune* de nos facultés ; l'abus de ce mot en *altère* la valeur. On a de l'esprit en France avec une facilité qui le met au rabais : c'est peut-être pour cela que les gens *d'esprit* maintenant veulent tous avoir du génie. Les gens d'esprit, seulement spirituels, par conséquent épilogueurs, et cherchant, achetant, cultivant la gaieté

_____

(*) *Plaindraient* pris dans le sens de *regretteraient.*

comme une fleur exotique, sont quelquefois impatientants. On n'échappe point à leur finesse; mais *que* leur rapporte-t-elle? *Si peu de chose* que, en général, les hommes trop spirituels ont presque tous le cœur miné. Beaucoup *d'esprit* avec beaucoup d'imagination et une sensibilité qu'elle exalte, font les carrières brillantes et les destinées orageuses. Assez d'esprit, avec de la bonté et beaucoup de raison, *est* certainement préférable : c'est le partage des élus... Mais dépend-il de soi de le régler? Ce qui dépend de soi, *c'est de* ne pas trop se presser de croire que l'on *ait* beaucoup d'esprit; c'est d'étudier, pour la conduite de la vie, celle de quelques personnes dont on ne parle pas, et qui seraient bien fâchées que l'on *s'occupât* d'elles. L'esprit de conduite, bon ou mauvais, gâte ou arrange toutes choses : c'est le secret des fortunes solides et des félicités inaltérables. Il consiste, en grande partie, à ne point trop dédaigner les petites épargnes, à ne point trop estimer les petits succès, à s'interdire les pointes avec les gens sensés et les épigrammes avec ses amis.

L'homme d'esprit, capable de sacrifier les égards de l'amitié au plaisir de dire un bon mot, dès lors n'est plus un homme d'esprit. On doit juger d'après son amour-propre du plus ou moins de complaisance de l'amour-propre que l'on attaque; rien ne nous flatte *davantage*, dans les causeries du soir, *que* d'être attentivement écouté de qui *va parler* à son tour; quand ce tour vient, sachons donc écouter. *Ce conseil* d'une femme aussi aimable *que* célèbre, et particulièrement si remarquable par sa profonde connaissance du monde et la justesse et la délicatesse de tous ses aperçus, *cet important conseil* de Mme Genlis doit nous être présent, non-seulement dans la société, où l'on ne cause plus guère, mais dans les discussions de toute espèce. Il prévient le mécontentement d'un interlocuteur susceptible et verbeux, il donne à la réplique le temps de se former, de sorte que, avec plus de politesse, vous vous trouvez *avoir* réellement plus d'esprit.

Un manque d'esprit, bien fréquent, auquel jadis n'étaient sujets que les enfants ou les hommes du peuple, et que nous ne pouvons attribuer qu'à l'ambition, *l'usage* ou *l'imitation* de la tribune, c'est l'habitude d'élever la voix quand nous commençons à fléchir dans un dialogue qui nous fatigue, et *d'en appeler* des yeux ou d'un signe de tête, au témoignage des assistants qui *n'avaient que faire* d'être informés de ce qu'on nous disait. Cette impolitesse grossière a plus d'une fois suffi pour jeter une longue amertume entre telles personnes, dont l'une ne croyait pas avoir offensé l'autre. S'abstenir de ces petitesses est encore une des règles fondamentales de l'esprit de conduite, le meilleur, le plus rare, et celui auquel l'expérience nous invite à finir, tôt ou tard, par rapporter tous les genres d'esprit.   Mme SIMONS-CANDEILLE.

107ᵉ Exercice.

DE LA VÉRITABLE GRANDEUR D'AME.

Il n'y a point de vertu plus rare et plus inconnue dans notre siècle *que* la véritable grandeur d'âme : à peine en conservons-*nous* encore une idée imparfaite et une image confuse. Nous ne la regardons souvent que *comme* une de ces vertus qui ne vivent que dans notre imagination, qui n'existent que dans les écrits des philosophes, que nous concevons, mais que nous ne voyons presque jamais, et qui, s'élevant au-dessus de l'humanité, sont plutôt l'objet d'une imagination stérile *que celui* d'une utile imitation.

Cette supériorité d'une âme qui ne connaît rien au-dessus d'elle *que* la raison et la loi; *cette fermeté* de courage, qui demeure immobile au milieu du monde ébranlé ; *cette fierté* généreuse d'un cœur sincèrement vertueux, qui ne se propose jamais d'autre récompense *que* la vertu même, qui ne désire que le bien public, qui le désire toujours, et qui, par une sainte ambition, veut rendre à sa patrie encore plus qu'il n'a reçu d'elle, *sont* les premiers traits et les plus simples couleurs dont notre esprit se sert pour tracer le tableau de la grandeur d'âme.

Mais, *étonnés* par la seule idée d'une si noble vertu et *désespérant* d'atteindre jamais à la hauteur de ce modèle, nous le regardons *comme* le partage des héros de l'antiquité ; nous croyons que, *bannie* de notre siècle et *proscrite* du commerce des vivants, elle n'habite plus que parmi ces illustres morts, dont la grandeur vit encore dans les monuments de l'histoire.

Triste et funeste jugement que nous prononçons contre notre âge, et par lequel nous nous condamnons nous-mêmes à une perpétuelle faiblesse ! *Il semble* que le privilége d'être véritablement grand *ait été* réservé au sénat de l'ancienne Rome, et que la solide, la sincère grandeur d'âme, attachée à la fortune de l'empire, *ait été comme enveloppée* dans sa chute et *ensevelie* sous ses ruines.

Nos pères, *à la vérité*, ont vu *luire quelques rayons* éclatants qui semblaient vouloir se faire jour *au travers des* ténèbres de leurs siècles ; mais la maligne faiblesse du nôtre ne peut plus même supporter les précieux restes de cette vive lumière ; toujours *dominés* par la vue de nos intérêts particuliers, nous ne saurions croire *qu'il y ait* des âmes assez généreuses pour n'être *occupées* que des intérêts publics; nous craignons de trouver dans les autres une grandeur que nous ne sentons point en nous ; sa présence importune serait un reproche continuel qui offenserait la superbe délicatesse de notre amour-propre ; et, *persuadés* qu'il n'y a que *de fausses vertus*, nous ne pensons plus à imiter, ni même à honorer les véritables. D'AGUESSEAU.

108e Exercice.

LE FAT.

C'est un homme dont la vanité seule forme le caractère, qui ne fait rien *par goût*, qui n'agit que par *par ostentation*, et qui, voulant s'élever au-dessus des autres, est descendu au-dessous de lui-même. Familier avec ses supérieurs, important avec ses égaux, impertinent avec ses inférieurs, il tutoie, il *protége*, il méprise. Vous le saluez, il ne vous voit pas; vous lui parlez, il ne vous écoute pas; vous parlez à un autre, il vous interrompt. Il lorgne, il persiffle au milieu de la société la plus respectable et de la conversation la plus sérieuse. Il dit à l'homme vertueux *de venir le voir*, et lui indique l'heure du brodeur et du bijoutier. Il n'a aucune connaissance et il donne des avis aux savants et aux artistes. Il en eût donné à Vauban sur les fortifications, à Le Brun sur la peinture, à Racine sur la poésie.

Il fait un long calcul de ses revenus : il n'a que soixante *mille* livres de rente, il ne peut vivre. Il consulte la mode pour ses travers *comme* pour ses habits, pour son médecin *comme* pour son tailleur. *Vrai personnage* de théâtre, *à le voir*, vous croiriez qu'il a un masque ; *à l'entendre*, vous diriez qu'il joue un rôle : ses paroles sont vaines, ses actions sont des mensonges, son silence même est menteur. Il manque aux engagements qu'il a ; il *en* feint, quand il n'*en* a pas. Il ne va pas *où* on l'attend ; il arrive tard *où* il n'est point attendu. Il n'ose avouer un parent pauvre ou peu connu. Il se glorifie de l'amitié d'un grand à qui il n'a jamais parlé, ou qui ne lui a jamais répondu. Il a *du bel esprit* la suffisance et l'esprit satirique ; *de l'homme de qualité*, les rouges, le coureur et les créanciers.

Pour peu qu'il fût fripon, il serait en tout le contraste de l'honnête homme ; *en un mot*, c'est un homme d'esprit pour les sots qui l'admirent ; c'est un sot pour les gens sensés qui l'évitent. Mais, si vous connaissiez bien cet homme, *ce n'est* ni un homme d'esprit, ni un sot ; c'est un fat, c'est le modèle d'une infinité *de jeunes sots* mal élevés.

DESMAHIS.

109ᵉ Exercice.

LE COURTISAN.

N'*espérez* plus *de candeur*, de franchise, d'équité, de bons offices, de services, de bienveillance, de générosité, de fermeté, dans un homme qui s'est depuis longtemps livré à la cour et qui secrètement veut sa fortune. *Le reconnaissez-vous* à son visage, à ses entretiens ? Il ne nomme plus chaque chose par son nom ; il n'y a plus pour lui *de* fripons, *de* fourbes, *de* sots et *d'*impertinents. Celui *dont* il lui *échapperait de* dire ce qu'il pense, est celui-là même qui, venant à le savoir, l'empêcherait de cheminer.

Pensant du mal de tout le monde, il n'*en* dit de personne ; ne voulant du bien qu'à lui seul, il veut persuader qu'il *en* veut à tous, afin que tous lui en *fassent*, ou que nul du moins *ne* lui *soit* contraire. Non content de n'être pas sincère, il ne souffre pas que *personne le soit* ; la vérité blesse son oreille ; il est froid et indifférent sur les observations que l'on fait sur la cour et le courtisan, et, parce qu'il les a *entendues*, il s'en croit complice et responsable.

Tyran de la société et *martyr* de son ambition, il a une triste circonspection dans sa conduite et dans ses discours, une raillerie innocente, mais froide et contrainte, un ris forcé, des caresses contrefaites, une conversation interrompue, et des distractions fréquentes ; il a une profusion, *le dirai-je*, des torrents de louanges pour ce qu'a fait ou ce qu'a dit un homme placé et qui est en faveur, et pour tout autre une sécheresse de pulmonique ; il a des formules de compliments pour l'entrée et pour la sortie, à l'égard de ceux qu'il visite ou dont il est visité, et il n'y a personne de ceux qui se paient de mines et de façons de parler, qui *ne sorte* d'avec lui fort satisfait. Il vise également à se faire des patrons et des créatures ; il est médiateur, confident, entremetteur ; il veut gouverner ;

il a une ferveur de novice pour toutes les petites pratiques de cour ; il sait où il faut se placer pour être vu ; il sait vous embrasser, prendre part à votre joie, vous faire coup sur coup des questions empressées sur votre santé, sur vos affaires, et, pendant que vous lui répondez, il perd le fil de sa curiosité, vous interrompt, entame un autre sujet ; ou, s'il survient quelqu'un à qui il *doive* un discours tout différent, il sait, en achevant de vous congratuler, lui faire un compliment de condoléance ; il pleure d'un œil et il rit de l'autre. Se formant quelquefois sur les ministres ou sur le favori, il parle en public de choses frivoles, du vent, de la gelée ; il se tait, au contraire, et *fait le mystérieux* sur ce qu'il sait *de* plus important, et plus volontiers encore sur ce qu'il ne sait point.

La Bruyère.

110e Exercice.

DE LA CONVERSATION.

Ce qui fait que peu de personnes *sont* agréables dans la conversation, *c'est* que chacun songe plus à ce qu'il a dessein de dire qu'à ce que les autres disent, et que l'on n'écoute guère quand on a bien envie de parler.

Néanmoins, il est nécessaire d'écouter ceux qui parlent. Il faut leur donner le temps de se faire entendre, et souffrir même qu'ils disent des choses inutiles. Bien loin de les contredire et de les interrompre, on doit au contraire entrer dans leur esprit et dans leur goût, montrer qu'on les entend, louer ce qu'ils disent autant *qu'il* mérite d'être loué, et faire voir que c'est plutôt *par choix* qu'on les loue que par complaisance.

Pour plaire aux autres, il faut parler de ce qu'ils aiment et de ce qui les touche, éviter les disputes sur des choses indifférentes, leur faire rarement des questions, et ne leur laisser jamais croire qu'on prétend avoir plus de raison *qu'eux.*

On doit dire les choses d'un air plus ou moins sérieux et sur des sujets plus ou moins relevés, selon l'humeur et la capacité des personnes que l'on entretient, et leur céder aisément l'avantage de décider, sans les *obliger de* répondre, quand *ils* n'ont pas envie de parler.

Après avoir satisfait de cette sorte aux devoirs de la politesse, on peut dire ses sentiments en montrant qu'on cherche à les appuyer de l'avis de ceux qui écoutent, sans marquer *de* présomption ni *d'*opiniâtreté.

Évitons surtout *de* parler souvent de nous-mêmes, et *de* nous donner *pour* exemple. Rien n'est plus désagréable *qu'un homme* qui se cite lui-même à tout propos....

Il ne faut jamais rien dire avec un air d'autorité, *ni* montrer aucune supériorité d'esprit. Fuyons les expressions trop recherchées, les termes durs ou forcés, et ne nous servons point *de* paroles plus grandes *que les choses*....

Il est dangereux de vouloir être toujours le maître de la conversation, et de pousser trop loin une bonne raison quand on l'a *trouvée*. L'honnêteté veut que l'on cache quelquefois la moitié de son esprit, et qu'on ménage un opiniâtre qui se défend mal, pour lui épargner la honte de céder.

On déplaît sûrement quand on parle trop longtemps et trop souvent d'une même chose, et *que* l'on cherche à détourner la conversation sur des sujets dont on se croit plus instruit que les autres....

Observons le lieu, l'occasion, l'humeur où se trouvent les personnes qui nous écoutent : car, s'il y a beaucoup d'art à savoir parler à propos, il n'y *en* pas moins à savoir se taire.

La Rochefoucauld.

111e Exercice.

DE LA LECTURE.

Un livre est comme un ami qui vous parle tout bas et en quelque sorte à l'oreille, et qui, pour peu qu'il *ait* d'art, d'habileté et d'agrément, gagne d'autant mieux votre confiance qu'il s'insinue plus doucement et plus intimement dans votre âme. Or, parmi les livres aussi il y a *de* faux amis, et il est bon *de* savoir les discerner, pour s'en préserver. Un mauvais livre est un flatteur, un ennemi caché sous l'apparence de la bienveillance; il importe de n'*en* être pas la dupe, et chacun *en* a le moyen aussi sûr que facile : c'est la conscience. Tout livre qui la blesse, qui parle par conséquent contre la piété, la charité, la justice, la pudeur et les bonnes mœurs, *quelque* art perfide qu'il y *mette*, est un méchant et mauvais livre; comme tout livre qui satisfait, pour peu qu'il ait d'ailleurs de ce charme sérieux qui ne *messied* pas à l'honnête, est *un* bon et *excellent* livre.

Mais il ne suffit pas, pour recueillir d'utiles fruits de ses lectures, *de* savoir distinguer et choisir entre les livres, il faut encore savoir lire, ce qui n'est pas aussi aisé qu'on peut d'abord *le* supposer. Lire, en effet, bien lire *est*, avant tout, comprendre ; puis c'est juger et s'approprier les pensées d'un auteur ; c'est en faire *comme* son miel, à la manière de l'abeille, et les déposer, pour les y garder, dans le plus pur de son âme. Lire *est* un peu comme prier. On ne prie pas bien partout et en toute circonstance ; il *y* faut le temps, le lieu et les dispositions convenables de l'esprit et du cœur ; il y faut surtout cette gravité, cette sérénité, cette pureté dans l'amour de Dieu, qui sont proprement la piété. *De même* quand on lit, et pour bien lire, il faut au dedans comme au dehors la réunion et le concours de certaines causes favorables à cet excellent exercice, *je dirai presque* à cette prière de l'intelligence *en quête* de la vérité. Ainsi, pour peu que vous vous sentiez l'âme curieuse et recueillie, lisez, lisez un bon livre, et ce sera un peu comme si vous *priiez ;* vous vous instruirez et vous vous édifierez, vous aurez fait un acte religieux de raison.

DAMIRON.

112ᵉ Exercice.

DE L'USAGE.

M. Delille, en avril 1786, étant à dîner chez Marmontel, *son confrère*, raconta ce qu'on *va lire*, au sujet des usages qui s'observaient à table dans la bonne compagnie. On parlait de la multitude *de petites choses* qu'un honnête homme est obligé de savoir dans le monde pour ne pas courir le risque d'y être bafoué. « Elles sont innombrables, dit M. Delille, et *ce qu'il y a de fâcheux*, c'est que tout l'esprit du monde ne suffirait pas pour faire deviner ces importantes vétilles. Dernièrement, *ajouta-t-il*, l'abbé Cosson, professeur de belles-lettres au collège Mazarin, me parla d'un dîner où il s'était trouvé *quelques jours* auparavant, avec des gens de cour, des cordons-bleus, des maréchaux de France, chez l'abbé Radonvillers à Versailles. — Je parie, lui dis-je, que vous y avez commis cent incongruités. — Comment donc ? reprit vivement l'abbé Cosson fort inquiet ; il me semble que j'*ai fait* la même chose *que tout le monde*. — Quelle présomption ! Je gage que vous n'avez fait rien *comme personne*. D'abord que fîtes-vous de votre serviette en vous mettant à table ? — De ma *serviette ?* Je fis comme tout le monde : je la déployai, je l'é-

tendis sur moi, et je l'attachai par un coin à ma boutonnière.
— Eh bien! mon cher, vous êtes le seul qui *ayez fait* cela ;
on n'étale point sa serviette, on la laisse sur ses genoux. Et
comment fîtes-vous pour manger votre soupe? — Comme tout
le monde, je pensé : je pris ma cuiller d'une main et ma fourchette de l'autre.... — Votre *fourchette*, bon Dieu! personne
ne prend de fourchette pour manger sa soupe ; mais poursuivons. Après votre soupe, que mangeâtes-vous? — Un *œuf*
frais. — Et que fîtes-vous de la coquille? — Comme tout le
monde : je la laissai au laquais qui me servait. — *Sans la casser?* — *Sans la casser.* — Eh bien ! mon cher, on ne mange
jamais un œuf sans briser la coquille ; et après votre œuf? —
Je demandai du bouilli. — Du bouilli! Personne ne se sert de
cette expression ; on demande du bœuf, et point du bouilli ; et
après cet aliment? — Je priai l'abbé de Radonvilliers de m'envoyer *d'une* très-belle volaille. — Malheureux! de la volaille !
On demande du poulet, du chapon, de la poularde; on ne
parle de volaille qu'à la basse-cour. Mais vous ne dites rien de
votre manière de demander à boire. — J'ai, comme tout le
monde, demandé du champagne, du bordeaux, aux personnes
qui *en* avaient devant elles. Sachez donc qu'on demande du
vin de Champagne, du vin de Bordeaux.... Mais, dites-moi
quelque chose de la manière dont vous mangeâtes votre pain.
— Certainement *à la manière* de tout le monde : je le coupai
proprement avec mon couteau. — Eh! on rompt son pain,
on ne le coupe pas. Avançons. Le café, comment *le* prîtes-
vous? — Oh! pour le coup, comme tout le monde : il était brû-
lant, je le versai par petites parties de ma tasse dans ma soucoupe. — Eh bien! vous fîtes comme ne fit sûrement personne : tout le monde boit son café dans sa tasse et jamais
dans sa soucoupe. Vous voyez donc, mon cher Cosson, que
vous n'avez pas dit un mot, pas fait un mouvement, qui ne
fût contre l'usage. L'abbé Cosson était confondu, continue
M. Delille. Pendant six semaines, il s'informait à toutes les
personnes qu'il rencontrait de quelques-uns des usages sur
lesquels je l'avais critiqué. » M. Delille lui-même les tenait
d'une femme de ses amies, et avait été longtemps à se trouver
ridicule dans le monde, où il ne savait comment *s'y prendre*
pour boire et manger conformément à l'usage.

BERCHOUX.

113ᵉ Exercice.

DE L'EMPLOI DU TEMPS DANS LA JEUNESSE.

En général, l'enfance et l'adolescence sont le temps où la mémoire a *le plus* d'activité et d'énergie. On peut dire, *ce me semble*, avec vérité, qu'il est déjà entré plus *d'idées* réellement neuves et importantes dans l'entendement d'un enfant de sept à huit ans, qu'il n'y *en* entrera *tout le reste* de sa vie, *quelque* longue *qu'*elle *soit*. C'est pour cela que la première période jusqu'à quinze ou trente ans est celle où nos facultés, s'étant *développées* et *fortifiées*, peuvent s'agrandir et s'enrichir d'une foule *d'acquisitions* précieuses.

Cette vérité, bien commune sans doute, mais qu'on ne *saurait* trop souvent remettre sous les yeux des jeunes gens à cause de son extrême importance, est *confirmée* par plusieurs faits d'une observation journalière. Ainsi, il est rare que des hommes qui ont consacré à des futilités ou perdu, comme on dit, le temps de leurs premières années, *arrivent* jamais à un degré de talent remarquable, dans *quelque* genre d'étude *que ce soit*. Ainsi, les choses qu'on a *confiées* à la mémoire dès l'enfance ou dès la plus tendre jeunesse, ne s'en effacent guère, tandis que des acquisitions plus récentes s'oublient promptement, pour peu qu'on néglige d'*en* entretenir ou d'*en* renouveler le souvenir.

Enfin, on a remarqué que, chez des vieillards à qui une attaque de paralysie a fait perdre la mémoire de tous les événements les plus récents de leur vie, les souvenirs de l'enfance et de la jeunesse subsistent seuls et semblent avoir pris une vivacité nouvelle ; *tant* les impressions du premier âge ont *en quelque sorte* de ténacité. Dans les périodes suivantes, jusqu'à la fin de la maturité de l'âge, nous sommes presque *de moins en moins* capables d'acquérir *de nouvelles connaissances*, mais nous *le* sommes plus d'approfondir et d'étendre celles que nous avons *acquises*. *Passé* ce terme, c'est-à-dire à l'époque de la vieillesse, nos facultés, et particulièrement la mémoire, subissent un notable déclin. Au moins n'*y a-t-il* que bien peu d'exceptions à cette loi générale de notre nature, et même elles sont plus apparentes *que réelles*, parce que ce n'est pas *aux hommes ordinaires*, mais *à eux-mêmes* qu'il faut comparer ceux qui se sont *signalés* par des talents ou par un génie extraordinaire.   J.-F. THUROT.

114ᵉ Exercice.

LES SALLES D'ASILE.

Ne sentez-vous pas le vent qui souffle? La bise est rude aux pauvres gens, le froid *jette* partout son manteau de glace; j'ai donc pensé, enfants, qu'il serait bien à moi *de* laisser de côté les histoires glorieuses que je vous raconte, pour vous entretenir de la misère de tant de pauvres petits enfants *comme* vous, qui ont froid et qui ont faim.

Hélas! *vous*, si heureux, *vous* qui, en vous couchant *le soir*, trouvez un lit bien doux; qui, en vous réveillant *le matin*, trouvez votre repas tout préparé, *vous* ne vous doutez pas que, tout près de vous, là-haut peut-être au dernier étage de la maison que vous habitez, une famille indigente manque *de pain et de feu*; là-haut peut-être une pauvre mère, forcée de sortir de chez elle *tout le jour*, pour gagner du travail de ses mains le pain de sa famille, se trouve embarrassée de ses enfants. *Qu'en fera-t-elle* tout le long du jour? qui en prendra soin si elle les abandonne? elle n'a personne au logis pour garder sa famille, pas de vieille grand'mère à qui elle confie ses enfants, pas une bonne voisine qui les surveille; car le pauvre loge avec le pauvre, et, dans ces tristes maisons de l'indigence, chaque locataire est obligé de gagner sa vie *jour par jour, heure par heure*. Oh! *que* de pauvres mères, *chassées* de chez elles par le travail, et *retenues* en même temps par leurs enfants, se sont *vues* dans la cruelle nécessité, ou de mourir *de faim*, ou d'abandonner leur petite famille: *cruelle et dure alternative!...*

Mais *comment venir* au secours de cette pauvre mère qui ne peut pas rester chez elle, et qui ne peut pas emmener avec elle ou son fils ou sa fille? Comment venir au secours des enfants du pauvre, qui chez eux n'ont *ni* feu, *ni* pain, *ni* personne pour les aimer, les instruire et les secourir tant que dure le jour? Rassurez-vous, enfants: la charité est ingénieuse, la bienfaisance est une bonne gardienne du pauvre. C'est la bienfaisance, c'est la charité, *qui a inventé*, pour les enfants des pauvres, les salles d'asile. Je *vais* vous *dire ce que c'est qu'une salle* d'asile, pour vous rassurer sur vos petits frères qui sont malheureux.

Dans chaque arrondissement de grande ville, dans chaque ville, dans chaque village, les bienfaiteurs de l'enfance ont imaginé d'assigner aux petits enfants qui n'ont pas *de maison* à eux, une maison, sinon riche, du moins bien fermée et bien chaude en hiver et bien éclairée en été, et bien saine dans tous les temps. Cette maison est un véritable élysée pour de pauvres enfants habitués à toutes les obscurités de ces tristes prisons du cinquième étage, dans ces rues étroites et malsaines. Voilà ce *qu'on appelle* des *salles* d'asile. Chacune de ces maisons est gouvernée, soit par un *vieil* invalide, bonhomme qui aime les enfants par instinct, comme il aime son chien caniche, soit par quelque bonne femme agile, alerte, douce et vive qui devient ainsi la mère de tous les petits pauvres de son hameau. Tous les matins, le père qui *va travailler* aux champs *tout le jour*, la mère qui suit son mari dans la campagne, conduisent leurs enfants dans la salle d'asile. Là, le petit enfant dit adieu à sa mère pour tout le jour; en même temps, il entre dans sa maison, dans son palais. La maison est toute prête à recevoir son petit seigneur et maître. Il entre ; il se voit au milieu de petits enfants *comme* lui. Déjà la société commence pour ces enfants qui étaient destinés à vivre seuls. Ils se regardent, ils s'entendent *l'un l'autre;* bientôt ils sont amis, ils mettent en commun leur pauvre misère.

Et dans cette salle d'asile, ces enfants, si pauvres le matin, riches à présent, n'ont plus qu'à se laisser être heureux. Ils jouent, ils chantent, ils se font des niches de tout genre, ils entourent la bonne femme qui leur *sert de mère*, et qui leur raconte les belles histoires qu'elle a *apprises*. Pendant ce temps-là, le père et la mère, tranquilles sur le sort de leur enfant, travaillent de toutes leurs forces, heureux de penser que leur enfant s'amuse, qu'il grandit entouré *de soins* bienveillants, qu'il a chaud et qu'il n'a pas faim. Oh! le cœur d'une mère est un trésor! pauvre ou riche, elle est toujours mère, elle a pour son enfant le même amour.

Voilà *ce que c'est qu'une salle* d'asile. C'est de la chaleur en hiver, de l'ombre en été. *Grâce à* ces touchantes institutions, l'enfant du pauvre, *lui* aussi, connaît le printemps en fleurs; il respire, il chante, il grandit, il s'anime *comme tous les autres enfants;* il ne sait pas ce que c'est que la misère, il est aussi heureux que peut l'être un enfant : il a de l'air, des fleurs, du soleil et des amis de son âge.

J. JANIN.

NOTE DE L'AUTEUR.

Nous voici arrivés à la fin de nos *Lectures et Dictées littéraires*. C'est le moment de demander à nos confrères de l'enseignement s'ils pensent, comme nous le pensons nous-même, comme nous en sommes persuadé, que des élèves qui auront lu et étudié, qui auront écrit et analysé cette quantité de morceaux choisis, sauront écrire en bon français.

Nous croyons, nous, qu'ils sauront quelque chose de plus : Ils sauront raisonner avec un jugement sain et droit, penser et sentir avec une âme honnête, aimer le bien et le pratiquer, parce que leur conscience se sera éclairée à la lumière de ces intelligences supérieures à qui Dieu l'a envoyée avec mission de la répandre par le monde, en leur disant, comme le Maître aux apôtres de son Évangile : « Allez et instruisez les nations, *Docete omnes gentes.* » Puissent ces grandes leçons, que nous avons reproduites dans notre livre, être utiles à la jeunesse des écoles, et apprendre à tous à chercher le bonheur dans l'accomplissement du devoir, à opposer des convictions fermes et inébranlables aux doctrines funestes et erronées qui, à l'époque où nous vivons, tendent à empoisonner la vie des individus, des familles et des sociétés !

Pour terminer la deuxième partie de cet ouvrage, on ne nous saura peut-être pas mauvais gré de donner, comme *conclusion*, une étude pédagogique dont nous faisons hommage aux instituteurs et aux institutrices; nous espérons que cette étude, qui n'est qu'une simple causerie, sera accueillie par eux avec la même indulgence confraternelle à laquelle ils ont bien voulu habituer le directeur de l'*Union des Instituteurs.*

ADR. G. DE H.

CONCLUSION DE LA DEUXIÈME PARTIE

QU'EST-CE QUE LA PÉDAGOGIE (1)?

Un ancien instituteur du Perche, excellent homme s'il en fut, ne manquant ni d'instruction, ni d'intelligence, ni même d'une certaine finesse native, me faisait un jour cette question :

« Mais qu'est-ce que c'est donc que la pédagogie? j'avais toujours cru que cela ne consistait que dans les méthodes d'enseignement. Bien que je n'exerce plus, tout ce qui se rattache de près ou de loin à la carrière où j'ai passé les trois quarts de ma vie, ne saurait m'être indifférent.

« Aujourd'hui je partage mon temps entre mon jardin et mes livres; autrefois c'était entre mes élèves et mon

_____

(1) Extrait du nº 2 (15 octobre 1867) de l'*Union des Instituteurs.*

jardin. Après la journée passée à enseigner les autres, je n'avais guère le courage de travailler pour m'instruire moi-même : la culture de mes fleurs, de mes légumes et de mes arbres m'était un délassement nécessaire, ce qui, du reste, ne m'empêchait pas de penser; et même j'en étais venu à me demander si l'esprit ne gagne pas plus à penser qu'à étudier des livres. Cependant j'étais quelquefois forcé de faire avec ma pensée comme je faisais avec ma bêche quand elle rencontrait une trop grosse pierre : je bêchais à côté.

« Mes livres ont donc remplacé mes élèves, avec cette différence que c'est moi qui suis l'élève et que ce sont eux qui sont les maîtres : ce qui ne veut pas dire que j'accepte toujours comme parole d'Évangile ce qu'ils ont la prétention de me faire croire. Toujours est-il que j'éprouve, plus que quand j'étais jeune, le besoin de savoir exactement, tandis qu'alors je me contentais de connaître à peu près.

« Lorsque mes livres ne me donnent pas une complète satisfaction, je cherche ailleurs; voilà pourquoi, ayant eu occasion, depuis quelque temps, d'entendre parler de pédagogie, de science pédagogique, et reconnaissant, mais sans en savoir davantage, que je n'avais jamais bien compris ce que c'est, j'ai pensé à m'adresser à vous, dans l'espoir que, en qualité de compatriote, vous seriez assez complaisant pour satisfaire ma curiosité et me faire comprendre au juste ce que l'on entend par *pédagogie*. »

Mon vieil instituteur percheron, à qui son fils avait succédé dans la direction de son école, et que je connaissais d'ancienne date, avait donc fait de la pédagogie toute sa vie, de la pédagogie pratique, de la bonne et utile pédagogie, sans savoir le nom de ce qu'il faisait. Pourtant, ce n'était point un instituteur ordinaire, puisqu'il montrait avec orgueil, en guise de chevrons ou d'épaulettes, deux médailles, l'une de bronze et l'autre d'argent, gagnées par lui sur le champ de bataille de l'enseignement primaire. Ceci prouve seulement que M. Jourdain est un personnage de tous les temps, et qui se rencontre dans tous les rangs et dans toutes les professions.

Au reste, mieux vaut encore bien faire que bien savoir ; mais, quand les deux sont réunis, le bien-savoir n'est point inutile au bien-faire. Et, en thèse générale, il n'est pas moins obligatoire pour l'instituteur de savoir bien que de faire bien ; le second est le plus souvent au premier ce que l'effet est à sa cause................

Maintenant que nos lecteurs ont fait connaissance avec ce vétéran scolaire, que nous avons dû leur présenter, pour le cas où ils le retrouveraient dans notre société, nous les prions de nous pardonner si ces études, au lieu d'avoir le ton grave et solennel, et, disons-le bien bas, le ton pédant qui distingue trop souvent les sujets de ce genre, prennent de préférence les allures de causeries toutes familières.

« La gravité, dit La Rochefoucauld, est un mystère pour cacher le défaut d'esprit. » Dans l'opinion commune, qui dit pédagogue dit pédant ; or, les pédants croient que pour être pris au sérieux il faut être grave et ennuyeux : aussi s'étudient-ils à se singulariser d'une façon quelconque, pour ne réussir qu'à se rendre bizarres, insupportables et ridicules.

Par suite d'un préjugé très-généralement répandu, et qui a sa justification dans la fatuité trop commune à certaines gens, un pédagogue est une espèce de croque-mitaine destiné à faire peur aux enfants ; c'est un personnage grotesque, gourmé et bouffi d'une importance affectée ; à la démarche lente et mesurée, qui ne parle que par sentences, ne rit jamais, gourmande à tout propos, harangue l'écolier qui se noie au lieu de lui tendre la main, donnant son avis comme un oracle, sans souffrir qu'on le discute ; contredisant, critiquant, blâmant toujours, et jamais n'approuvant ; très-avide mais encore plus avare d'éloges ; c'est quelque chose de pointu, d'anguleux, qui irrite ou qui fait rire, qui blesse et qu'on dédaigne ; en un mot, le pédagogue dont nous venons de faire le portrait, non point imaginaire, mais calqué sur certains modèles du genre, c'est une espèce de machine à érudition, qui fatigue au lieu d'instruire, dont personne ne veut, que personne n'aime, et dont chacun s'éloigne comme font les moineaux quand ils aperçoivent dans une chènevière une longue perche affublée d'une vieille cotte noire et coiffée d'un large chapeau.

Nous ne sommes point, grâce à Dieu, de cette famille de pédagogues, et ne voudrions, pour rien au monde, d'une telle parenté. Notre pédagogie, à nous, parle comme tout le monde, s'habille comme tout le monde; son originalité consiste à rester elle sans en avoir l'air : elle est sérieuse ou gaie, suivant la circonstance; d'une humeur communicative, enjouée même à l'occasion; morose, jamais.

Elle aime les enfants et se fait enfant avec eux : elle les aide dans leurs études et se mêle volontiers à leurs jeux. Elle seconde les maîtres dans leurs travaux, les guide dans la route qu'elle leur a tracée, mais sans gêner leurs mouvements, sans se substituer à leur initiative, sans leur imposer sa volonté.

Ce n'est pas une maîtresse qui commande, c'est une amie qui conseille; elle cause plutôt qu'elle ne professe; elle vise à persuader et non point à dogmatiser, à plaire et non à contraindre; moins son ascendant se fait sentir, plus il domine; jamais on ne cède à son autorité, et toujours on lui obéit.

Son enseignement, ce ne sont point des leçons péniblement apprises, dont le temps efface ou disperse tôt ou tard les feuillets; elle ne donne point à emmagasiner un amas de denrées de toutes espèces et de toutes provenances, pour servir d'en-cas dans des éventualités fort problématiques ou dans des hypothèses irréalisables. Son enseignement, quel qu'en soit l'objet, c'est moins de l'instruction que de l'éducation.

Continuant l'œuvre maternelle que, mandataire de la famille, elle a mission de compléter, ce qu'elle a en vue, c'est la santé et la force de l'âme, c'est le développement des facultés morales; et, indépendamment de ses autres attributions, elle imite dans cette partie de sa tâche, communément nommée instruction, ce que l'instinct maternel a appris de la nature pour le développement et la santé des organes physiques.

Peu lui importe le programme qu'elle devra suivre;

ce ne sont ni des bacheliers ni des savants qu'elle se propose de faire : on ne fait pas des savants, ils se font eux-mêmes ; quant à des bacheliers.....! Ce qu'elle veut faire, ce sont des hommes d'une valeur réelle et non point artificielle ; des citoyens utiles, dont le patriotisme ne se vend ni ne s'escompte ; des chrétiens, mais des chrétiens croyants et mettant avant toute science humaine les mystérieux enseignements de la foi.

Connaître le devoir, voilà pour elle le sommaire de toute étude ; pouvoir le remplir dans toute son étendue, tel est le but, tel doit être le résultat de cette gymnastique intellectuelle que l'on nomme enseignement ; aimer le bien et le vouloir, de manière à accomplir volontairement, sans intérêt ni contrainte et par le seul amour du bien, les obligations que la loi divine et la loi humaine imposent à chacun de nous, tel est le complément, l'objet suprême et unique de l'œuvre pédagogique appelée éducation.

Bien que nous n'ayons pas encore défini la pédagogie, on voit, par ce que nous avons déjà dit, que c'est la première, la plus grande, la plus importante de toutes les sciences humaines, au triple point de vue de la famille, de la société et de la religion.

Prenons-la à son point de départ, et voyons quelle est son intervention dans les intérêts les plus graves de la vie humaine :

La voilà d'abord qui va s'asseoir auprès du berceau de l'enfant, à côté de la jeune mère, qu'elle éclaire et guide dans son inexpérience, et dont elle partage la tendresse et les soins pour ce cher petit ange, la joie du présent, l'espoir de l'avenir.

Nous la retrouvons aussi dans ces pieux asiles où la bienfaisance chrétienne accueille temporairement les nouveau-nés sous la tutelle de sa maternité toute volontaire, où de saintes femmes se font mères adoptives pour remplacer les vraies mères qui vont chercher au loin, avec le travail de la journée, le pain de la famille.

Mais, qu'a donc à faire la pédagogie dans ces crèches de la première enfance? Il est vrai qu'elle n'y est point connue sous son vrai nom : là on l'appelle charité ; mais ses prescriptions, que l'on y suit fidèlement, y attestent les bienfaits de sa présence.

Poursuivons : voici une institution d'un autre genre, c'est une salle d'asile ; entrons-y un instant. Notre pédagogie a certainement passé par là, car tout y porte l'empreinte de sa sage et minutieuse prévoyance.

Comme tous ces petits enfants ont l'air heureux ! Ils sont très-nombreux, et cependant point de désordre, point de confusion, point de tumulte, point de bruit ; à un signal donné, vous entendez résonner tous ensemble cette foule de petits timbres argentins, et se réunir comme en un faisceau de sons harmonieux les frais accents de leurs voix enfantines pour chanter un hymne au Seigneur ou à sa divine Mère ; à un autre signal, les yeux fixés sur un boulier, ils suivent et énoncent en chantant la composition et la décomposition des nombres. L'ordre et la régularité président à tous leurs mouvements, sans qu'aucun écart individuel vienne en déranger l'ensemble.

Que de germes précieux sont jetés ainsi dans leurs jeunes âmes, vierges encore de tout instinct mauvais ! Que d'habitudes sages et bonnes peuvent commencer sous cette heureuse influence, et quel bonheur ce serait pour tous ces petits enfants si des influences contraires ne venaient point plus tard effacer les impressions salutaires de l'asile où, pendant les heures de travail, leurs mères les ont confiés à des mains souvent plus habiles et plus prévoyantes, sinon plus dévouées que les leurs !

Combien de mères auraient besoin d'aller prendre là des leçons, et y apprendre ce qu'elles ignorent pour le plus grand bien de leurs enfants ! Quelle intelligence a donc présidé à l'organisation de ces utiles maisons ? C'est la pédagogie ; seulement, on la nomme ici la bienfaisance.

Les écoles étant son véritable domaine, qu'elle ne partage avec personne, et où nous l'avons déjà montrée pourvoyant à tout, réglant toutes choses, c'est dans cet immense champ, cultivé par les instituteurs, qu'elle

sème à pleines mains ses germes les plus féconds; c'est
là que, auxiliaire et inspiratrice du maître, la pédagogie exerce, non plus sous un nom d'emprunt, mais
sous son vrai nom, son influence intelligente et absolue.

Au reste, elle est partout où l'on enseigne, partout
où l'éducation s'efforce d'ajouter un perfectionnement
nouveau à son œuvre, toujours inachevée : elle est dans
la famille et dans les maisons de bienfaisance; elle est
dans l'école et dans le temple; elle est dans le monde,
où sa présence, quelque invisible qu'elle soit, se fait
sentir à chaque instant, — car l'éducation, qui prend
l'homme au berceau, et l'embrasse tout entier, ne le
quitte qu'à la tombe; — car, suivant l'admirable expression de Mgr Dupanloup : « l'éducation n'est que
l'achèvement de l'homme selon le plan tracé par la
Providence; » — car, comme l'a dit avec non moins de
justesse M. Saint-Marc Girardin : « l'éducation doit
donner à chaque âge la perfection qui lui est propre,
et en même temps le préparer à l'âge qui va venir; »
— car, pour répondre enfin à la question qui commence cette étude : la Pédagogie, c'est la science de
l'éducation !

Adr. Guerrier de Haupt.

TROISIÈME PARTIE

LITTÉRATURE ET STYLE (*).

Ire Étude.

LANGAGE DES SIGNES.

En négligeant la langue des signes qui parlent à l'imagination, l'on a perdu le plus énergique des langages. L'impression de la parole est toujours faible, et l'on parle au cœur par les yeux bien mieux que par les oreilles. En voulant tout donner au raisonnement, nous avons réduit en mots nos préceptes, nous n'avons rien mis dans nos actions. La seule raison n'est point active; elle retient quelquefois, rarement elle excite, et jamais elle n'a rien fait de grand. Toujours raisonner est la manie des petits esprits. Les âmes fortes ont bien un autre langage; c'est par ce langage qu'on persuade et qu'on fait agir.

J'observe que dans les siècles modernes les hommes n'ont plus de prise les uns sur les autres que par la force et l'intérêt, au lieu que les anciens agissaient beaucoup plus par la persuasion, par les affections de l'âme, parce qu'ils ne négligeaient pas la langue des signes. Toutes les conventions se passaient avec solennité pour les rendre (1) plus inviolables : avant que la force fût établie, les dieux étaient les magistrats du genre humain; c'est par devant eux que les particuliers faisaient leurs traités, leurs alliances, prononçaient leurs promesses; la face de la terre était le livre où s'en conservaient les archives. Des rochers, des arbres, des mon-

(*) Les morceaux dont se compose la 3ᵉ Partie, bien que n'étant pas destinés à servir de sujets d'études grammaticales, pourront être employés, la plupart, comme exercices de *lectures* et de *dictées*. Ils devront être étudiés et expliqués particulièrement au point de vue des principes littéraires.

(1) *Pour les rendre.* Il faut dire : *pour qu'elles fussent.*

ceaux de pierres consacrées par ces actes, et rendues respectables aux hommes barbares, étaient les feuillets de ce livre, ouvert sans cesse à tous les yeux......

Ce que les anciens ont fait avec l'éloquence est prodigieux; mais cette éloquence ne consistait pas seulement en beaux discours bien arrangés, et jamais elle n'eut plus d'effet que quand l'orateur parlait le moins. Ce qu'on disait le plus vivement ne s'exprimait pas par des mots, mais par des signes; on ne le disait pas, on le montrait. L'objet qu'on expose aux yeux ébranle l'imagination, excite la curiosité, tient l'esprit dans l'attente de ce qu'on va dire; et souvent cet objet seul a tout dit. Thrasibule et Tarquin coupant des têtes de pavot, Alexandre appliquant son sceau sur la bouche de son favori, Diogène marchant devant Zénon ne parlaient-ils pas mieux que s'ils avaient fait de longs discours? Quel circuit de paroles eût aussi bien rendu les mêmes idées? Darius, engagé dans la Scythie avec son armée, reçoit de la part du roi des Scythes un oiseau, une grenouille, une souris et cinq flèches. L'ambassadeur remet son présent, et s'en retourne sans rien dire. De nos jours cet homme eût passé pour fou. Cette terrible harangue fut entendue, et Darius n'eut plus grande hâte que de regagner son pays comme il put. Substituez une lettre à ces signes; plus elle sera menaçante et moins elle effrayera : ce ne sera qu'une fanfaronnade dont Darius n'eût fait que rire..... A la mort de César, j'imagine un de nos orateurs voulant émouvoir le peuple, épuiser tous les lieux communs de l'art pour faire une pathétique description de ses plaies, de son sang, de son cadavre : Antoine, quoique éloquent, ne dit point tout cela; il fait apporter la robe toute sanglante. Quelle rhétorique!   J.-J.-ROUSSEAU.

____

IIᵉ Étude.

DES LANGUES.

Il n'est aucune langue complète, aucune qui puisse exprimer toutes nos idées et toutes nos sensations; leurs nuances sont trop imperceptibles et trop nombreuses. Personne ne peut faire connaître précisément le degré de sentiment qu'il éprouve. On est obligé, par exemples, de désigner sous le nom général d'amour et de haine mille amours et mille haines différentes. Il en est de même de nos douleurs et de nos plaisirs. Ainsi toutes les langues sont imparfaites, comme nous.

Elles ont toutes été faites insensiblement et par degrés selon nos besoins. C'est l'instinct commun à tous les hommes qui a fait les premières grammaires sans qu'on s'en aperçût. Les Lapons, les Nègres, aussi bien que les Grecs, ont eu besoin d'exprimer le présent, le passé, le futur; et ils l'ont fait. Mais comme jamais il n'y eut d'assemblée de logiciens qui ait formé une langue, aucune n'a pu parvenir à un plan absolument régulier.

Tous les mots, dans toutes les langues possibles, sont nécessairement l'image des sensations. Les hommes n'ont pu jamais exprimer que ce qu'ils sentaient. Ainsi tout est devenu métaphore; partout on éclaire l'âme, le cœur brûle, l'esprit voit, il compose, il unit, il divise, il s'égare, il se recueille, il se dissipe.

Les langues les moins imparfaites sont comme les lois : celles dans lesquelles il y a le moins d'arbitraire sont les meilleures.

Les plus complètes sont nécessairement celles des peuples qui ont le plus cultivé les arts et la société.

La plus ancienne langue connue doit être celle de la nation rassemblée le plus anciennement en corps de peuple. Elle doit être encore celle du peuple qui a été le moins subjugué, ou qui, l'ayant été, a policé ses conquérants; et à cet égard il est certain que le chinois et l'arabe sont les plus anciennes de toutes celles qu'on parle aujourd'hui.

Il n'y a point de langue mère, toutes les nations voisines ont emprunté les unes des autres; mais on a donné le nom de langues mères à celles dont quelques idiomes connus sont dérivés; par exemple, le latin est la langue mère par rapport à l'italien, à l'espagnol, au français. Mais il était lui-même dérivé du toscan, et le toscan l'était du celte et du grec.

Le plus beau de tous les langages doit être celui qui est à la fois le plus complet, le plus sonore, le plus varié dans ses tours et le plus régulier dans sa marche ; celui qui a le plus de mots composés, celui qui par sa prosodie exprime le mieux les mouvements lents ou impétueux de l'âme, celui qui ressemble le plus à la musique.

Le grec a tous ces avantages, et tout défiguré qu'il est aujourd'hui dans la Grèce, il peut être encore regardé comme le plus beau langage de l'univers.

La plus belle langue ne peut être la plus généralement répandue, quand le peuple qui la parle est opprimé, peu nombreux, sans commerce avec les autres nations, et quand les autres nations ont cultivé leurs propres langages. Ainsi le grec doit être moins étendu que l'arabe et même que le turc.

Toutes les langues ont plus ou moins de défauts : ce sont des terrains tous irréguliers, dont la main d'un habile artiste sait tirer avantage.

Toute langue étant imparfaite, il ne s'ensuit pas qu'on doive la changer. Il faut absolument s'en tenir à la manière dont les bons auteurs l'ont parlée ; et quand on a un nombre suffisant d'auteurs approuvés, la langue est fixée. Ainsi, on ne peut plus rien changer à l'italien, à l'espagnol, à l'anglais, au français, sans le corrompre. La raison en est claire, c'est qu'on rendrait bientôt inintelligibles les livres qui font l'instruction et le plaisir des nations.

VOLTAIRE.

IIIᵉ Étude.

ORIGINE DES LANGUES

et particulièrement de la langue française.

Une des études les plus curieuses et les plus intéressantes, est celle de l'histoire des langues, de leurs analogies, de leurs différences, de leurs origines, des diverses transformations qu'elles ont subies et des causes qui ont présidé à ces transformations.

15.

L'histoire des langues, c'est l'histoire du genre humain à partir de cette époque que la Genèse désigne par ces paroles : *Erat autem terra labii unius et sermonum eorumdem.*

L'apôtre évangéliste dit également : « Au commencement était le Verbe, et le Verbe était Dieu : » le Verbe était donc Un, comme Dieu est Un!

Lorsque l'homme, avide de connaître les causes de ce qui est, eut posé cette question : Quelle est la première langue parlée sur la terre? quelle est la langue primitive? la réponse a d'abord été confuse.

Les premiers écrivains qui se sont occupés de linguistique sont Platon dans son *Cratyle,* Aristote dans son *Interprétation,* et Varron dans son *Traité de la langue latine.* Mais il est à remarquer que les théories qu'ils ont exposées dans ces ouvrages sont plutôt relatives à la grammaire qu'à l'histoire des langues.

La recherche de la langue primitive n'a été franchement abordée que par les commentateurs de la Bible, par les théologiens. L'hébreu obtint un droit de primogéniture sur les autres langues, et des esprits d'une haute valeur, parmi lesquels on compte Juste-Lipse, Vossius et Dom Calmet, attachèrent à ce droit une importance presque égale à celle d'un article de foi. Mais Théodoret, Amira, Myricœus et d'autres maronites du Mont-Liban ne laissèrent pas longtemps la langue hébraïque en possession de son triomphe. Ils revendiquèrent la priorité d'origine pour l'abyssinien, le syriaque, le chaldéen, l'arménien et l'éthiopien. Les Égyptiens et les Chinois élevèrent les mêmes prétentions en faveur de leur langue nationale.

D'autres survinrent qui se firent les champions du bas-breton; certains plaidèrent pour le basque, quelques-uns pour le flamand. Latour-d'Auvergne, l'auteur de l'*Origine des premières sociétés,* et Court de Gébelin, l'auteur du *Monde primitif,* défendirent les droits du celtique. Des livres volumineux furent écrits pour et contre ces divers systèmes, auxquels manquait une base scientifique, et qui, appuyés sur des rêves, durent s'écrouler et s'anéantir le jour où la philologie entra dans la voie qui venait de s'ouvrir aux sciences positives, c'est-à-dire lorsqu'elle adopta, comme la physique et la chimie, l'observation des faits pour base de ses expériences et de ses lois.

Lebnitz attacha son nom à ce nouvel essor donné à la linguistique. Depuis lors, des spécimens de toutes les langues de l'Europe et même du monde connu furent colligés; ces précieux matériaux permirent de les comparer entre elles : on les groupa par familles, et l'on crut à leur parenté, quoiqu'on ne sût pas encore comment elle s'était établie.

La philologie en était là, lorsqu'à la fin du dix-huitième siècle elle reçut de la politique un secours inattendu : les Anglais s'étaient rendus maîtres des Indes, et le sanscrit, l'ancienne langue sacrée des Hindous, attira l'attention des savants de la Grande-Bretagne.

Cette langue, dont les premiers monuments remontent à trente-trois siècles, et qui est depuis longtemps une langue morte, n'a point cessé cependant de servir de langue sacrée à des populations nombreuses; semblable sous ce rapport à la langue de l'ancienne Rome, elle a, comme le latin, donné le jour à beaucoup d'autres idiomes et laissé une foule de documents littéraires qui permettent de la soumettre à une étude philologique approfondie.

« Le sanscrit, dit M. Le Brocqui, est bien supérieur au latin et plus parfait encore que le grec : de toutes les langues connues, c'est la plus flexible, la plus composée et la plus complète..... Or, pour les premiers linguistes à qui fut révélée l'existence du merveilleux idiome, ce ne fut pas un médiocre sujet de surprise et de joie de découvrir que le sanscrit était l'origine non-seulement des idiomes modernes de l'Inde et de l'ancien persan, mais aussi qu'il était la souche d'où s'étaient formées toutes les grandes branches du langage européen, le grec, le latin et le teutonique, avec toutes leurs ramifications, ainsi que le celtique et le slave avec leurs affiliations diverses...!. L'unité originaire de toutes les langues de l'Europe fut établie avec une entière évidence, sauf deux idiomes d'un domaine géographique peu étendu, le finnois et le basque, qui ont été reconnus ne point se rattacher à la langue de l'Inde..... Le nombre des langues mères ou indépendantes, qu'autrefois et naguère encore on avait singulièrement exagéré (on en avait compté plus de 70), fut excessivement réduit. On prouva que toutes les langues du globe se ramenaient à cinq ou à six classes, premières et grandes divisions sous lesquelles venait se ranger, par genres ou par espèces, la totalité des autres idiomes. Le nombre des races crues d'abord primitives ou aborigènes fut restreint dans la même proportion, et, guidé par le fil conducteur de l'affinité du langage, on constata que des peuples vivant aujourd'hui dispersés sous les latitudes les plus diverses et devenus étrangers les uns aux autres par les mœurs, la religion et les institutions politiques, appartenaient pourtant originairement à l'une des grandes races conquérantes ou émigrantes qui, au nombre de quatre ou cinq, avaient, dans les temps reculés, subjugué ou peuplé paisiblement toutes les contrées de la terre. »

L'illustre de Humboldt va plus loin en parlant des langues d'Amérique : « Dans quatre-vingt-trois langues américaines, dit-il, examinées par Barton et Vater, on trouve cent soixante-dix mots ressemblant pour trois cinquièmes au mantchou, au tongouse, au mongol et au samoyède, et, pour deux cinquièmes, aux langues celtique et tchoude, biscayenne, copte et congo. »

Par une méthode plus sévère, par une observation plus soutenue, ne serait-il donc pas possible à la science d'arriver au même résultat que la Genèse, et de conclure, comme Moïse, à l'unité du langage humain?......

L'historique des langues de la France n'est certes pas la page la moins intéressantes de notre histoire nationale. En remontant jusqu'aux siècles les plus reculés, aussi haut que les données historiques le permettent, nous voyons les Celtes occupant l'espace compris entre le Rhin, l'Océan, la Méditerranée, les Pyrénées et les Alpes; six cents ans avant l'ère vulgaire, ils vont s'emparer d'une grande partie de la Dalmatie et de l'Asie Mineure, de la Germanie, de l'Italie et de l'Espagne, où ils s'établissent sous le nom de Celtibériens. Bède-le-Véné-

rable raconte dans son *Histoire ecclésiastique de l'Angle-
terre* que sept cents ans avant Jésus-Christ les Bretons
de l'Armorique vinrent se fixer dans l'île appelée depuis
la Grande-Bretagne. Mais cette nation conquérante eut
aussi ses jours de revers : deux siècles avant l'ère chrétienne, les Celtes, refoulés par les Teutons du nord de
la Germanie, sont forcés de se retirer dans les parties
méridionales et occidentales des Gaules. Cinquante ans
plus tard, les Romains s'emparent d'une province gau-
loise baignée par la Méditerranée, et à laquelle ils donnent le nom de Narbonnaise. Un demi-siècle était à
peine écoulé que la nouvelle colonie romaine eut à ré-
clamer des secours de la métropole, César vint avec ses
légions, et dix ans après la Gaule lui était soumise.

C'est à lui que nous devons les premières notions
exactes que nous possédions sur cette contrée. Il remarque que les habitants des trois grandes provinces désignées par lui sous le nom d'Aquitaine, de Celtique et de
Belgique, diffèrent entre eux de mœurs, d'institutions
et de langage : *Hi omnes lingua, institutis, legibus, inter se differunt.*

Quoi qu'il en soit, le résultat de la domination romaine dans la Gaule fut l'altération de l'idiome primitif des Gaulois, ensuite l'absorption de cet idiome par
le latin. Mais cette dernière langue si littéraire, si bien
assouplie à toutes les exigences de l'éloquence et de la
poésie, si harmonieuse dans la bouche de Cicéron et de
Virgile, avait une grammaire trop savante pour ceux
dont les idées et les besoins étaient simples et bornés...

On sait comment vers le quatrième et le cinquième
siècle les luttes que les Romains eurent à soutenir contre
les nations germaniques qui vinrent s'établir dans la
Gaule, comment à la même époque, les invasions des
Visigoths, des Burgondes et des Francks empêchèrent
la langue latine de se maintenir dans toute sa pureté au
milieu de ce pays où les armes romaines l'avaient fait
régner durant quatre cents ans.

Cette langue admirable finit par s'allier à l'idiome
des étrangers, et de cette alliance bizarre sortirent des
mots hybrides; on vit même des mots d'un tudesque

pur qui furent latinisés pour devenir *romans*. Mais le *roman* parlé dans les provinces situées au midi de la Loire, où tout rappelait encore la civilisation romaine, avait conservé plus d'analogie et d'affinité avec la langue latine que le *roman* des provinces septentrionales, où les nouveaux conquérants étaient plus nombreux et n'avaient pas renoncé à la langue de leur ancienne patrie.

De là cette division de la langue romane en langue d'*oc* et en langue d'*oïl*.

Aujourd'hui la langue d'oc subsiste encore, plus ou moins altérée, dans plusieurs dialectes vulgaires de certains départements de la France ; ces dialectes sont : le languedocien, le provençal, le dauphinois ; le lyonnais, l'auvergnat, le limousin, le gascon ; comme aussi les principaux dialectes qui rappellent la langue d'oïl sont : le normand, le picard, le bourguignon ; comprenant chacun divers sous-dialectes.

Le dialecte picard étant le plus important, parce qu'il était l'idiome de l'Ile-de-France, de la cour et de la capitale, c'est de lui qu'est sortie la langue française actuelle, la langue de la littérature, de la science, de la politique et de l'enseignement public.........................

ADR. GUERRIER DE HAUPT.

(*Extrait du journal général de l'Instruction publique.*)

IVe Étude.

DE L'UNIVERSALITÉ DE LA LANGUE FRANÇAISE.

Un admirable concours de circonstances contribua à l'universalité de la langue française. Les grandes découvertes qui s'étaient faites depuis cent cinquante ans dans le monde, avaient donné à l'esprit humain une impulsion que rien ne pouvait plus arrêter, et cette impulsion tendait vers la France. Paris fixa les idées flottantes de l'Europe, et devint le foyer des étincelles répandues chez tous les peuples. L'imagination de Descartes régna dans la philosophie ; la raison de Boileau dans les vers ; Bayle plaça le doute aux pieds de la vérité ; Bos-

suet tonna sur la tête des rois, et nous comptâmes autant de genres d'éloquence que de grands hommes.
Notre théâtre surtout achevait l'éducation de l'Europe :
c'est là que le grand Condé pleurait aux vers du grand
Corneille, et que Racine corrigeait Louis XIV. Rome
tout entière parut sur la scène française, et les passions
parlèrent leur langage. Nous eûmes et ce Molière plus
comique que les Grecs, et le Télémaque plus antique
que les ouvrages des anciens, et ce La Fontaine qui, ne
donnant pas à la langue des formes si pures, lui prê-
tait des beautés plus incommunicables. Nos livres, rapidement traduits en Europe et même en Asie, devinrent les livres de tous les pays, de tous les goûts et de tous
les âges. La Grèce, vaincue sur le théâtre, le fut encore
dans les pièces fugitives, qui volèrent de bouche en
bouche et donnèrent des ailes à la langue française.
Les premiers journaux qu'on vit circuler en Europe
étaient français, et ne racontaient que nos victoires et nos
chefs-d'œuvre. C'est de nos académies qu'on s'entrete-
nait, et la langue s'étendait par leurs correspondances.
On ne parlait enfin que de l'esprit français et des
grâces françaises ; tout se faisait au nom de la France,
et notre réputation s'accroissait de notre réputation.
   Aux productions de l'esprit se joignaient encore celles de l'industrie : des pompons et des modes accom-
pagnaient nos meilleurs livres chez l'étranger, parce
qu'on voulait être partout raisonnable et frivole comme
en France. Il arriva donc que nos voisins recevant sans
cesse des meubles, des étoffes et des modes qui se re-
nouvelaient sans cesse, manquaient de termes pour les
exprimer : ils furent comme accablés sous l'exubérance
de l'industrie française, si bien qu'il prit comme une
impatience générale à l'Europe, et que, pour n'être plus
séparé de nous, on étudia notre langue de tous côtés.
   Depuis cette explosion, la France a continué de donner un théâtre, des habits, du goût, des manières, une
langue, un nouvel art de vivre et des jouissances inconnues aux États qui l'entourent : sorte d'empire qu'aucun peuple n'a exercé. Et comparez-lui, je vous prie,
celui des Romains, qui semèrent partout leur langue et

l'esclavage, s'engraissèrent de sang, et détruisirent jusqu'à ce qu'ils fussent détruits !

RIVAROL.

Vᵉ Étude.

INFLUENCE DE L'ÉTUDE DES LETTRES.

L'art d'écrire et l'art de penser sont inséparables. L'é-
tude approfondie d'une langue, si cette étude est dirigée
par le goût, est une des occupations les plus propres à
former le jugement.....

Les sciences physiques et mathématiques ont sans
doute la plus haute importance. La société s'enrichit
tous les jours de leurs travaux. C'est à leur application
que l'industrie, le commerce et les arts mécaniques sont
redevables de tant de machines ingénieuses; mais ces
arts, comme le dit énergiquement Bacon, sont enra-
cinés dans les besoins de l'homme, et se développent
successivement par les efforts de l'intérêt et de la cupi-
dité. L'accroissement des richesses et des commodités de
la vie est un grand bienfait, on ne peut le nier ; cependant notre cœur a de plus nobles instincts, qu'il faut aussi
satisfaire. Les lettres, envisagées dans leurs rapports généraux, ont une influence plus directe sur la partie morale et sensible de l'homme. Je ne crains donc point de
le dire, et je m'appuie en ce moment sur l'autorité de
ces grands hommes, qui portèrent une haute philosophie
dans la culture des sciences : Un peuple qui ne serait
que savant pourrait demeurer barbare, un peuple de
lettrés est nécessairement doux et poli.

Quoi qu'il en soit, tous nos grands écrivains ont commencé par des études classiques. Ils tenaient dès leur
jeune âge entre leurs mains Homère et Virgile, Cicéron
et Démosthène. Leur imagination, fécondée par la lecture de ces grands originaux, a transporté dans la langue
française des richesses qu'elle ne connaissait pas. C'est
par cette raison qu'il s'exhale de leurs écrits je ne sais
quel parfum d'antiquité dont la douceur est si pure, et
qui semble venir jusqu'à nous des beaux cieux de l'I-

talie et de la Grèce. Ceux à qui manqua le premier bienfait de cette éducation littéraire n'ont pu même y
suppléer par les plus heureux dons de la nature.

FONTANES.

VIe Étude.

INFLUENCE DE L'ESPRIT PHILOSOPHIQUE SUR LE STYLE.

Je pourrais, en parcourant tous les genres, montrer
partout les beaux-arts en proie à l'esprit philosophique;
mais il faut se borner. Plaignons cependant ici la triste
destinée de l'éloquence, qui dégénère et périt tous les
jours à mesure que la philosophie s'avance à la perfection. Il est vrai que la passion des faux brillants et de
la vaine parure a flétri sa beauté naturelle à force de la
farder; il est vrai que le bel esprit a ravagé presque
toutes les parties de l'empire littéraire : mais voici un
autre fléau plus terrible encore : c'est la raison elle-
même; je dis cette raison géométrique qui dessèche,
qui brûle, pour ainsi dire, tout ce qu'elle ose toucher.
Elle renouvelle aujourd'hui la tyrannie de ce faux atti-
cisme qui calomniait autrefois l'orateur romain, et dont
la lime sévère persécutait l'éloquence, déchirant tous
ses ornements et ne lui laissant qu'un corps décharné,
sans coloris, sans grâces et presque sans vie. Une justesse superstitieuse, qui s'examine sans cesse, et compose toutes ses démarches; une froide précision, qui se
hâte d'exposer froidement ses vérités, et ne laisse sortir
de l'âme aucun sentiment, parce que les sentiments ne
sont pas des raisons; l'art de poser des principes et
d'en exprimer une longue suite de conséquences également claires et glaçantes; des idées neuves et profondes,
qui n'ont rien de sensible et de vivant, mais qu'on emporte avec soi pour les méditer à loisir : voilà l'éloquence des orateurs formés à l'école de la philosophie.

D'où vient encore cette métaphysique distillée, que
la multitude dévore, sans pouvoir se nourrir d'une
substance si déliée, et qui devient, pour les intelligents

eux-mêmes, un exercice laborieux, où l'esprit se fatigue à courir après des pensées qui ne laissent aucune prise à l'imagination? Tous ces discours pleins, si l'on veut, d'une sublime raison, mais où l'on ne trouve point cette chaleur et ce mouvement qui vient de l'âme, ne sortent-ils pas manifestement de ce génie de discussion et d'analyse accoutumé à tout décomposer, à tout réduire en abstractions idéales, à dépouiller les objets de leurs qualités particulières, pour ne leur laisser que des qualités vagues et générales qui ne sont rien pour le cœur humain? Je le dirai : ce n'est pas corrompre l'éloquence, comme a fait le bel esprit, c'est lui arracher le principe même de sa force et de sa beauté. Ne sait-on pas qu'elle est presque tout entière dans le cœur et l'imagination, et que c'est là qu'elle va prendre ses charmes, sa foudre même et son tonnerre? Lisons les anciens : nous trouvons des peintures vives et frappantes, qui semblent faire entrer les objets eux-mêmes dans l'esprit; des tours hardis et véhéments, qui donnent aux pensées des ailes de feu, et les jettent comme des traits brûlants dans l'âme du lecteur; une expression touchante des sentiments et des mœurs, qui se répand dans tout le discours comme le sang dans les veines, et lui communique, avec une chaleur douce et continue, un air naturel et toujours animé; une variété charmante de couleurs et de tons, qui représente les nuances et les divers changements du sujet : tous ces grands caractères de l'antique éloquence, pourrait-on les retrouver aujourd'hui dans ces discours si pensés, si méthodiques, si bien raisonnés, dont l'esprit philosophique est le père et l'admirateur? Défendons-lui donc de sortir de la sphère des sciences, et de porter dans les arts de goût sa tristesse et son austérité naturelle, son style aride et affamé. « *Non plus sapere quam oportet.* »

LE P. GUÉNARD.

(Discours prononcé à l'Académie française en 1755.)

VII° Étude.

RÉFLEXIONS GÉNÉRALES SUR LE GOÛT.

Le goût, tel que nous le considérons ici, c'est-à-dire
par rapport à la lecture des auteurs et à la composition,
est un discernement vif, net et précis de toute beauté,
vérité et justesse des pensées et des expressions qui entrent dans un discours. Il distingue ce qu'il y a de conforme aux plus exactes bienséances, de propre à chaque
caractère, de convenable aux différentes circonstances,
et pendant qu'il remarque, par un sentiment fin et exquis,
les grâces, les tours, les manières, les expressions les
plus capables de plaire, il aperçoit aussi tous les défauts
qui produisent un effet contraire, et il démêle en quoi
précisément consistent ces défauts et jusqu'où ils s'é-
cartent des règles sévères de l'art et des vraies beautés
de la nature.

Cette heureuse qualité, que l'on sent mieux qu'on ne
peut la définir, est moins l'effet du génie que du jugement et d'une espèce de raison naturelle perfectionnée
par l'étude. Elle sert dans la composition à guider l'esprit et à le régler. Elle fait usage de l'imagination, mais
sans s'y livrer, et en demeure toujours maîtresse. Elle
consulte en tout la nature, la suit pas à pas, et en est
une fidèle expression. Sobre et retenue au milieu de
l'abondance et des richesses, elle dispense avec mesure
et avec sagesse les beautés et les grâces du discours.
Elle ne se laisse jamais éblouir par le faux, quelque
brillant qu'il soit. Elle est également blessée du trop et
du trop peu. Elle sait s'arrêter précisément où il faut,
et retranche sans regret et sans pitié tout ce qui est au
delà du beau et du parfait. C'est le défaut de cette
qualité qui fait le vice de tous les styles corrompus, de
l'enflure, du faux brillant, des pointes : « Lorsque, dit
Quintilien, le génie est destitué de jugement et qu'il se
laisse tromper par l'apparence du beau. »

Ce goût, simple et unique dans son principe, se varie
et se multiplie en une infinité de manières, de sorte

pourtant que, sous mille formes différentes, en prose ou
en vers, dans une style étendu ou serré, sublime ou
simple, enjoué ou sérieux, il est toujours le même, et
porte partout un certain caractère de vrai et de naturel,
qui se fait d'abord sentir à quiconque a du discernement....

J'ai dit que ce discernement était une espèce de raison
naturelle perfectionnée par l'étude. En effet, tous les
hommes apportent avec eux, en naissant, les premiers
principes du goût, aussi bien que ceux de la rhétorique
et de la logique. La preuve en est qu'un bon orateur est
presque toujours infailliblement approuvé du peuple,
et qu'il n'y a sur ce point, comme le remarque Cicéron,
aucune différence de sentiment et de goût entre les
ignorants et les savants....

Quelque dépravé que soit le goût, il ne périt pas en-
ièrement. Il en reste toujours dans les hommes des
points fixes, gravés au fond de leur esprit, dans lesquels
ils conviennent et se réunissent. Quand ces semences secrètes sont cultivées avec quelque soin, elles peuvent
être conduites à une perfection plus distincte et plus de-
mêlée. Et s'il arrive que ces premières notions soient
réveillées par quelque lumière dont l'éclat rende les esprits attentifs aux règles immuables du vrai et du beau,
qui en découvre les suites naturelles et les conséquences
nécessaires, qui leur serve en même temps de modèle
pour en faire l'application, on voit ordinairement les
plus sensés se détromper avec joie de leurs vieilles erreurs, corriger la fausseté de leurs anciens jugements,
revenir à ce qu'un goût épuré et sûr a de plus juste, de
plus délicat et de plus fin, et y entraîner peu à peu tous
les autres....

Ceux même qui dans des siècles plus cultivés sont sans
étude et sans belles-lettres, ne laissent pas de prendre
une teinture du bon goût dominant, qui se mêle, sans
qu'ils s'en aperçoivent, dans leurs conversations, dans
leurs lettres, dans leurs manières....

Le bon goût de la littérature se communique même
aux mœurs publiques et à la manière de vivre. L'habitude de consulter les règles primitives sur une matière

conduit naturellement à en faire de même sur d'autres...

Comme un particulier se peint dans son discours, ainsi le style dominant est quelquefois une image des mœurs publiques. Le cœur entraîne l'esprit et lui communique ses vices aussi bien que ses vertus.

L'esprit accoutumé à ne plus suivre de règles dans les mœurs n'en suit plus dans le style. On ne veut plus rien que de nouveau, de brillant, d'extraordinaire, de hasardé. On ne s'attache qu'à des pensées minces et puériles, ou hardies et outrées jusqu'à l'excès. On affecte un style peigné et fleuri, et une élocution éclatante qui n'a que du son, et rien de plus.

Sénèque fait remarquer quelque part qu'un style trop étudié et trop recherché est la marque d'un petit génie. Il veut qu'un orateur, surtout lorsqu'il traite des matières graves et sérieuses, soit moins attentif aux mots et à l'arrangement qu'aux choses et aux pensées. Quand vous voyez un discours travaillé et poli avec tant de soin et d'inquiétude, vous pouvez conclure, dit-il, qu'il part d'un esprit médiocre et occupé de petites choses. Un écrivain qui a l'esprit grand et élevé ne s'arrête point à de telles minuties. Il pense et parle avec plus de noblesse et de grandeur, et l'on voit dans tout ce qu'il dit un certain air aisé et naturel, qui marque un homme riche de son propre fonds, et qui ne cherche point à le paraître. Ensuite il compare cette sorte d'éloquence fleurie et fardée à des jeunes gens bien frisés et bien poudrés et qui sont toujours devant le miroir et à la toilette. On ne peut rien attendre de grand et de solide de tels caractères. Il en est de même des orateurs. Le discours est comme le visage de l'esprit : s'il est peigné, ajusté, fardé, c'est un signe qu'il y a quelque chose de gâté dans l'esprit et qu'il n'est pas sain. Une telle parure où il y a tant d'art et d'étude n'est point un ornement digne de l'éloquence.

Il ne faut quelquefois, comme le remarque encore Sénèque, qu'un seul homme, mais d'un grand nom, et qui par de rares qualités se sera acquis un grand crédit, pour introduire ce mauvais goût et ce style corrompu. On veut, par une secrète ambition, se distinguer de la foule des orateurs et des écrivains de son temps, et ouvrir une nouvelle carrière, où l'on marche plutôt seul à la tête de nouveaux disciples qu'à la suite des anciens maîtres. On préfère la réputation de bel esprit à celle de bon esprit, le brillant au solide, le merveilleux au vrai. On aime mieux parler à l'imagination qu'au jugement, éblouir la raison que la convaincre, surprendre son approbation que de la mériter; et pendant qu'un tel homme, par une espèce de prestige et par un doux enchantement, enlève l'admiration et les applaudissements des esprits superficiels, qui font la multitude, les autres écrivains, séduits pour l'attrait de la nouveauté et par l'espérance d'un pareil succès, se laissent insensiblement aller au torrent et le fortifient en le suivant. Ainsi ce nouveau goût déplace sans effort l'ancien goût, quoique meilleur; il passe bientôt en loi, et entraîne toute une nation.

ROLLIN.

VIIIe Étude.

DIFFÉRENCE DU GÉNIE, DU GOUT ET DU SAVOIR.

Dans les arts, il ne faut pas confondre ces trois termes; ils expriment des choses entièrement différentes, mais qui s'entr'aident et reviennent à l'unité.

Le génie est cette pénétration ou cette sorte d'intelligence par laquelle un homme saisit vivement une chose faite ou à faire, en arrange lui-même le plan, puis la réalise au dehors et la produit, soit en la faisant comprendre par le discours, soit en la rendant sensible par quelque ouvrage de sa main.

Le goût, dans les belles-lettres comme en toute autre chose, c'est le sentiment du beau, l'amour du bon, l'acquiescement à ce qui est bien.

Enfin le savoir est, dans les arts, la recherche exacte des règles que suivent les artistes, et la comparaison de leur travail avec les lois de la vérité et du bon sens.

Le génie vient au monde avec nous. Chacun a un tour d'esprit qui lui est particulier, comme il a un tour de visage qui diffère des traits d'autrui. Chacun a sa mesure d'intelligence et une pente presque invincible pour un certain genre de travail plutôt que pour un autre. Le génie ne peut guère demeurer oisif, il faut qu'il se déclare.

Il n'en est pas tout à fait de même de ce qu'on appelle goût; il se peut acquérir. Celui en qui le sentiment du beau est naturellement juste, peut ne le point produire au dehors, ni l'exercer faute d'occasion; celui qui en montre le moins peut l'éveiller; on le voit naître en lui par la culture. Il n'y a personne qui n'acquière quelque sensibilité et plus ou moins de discernement, par la dextérité d'un bon maître, par la comparaison qu'on lui fait faire des bons ouvrages, et par la constante habitude de juger de tout suivant des règles sensées et lumineuses; c'est le savoir qui les lui assemble.

Le savoir n'est naturellement donné à personne : c'est le fruit du travail et des enquêtes. On l'acquiert en écoutant les maîtres, en étudiant les règles que les autres suivent et en faisant chacun à part ses propres remarques. La science est tout entière dans l'entendement; il y a loin d'elle au goût, mais le goût en est aidé et affermi. La force de celui-ci est dans le sentiment et dans l'agrément de l'impression que le beau fait peu à peu sur nous.... Le discernement s'affermit par la comparaison du beau avec le médiocre et avec le mauvais; le plaisir et le sentiment suivent : voilà le goût, ou la suite du savoir.

Comme on peut donc enseigner les sciences, on peut aussi donner des leçons de goût, et il n'est point rare de voir un homme auparavant insensible à la beauté des ouvrages de l'art devenir par degrés amateur, connaisseur et bon juge.

Il n'y a que le génie qui ne puisse s'acquérir ni s'enseigner, et, quoiqu'il doive beaucoup à la bonne culture, il ne faut point attendre de riches productions de celui à qui le génie manque. C'est aux hommes forts et vigoureux à se présenter aux exercices violents : un tempérament faible en serait plutôt accablé que servi; mais il peut être spectateur et juger des coups.

De ces trois facultés, la moins commune est le génie ; la plus stérile, quand elle est seule, est le savoir ; la plus admirable de toutes est le goût, parce qu'il met le savoir en œuvre, qu'il empêche les écarts ou les chutes du génie, et qu'il est la base de la gloire des artistes.

PLUCHE.

IXe Étude.

DIFFÉRENCE DU GÉNIE ET DE L'ESPRIT.

Un homme de génie ne doit rien aux préceptes, et quand il le voudrait, il ne saurait presque s'en aider ; il se passe des modèles, et quand on lui en proposerait, peut-être ne saurait-il en profiter ; il est déterminé par une sorte d'instinct à ce qu'il fait et à la manière dont il le fait. Voilà Corneille, qui, sans modèle, sans guide, trouvant l'art en lui-même, tire la tragédie du chaos où elle était parmi nous.

Un homme d'esprit étudie l'art : ses réflexions le préservent des fautes où peut conduire un instinct aveugle ; il est riche de son propre fonds, et, avec le secours de l'imitation, maître des richesses d'autrui. Voilà Racine, qui, venant après Sophocle, Euripide, Corneille, se forme sur leurs différents caractères, et, sans être ni copiste ni original, partage la gloire des plus grands originaux.

Il est vrai que le génie s'élève où l'esprit ne saurait atteindre ; mais l'esprit embrasse au-delà de ce qui appartient au génie.

Avec du génie, on ne saurait être, s'il faut ainsi dire, qu'une seule chose. Corneille n'est que poëte ; il ne l'est même que dans ses tragédies, à prendre le mot de poëte dans le sens d'Horace.

Avec de l'esprit, on sera tout ce qu'on voudra, parce que l'esprit se plie à tout. Racine a réussi dans le tragique et dans le comique ; son discours à l'académie est admirable ; ses deux lettres contre Port-Royal, ses petites épigrammes, ses préfaces, ses cantiques, tout est marqué au bon coin.

Ajoutons que le génie, dans la force même de l'âge,

n'est pas de toutes les heures, et que surtout il craint les approches de la vieillesse. Corneille, dans ses meilleures pièces, a d'étranges inégalités; et dans les dernières, c'est un feu presque éteint.

Au contraire, l'esprit ne dépend pas si fort des moments; il n'a presque ni haut ni bas, et, quand il est dans un corps bien sain, plus il s'exerce, moins il s'use. Racine n'a point d'inégalité marquée; et la dernière de ses pièces, Athalie, est son chef-d'œuvre...

Le génie ne peut s'appliquer qu'à des sciences et à des arts sublimes; l'esprit, plus léger, voltige indifféremment sur tout.

L'un n'embrasse qu'une science, mais il l'approfondit: l'autre veut tout embrasser et ne fait qu'effleurer.

L'esprit rend les talents plus brillants, sans les rendre plus solides : le génie, avec moins d'application, voit tout, devance l'étude même et perfectionne les talents.

Turpin de Crissé.

Xᵉ Étude.

DIFFÉRENCE DU GÉNIE ET DU TALENT.

On demande en quoi le génie diffère du talent : le voici, ce me semble. Le talent est une disposition particulière et habituelle à réussir dans une chose : à l'égard des lettres, il consiste dans l'aptitude à donner aux sujets que l'on traite et aux idées qu'on exprime une forme que l'art approuve et dont le goût soit satisfait : l'ordre, la clarté, l'élégance, la facilité, le naturel, la correction, la grâce même, sont le partage du talent.

Le génie est une sorte d'inspiration fréquente, mais passagère; et son attribut est le don de créer. Il s'ensuit que l'homme de génie s'élève et s'abaisse tour à tour, selon que l'inspiration l'anime ou l'abandonne. Il est souvent inculte, parce qu'il ne se donne pas le temps de perfectionner; il est grand dans les grandes choses, parce qu'elles sont propres à réveiller cet instinct sublime et à le mettre en activité; il est négligé dans les choses communes, parce qu'elles sont au-dessous de lui, et n'ont pas de quoi l'émouvoir. Si cependant il s'en occupe avec une attention forte, il les rend nouvelles et fécondes, parce que cette attention qui couve les idées les pénètre, si j'ose le dire, d'une chaleur qui les vivifie et les fait germer, comme le soleil fait germer l'or dans les veines du rocher.

Ce qu'il y aurait de plus rare et de plus étonnant dans la nature, ce serait un homme que son génie n'abandonnerait jamais; et celui de tous les écrivains qui approche le plus de ce prodige, c'est Homère dans l'Iliade.

Si l'on demande à présent quelle est la différence de la création du génie et de la production du talent, l'homme éclairé, sensible, versé dans l'étude de l'art, n'a pas besoin qu'on le lui dise, et le grand nombre même des hommes cultivés est en état de le sentir. La production du talent consiste à donner la forme; et la création du génie, à donner l'être : le mérite de l'un est dans l'industrie, le mérite de l'autre est dans l'invention; le talent veut être apprécié par les détails, le génie nous frappe en masse... L'homme de talent pense et dit les choses qu'une foule d'hommes auraient pensées et dites; mais il les présente avec plus d'avantages, il les choisit avec plus de goût, il les dispose avec plus d'art, il les exprime avec plus de finesse et de grâce : l'homme de génie, au contraire, a une façon de voir, de sentir, de penser, qui lui est propre. Si c'est un plan qu'il a conçu, l'ordonnance en est surprenante et ne ressemble à rien de ce qu'on a fait avant lui. S'il dessine des caractères, leur singularité frappante, leur étonnante nouveauté, la force avec laquelle il en exprime tous les traits, la rapidité et la hardiesse dont il en trace les contours, l'ensemble et l'accord qui se rencontrent dans ses conceptions soudaines, font dire qu'il a créé des hommes; et s'il les groupe, leurs contrastes, leurs rapports, leur action, leur réaction mutuelle, sont encore, par leur vérité rare, une sorte de création : dans les détails, il semble dérober à la nature des secrets qu'elle n'a révélés qu'à lui; il pénètre plus avant

dans notre cœur, que nous n'y pénétrions nous-mêmes
avant qu'il nous eût éclairés; il nous fait découvrir, en
nous et hors de nous, comme de nouveaux phénomènes.
S'il veut agir sur la pensée et subjuguer l'entendement,
il donne à ses raisons un poids, une force d'impulsion,
à laquelle rien ne résiste. S'il veut agir sur l'âme, il
l'attaque, il l'ébranle, il l'agite en tous sens avec tant
de vigueur et de violence; il la tourmente si impérieusement, soit du frein, soit de l'aiguillon, qu'il vient à
bout de la dompter. S'il peint les passions, il donne à
leurs ressorts une force qui nous étonne; à leurs mouvements, des retours dont le naturel nous confond :
dans le moment où nous croyons leur force et leur véhémence épuisées, son souffle y ajoute des degrés de
chaleur dont le cœur humain est surpris d'être susceptible; c'est là colère, la vengeance, l'ambition, l'amour,
la douleur exaltée à son plus haut point, mais jamais
au delà; tout est vrai dans cette peinture, quoique
tout y soit surprenant. S'il décrit les objets sensibles, il
y fait remarquer des traits frappants qui jusqu'à lui
nous avaient échappé; des accidents et des rapports sur
lesquels nos regards ont glissé mille fois. Le commun
des hommes regarde sans voir : l'homme de génie voit
si rapidement que c'est presque sans regarder......
Du reste, on a vu plus d'un exemple de l'union et de
l'accord du talent avec le génie. Lorsque cet heureux
ensemble se rencontre, il n'y a plus d'inégalités choquantes dans les productions de l'esprit; les intervalles
du génie sont occupés par le talent; quand l'un s'endort,
l'autre veille; quand l'un s'est négligé, l'autre vient
après lui, et perfectionne son ouvrage. A peine on s'a-
perçoit des intermittences du génie, parce qu'on est
préoccupé par l'illusion que le talent sait faire; car c'est
à lui qu'appartient l'adresse et la continuelle vigilance
à nous faire oublier l'absence du génie, en semant de
fleurs l'intervalle et le passage d'une beauté à l'autre,
en amusant l'esprit et l'imagination par des détails d'a-
grément et de goût, jusqu'au moment où le génie re-
viendra se saisir du cœur, le tourmenter, le déchirer,
ou s'emparer de l'âme, l'émouvoir, l'étonner, la trou-

bler, la confondre, la transporter et l'agrandir. Pour voir ces deux fonctions du génie et du talent également remplies, on n'a qu'à lire ou Virgile ou Racine : on distinguera aisément le génie qui les élève d'avec le talent qui les soutient et ne les quitte jamais.

MARMONTEL.

XIe Étude

DU STYLE, ET DES CAUSES QUI LE MODIFIENT.

(Le Style) C'est, dans la langue écrite, le caractère de la diction; et ce caractère est modifié par le génie de la langue, par les qualités de l'esprit et de l'âme de l'écrivain, par le genre dans lequel il s'exerce, par le sujet qu'il traite, par les mœurs ou la situation du personnage qu'il fait parler ou de celui qu'il revêt lui-même, enfin par la nature des choses qu'il exprime.

On a dit que le style d'un écrivain portait toujours l'empreinte du génie national. Cela doit être ; et cela vient de ce que le génie national imprime lui-même son caractère à la langue.

Il n'est point de nation chez laquelle ne se rencontrent plus ou moins fréquemment tous les caractères individuels qui sont donnés par la nature. Mais dans chacune d'elles, tel ou tel caractère est plus commun, tel ou tel est plus rare ; et c'est le caractère dominant qui, communiqué à la langue, en constitue le génie. La langue italienne est molle et délicate; la langue espagnole est noble et grave ; la langue anglaise est énergique, et sa force a de l'âpreté.

Ainsi, lorsqu'il se trouve parmi la multitude un esprit d'une trempe singulière et, pour ainsi dire, hétérogène, il est contrarié sans cesse, en écrivant, par le génie de la langue. Il faut donc qu'il le dompte ou qu'il en soit dompté; ou, ce qui arrive le plus souvent, que chacun des deux cède du sien, et s'accommode à l'autre; et de cette espèce de conciliation se forme un style mitoyen, qui participe plus ou moins et du génie de la langue et du génie de l'auteur.

Il arrive de là que moins le caractère d'une nation est prononcé, plus celui de sa langue est susceptible de différents modes de style. Une langue qui de sa nature serait molle comme l'or pur, ne serait pas susceptible de la trempe de l'acier; tous ses instruments seraient faibles : il faut donc qu'elle réunisse la souplesse avec l'énergie, et ce mélange paraît tenir au caractère national. Aussi voit-on que celles des nations qui sont connues pour avoir eu en même temps le plus de souplesse et de ressort dans le caractère sont aussi celles dont la langue a été la plus susceptible de toutes les qualités du style. La plus belle des langues, la plus habile à tout exprimer, fut celle du peuple du monde qui eut dans le caractère le plus éminemment ce mélange de force, de mobilité, de souplesse : je n'ai pas besoin de nommer les Grecs..... La langue des Romains, pour devenir presque aussi susceptible des métamorphoses du style, fut obligée d'attendre que le génie de Rome se fût lui-même détendu et comme assoupli.....

Me sera-t-il permis de dire qu'à un grand intervalle de ces deux langues incomparables, la langue française a dû peut-être aussi les facultés qui la distinguent à la souplesse, à la mobilité et en même temps au ressort du caractère national? Le génie français n'a exclusivement aucun caractère, et de là vient aussi qu'il n'en a aucun éminemment; mais, au besoin, il les prend tous, et à un assez haut degré. Il en est de même de la langue française : sa qualité distinctive et dominante, c'est la clarté; elle s'est donné tout le reste à force de peine et de soin; et cependant elle n'a manqué ni au génie de Corneille et de Bossuet, ni à celui de Pascal, de La Fontaine et de Molière, ni à l'éloquente raison de Bourdaloue, ni à la touchante sensibilité de Massillon, ni aux émanations célestes de la belle âme de Fénelon, ni à la véhémence et à la profondeur de pathétique de Voltaire.

Aux hardiesses et aux libertés que les langues se sont permises, ou à la timide exactitude de leur syntaxe, on reconnaît quelle sorte d'esprit a présidé à leur formation successive..... Autant le génie national aura influé sur celui de la langue, autant le génie de la langue influera sur le style des écrivains.

Dans une langue qui n'aura rien de séduisant par elle-même, ni du côté de la couleur ni du côté de l'harmonie, le besoin d'intéresser par la pensée et par le sentiment, et de captiver l'esprit et l'âme, en dépit de l'oreille et sans le prestige de l'imagination, force l'écrivain à serrer son style, à lui donner du poids, de la solidité et une plénitude d'idées qui ne laissent pas le temps de regretter ce qui lui manque d'agrément. Au contraire, dans une langue naturéllement flatteuse et séduisante par l'abondance, la richesse, la beauté de l'expression, l'écrivain ressemble souvent aux habitants d'un heureux climat, que la fertilité naturelle de leurs campagnes rend à la fois indolents et prodigues. Sûr de parler avec grâce en disant peu de chose, il se complaît dans l'élégance de sa langue; et le premier, séduit par son élocution, il croit en faire assez pour plaire, en déployant sur des idées communes la parure d'une expression harmonieuse et brillante : son style est d'une symphonie qui peut flatter l'oreille, mais qui ne dit rien à l'âme et ne laisse rien à l'esprit.

L'habile écrivain est celui qui sait en même temps user et n'abuser jamais des avantages de sa langue, et suppléer, autant qu'il est possible, aux avantages qu'elle n'a pas.

Marmontel.

XIIe Étude.

DE L'ÉLÉGANCE DU STYLE.

L'élégance du style suppose l'exactitude, la justesse et la pureté, c'est-à-dire la fidélité la plus sévère aux règles de la langue, au sens de la pensée, aux lois de l'usage et du goût, accord d'où résulte la correction du style; mais cela contribue à l'élégance, et n'y suffit pas.

Elle exige encore une liberté noble, un air facile et naturel, qui, sans nuire à la correction, en déguise l'étude et la gêne. Le style de Despréaux est correct, celui de Racine est élégant. L'élégance consiste dans un tour de pensée noble et poli, rendu par des expressions châtiées, coulantes et gracieuses à l'oreille. Disons mieux : c'est la réunion de toutes les grâces du style, et c'est par là qu'un ouvrage relu sans cesse est sans cesse nouveau.

La langueur et la mollesse du style sont les écueils voisins de l'élégance, et parmi ceux qui la recherchent, il en est peu qui les évitent. Pour donner de l'aisance à l'expression, ils la rendent lâche et diffuse ; leur style est poli, mais efféminé. La première cause de cette faiblesse est dans la manière de concevoir et de sentir. Tout ce qu'on peut exiger de l'élégance, c'est de ne pas énerver le sentiment ou la pensée, mais on ne doit pas s'attendre qu'elle donne de la chaleur ou de la force à ce qui n'en a pas.

Le point essentiel et difficile est de concilier l'élégance avec le naturel. L'élégance suppose le choix de l'expression : or, le moyen de choisir quand l'expression naturelle est unique ! le moyen d'accorder cette vérité, ce naturel, avec toutes les convenances des mœurs, de l'usage et du goût, avec ces idées factices de la bienséance et de la noblesse, qui varient d'un siècle à l'autre, et qui font loi dans tous les temps ! Comment faire parler naturellement un villageois, un homme du peuple, sans blesser la délicatesse d'un homme poli, cultivé ?

C'est là sans doute une des plus grandes difficultés de l'art, et peu d'écrivains ont su la vaincre. Toutefois, il y a deux moyens : le choix des idées et des choses, et le talent de placer les mots. Le style n'est le plus souvent bas et commun que par les idées. Dire comme tout le monde ce que tout le monde a pensé, ce n'est pas la peine d'écrire ; vouloir dire des choses communes d'une façon nouvelle et qui n'appartienne qu'à nous, c'est courir le risque d'être précieux, affecté, peu naturel ; dire des choses que nous ayons tous confusément dans l'âme, mais que personne n'a pris soin encore de démêler, d'exprimer, de placer à propos ; les dire dans les termes les plus simples, et en apparence les moins recherchés, c'est le moyen d'être à la fois naturel et ingénieux.

Le moyen le plus sûr d'avoir un style à soi, ce serait de s'exprimer comme la nature ; mais si le vrai seul est aimable, il faut avouer qu'il ne l'est pas toujours. Il est donc important de choisir, dans la nature, des détails dignes de plaire, et dont l'expression naïve et simple n'ait rien de grossier ni de bas : par exemple, tout ce qu'on peint des mœurs des villageois doit être vrai sans être dégoûtant ; il y a moyen de donner à ces détails de la grâce et de la noblesse.

Il en est du moral comme du physique ; et si la nature est choisie avec goût, les mots qui doivent l'exprimer seront décents et gracieux comme elle. L'art de placer, d'assortir les mots, de les relever l'un par l'autre, de ménager à celui qui manque de clarté, de couleur, de noblesse, le reflet d'un terme plus noble, plus lumineux, plus coloré ; cet art, dis-je, ne peut se prescrire ; c'est l'étude et l'exercice qui le donnent, secondés du talent, sans lequel l'exemple est infructueux et le travail même inutile.....

Le dictionnaire d'un écrivain, ce sont les poëtes, les historiens, les orateurs qui ont excellé dans l'art d'écrire. C'est là qu'il doit étudier les finesses, les délicatesses, les richesses de sa langue, non pas à mesure qu'il en a besoin, mais avant de prendre la plume ; non pas pour se faire un style des débris de leurs phrases et de leurs vers mutilés, mais pour saisir avec précision le sens des termes et leur rapports, leur opposition, leur analogie, leur caractère et leurs nuances, l'étendue et les limites des idées qu'on y attache, l'art de les placer, de les combiner, de les faire valoir l'un par l'autre, en un mot, d'en former un tissu où la nature vienne se peindre comme sur la toile, sans que l'art paraisse y avoir mis la main. Pour cela, ce n'est pas assez d'une lecture indolente et superficielle, il faut une étude sérieuse et profondément réfléchie. Cette étude serait pénible autant qu'ennuyeuse, si elle était isolée ; mais en étudiant les modèles on étudie tout l'art à la fois; et ce qu'il y a de sec et d'abstrait s'apprend sans qu'on s'en aperçoive, dans le temps même qu'on admire ce qu'il y a de plus ravissant.

MARMONTEL.

XIIIe Étude.

DE LA NARRATION.

Cicéron définit la narration l'exposition des faits ou propres à la cause, ou étrangers, mais relatifs et adhérents à la cause même.

Trois qualités lui sont essentielles : la brièveté, la clarté et la vraisemblance.

La narration sera courte et précise, si elle ne remonte pas plus haut, et ne s'étend pas plus loin que la cause ne l'exige, et si lorsqu'on n'aura besoin que d'exposer les faits en masse elle en néglige les détails (car souvent c'est assez de dire qu'une chose s'est faite, sans exposer comment elle s'est faite); si elle ne se permet aucun écart; si elle fait entendre ce qu'elle ne dit pas; si elle omet non-seulement ce qui nuirait à la cause, mais ce qui n'y servirait point; si elle ne dit qu'une fois ce qu'il y a d'essentiel à dire, et si elle ne dit rien de plus.

Bien des gens se trompent, dit Cicéron, à une apparence de brièveté, et sont trop longs en croyant être trop courts. Ils s'efforcent de dire beaucoup de choses en peu de mots; c'est peu de choses qu'il faut dire, et jamais plus qu'il n'est besoin d'en dire. Par exemple, celui-là croyait être bref qui dit : « J'ai approché de sa maison; j'ai appelé son serviteur; je lui ai demandé à voir son maître; il m'a répondu que celui-ci n'y était pas. » Tout cela est dit en peu de mots; mais les détails en sont inutiles. « J'ai été pour le voir; je ne l'ai pas trouvé, » dirait assez; le reste est inutile. Il faut donc éviter la superfluité des choses, comme la surabondance des mots.

La narration sera claire, ajoute l'Orateur, si les faits y sont à leur place et dans leur ordre naturel; s'il n'y a rien de louche et rien de contourné, point de digression, rien d'oublié que l'on désire, rien au delà de ce qu'on veut savoir : car les mêmes conditions qu'exige la brièveté, la clarté les demande; et si une chose n'est pas bien entendue, souvent c'est moins par l'obscurité que par la longueur de la narration. Il ne faut pas non plus y négliger la clarté des mots en eux-mêmes et la lucidité de l'expression en général; mais c'est une règle commune à tous les genres de discours.

Quant à la vraisemblance, elle consiste à présenter les choses comme on les voit dans la nature; à observer les convenances relatives au naturel, aux mœurs, à la qualité des personnes; à faire accorder le récit avec les circonstances du lieu, de l'heure où l'action s'est passée, et de l'espace de temps qu'il a fallu pour l'exécuter; à s'appuyer de la rumeur publique et de l'opinion même des auditeurs.

Il faut de plus observer, dit-il, de ne jamais interposer la narration dans un endroit où elle nuise ou ne serve pas à la cause; de ne l'employer qu'à propos et pour en tirer avantage.

La narration nuit lorsqu'elle présente quelque tort grave qu'on a soi-même, et qu'à force d'excuses et de raisonnements on est ensuite obligé d'adoucir. Si le cas arrive, il faut avoir l'adresse de disperser dans la plaidoirie les parties de l'action, et à chacune d'elles opposer sur-le-champ une raison qui l'affaiblisse, afin que le remède soit incontinent appliqué sur la plaie, et que la défense tempère l'impression d'un fait odieux.

La narration ne sert de rien, lorsque par l'adversaire les faits viennent d'être exposés tels que nous voulons qu'ils le soient, ou que l'auditeur en est déjà instruit, et que nous n'avons aucun intérêt de leur donner une autre face.

Enfin la narration n'est pas telle que la cause le demande, quand l'orateur expose clairement et avec des couleurs brillantes ce qui ne lui est pas favorable, et qu'il néglige et laisse dans l'ombre ce qui lui est avantageux.

Le talent contraire à ce défaut est de dissimuler, autant qu'il est possible, tout ce qui nous accuse ; de le passer légèrement, si on ne peut le dissimuler ; et de n'appuyer et de ne s'étendre que sur les circonstances qui peuvent nous favoriser.

C'est avec ces principes simples que Cicéron a été, je ne dis pas le plus ingénieux, mais le plus délié, le plus adroit des orateurs, quant aux moyens et à la manière d'animer la narration.

MARMONTEL.

XIVe Étude.

DU STYLE ÉPISTOLAIRE.

Qu'est-ce qui caractérise essentiellement le style épistolaire ? Il est embarrassant de répondre à cette question. Le style épistolaire est celui qui convient à la personne qui écrit et aux choses qu'elle écrit... Rien ne se ressemble moins que le style épistolaire de Cicéron et celui de Pline, que le style de Mme de Sévigné et celui de M. de Voltaire. Lequel faut-il imiter ? ni l'un ni l'autre, si l'on veut être quelque chose, car on n'a véritablement un style que lorsqu'on a celui de son caractère propre et de la tournure naturelle de son esprit, modifié par le sentiment qu'on éprouve en écrivant.

Les lettres n'ont pour objet que de communiquer ses pensées et ses sentiments à des personnes absentes ; elles sont dictées par l'amitié, la confiance, la politesse. C'est une conversation par écrit ; aussi le ton des lettres ne doit différer de celui de la conversation ordinaire que par un peu plus de choix dans les objets et de correction dans le style. La rapidité de la parole fait passer une infinité de négligences, que l'esprit a le temps de rejeter lorsqu'on écrit même avec rapidité ; et d'ailleurs l'homme qui lit n'est pas aussi indulgent que celui qui écoute.

Le naturel et l'aisance forment donc le caractère essentiel du style épistolaire ; la recherche d'esprit, d'élégance ou de correction y est insupportable.

La philosophie, la politique, les arts, les anecdotes et les bons mots, tout peut entrer dans les lettres ; mais avec l'air d'abandon, d'aisance et de premier mouvement qui caractérise la conversation des gens d'esprit.

Quel est celui qui écrit le mieux ? celui qui a le plus de mobilité dans l'imagination, plus de prestesse, de gaieté et d'originalité dans l'esprit, plus de facilité et de goût dans la manière de s'exprimer...

Quelle grâce, quelle variété, quelle vivacité dans les lettres de Mme de Sévigné ! Ce qui la distingue particulièrement, c'est cette sensibilité momentanée qui s'émeut de tout, se répand sur tout, reçoit avec une rapidité extrême différents genres d'impressions. Son imagination est une glace pure et brillante, où tous les objets vont se peindre, mais qui les réfléchit avec un éclat qu'ils n'ont pas naturellement...

On a dit que madame de Sévigné était une *caillette ;* cela peut être, si l'on entend simplement par caillette une femme sans cesse occupée de tous les mouvements de la société, de tous les mots qui échappent, de tous les événements qui s'y succèdent ; qui saisit tous les ridicules, recueille toutes les médisances ; qui conte avec la même vivacité une sottise plaisante et la mort d'un grand homme, le succès d'un sermon et le gain d'une bataille. Mais comment peut-on donner le nom de caillette à une femme du meilleur ton, très-instruite, pleine d'esprit, de grâces, de gaieté et d'imagination, admirée et recherchée des hommes les plus distingués du siècle de Louis XIV ?

Le mérite de son style est bien difficile à sentir par un étranger ; il tient au progrès qu'a fait la société en France, où elle a créé un langage qui n'est bien connu que des personnes qui ont vécu quelque temps dans la bonne compagnie. Les finesses de ce langage consistent particulièrement dans un grand nombre de termes qui, étant un peu détournés de leur sens primitif, expriment des idées accessoires dont les nuances se sentent plutôt qu'elles ne se définissent. Il y a une infinité d'expressions et de tournures qui reviennent sans cesse dans nos conversations, et qui n'ont point d'équivalent dans les au-

tres langues. Les mots *sentiment* et *galanterie*, qui expriment des idées bien distinctes pour un Français, ne
peuvent se traduire ni en latin, ni en italien, ni en anglais. Il faut qu'un étranger soit fort avancé dans la connaissance de notre langue pour être en état de sentir
le charme des lettres de madame de Sévigné et celui des
fables de La Fontaine.

Le comte de la Rivière, parent de madame de Sévigné,
et de qui on a un recueil de lettres en deux volumes,
dit quelque part : « Quand on a lu une lettre de madame
de Sévigné, on sent quelque peine, parce qu'on en a une
de moins à lire. » Ce mot vaut mieux que le reste du
recueil.

SUARD.

XVe Étude.

DES QUALITÉS MULTIPLES DU STYLE.

De toutes les facultés de l'esprit, la plus indéfinissable, selon nous, c'est le style, et si nous avions à notre
tour à le définir, nous ne le définirions que par son analogie avec quelque chose qui n'a jamais pu être défini,
la physionomie humaine. Nous dirions donc : « Le style
est la physionomie de la pensée. »…..

Nous sentons s'il nous charme ou s'il nous laisse
languissants, s'il nous réchauffe ou s'il nous glace;
mais il est composé de tant d'éléments indéfinissables
de l'intelligence, de la pensée et du cœur, qu'il est un
mystère pour nous comme la physionomie, et qu'en le
ressentant dans ses effets il nous est impossible de l'a-
nalyser dans ses causes. Les rhéteurs n'ont jamais pu
l'enseigner ni le surprendre, pas plus que les chimistes
n'ont pu saisir le principe de vie qui fuit sous leurs
doigts dans les éléments qu'ils élaborent : on sait ce
qu'il produit, on ne sait pas ce qu'il est. Et comment
le saurait-on? L'écrivain ne le sait pas lui-même, c'est
un don de sa nature comme la couleur de ses cheveux ou
comme la sensibilité de son tact.

Énumérez seulement quelques-unes des conditions innombrables de ce qu'on appelle style, et jugez s'il est au pouvoir de la rhétorique de créer dans un homme ou dans une femme une telle réunion de qualités diverses :

Il faut qu'il soit vrai et que le mot se modèle sur l'impression, sans quoi il ment à l'esprit, et l'on sent le comédien de parade au lieu de l'homme qui dit ce qu'il éprouve ;

Il faut qu'il soit clair, sans quoi la parole passe dans la forme des mots et laisse l'esprit en suspens dans les ténèbres ;

Il faut qu'il jaillisse, sans quoi l'effort de l'écrivain se fait sentir à l'esprit du lecteur, et la fatigue de l'un se fait sentir à l'autre ;

Il faut qu'il soit transparent, sans quoi on ne lit pas jusqu'au fond de l'âme ;

Il faut qu'il soit simple, sans quoi l'esprit a trop d'étonnement et trop de peine à suivre les raffinements de l'expression, et pendant qu'il admire la phrase l'impression s'évapore ;

Il faut qu'il soit coloré, sans quoi il reste terne quoique juste, et l'objet n'a que des lignes et point de relief ;

Il faut qu'il soit imagé, sans quoi l'objet seulement décrit ne se représente dans aucun miroir et ne devient palpable à aucun sens ;

Il faut qu'il soit sobre, car l'abondance rassasie ;

Il faut qu'il soit abondant, car l'indigence de l'expression atteste la pauvreté de l'intelligence ;

Il faut qu'il soit modeste, car l'éclat éblouit ;

Il faut qu'il soit riche, car le dénûment attriste ;

Il faut qu'il soit naturel, car l'artifice défigure par ses contorsions la pensée ;

Il faut qu'il coure, car le mouvement seul entraîne ;

Il faut qu'il soit chaud, car une douce chaleur est la température de l'âme ;

Il faut qu'il soit facile, car tout ce qui est peiné est pénible ;

Il faut qu'il s'élève et qu'il s'abaisse, car tout ce qui est uniforme est fastidieux ;

Il faut qu'il raisonne, car l'homme est raison ;

Il faut qu'il se passionne, car le cœur est passion;

Il faut qu'il converse, car la lecture est un entretien avec les absents ou avec les morts;

Il faut qu'il soit personnel et qu'il ait l'empreinte de l'esprit, car un homme ne ressemble pas à un autre;

Il faut qu'il soit lyrique, car l'âme a des cris comme la voix;

Il faut qu'il pleure, car la nature humaine a des gémissements et des larmes;

Il faut..... Mais des pages ne suffiraient pas à énumérer tous les éléments dont se compose le style. En langue écrite, nul ne les réunit jamais dans une telle harmonie que madame de Sévigné. Elle n'est pas un écrivain, elle est le style.

LAMARTINE.

XVIᵉ Étude.

DE LA COMPOSITION ET DU STYLE.

Pensées et Préceptes.

Il faut se mettre à la place de ceux qui doivent nous entendre, et faire essai sur son propre cœur du tour qu'on donne à son discours, pour voir si l'un est fait pour l'autre, et si l'on peut s'assurer que l'auditeur sera comme forcé de se rendre. Il faut se renfermer, le plus qu'il est possible, dans le simple naturel; ne pas faire grand ce qui est petit, ni petit ce qui est grand. Ce n'est pas assez qu'une chose soit belle, il faut qu'elle soit propre au sujet, qu'il n'y ait rien de trop ni rien de manque.

Il faut de l'agréable et du réel; mais il faut que cet agréable soit lui-même pris du vrai.

Il y a un certain modèle d'agrément et de beauté qui consiste en un certain rapport entre notre nature faible ou forte, telle qu'elle est et la chose qui nous plaît. Tout ce qui est formé sur ce modèle nous agrée, soit maison, chansons, discours, vers, prose, femmes, oiseaux, rivières, arbres, chambres, habits, etc. Tout ce qui n'est point fait sur ce modèle déplaît à ceux qui ont le bon goût.

Les meilleurs livres sont ceux que ceux qui les lisent croient qu'ils auraient pu faire (1).

Quand on voit le style naturel, on est tout étonné et ravi ; car on s'attendait de (*à*) voir un auteur, et on trouve un homme (2).

Ceux qui font les antithèses en forçant les mots sont comme ceux qui font de fausses fenêtres pour la symétrie (3).

Leur règle n'est pas de parler juste, mais de faire des figures justes.

Quand dans un discours se trouvent des mots répétés, et qu'essayant de les corriger, on les trouve si propres qu'on gâterait le discours, il les faut laisser.

L'éloquence continue ennuie.

La vraie éloquence se moque de l'éloquence. (C'est-à-dire *de la fausse éloquence* (4).)

PASCAL.

L'éloquence peut se trouver dans les entretiens et dans tout genre d'écrire ; elle est rarement où on la

(1) Horace exprime la même idée, quand il dit :

« Ex noto fictum carmen sequar, ut sibi quivis
   Speret idem. »

(2) « Je veux un homme qui me fasse oublier qu'il est auteur, et qui se mette comme de plain pied en conversation avec moi. » FÉNELON.

(3) Pour être vraie, il faut que, comme l'a dit excellemment La Bruyère, « elle (l'antithèse) offre une opposition de deux vérités qui se donnent du jour l'une à l'autre ».

(4) « Il ne faut pas, dit Fénelon, confondre l'éloquence avec l'élégance et la pureté de la diction. » — Voici sur le même sujet quelques réflexions, fort judicieuses, d'un écrivain de la première moitié du dix-septième siècle, de l'un de ceux qui ont le plus contribué à polir la langue française.

Nous avons pensé qu'on lirait avec plaisir et intérêt ce morceau, remarquable à plus d'un point de vue :

« L'éclat ne présuppose pas toujours la solidité, et les paroles qui brillent le plus sont souvent celles qui pèsent le moins. Il y a une faiseuse de bouquets et une tourneuse de périodes, je ne l'ose nommer Éloquence, qui est toute peinte et toute dorée, qui semble toujours sortir d'une boîte, qui n'a soin que de s'ajuster, et ne songe qu'à faire la belle ; qui, par conséquent, est plus propre pour

cherche, et elle est quelquefois où on ne la cherche
point.

Tout écrivain, pour écrire nettement, doit se mettre
à la place de ses lecteurs, examiner son propre ouvrage
comme quelque chose qui lui est nouveau, qu'il lit
pour la première fois, où il n'a nulle part, et que l'auteur aurait soumis à sa critique ; et se persuader ensuite
qu'on n'est pas entendu seulement à cause que l'on s'entend soi-même, mais parce qu'on est en effet intelligible.

L'on n'écrit que pour être entendu ; mais il faut du
moins, en écrivant, faire entendre de belles choses :
l'on doit avoir une diction pure et user de termes qui
soient propres, il est vrai ; mais il faut que ces termes

les fêtes que pour les combats, et plaît davantage qu'elle ne sert,
quoique néanmoins il y ait des fêtes dont elle déshonorerait la solennité et des personnes à qui elle ne donnerait point de plaisir. Ne se
soutenant que d'apparence (*par l'apparence, par les dehors*), et n'étant
animée que de couleur, elle agit principalement sur l'esprit du peuple,
parce que le peuple a tout son esprit dans les yeux et les oreilles. A faute
(*à défaut*) de raison et d'autorité, elle use de charmes et de flatteries. Elle est creuse et vide de choses essentielles, bien qu'elle soit
claire et résonnante de tons agréables. Elle est au moins plus délicate que forte, et, ayant sa puissance bornée et ses coups d'ordinaire mesurés, ou elle ne porte pas plus loin que des sens, ou, pour
le plus, elle ne touche que légèrement les dehors de l'âme... La
vraie éloquence est bien différente de cette causeuse de place publique... Disons que c'est une éloquence... née au (*pour le*) commandement et à (*pour*) la souveraineté, tout efficace et toute pleine
de force. Disons qu'elle agit, s'il se peut, par la parole, plus qu'elle
ne parle ; qu'elle ne donne pas seulement à ses ouvrages un visage,
de la grâce et de la beauté, comme Phidias ; mais un cœur, de la
vie et du mouvement, comme Dédale. Ses paroles ne sont pas de
simples bruits et de simples voix dont l'air est frappé, et qui se
perdent après avoir plu un petit moment. Ce ne sont pas des paroles fugitives et passagères, ainsi que le poëte les appelle ; elles
durent et se conservent, après le son ; elles vivent dans les plus
ingrates mémoires ; elles se font voye (*route, elles pénètrent*) dans
la plus secrète partie de l'homme ; elles descendent jusqu'au fond
du cœur ; elles percent jusqu'au centre de l'âme, et se vont mêler
et remuer là-dedans avec les pensées et les autres mouvements
intérieurs. Ce ne sont plus les paroles de celui qui parle ou qui écrit,
ce sont les sentiments de ceux qui écoutent ou qui lisent. Ce sont
des expressions, donnez-moi congé (*permettez-moi*) de le dire, si
contagieuses, si pénétrantes et si tenaces, qu'elles s'attachent in-
séparablement au sujet qui les reçoit, et deviennent partie de l'âme
d'autrui. » BALZAC.

si propres expriment des pensées nobles, vives, solides, et qui renferment un très-beau sens. C'est faire de la pureté et de la clarté du discours un mauvais usage, que de les faire servir à une matière aride, infructueuse, qui est sans sel, sans utilité, sans nouveauté. Que sert aux lecteurs de comprendre aisément et sans peine des choses frivoles et puériles, quelquefois fades et communes (1), et d'être moins incertains de la pensée d'un auteur qu'ennuyés de son ouvrage?

Celui qui n'a égard, en écrivant, qu'au goût de son siècle songe plus à sa personne qu'à ses écrits : il faut toujours tendre à la perfection, et alors cette justice qui nous est quelquefois refusée par nos contemporains, la postérité nous sait la rendre.

Il faut chercher seulement à penser et à parler juste, sans vouloir amener les autres à notre goût et à nos sentiments : c'est une trop grande entreprise.

C'est un métier que de faire un livre, comme de faire une pendule : il faut plus que de l'esprit pour être auteur (2).

Il y a dans l'art un point de perfection, comme de bonté ou de maturité dans la nature : celui qui le sent et qui l'aime (3) a le goût parfait; celui qui ne le sent pas et qui aime en deçà ou au delà a le goût défectueux. Il y a donc un bon et un mauvais goût, et l'on dispute des goûts (4) avec fondement. Il y a de certaines

(1) « Les choses communes font regretter le temps qu'on met à les lire; celles qui sont finement pensées donnent à un lecteur délicat le plaisir de son intelligence et de son goût. » SAINT-EVREMOND.

(2) « On n'est point un homme d'esprit pour avoir beaucoup d'idées, comme on n'est pas un bon général pour avoir beaucoup de soldats. » CHAMFORT. — « Les idées sont des fonds qui ne portent intérêt qu'entre les mains du talent. » RIVAROL.

(3) « Il ne suffit pas, pour le goût, de voir, de connaître la beauté d'un ouvrage; il faut le sentir, en être touché. Il ne suffit pas d'en être touché d'une manière confuse, il faut démêler les différentes nuances : rien ne doit échapper à la promptitude du discernement. » VOLTAIRE.

(4) Les vers suivants de Boileau sont devenus proverbe :

« ... Dans l'art dangereux de rimer et d'écrire,
Il n'est point de degrés du médiocre au pire :
Qui dit froid écrivain dit détestable auteur. »

choses dont la médiocrité est insupportable : la poésie, la musique, la peinture, le discours public.

Tout l'esprit d'un auteur consiste à bien définir et à bien peindre (1)... il faut exprimer le vrai pour écrire naturellement, fortement, délicatement.

L'on devrait aimer à lire ses ouvrages à ceux qui en savent assez pour les corriger et les estimer. (C'est-à-dire les juger, en latin *æstimare*).

Ne vouloir être ni conseillé ni corrigé sur son ouvrage est un pédantisme.

Entre toutes les différentes expressions qui peuvent rendre une seule de nos pensées (2), il n'y en a qu'une qui soit la bonne ; on ne la rencontre pas toujours en

(1) Bien définir, c'est avoir une conception nette et précise de son objet. « Peindre, dit Fénelon, c'est non-seulement décrire les choses, mais en représenter les circonstances d'une manière si vive et si sensible, que l'auditeur s'imagine presque les voir... De là vient qu'un poëte et un peintre ont tant de rapports : l'un peint pour les yeux, l'autre pour les oreilles ; l'un et l'autre doivent porter les objets dans l'imagination des hommes. »

(2) Il s'agit ici d'expressions qui sont synonymes. « L'expérience nous a appris, dit D'Alembert, qu'il n'y a pas dans notre langue deux mots qui soient parfaitement synonymes, c'est-à-dire qui, en toute occasion, puissent être substitués indifféremment l'un à l'autre. Je dis *en toute occasion*, car ce serait une imagination fausse et puérile que de prétendre qu'il n'y a aucune circonstance où deux mots puissent être employés sans choix l'un à la place de l'autre : l'expérience prouverait le contraire, ainsi que la lecture de nos meilleurs ouvrages. Deux mots exactement et absolument synonymes seraient sans doute un défaut dans une langue, parce qu'on ne doit point multiplier sans nécessité les mots, non plus que les êtres, et que la première qualité d'une langue est de rendre clairement toutes les idées avec le moins de mots qu'il est possible ; mais ce ne serait pas un moindre inconvénient de ne pouvoir jamais employer un mot à la place d'un autre. Non-seulement l'harmonie et l'agrément du discours en souffriraient, par l'obligation de répéter souvent les mêmes termes ; mais encore une telle langue serait nécessairement pauvre et sans aucune finesse. Car, qu'est-ce qui constitue un ou plusieurs synonymes ? C'est un sens général qui est commun à ces mots. Qu'est-ce qui fait ensuite que tous ces mots ne sont pas toujours synonymes ? Ce sont des nuances, souvent délicates et quelquefois presque imperceptibles, qui modifient ce sens primitif et général. Donc, toutes les fois que, par la nature du sujet qu'on traite, on n'a point à exprimer ces nuances, et qu'on n'a besoin que du sens général, chacun des synonymes peut être indifféremment employé. »

parlant ou en écrivant : il est vrai néanmoins qu'elle existe, que tout ce qui ne l'est point (1) est faible, et ne satisfait point un homme d'esprit qui veut se faire entendre.

Un bon auteur, et qui écrit avec soin, éprouve souvent que l'expression qu'il cherchait depuis longtemps sans la connaître, et qu'il a enfin trouvée, est celle qui était la plus simple, la plus naturelle, qui semblait devoir se présenter d'abord et sans effort.

La même justesse d'esprit qui nous fait écrire de bonnes choses nous fait appréhender qu'elles ne le soient pas assez pour mériter d'être lues. Un esprit médiocre croit écrire divinement ; un bon esprit croit écrire raisonnablement (2).

Il n'y a point d'ouvrage si accompli qui ne fondît tout entier au milieu de la critique, si son auteur voulait en croire tous les censeurs, qui ôtent chacun l'endroit qui leur plaît le moins.

Quand une lecture vous élève l'esprit et qu'elle vous inspire des sentiments nobles et courageux, ne cherchez pas une autre règle pour juger de l'ouvrage : il est bon, et fait de main d'ouvrier.

La Bruyère.

Toute l'éloquence se réduit à prouver, à peindre et à toucher.

La véritable éloquence n'a rien d'enflé ni d'ambitieux ; elle se modère et se proportionne aux sujets qu'elle traite et aux gens qu'elle instruit ; elle n'est grande et sublime que quand il faut l'être.

(1) Il serait mieux de dire : Tout ce qui n'est point *cette expression.* — On lit dans l'*Encyclopédie* : « Les termes sont le portrait des idées : un terme propre rend l'idée tout entière ; un terme peu propre ne la rend qu'à demi ; un terme impropre la rend moins qu'il ne la défigure. Dans le premier cas, on saisit l'idée ; dans le second, on la cherche ; dans le troisième, on la méconnaît. »

(2) L'auteur content de soi est d'ordinaire content tout seul :

« Quin sine rivali teque et tua solus amares. »

Horace.

L'homme digne d'être écouté est celui qui ne se sert de la parole que pour la pensée, et de la pensée que pour la vérité et la vertu.

Tout le discours est un (1) ; il se réduit à une seule proposition, mise au plus grand jour par des tours variés... Le discours est la proposition développée ; la proposition est le discours en abrégé.

Si vous employez l'art, cachez-le si bien par l'imitation, qu'on le prenne pour la nature même (2).

Le véritable orateur n'orne son discours que de vérités lumineuses, que de sentiments nobles, que d'expressions fortes et proportionnées à ce qu'il tâche d'inspirer : il pense, il sent, et la parole suit. « Il ne dépend « point des paroles, dit saint Augustin, mais les paroles « dépendent de lui. »

Un auteur qui a trop d'esprit et qui en veut toujours avoir lasse et épuise le mien : je n'en veux point avoir tant. S'il en montrait moins, il me laisserait respirer et me ferait plus de plaisir : il me tient trop tendu, la lecture de ses vers me devient une étude. Tant d'éclairs m'éblouissent ; je cherche une lumière douce qui soulage mes faibles yeux. Je demande un poëte aimable, proportionné au commun des hommes, qui fasse tout pour eux et rien pour lui.

FÉNELON.

Presque toujours les choses qu'on dit frappent moins que la manière dont on les dit ; car les hommes ont tous à peu près les mêmes idées de ce qui est à la portée de tout le monde. L'expression, le style fait toute la différence.

Les grâces de la diction, soit en éloquence, soit en poésie, dépendent du choix des mots, de l'harmonie des phrases et encore plus de la délicatesse des idées et

(1) Précepte d'Horace :

» Denique sit quodvis, simplex duntaxat et unum. »

(2) « Le plus grand art est de cacher l'art.   Diderot.

17.

des descriptions riantes. L'abus des grâces est l'afféterie (1), comme l'abus du sublime est l'ampoulé (2) : toute perfection est près d'un défaut.

L'élégance est un résultat de la justesse et de l'agrément.

L'envie de briller et de dire d'une manière nouvelle ce que les autres ont dit est la source des expressions nouvelles, comme des pensées recherchées. Qui ne peut briller par une pensée veut se faire remarquer par un mot (3).

Le déplacé, le faux, le gigantesque semblent vouloir dominer aujourd'hui. On appelle de tous côtés les passants, pour leur faire admirer les tours de force qu'on substitue à la démarche simple, aisée et naturelle des Fénelon, des Bossuet et des Massillon.

VOLTAIRE.

Les grandes pensées viennent du cœur.

On dit peu de choses solides lorsqu'on cherche à en dire d'extraordinaires.

Lorsqu'une pensée est trop faible pour porter une expression simple, c'est la marque pour la rejeter.

Pour savoir si une pensée est nouvelle, il n'y a qu'à l'exprimer bien simplement (4).

La clarté orne les pensées profondes.

La netteté est le vernis des maîtres.

---

(1) *Afféterie* a pour synonyme *affectation*. « On tombe dans l'*affectation* en courant après l'esprit, et dans l'*afféterie* en recherchant la grâce. » MARMONTEL.

(2) *Ampoulé* signifie emphatique, boursouflé. « On appelle un style, un vers, un discours *ampoulé*, celui où l'on emploie de grands mots à exprimer de petites choses. » LE MÊME.

(3) « Il ne suffit pas de s'abstenir d'inventer des mots, il faut se garder encore de les détourner de leur sens ; car un terme déplacé devient souvent un *barbarisme* dans la phrase où il se glisse. Il faut éviter à la fois et les *néologismes* et la *néologie*. » CH. NODIER.

(4) « La traduction est la pierre de touche des bons écrits : le faux brillant s'éclipse, le solide reste. Le style est à la pensée ce que l'habit est à l'homme, la couleur au tableau. » WEISS.

« La netteté épargne les longueurs et sert de preuves aux idées (1). »

On ne peut avoir l'âme grande ou l'esprit un peu pénétrant sans quelque passion pour les lettres.

VAUVENARGUES.

XVII° Étude.

LE STYLE (2).

Il s'est trouvé dans tous les temps des hommes qui ont su commander aux autres par la puissance de la parole : ce n'est néanmoins que dans les siècles éclairés que l'on a bien écrit et bien parlé. La véritable éloquence suppose l'exercice du génie et de l'esprit. Elle est bien différente de cette facilité naturelle de parler, qui n'est qu'un talent, une qualité accordée à tous ceux dont les passions sont fortes, les organes souples et l'imagination prompte. Ces hommes sentent vivement, s'affectent de même, le marquent fortement au dehors ; et, par une impression purement mécanique, ils transmettent aux autres leur enthousiasme et leurs affections (3) : c'est le

(1) La *netteté* demande qu'on choisisse exactement les idées, qu'on dégage le discours de toute superfluité, que le rapport des mots ne soit point équivoque, et que toutes les phrases construites les unes pour les autres marquent sensiblement la liaison et la gradation des idées.

(2) Ce morceau est extrait du discours de réception prononcé par Buffon à l'Académie française le 25 août 1753. « Reçu à l'Académie française, après la publication de ses premiers volumes de l'*Histoire naturelle*, Buffon ne laissa pas languir sa parole dans un remercîment, ou dans le panégyrique exagéré d'un obscur prédécesseur : il saisit tout d'abord son auditoire du sujet même que sa présence rappelait, l'éloquence, la perfection du style. » VILLEMAIN.

(3) « Mais tout cela fait l'orateur, s'il faut en croire Cicéron, dont l'autorité semble irrécusable. » J. CHÉNIER. — Avant Buffon, La Bruyère avait contesté de même la valeur de l'éloquence populaire. Mais, comme le fait remarquer M. Géruzez, ces dédains mêmes, exprimés par des hommes qui, écrivant merveilleusement, ne savaient qu'écrire, attestent toute l'importance de l'action oratoire.

corps qui parle au corps (1); tous les mouvements, tous les signes concourent et servent également. Que faut-il pour émouvoir la multitude et l'entraîner? que faut-il pour ébranler la plupart même des autres hommes et les persuader? Un ton véhément et pathétique, des gestes expressifs et fréquents, des paroles rapides et sonnantes. Mais pour le petit nombre de ceux dont la tête est ferme, le goût délicat et le sens exquis,... il faut des choses, des pensées, des raisons; il faut savoir les présenter, les nuancer, les ordonner (2) : il ne suffit pas de frapper les oreilles et d'occuper les yeux; il faut agir sur l'âme, et toucher le cœur en parlant à l'esprit.

Le style n'est que l'ordre et le mouvement qu'on met dans ses pensées : si on les enchaîne étroitement, si on les serre, le style devient ferme, nerveux et concis; si on les laisse se succéder lentement et ne se joindre qu'à la faveur des mots, quelque élégants qu'ils soient, le style sera diffus, lâche et traînant.

Mais avant de chercher l'ordre dans lequel on présentera ses pensées, il faut s'en être fait un autre plus général et plus fixe, où ne doivent entrer que les premières vues et les principales idées : c'est en marquant leur place sur ce premier plan (3), qu'un sujet sera cir-

---

(1) « Sermo corporis. » CICÉRON. — « Manus ipsæ loquuntur. » QUINTILIEN. — « Rien ne parle tant que le visage. » FÉNELON.

(2) « Il faut toujours commencer par *trouver* ce qu'on veut dire ou écrire sur le sujet qu'on doit traiter ; il faut ensuite *disposer* son ouvrage dans l'ordre le plus convenable; enfin, il faut le *dire*. C'est cette dernière partie qui s'appelle *élocution* lorsqu'il s'agit d'un discours prononcé, et *style* lorsqu'il est question d'un discours écrit. » ANDRIEUX. — Quelles que soient les matières sur lesquelles s'exerce l'art oratoire, il faut toujours commencer par *concevoir* son sujet, et les idées, les preuves, les moyens de succès qu'il peut offrir ; en *disposer* ensuite les parties dans un ordre naturel et judicieux ; savoir enfin le *traiter* dans un style adapté au caractère du discours ; et ce dernier devoir de l'orateur, qui était, au jugement de Cicéron et de Quintilien, le plus difficile de tous, l'est encore aujourd'hui, car c'est en charmant l'oreille et l'imagination que l'on arrive jusqu'au cœur et qu'on parvient à persuader. » LA HARPE.

(3) « Le plan doit être le premier travail de l'orateur, du poëte, du philosophe, de l'historien, de tout homme qui se propose de faire un tout qui ait de l'ensemble et de la régularité. » MARMONTEL. — « L'art de la disposition consiste à mettre de l'ensemble dans le tout et de la proportion dans les parties. » ANDRIEUX.

conscrit et que l'on en connaîtra l'étendue ; c'est en se rappelant sans cesse ces premiers linéaments, qu'on déterminera les justes intervalles qui séparent les idées principales, et qu'il naîtra des idées accessoires (1) et moyennes qui serviront à les remplir. Par la force du génie, on se représentera toutes les idées générales et particulières sous leur véritable point de vue ; par une grande finesse de discernement, on distinguera les idées stériles des idées fécondes ; par la sagacité que donne la grande habitude d'écrire, on sentira d'avance quel sera le produit de toutes ces opérations de l'esprit. Pour peu que le sujet soit vaste ou compliqué, il est bien rare qu'on puisse l'embrasser d'un coup d'œil, ou le pénétrer en entier d'un seul et premier effort de génie ; et il est rare encore qu'après bien des réflexions on en saisisse tous les rapports. On ne peut donc trop s'en occuper ; c'est même le seul moyen d'affermir, d'étendre et d'élever ses pensées : plus on leur donnera de substance et de force par la méditation, plus il sera facile ensuite de les réaliser par l'expression.

Ce plan n'est pas encore le style, mais il en est la base ; il le soutient, il le dirige, il règle son mouvement et le soumet à des lois : sans cela, le meilleur écrivain s'égare, sa plume marche sans guide, et jette à l'aventure des traits irréguliers et des figures discordantes (2). Quelque brillantes que soient les figures qu'il emploie, quelques beautés qu'il sème dans les détails, comme l'ensemble choquera ou ne se fera pas assez sentir, l'ouvrage ne sera point construit ; et en admirant l'esprit de l'auteur on pourra soupçonner qu'il manque de génie. C'est par cette raison que ceux qui écrivent comme ils parlent, quoiqu'ils parlent très-bien, écrivent mal ; que ceux qui s'abandonnent au premier feu de leur imagination prennent un ton qu'ils ne peuvent soutenir ; que ceux

(1) « Les idées accessoires doivent toujours lier les idées principales ; elles sont comme la trame qui, passant par la chaîne, forme le tissu. » Condillac.

(2) « Les figures ne doivent être que l'effet du sentiment et des mouvements naturels ; elles doivent être rares et bien amenées. » Dumarsais.

qui craignent de perdre des pensées isolées, fugitives, et qui écrivent en différents temps des morceaux détachés (1), ne les réunissent jamais sans transitions forcées (2) ; qu'en un mot il y a tant d'ouvrages faits de pièces de rapport, et si peu qui soient fondus d'un seul jet.

Cependant, tout sujet est un ; et, quelque vaste qu'il soit, il peut être renfermé dans un seul discours. Les interruptions, les repos, les sections, ne devraient être d'usage que quand on traite des sujets différents, ou lorsque, ayant à parler de choses grandes, épineuses, disparates, la marche du génie se trouve interrompue par la multiplicité des obstacles et contrainte par la nécessité des circonstances : autrement, le grand nombre de divisions, loin de rendre un ouvrage plus solide, en détruit l'assemblage ; le livre paraît plus clair aux yeux, mais le dessin de l'auteur demeure obscur ; il ne peut faire impression sur l'esprit du lecteur ; il ne peut même

(1) Dans son *Essai sur l'éloquence*, l'abbé Maury exprime une opinion toute contraire : « Pour n'être point appauvri ou détourné par d'importunes réminiscences après les instants de création, il faut écrire à mesure que l'on produit, et tenir ainsi son imagination toujours en haleine et toujours libre dans son essor, en ne l'exposant à aucune distraction par les dépôts divers qu'elle serait chargée de surveiller si elle les confiait à sa mémoire... Quand on a ainsi rapproché les principales preuves, qui sont comme les matériaux de l'édifice, on se rend bientôt maître de son sujet, on en fait aisément la distribution oratoire, et l'on entrevoit déjà de loin l'ensemble du discours à travers les idées détachées qui deviendront des masses régulières dès qu'une combinaison oratoire les réunira... Au moment où j'indique cette méthode de travail, je m'y conforme et j'en recueille le fruit. Le dépôt de mes notes et de mes idées de réserve est sous mes yeux. Ces réflexions détachées que me suggéraient mes lectures sur les principes ou sur les compositions de l'art oratoire, et que je jetais dans ce cahier sans ordre et sans raison, viennent se placer ici d'elles-mêmes sous ma plume. »

(2) « Si vous éprouvez le besoin des *transitions*, si vous avez la conscience d'une lacune à combler entre deux idées, prenez garde : c'est qu'alors votre méditation a été incomplète, c'est que vous n'avez pas saisi avec assez de puissance l'ensemble de votre sujet et les relations des diverses parties, ou bien encore que vous vous occupez trop de l'ingénieux, du piquant de la diction et des sentences détachées. » M. Baron (*Manuel de rhétorique*).

    « Dans les transitions, la muse toujours sage
  Sait cacher au lecteur le moment du passage. » Boileau.

se faire sentir que par la continuité du fil, par la dépendance harmonique des idées, par un développement successif, une gradation soutenue, un mouvement uniforme, que toute interruption détruit ou fait languir.

Pourquoi les ouvrages de la nature sont-ils si parfaits ? C'est que chaque ouvrage est un tout, et qu'elle travaille sur un plan éternel dont elle ne s'écarte jamais : elle prépare en silence les germes de ses productions ; elle ébauche, par un acte unique, la forme primitive de tout être vivant ; elle la développe, elle la perfectionne par un mouvement continu et dans un temps prescrit. L'ouvrage étonne, mais c'est l'empreinte divine dont il porte les traits qui doit nous frapper. L'esprit humain ne peut rien créer ; il ne produira qu'après avoir été fécondé par l'expérience et la méditation (1) : ses connaissances sont les germes de ses productions (2). Mais s'il imite la nature dans sa marche et dans son travail, s'il s'élève par la contemplation aux vérités les plus sublimes, s'il les réunit, s'il les enchaîne, s'il en forme un tout, un système par la réflexion, il établira, sur des fondements inébranlables, des monuments immortels.

C'est faute de plan, c'est pour n'avoir pas assez réfléchi sur son objet, qu'un homme d'esprit se trouve embarrassé, et ne sait par où commencer à écrire : il aperçoit à la fois un grand nombre d'idées (3) ; et comme il ne les a, ni comparées ni subordonnées, rien ne le détermine à préférer les unes aux autres ; il demeure donc

(1) « Pour être réellement énergique et persuasif, a dit le docteur anglais Blair, il faut étudier longtemps son sujet et le méditer profondément. Ceux qui indiquent aux jeunes gens d'autres sources d'invention les abusent. »

(2) « Sur quelque genre que l'on s'exerce, celui qui a dans un autre des lumières étendues et profondes aura toujours un avantage immense : ce n'est pas seulement en augmentant le nombre des idées que ces études étrangères sont utiles, elles perfectionnent l'esprit même, parce qu'elles en exercent d'une manière plus égale les diverses facultés. » CONDORCET.

(3) « Pour bien écrire, ce n'est pas assez de bien concevoir : il faut encore apprendre l'ordre dans lequel vous devez communiquer l'une après l'autre des idées que vous apercevez ensemble ; il faut savoir analyser votre pensée. Accoutumez-vous de bonne heure à concevoir avec netteté, et familiarisez-vous en même temps avec le principe de la plus grande liaison des idées. » CONDILLAC.

dans la perplexité (1). Mais lorsqu'il se sera fait un plan, lorsqu'une fois il aura rassemblé et mis en ordre toutes les pensées essentielles à son sujet, il s'apercevra aisément de l'instant où il doit prendre la plume, il sentira le point de maturité de la production de l'esprit, il sera pressé de la faire éclore, il n'aura même que du plaisir à écrire (2) : les idées se succéderont aisément, et le style sera naturel et facile; la chaleur naîtra de ce plaisir, se répandra partout et donnera de la vie à chaque expression (3); tout s'animera de plus en plus; le ton s'élèvera, les objets prendront de la couleur, et le sentiment, se joignant à la lumière, l'augmentera, la portera plus loin, la fera passer de ce que l'on dit à ce que l'on va dire, et le style deviendra intéressant et lumineux.

Rien ne s'oppose plus à la chaleur que le désir de mettre partout des traits saillants; rien n'est plus contraire à la lumière, qui doit faire un corps et se répandre uniformément dans un écrit, que ces étincelles qu'on ne tire que par force en choquant les mots les uns contre les autres, et qui ne nous éblouissent (4) pendant quel-

(1) Voici ce que dit de lui-même à ce sujet J.-J. Rousseau : « Mes idées s'arrangent dans ma tête avec la plus incroyable difficulté. Elles y circulent sourdement; elles y fermentent jusqu'à m'émouvoir, m'échauffer, me donner des palpitations; et, au milieu de cette émotion, je ne vois rien nettement, je ne saurais écrire un seul mot, il faut que j'attende. Insensiblement, ce grand mouvement s'apaise, ce chaos se débrouille; chaque chose vient se mettre à sa place, mais lentement et après une longue et confuse agitation... De là vient l'extrême difficulté que j'éprouve à écrire. Mes manuscrits raturés, barbouillés, indéchiffrables, attestent la peine qu'ils m'ont coûtée. Il n'y en a pas un qu'il ne m'ait fallu transcrire quatre ou cinq fois avant de le donner à la presse... Il y a telle de mes périodes que j'ai tournée et retournée cinq ou six nuits dans ma tête avant qu'elle fût en état d'être mise sur le papier. »

(2) « Ma pièce est achevée, je n'ai plus que les vers à écrire, » disait Ménandre.

(3) « Je pense que, quand on a une fois l'entendement ouvert par l'habitude de réfléchir, il vaut toujours mieux trouver de soi-même les choses qu'on trouverait dans les livres : c'est le vrai secret de les bien mouler à sa tête et de se les approprier; au lieu qu'en les recevant telles qu'on nous les donne, c'est presque toujours sous une forme qui n'est pas la nôtre. » J.-J. Rousseau.

(4) « Quand les choses qu'on dit sont naturellement opposées les

ques instants que pour nous laisser ensuite dans les ténèbres. Ce sont des pensées qui ne brillent que par l'opposition ; l'on ne présente qu'un côté de l'objet, on met dans l'ombre toutes les autres faces ; et ordinairement ce côté qu'on choisit est une pointe, un angle sur lequel on fait jouer l'esprit avec d'autant plus de facilité qu'on l'éloigne davantage des grandes faces sous lesquelles le bon sens a coutume de considérer les choses.

Rien n'est encore plus opposé à la véritable éloquence que l'emploi de ces pensées fines et la recherche de ces idées légères, déliées, sans consistance, et qui, comme la feuille du métal battu, ne prennent de l'éclat qu'en perdant de la solidité (1) ; aussi, plus on mettra de cet esprit mince et brillant dans un écrit, moins il aura de nerf, de lumière, de chaleur et de style, à moins que cet esprit ne soit lui-même le fond du sujet, et que l'écrivain n'ait pas eu d'autre objet que la plaisanterie : alors l'art de dire de petites choses devient peut-être plus difficile que l'art d'en dire de grandes (2).

unes aux autres, il faut en marquer l'opposition : ces antithèses-là sont naturelles, et font sans doute une beauté solide ; alors c'est la manière la plus courte et la plus simple d'exprimer les choses. Mais chercher un détour pour trouver une batterie de mots (*verba inter se pugnantia*), cela est puéril : d'abord les gens de mauvais goût en sont éblouis ; mais dans la suite ces affectations fatiguent l'auditeur. » FÉNELON.

(1) « J'avoue que le genre fleuri a ses grâces ; mais elles sont déplacées dans un discours où il ne s'agit point d'un jeu d'esprit plein de délicatesse, et où les grandes passions doivent parler. Le genre fleuri n'atteint jamais au sublime. » FÉNELON. — « C'est avoir de l'esprit que de plaire au peuple dans un sermon par un style fleuri, une morale enjouée, des figures réitérées, des traits brillants et de vives descriptions ; mais ce n'est point en avoir assez. Un meilleur esprit néglige ces ornements étrangers, indignes de servir à l'Évangile ; il prêche simplement, fortement, chrétiennement. » LA BRUYÈRE. — « Démosthène n'a point de jolies pensées, quand il anime les Athéniens à la guerre ; s'il en avait, il serait un rhéteur, et il est un homme d'État. » VOLTAIRE.

(2) « Il y a beaucoup d'esprits obscènes, encore plus de médisants et de satiriques, peu de délicats ; pour badiner avec grâce, et rencontrer heureusement sur les plus petits sujets, il faut trop de manières, trop de politesse, et même trop de fécondité : c'est créer que de railler ainsi, et faire quelque chose de rien. » LA BRUYÈRE. — « L'art de dire de petites choses est toujours un art fort mince et fort petit, et il n'y a que le génie qui en dise de grandes : l'art n'y fait rien. » GRIMM.

Rien n'est plus opposé au beau naturel que la peine qu'on se donne pour exprimer des choses ordinaires ou communes d'une manière singulière ou pompeuse ; rien ne dégrade plus l'écrivain. Loin de l'admirer, on le plaint d'avoir passé tant de temps à faire de nouvelles combinaisons de syllabes, pour ne dire que ce que tout le monde dit (1). Ce défaut est celui des esprits cultivés, mais stériles : ils ont des mots en abondance, point d'idées ; ils travaillent donc sur les mots, et s'imaginent avoir combiné des idées parce qu'ils ont arrangé des phrases, et avoir épuré la langage quand ils l'ont corrompu en détournant les acceptions. Ces écrivains n'ont point de style, ou, si l'on veut, ils n'en ont que l'ombre : le style doit graver des pensées ; ils ne savent que tracer des paroles.

Pour bien écrire, il faut donc posséder pleinement son sujet (2) ; il faut y réfléchir assez pour voir clairement l'ordre de ses pensées, et en former une suite, une chaîne continue, dont chaque point représente une idée ; et lorsqu'on aura pris la plume, il faudra la conduire successivement sur ce premier trait, sans lui permettre de s'en écarter, sans l'appuyer trop inégalement, sans lui donner d'autre mouvement que celui qui sera déterminé par l'espace qu'elle doit parcourir. C'est en cela que consiste la sévérité du style ; c'est aussi ce qui en fera l'unité et ce qui en réglera la rapidité, et cela seul aussi suffira pour le rendre précis et simple, égal et clair, vif et suivi. A cette première règle, dictée par le génie, si

(1) « Cependant, faut-il renoncer à s'exprimer d'une façon nouvelle, ingénieuse et piquante ? Faut-il s'interdire les finesses, les délicatesses du style ? Non, il faut seulement les concilier avec la clarté, ne pas vouloir briller à ses dépens, et ne rien soigner avant elle. Le style fin a son demi-jour, le style délicat a son voile ; mais c'est dans le secret de rendre les ombres diaphanes, le voile transparent, que consiste l'art d'être fin et délicat, sans être obscur. » MARMONTEL.

(2) HORACE, *Art poét.*, V. 40 :

..... « Cui lecta potenter erit res
« Nec facundia deseret hunc, nec lucidus ordo. »

« Les meilleures expressions, et les plus convenables en général, sont celles qu'une grande connaissance du sujet font naître sans étude et sans effort. » BLAIR.

l'on joint de la délicatesse et du goût, du scrupule sur le choix des expressions, de l'attention à ne nommer les choses que par les termes les plus généraux (1), le style aura de la noblesse; si l'on y joint encore de la défiance pour son premier mouvement, du mépris pour tout ce qui n'est que brillant, et une répugnance constante pour l'équivoque et la plaisanterie, le style aura de la gravité, il aura même de la majesté; enfin, si l'on écrit comme l'on pense, si l'on est convaincu de ce qu'on veut persuader, cette bonne foi avec soi-même, qui fait la bienséance pour les autres et la vérité du style, lui fera produire tout son effet, pourvu que cette persuasion intérieure ne se marque pas par un enthousiasme trop fort, et qu'il y ait partout plus de candeur que de confiance, plus de raison que de chaleur...

Bien écrire, c'est tout à la fois bien penser, bien sentir et bien rendre; c'est avoir en même temps de l'esprit, de l'âme et du goût. Le style suppose la réunion et l'exercice de toutes les facultés intellectuelles; les idées seules forment le fond du style; l'harmonie des paroles n'en est que l'accessoire et ne dépend que de la sensibilité des organes : il suffit d'avoir un peu d'oreille pour éviter

(1) « Cependant, dit l'abbé Maury, on se tromperait étrangement sans doute, ou interpréterait très-mal la pensée de Buffon, en se faisant un principe de goût d'une pareille généralité d'expressions, qui rendrait le style inanimé, vague et déclamatoire. Ce serait un système absolument opposé à la méthode des anciens, qui, loin de préférer les termes *généraux*, se faisaient au contraire une règle de tout individualiser dans le choix des mots.... Lorsque Buffon recommandait ainsi l'emploi des termes les plus généraux, comme le principal moyen de donner de l'élévation au style, il était probablement attiré à son insu vers les objets ordinaires de ses travaux et de ses études; il voulait parler spécialement de l'histoire naturelle qu'il composait alors, et dont les détails, souvent bas et dégoûtants, surtout dans le règne animal, ont sans cesse besoin d'être relevés par les expressions les plus génériques, qui sont toujours les plus nobles; il parlait de son genre, de sa manière; il parlait peut-être aussi, dans l'illusion d'une théorie trop généralisée, des descriptions où triomphe son style, où son coloris répand la plus riche magnificence, où les termes particuliers et usuels auraient dégradé ses tableaux, terni l'éclat de son imagination, et dans lesquelles il lui était aisé d'éblouir ses lecteurs avec la splendeur des expressions solennelles qui lui étaient si familières.... Une pareille méthode ne s'appliquerait pas, à beaucoup près, si heureusement à l'éloquence. »

les dissonances, et de l'avoir exercée, perfectionnée par la lecture des poëtes et des orateurs, pour que, mécaniquement, on soit porté à l'imitation de la cadence poétique et des tours oratoires. Or, jamais l'imitation n'a rien créé ; aussi, cette harmonie des mots ne fait ni le fond ni le ton du style, et se trouve souvent dans des écrits vides d'idées.

Le ton n'est que la convenance du style à la nature du sujet (1) : il ne doit jamais être forcé ; il naîtra naturellement du fond même de la chose, et dépendra beaucoup du point de généralité auquel on aura porté ses pensées...

Les ouvrages bien écrits seront les seuls qui passeront à la postérité : la quantité des connaissances, la singularité des faits, la nouveauté même des découvertes, ne sont pas de sûrs garants de l'immortalité ; si les ouvrages qui les contiennent ne roulent que sur de petits objets, s'ils sont écrits sans goût, sans noblesse et sans génie, ils périront, parce que les connaissances, les faits et les découvertes s'enlèvent aisément, se transportent et gagnent même à être mis en œuvre par des mains plus habiles. Ces choses sont hors de l'homme ; le style est l'homme même (2). Le style ne peut donc ni s'enlever, ni se transporter, ni s'altérer : s'il est élevé, noble, sublime, l'auteur sera également admiré dans tous les temps ; car il n'y a que la vérité qui soit durable et même éternelle. Or, un beau style n'est tel en effet que

---

(1) « Le premier mérite d'un écrivain est d'approprier ses pensées et son style à la matière qu'il aborde. » LA HARPE.

« En étudiant les grands écrivains, on remarquera partout ce rapport du style avec le sentiment et la pensée, rapport qui existe sans qu'on y prenne garde, mais qui donne l'âme et la vie à tout un ouvrage, comme le sang qui circule dans nos veines nous fait vivre sans qu'on aperçoive son cours. » LE MÊME.

« Des couleurs du sujet je teindrai mon langage. »

DELILLE.

(2) « Mores oratoris effigit oratio. » CICÉRON. — « Chacun se peint, sans y penser, dans ce qu'il écrit. » FÉNELON. — « Le style, quant à son allure, dépend de la nature du sujet mis en œuvre ; quant à son caractère fondamental, lequel est invariable, il est le produit du goût naturel, de l'esprit, du cœur de l'écrivain. » FRANCIS WEY.

par le nombre infini des vérités qu'il présente : toutes les beautés intellectuelles qui s'y trouvent, tous les rapports dont il est composé, sont autant de vérités aussi utiles et peut-être plus précieuses pour l'esprit humain que celles qui peuvent faire le fond du sujet.

Le sublime ne peut se trouver que dans les grands sujets (1)..... Le ton de l'orateur et du poëte, dès que le sujet est grand, doit toujours être sublime, parce qu'ils sont les maîtres de joindre à la grandeur de leur sujet autant de couleur, autant de mouvement, autant d'illusions qu'il leur plaît ; et que, devant toujours peindre et toujours agrandir les objets, ils doivent partout employer toute la force et déployer toute l'étendue de leur génie.

Buffon.

(1) « Le sublime ajoute à la noblesse une force et une hauteur qui ébranlent l'esprit, qui l'étonne et le jette hors de lui-même : c'est l'expression la plus propre d'un sentiment élevé ou d'une grande et surprenante idée. » Vauvenargues.

OBSERVATION PARTICULIÈRE.

Dans l'impossibilité où nous nous sommes trouvé d'envoyer notre conférence pédagogique à toutes les personnes qui nous l'ont demandée, parce que cette brochure était épuisée, nous avons pensé qu'on ne serait peut-être pas fâché de la trouver reproduite à la fin de notre manuel. Il nous a paru que ce ne serait point ici un hors-d'œuvre, puisque le but du manuel, comme celui de la conférence, c'est l'enseignement et l'étude de la langue française dans les écoles. Cette étude pour les instituteurs n'a pas de limites ; c'est la première et la plus importante à laquelle ils ont intérêt à donner leurs soins, s'ils veulent se tenir au niveau de leurs fonctions ; pour leurs élèves, c'est celle aussi qui est la plus propre à exercer sur leur éducation une salutaire influence. Cette double vérité, démontrée dans la conférence pédagogique, n'est point étrangère à l'objet de notre livre ; elle explique l'importance que nous attachons et que tout le monde doit attacher à l'étude de la langue, étude que tous nos efforts ont constamment tendu à vulgariser en en aplanissant les difficultés, en indiquant la direction qu'il convient de lui donner pour en faire le véhicule le plus puissant du perfectionnement moral et intellectuel, particulièrement dans la sphère de l'instruction populaire. A ce titre, notre conférence pédagogique n'est donc point déplacée dans un ouvrage spécialement destiné aux candidats, hommes ou femmes, religieux ou laïques, qui se préparent à la carrière de l'enseignement, et qui tous ont besoin de s'éclairer de l'expérience de ceux qui les y ont précédés. Cette préparation, qu'on le sache bien, se fait beaucoup plus et beaucoup mieux par l'étude des principes d'éducation que par celle des méthodes d'enseignement.

Ade. G. DE H.

CONFÉRENCE PÉDAGOGIQUE

FAITE A LA SORBONNE

PAR M. ADR. GUERRIER DE HAUPT

LE 28 FÉVRIER 1869

*Sur l'enseignement et l'étude de la langue française au point
de vue de l'instruction populaire.*

MESDAMES, MESSIEURS,

Ce n'est pas sans une sorte de crainte que je viens
aujourd'hui occuper cette tribune.

Jusqu'ici je n'ai guère eu à m'adresser qu'à des instituteurs pour les entretenir de leurs modestes et importantes attributions, pour les aider dans la recherche
des moyens les plus propres à assurer le succès de leur
mission. Ou bien, c'étaient de futurs maîtres de l'enfance que j'avais à initier aux secrets de cet art, le plus
grand, le plus difficile de tous, de l'art de l'éducation.
Au milieu de ces hommes de dévoûment, dont la
fonction et les services méritent le respect et la reconnaissance de tous; au milieu de ces jeunes gens laborieux qui venaient se préparer par un dur et pénible
noviciat à un sacerdoce civil qui ne leur offrait en per-
spective qu'une vie de fatigues et d'abnégation, ma
confiance s'inspirait de leur confiance, et si mes leçons
produisaient quelque bien, elles le devaient tout entier
à la réciprocité de cette confiance qui nous animait.

Mais, en présence du nouvel auditoire qui me fait l'honneur de m'écouter en ce moment, je me demande si, habitué à ne parler qu'à des instituteurs et à des institutrices, auprès desquels j'ai coutume de trouver grâce par la conviction qu'ils ont de mon désir de leur être utile, je me demande donc si ce n'a pas été de ma part une témérité excessive de convoquer ici des personnes étrangères à l'enseignement, pour les entretenir de questions que peut-être il vaudrait mieux réserver à ceux qui ont à en faire l'application dans l'exercice de leurs devoirs professionnels.

Cependant, une pensée me rassure, et cette pensée m'est suggérée par votre présence même dans cette enceinte. En répondant à l'appel que je me suis permis de vous adresser, n'est-ce pas la preuve, Mesdames et Messieurs, que vous ne trouvez point indignes de votre attention les questions dont j'ai à vous entretenir, et que vous avez compris qu'il n'y a rien dans les choses de l'éducation qui ne soit pour tout le monde du plus sérieux intérêt?

Tout à l'heure je regrettais presque de n'avoir point à parler devant un auditoire d'instituteurs et d'institutrices; mais vous tous, Messieurs, vous toutes, Mesdames, n'êtes-vous pas des instituteurs et des institutrices? On a dit que la mère est la première institutrice de ses enfants; c'est dire trop peu : la mère et le père sont toujours et doivent être tant qu'ils vivent les instituteurs de leurs enfants. Malheur aux parents qui négligent ce premier de leurs devoirs ! Malheur aux fils et aux filles qui, soit dans leur jeunesse, soit même à un âge plus avancé, méprisent les leçons et les conseils de leur père et de leur mère !

Et d'ailleurs, l'instruction n'est-elle pas, comme la fortune, un dépôt que nous avons reçu de Dieu pour le partager avec ceux qui en manquent? Il n'est personne qui sous ce rapport n'ait à donner et en même temps à recevoir. La société tout entière est une grande école où chacun, quelle que soit sa condition, apprend de chacun ce qu'il ne sait pas, ce qu'il a besoin de savoir, où chacun s'instruit des paroles, de l'expérience et de l'exemple d'autrui. Nous sommes tous des instituteurs, car tous nous enseignons ; nous sommes tous aussi des élèves, car tous, et pendant toute notre vie, nous apprenons ou du moins nous avons besoin d'apprendre ; et si quelqu'un n'éprouvait pas ce besoin, ce serait parce que, croyant savoir assez, il posséderait trop peu pour le mesurer avec ce qui lui manque.

Puisque nous avons tous le même intérêt à étudier la question qui doit faire le sujet de cette conférence, vous voudrez donc bien me permettre, Mesdames et Messieurs, de soumettre à votre bienveillante appréciation quelques réflexions sur l'enseignement et l'étude de la langue française au point de vue de l'instruction populaire.

L'instruction populaire, avec l'extension qui lui a été donnée, comprend toutes les connaissances usuelles ; c'est un domaine immense, dont l'étendue doit être en rapport avec les progrès merveilleux qu'ont faits depuis un certain nombre d'années toutes les branches de l'industrie humaine. L'instruction secondaire des lycées et des colléges, destinée aux carrières libérales, ne répondait pas à ces besoins nouveaux, qui y trouvaient le superflu, mais pas le nécessaire. D'un autre côté, l'instruction primaire ne pouvait guère former que les premières étapes de cet enseignement presque sans limites, puisqu'il embrasse toutes les découvertes de la science, et que chaque jour vient y ajouter un nouveau contingent.

Un nom particulier a été imaginé pour désigner ce complément, ce perfectionnement de l'instruction pratique, qui était auparavant comprise tout entière sous le titre d'instruction primaire, avec la seule distinction de primaire élémentaire et primaire supérieure. Cette partie supérieure de l'enseignement pratique est en effet plus que l'enseignement primaire ; elle a été nommée enseignement secondaire spécial.

Voilà donc trois routes tracées pour l'éducation intellectuelle de la jeunesse : l'instruction secondaire, que l'on peut appeler libérale ou supérieure, l'instruction secondaire pratique ou spéciale, et l'instruction primaire. Ces deux dernières, tout en conservant leurs caractères distinctifs, et malgré la différence de leurs proportions, sont désignées aussi sous le terme générique d'instruction populaire, parce que l'une et l'autre forment en réalité et forment ensemble toute l'instruction pratique, et que, entre l'une et l'autre il n'y a de différence que du plus au moins. Il n'en est pas de même si on les compare avec l'instruction secondaire, dite libérale.

Celle-ci a toujours formé une génération appelée à vivre dans un autre ordre d'idées, presque dans un autre monde, parce qu'elle parle une autre langue, et qu'ainsi elle conserve une supériorité relative qui établit entre les membres de la même famille sociale une ligne de démarcation peu compatible avec nos instincts nationaux d'égalité morale. Il est vrai que très-souvent, dans le temps où nous vivons, la fortune paraît suffire à combler les distances; mais elle ne produit qu'une égalité apparente ou hypocrite : c'est le blason qui se marie à la finance pour se faire redorer à neuf.

Serait-il donc impossible sinon de faire disparaître entièrement cette inégalité anormale entre les enfants de la grande famille française, sous le rapport de l'éducation, au moins d'en atténuer les effets, et de remédier aux inconvénients qu'elle présente dans les relations sociales?

J'ai dit tout à l'heure qu'elle provient principalement de ce que tous ne parlent pas la même langue. Ne jugeons pas de la situation générale par ce que nous voyons dans les grands centres de population, où il suffit que l'on veuille s'instruire pour qu'on le puisse. Là sont ouverts, presque à chaque pas, des foyers d'où jaillit la lumière, d'où se répand aux alentours cette chaleur de la pensée qui communique la vie à toutes les intelligences. Sans parler des villes de second ou de troisième ordre, où les mêmes ressources n'existent pas toujours, transportons-nous un instant dans les campagnes; pas n'est besoin d'aller ni dans les landes de la Bretagne, ni dans les montagnes de l'Auvergne, ni dans ces départements que les statistiques couvrent en-

18

core du voile noir de l'ignorance ; allons dans les environs de Paris; essayons, dans une réunion des habitants d'un village de la Seine ou de Seine-et-Oise, de parler la langue qui se parle dans nos cours d'enseignement, dans nos conférences, dans toutes ces assemblées où nous voyons se réunir une foule chaque jour plus nombreuse de personnes prises dans tous les rangs : eh bien devant des auditeurs tels que nous les supposons, à quelques lieues seulement de Paris, nous pourrions courir le risque de n'être pas plus compris que si nous parlions la langue des habitants du Céleste Empire. Pourtant ils ont appris à lire et à écrire, ils ont appris aussi et surtout à compter ; c'est là peut-être ce qu'ils ont le moins oublié. Combien donc il est regrettable qu'aux portes de la capitale d'un grand et noble pays comme le nôtre, des familles françaises soient aussi profondément ignorantes de la langue nationale, de notre belle et admirable langue, dont les chefs-d'œuvre, bien plus que nos victoires les plus brillantes et la gloire de nos armes, ont illustré notre patrie, et nous ont placés au premier rang des peuples civilisés !

Aujourd'hui que de tous côtés se multiplient les efforts pour donner au progrès de l'instruction populaire un essor inconnu jusqu'ici, n'y a-t-il rien à faire en vue de répandre et de vulgariser dans les campagnes, comme dans les villes, la connaissance et l'usage correct du véritable idiome national, dont la pratique et l'intelligence paraissent être le monopole du plus petit nombre? Je signalais à l'instant l'inégalité morale qui en résulte parmi les citoyens, que la loi proclame égaux en leur accordant les mêmes droits et leur imposant les mêmes devoirs. L'égalité des droits est une prérogative qui flatte les amours-propres : mais à quoi sert un droit que l'on est inhabile à exercer? Les obligations sont les mêmes pour tous! Peuvent-elles bien être les mêmes tant qu'elles ne sont pas également comprises, et que pour les remplir tous n'ont pas les mêmes moyens? Suffit-il pour cela que tous aient appris à lire et à écrire? A quoi sert d'avoir appris à lire si on ne lit pas, d'avoir appris à écrire si l'on n'écrit pas? On croit avoir appris à lire et à écrire : c'est une erreur ; si l'on savait lire, c'est-à-dire comprendre ce qu'on lit, on lirait, on aimerait à lire, parce qu'en lisant on s'instruirait, et quand on se serait instruit en s'emparant des idées et des expressions d'un livre, en se les assimilant, le propre d'une idée étant d'en faire surgir de nouvelles, peut-être se plairait-on d'autant mieux à écrire ses idées, que l'on ne manquerait point de mots pour les énoncer avec exactitude et précision.

Cela veut-il dire que tout le monde doit être littérateur ou écrivain? Non, pas le moins du monde. Cela veut dire seulement que si l'on apprend à lire, c'est pour lire ou pour s'instruire en lisant; si l'on apprend à écrire, c'est pour écrire ou pour transmettre, pour communiquer par l'écriture ce que l'on sait, ce que l'on pense, ce que l'on sent. Autrement, je demanderai encore : à quoi bon savoir lire et écrire?

L'art de lire et celui d'écrire ne peuvent s'interpréter différemment, si l'on veut qu'ils comptent pour quelque chose dans l'éducation ; j'ajouterai que, pour être interprétés ainsi, ils ne doivent faire qu'un avec l'art de parler et de raisonner, c'est-à-dire avec l'étude de la langue française.

La rhétorique, que l'on définit l'art de bien dire, et la logique proprement dite, ne sauraient guère être comprises dans le cercle des attributions de l'instruction populaire, laquelle n'a pas pour but de faire des orateurs ni des dialecticiens.

Cependant il est utile à tous de savoir bien dire, car le bien dire résulte du bien penser, car on dit bien lorsque l'on comprend bien ; or, le premier de tous les besoins dans l'instruction, c'est de comprendre ; le besoin auquel tout enseignement est tenu impérieusement de satisfaire, sous peine d'être inutile, c'est de se faire comprendre.

Quant à la faculté de raisonner, elle est de toutes les facultés de l'âme la plus essentielle, parce qu'elle est inséparable de la faculté de penser, ou plutôt c'est la même faculté. Donc, il n'y a pas, il ne saurait y avoir de culture intellectuelle sans exercice du raisonnement.

Voilà deux nécessités d'instruction qui ne sont pas moindres que celles de savoir lire et écrire, et auxquelles, parmi les connaissances multiples de l'instruction pratique ou populaire, l'étude de la langue semble seule destinée à pourvoir. Cela dépendra de la manière dont cette étude sera entendue et dirigée.

Un grammairien contemporain, M. Burnouf, a dit : « La grammaire est la logique des enfants. » C'est là une vérité, et si elle était plus connue ou mieux comprise, si l'on savait en faire une judicieuse et persévérante application dans les écoles, ce serait le premier pas et un pas immense fait dans la voie des améliorations que réclame l'instruction populaire à tous ses degrés.

L'étude de la langue n'est certes pas tout entière dans la grammaire ; mais en faisant connaître les éléments, les règles, la construction et le mécanisme, la grammaire initie à l'art de la parole ; elle prépare à l'intelligence des auteurs ; par l'analyse des formes du langage, elle conduit à l'analyse des pensées elles-mêmes : le scalpel à la main, elle arrive par la dissection à la connaissance de chacun de ces organes dont se compose le discours, et par lesquels la parole manifeste la volonté ou le sentiment ; elle en étudie et en compare les fonctions, les rapports, les articulations, pour en apprécier l'importance et la régularité ; elle interroge les grands écrivains, scrute leurs intentions, cherche leurs motifs, et, s'appuyant de leur autorité, elle formule des décisions justifiées par leur pratique même, par l'usage ou par la raison.

Tout abstraite que paraît être l'étude de la grammaire, qu'on ne croie pas qu'elle soit, par ce motif, inaccessible à de jeunes intelligences. Nous jugeons trop généralement des enfants par nous-mêmes : l'esprit des adultes se montre souvent plus rebelle que celui des enfants pour saisir des vérités métaphysiques ; chez ces derniers, l'esprit, lorsqu'il est dans son état natif, est éminemment logique, parce qu'il n'a

point encore été envahi par des idées préconçues, où,
comme il arrive pour les adultes, le faux est mêlé au
vrai, sans que ceux-ci sachent discerner l'un de l'autre.
Quand, dans un ordre d'idées qui sont à sa portée, l'enfant raisonne, il raisonne juste; s'il ne comprend pas,
il ne raisonne pas du tout; il confesse naïvement qu'il
ne sait pas; cet aveu, l'adulte le fera moins volontiers;
il croit savoir, il veut raisonner sur beaucoup de choses
qui ne lui sont pas absolument étrangères, et, comme
il les sait mal, il ne raisonne pas, il déraisonne, et
tombe quelquefois, sans s'en douter, dans des aberra-
tions qui vont jusqu'à l'absurde.

Quant à ce qui est particulièrement de l'enseignement grammatical, mieux vaudrait souvent avoir à
apprendre la grammaire à de jeunes enfants qui n'en
sauraient pas le premier mot qu'à des adultes qui l'auraient déjà étudiée pendant des années, et qui l'auraient mal étudiée. Il est plus commode de cultiver
une terre restée longtemps en friche qu'un champ
planté de ronces et d'épines.

Quelques-uns ont prétendu qu'il importait peu de
donner aux enfants des notions vraies et exactes, pourvu
qu'elles fussent simples, comme si la simplicité était
incompatible avec la vérité et l'exactitude. C'est tout
justement le contraire que l'on doit affirmer. Cherchez
d'abord ce qui est vrai, le simple viendra ensuite; autrement ce serait sacrifier le fond à la forme. Comment
donc un principe erroné, sous quelque forme qu'on le
présente, pourrait-il trouver un plus facile accès auprès
de la raison et être plus aisément accepté par elle, qu'un
principe dont le seul tort serait d'être vrai? Ou bien
la Vérité n'aurait-elle donc l'habitude de s'offrir aux
yeux des mortels que sous un déguisement qui empêcherait de la reconnaître? Ce n'est pas ainsi que la
Fable a coutume de nous la représenter.

Enseigner aux enfants des choses fausses sous prétexte qu'elles sont plus simples, plus claires et plus in-
telligibles! mais autant vaudrait dire que la lune éclaire
et réchauffe mieux que le soleil.

Voilà pourtant de ces doctrines qui ont cours parmi

ceux qui sont chargés d'enseigner la grammaire française! Que l'on s'étonne, après cela, de la répugnance profonde qu'inspire aux enfants, ou plutôt à toutes les catégories d'élèves, ce genre d'étude! Cette répugnance, loin d'être blâmable, fait au contraire honneur à leur bon sens. Ceux qu'il faut blâmer, ce sont les maîtres qui perdent leur temps et celui de leurs élèves à un travail non-seulement infructueux, mais préjudiciable à la culture du jugement, qui y perd sa droiture naturelle; préjudiciable à l'exercice du raisonnement, qui, recevant ainsi dès l'enfance une fâcheuse direction, s'habitue à adopter des principes faux, dont il déduit des conséquences plus fausses encore.

Tout est grave et important dans l'éducation, surtout dans celle des plus jeunes années, et si au printemps vous avez trouvé plus commode, parce qu'elle pousse plus vite et qu'elle demande moins de soin, de semer de l'ivraie dans votre champ, ne vous plaignez pas que l'automne ne vous donne point une récolte de bon grain. J'ajouterai qu'il est préférable de laisser sa terre improductive, que d'y faire croître de mauvaises herbes ou des plantes inutiles, qui l'épuisent sans aucun profit.

Cette dernière réflexion sert de réponse à l'objection qui pourrait être faite que de jeunes enfants ne sont pas capables d'étudier avec fruit la science grammaticale ramenée aux conditions d'une logique rigoureuse. En effet, ce serait un tort de ne pas consulter avant tout les dispositions d'un élève, de ne pas étudier son aptitude avant d'arrêter son attention sur des matières aussi essentiellement abstraites que celles dont se compose la grammaire.

S'il m'était permis de revenir à ma comparaison de tout à l'heure, je dirais qu'il en est des semences qui se jettent dans l'âme, et que l'on appelle instruction, comme de celles qui se jettent dans la terre : pour les unes et pour les autres il y a diverses époques d'ensemencement : c'est au cultivateur à les connaître et à savoir les distinguer. Pour toutes il y a une saison réservée à la croissance, il y en a une pour la maturité; mais c'est Dieu qui donne l'une et l'autre.

Il est bien vrai que la science grammaticale ne doit point être enseignée sans discernement, et que, pour y être utilement appliqué l'esprit de l'enfant doit être doué d'une attention suffisamment réfléchie, il ne faut rien de plus : la compréhension suivra de soi, du moment qu'il ne lui sera rien offert qui choque la raison et dont le jugement ne puisse se rendre compte.

C'est ainsi que, suivant la parole de M. Burnouf, la grammaire sera bien réellement la logique des enfants, la logique de l'instruction primaire. On enseigne la grammaire dans toutes les écoles : pourquoi? demanderai-je aux instituteurs et aux institutrices. — Afin, me répondra-t-on, d'apprendre à parler et à écrire correctement. Le premier enfant venu aurait fait la même réponse ; j'en aimerais mieux une autre ; de la part de l'enfant, celle-là serait peut-être suffisante ; de la part d'un maître, elle ne l'est pas. Pourquoi doit-on enseigner la grammaire dans les écoles? Quels sont les premiers et les plus importants résultats que l'on doit avoir en vue dans cet enseignement? Voulez-vous que je vous le dise? C'est d'habituer à la réflexion, c'est d'apprendre à penser et à raisonner :

Avant donc que d'écrire apprenez à penser,

a dit le poëte.

De tous les avantages que peut procurer l'étude de la grammaire, je dirai plus, que peut procurer l'instruction en général, le plus précieux, le plus durable, que l'on ne perd point une fois qu'on en a pris possession, celui qui a les plus graves conséquences sur la destinée des individus, sur la vie morale et la vie matérielle, c'est d'apprendre à penser et à raisonner. Penser sainement, raisonner juste, si ce n'est pas là tout à fait la sagesse et l'honnêteté, c'en est du moins la théorie. Otez de l'enseignement ces deux résultats, que reste-t-il? Il reste les feuillets détachés d'un livre, que le premier vent enlève et disperse, car les connaissances confiées seulement à la mémoire sont des provisions que le temps a emmagasinées et qu'il épuise rapidement : graines stériles qui ne se reproduisent pas et qui ne se multiplient pas, parce qu'il n'est pas au pouvoir de l'esprit de féconder les idées qu'il ne s'est pas assimilées par le jugement et le raisonnement.

Eh bien donc, puisque l'instruction populaire a dans l'étude de la langue française sa logique, qui est la grammaire, pour apprendre à penser et à raisonner, comme aussi elle a, encore dans la langue française, sa rhétorique à elle, pour apprendre à parler et à écrire correctement, pour apprendre à bien dire, que peut-elle donc envier à l'instruction secondaire des colléges et des lycées?

Que le petit nombre, que les élus de la fortune ou ceux qui se destinent aux carrières libérales aillent dans ces derniers établissements s'initier aux beautés d'Homère, de Virgile et de Cicéron c'est là assurément la plus admirable école pour former le goût et l'imagination; c'est, on le sait, à l'école des anciens que se sont instruits nos plus grands écrivains, tous ces admirables génies qui ont produit dans tous les genres tant de chefs-d'œuvre dont s'honore à bon droit notre littérature nationale, la plus riche, la plus variée et la plus abondante des temps passés et des temps modernes.

Quand donc j'exprimais le regret que tous les enfants de la grande famille française ne parlassent pas la même langue, parce que les uns sont élevés dans les lycées et les autres dans les écoles, je n'entendais point rendre responsable de cette inégalité choquante l'instruction populaire, mais seulement la manière dont elle est généralement donnée et reçue.

Loin de moi la pensée de porter une main sacrilége sur les dieux que j'ai adorés et de renier le culte qu'ont professé pour les génies de l'antiquité et que professent tous ceux qui leur ont dû et qui leur doivent l'amour du beau! Mais sans aller à Athènes ni à Rome, trop longs voyages pour la jeunesse qui peuple aujourd'hui les écoles et qui ne peut y passer qu'un petit nombre d'années, nous avons sous la main, dans les nombreux et incomparables monuments de notre belle langue française, des trésors assez précieux pour enrichir, au-delà de leurs souhaits les plus ambitieux, tous ceux qui doivent sortir des bancs de l'école primaire pour entrer dans un atelier, ou pour se mêler d'une façon quelconque à la vie active et laborieuse de la société.

Mais, de grâce, que ces hommes à qui vous demandez la nourriture de votre corps, de qui vous tenez toutes les aises et toutes les jouissances matérielles; qui, au prix de leurs sueurs, de leurs travaux, de leurs veilles, pourvoient à vos besoins et à vos plaisirs; que ces hommes qui vous donnent leurs bras et leur intelligence, et à qui vous donnez en échange le morceau de pain qui les empêche de mourir, aient aussi leur part de cette nourriture de l'âme, de ces jouissances de l'esprit qui leur sont étrangères parce qu'ils ne les connaissent pas, et qui leur feraient tant de bien en les arrachant par moments à leur existence de labeurs corporels, en brisant la chaîne qui les attache à la glèbe, pour les élever au-dessus de la terre et les faire vivre, aux heures de loisir, dans le monde de la pensée. Ils en deviendront meilleurs, parce que, pensant comme vous, sentant comme vous, parlant votre langue, vivant en quelque sorte à la même table; ayant leur part de ce patrimoine national, qui est le leur comme le vôtre, que l'esprit des siècles précédents nous a légué pour l'instruction et le perfectionnement du plus grand nombre; ayant ainsi cessé d'être les déshérités de la famille, ils aimeront en vous des frères; la distance qui sépare les uns des autres sera ainsi comblée, et cette prétendue égalité proclamée par la loi deviendra une vérité.

Serait-ce donc là une utopie? Je ne le crois pas. Évidemment cette heureuse transformation ne saurait s'opérer en un jour, mais elle se réalisera petit à petit du moment où, comme je l'ai dit dans cette formule qui résume toute ma pensée, du moment où tous les Français parleront la même langue.

Mais comment réussir à faire que dans les plus petits villages la langue de Corneille, de Bossuet, de Racine, de Fénelon, soit comprise de tous? Comment, avec le peu de temps que les enfants des campagnes passent dans des écoles, les amener à comprendre le français et à le parler aussi bien que les enfants des villes, qui, outre des études plus longues et plus complètes, ont encore la plupart l'avantage de vivre dans un milieu où le bon effet des leçons du maître ne court pas le risque d'être paralysé par un contact et des exemples propres à produire un effet contraire?

Il convient, pour répondre en partie à cette objection, de tenir compte d'abord de l'heureuse et bienfaisante pensée qui a fondé les classes d'adultes; cette admirable institution doit, en se perfectionnant, prolonger presque indéfiniment la durée des études scolaires, et laisser peu de place aux objections qui pourraient être faites contre le vœu que j'ai exprimé.

En effet, dans les classes d'adultes, l'âge des élèves, la maturité de leur raison, le besoin plus sérieux qu'ils éprouvent de compléter leur instruction, leur plus saine appréciation des inconvénients de cette infériorité où les tient l'insuffisance de leur éducation première, toutes ces causes viennent concourir aux succès d'une étude plus approfondie et plus pratique de la langue française. Il semble que là il suffise de vouloir pour pouvoir.

Bien que, en effet, les enfants qui fréquentent les classes régulières de la journée puissent avoir quelquefois à craindre de perdre, dans leurs relations de famille, le fruit des leçons de l'école, ce n'est pas une raison de négliger leur instruction sous le rapport de l'étude de la langue; il est, au contraire, d'autant plus indispensable de s'y appesantir plus fortement et plus souvent, qu'ils ont plus grand besoin de réparer les pertes faites au dehors. Et qui sait si, grâce à cette persévérance, poussée au besoin jusqu'à l'opiniâtreté, l'enfant ne deviendra pas lui-même tellement fort contre les influences extérieures que non-seulement elles seront inoffensives, mais que, les rôles étant intervertis, ce sera lui qui portera au foyer paternel l'influence des leçons qu'il aura reçues à l'école, et forcera ainsi, sans le vouloir, les personnes de son entourage à en faire leur profit? L'enfant devenant l'instituteur de son père et de sa mère, leur faisant des lectures pendant les longues veillées d'hiver, leur expliquant le sens des mots et

des phrases, comme il l'a entendu expliquer par son
maître, est-ce donc là quelque chose de si invraisemblable?

Le goût des bonnes lectures, de ces lectures qui élèvent l'âme, qui épurent le sentiment, qui inspirent l'a-
mour du bien, qui font battre le cœur et couler une
douce larme au récit des nobles actions; le goût du beau,
du bien, est-il donc moins facile de l'introduire ou de
le développer, par l'étude de la langue française, dans
les familles plus agrestes qui peuplent les campagnes,
que parmi les populations laborieuses et généralement
plus civilisées des villes? Il est vrai que, comme je l'ai
déjà fait observer, celles-ci sont favorisées par diverses
circonstances qui n'existent pas pour les premières;
mais, comme compensation, l'habitant des campagnes,
plus habitué à lire dans le grand livre de la nature, serait peut-être mieux prédisposé à toutes les impressions
qui sont propres à élever l'âme et à immatérialiser ses
instincts.

Sous le toit de cette humble chaumière vit une honnête et modeste famille de cultivateurs. Là où il n'a une
famille, que ce soit un somptueux palais ou la plus ché-
tive masure, veille avec la même sollicitude le regard
tutélaire de la Providence : dans l'œuvre du Créateur,
l'aire de l'aigle ne tient pas plus de place que le nid du
simple passereau. Le père de cette famille va toute la
journée travailler aux champs, sous l'œil de Dieu, dont
rien ne le sépare; dans cette solitude, où n'arrivent jamais ni les bruits du monde ni ses fiévreuses préoccupa-
tions, cet homme n'a-t-il donc à converser qu'avec les
animaux qui partagent ses fatigues en traînant la charrue que dirige sa main? Quand le soleil, dont il a vu, à la
première heure, s'épanouir là-bas, à l'horizon, la splen-
dide et brillante auréole qui annonce son retour, est
venue majestueusement s'asseoir, avant de s'élancer dans
l'espace, sur ce trône éternel d'argent massif que la
main des siècles a placé au sommet de la montagne
lointaine, croyez-vous que ce magnifique et libéral souverain de la nature, dont la bienfaisante chaleur sème
l'abondance dans ses sillons, n'ait rien dit à son esprit?

Et les joyeux gazouillements de tous ces hôtes de la feuillée, qui, comme lui, abandonnent dès l'aube leur jeune famille pour aller quérir aux alentours de quoi faire le repas du matin, croyez-vous que ces accents d'une mélodie si touchante aient été pour lui sans signification, et que dans ce langage universel de la création, qui frappe ses yeux, ses oreilles, tous ses sens, — car je n'en excepte pas même la gracieuse corolle de la plus humble fleur, qui n'attend, pour s'ouvrir, que le premier rayon à qui elle confie l'encens de son parfum pour le faire monter aux pieds de l'Éternel, — eh bien ! en présence de ce spectacle grandiose que la langue humaine est impuissante à décrire, croyez-vous que l'âme de cet homme des champs, toute dépourvue qu'on la suppose de culture intellectuelle, croyez-vous, je vous le demande, qu'elle soit restée muette ? Oh non ! cela n'est pas possible. Il s'est accompli alors chez elle et par elle un acte de profonde adoration ; ce n'a peut-être été qu'un mot, peut-être qu'un regard levé vers le ciel ; mais dans ce regard il y a tout un hymne d'adoration et de reconnaissance en l'honneur du Maître suprême, de ce Père des humains à qui il a remis la garde de ses enfants et de leur mère, lorsqu'il les a quittés le matin pour aller gagner par son travail le pain de la journée. Ce foyer béni, auquel ne manquent ni les saintes et pures jouissances du cœur, ni les élans spontanés de l'âme vers les sublimes régions où règnent le beau et le bien sous la céleste figure de la Vérité éternelle, serait-il donc fermé aux jouissances intellectuelles que portent avec eux, partout où ils pénètrent, les bienfaits de l'instruction ?

Écoutez : Voici ce qui se passe dans cette famille toute simple, qui ne prend pour guide de sa conduite que la raison, c'est-à-dire le bon sens, éclairé par une conscience honnête : l'aîné des enfants, jeune garçon qui n'est pas encore à l'adolescence, aide déjà son père dans quelques travaux de la petite métairie ; mais, plus favorisé que ne l'ont été ses parents, il a pu fréquenter assidûment l'école du village, et pour continuer encore à en recevoir les utiles leçons il saura concilier les nécessités de son occupation manuelle avec l'intérêt de son instruction. Le père, qui, dans son enfance, avait appris un peu à lire et à écrire, mais qu'on avait laissé dans l'ignorance des moyens de tirer profit de ce qu'il avait imparfaitement appris, a voulu que son fils ne restât pas comme lui au seuil de l'instruction. Doué d'une volonté énergique, qu'il doit aux conseils paternels, l'enfant de la métairie a de plus à son service sinon une intelligence remarquable, du moins un jugement sain et d'une rectitude parfaite; ce qu'il veut, parce que son père lui en a fait sentir l'importance et l'utilité exclusive, ce n'est pas de savoir beaucoup de choses, mais de comprendre beaucoup. Son père lui a dit : « A quoi me sert d'avoir appris à lire du moment que je ne comprends pas ce que je lis? » Et le fils se dit à son tour : « A quoi me servirait d'étudier si, après m'être donné le mal d'apprendre, je ne gardais dans ma mémoire, sans en connaître le sens et la valeur, que les mots qui sont dans mes livres? » — Combien y en a-t-il qui, faute de raisonner aussi sensément, n'arrivent, après avoir longtemps étudié, qu'à posséder, imprimé dans leur mémoire, un second exemplaire du livre qu'ils ont appris!

Mais ce n'est pas tout : dans cette famille villageoise qui pourrait servir de modèle à beaucoup d'autres, et que je n'hésiterais point à offrir en exemple à toutes les familles, aux familles de toutes conditions, on ne se croit point dispensé, parce que l'on paye un instituteur, de suivre attentivement, de surveiller, de diriger même en partie le mouvement et la marche de l'esprit dans l'éducation de l'enfant. Et pourtant, c'est là une famille des plus simples et des plus dépourvues d'instruction! Mais n'est-ce pas aussi dans ces mêmes familles simples que les mères ne croiraient pas êtres mères si leurs nouveau-nés puisaient la vie, avec leur première nourriture, au sein banal d'une mercenaire?

Tous les jours donc, quand le père est revenu des champs et après le repas du soir, le jeune écolier doit faire la répétition, en présence de la famille, des leçons qu'il a reçues à l'école, des explications qui lui ont été données; si un frère ou une sœur plus jeunes, si même le père ou la mère, moins instruits que lui, mais également désireux d'apprendre, lui adressent des questions pour s'éclairer eux-mêmes, il y répond; il s'habitue ainsi à rendre compte à soi et aux autres de ce qu'il a appris; il s'en pénètre mieux et l'approfondit davantage; il s'exerce de cette façon à penser, à raisonner et à bien dire; or, comme je l'ai déjà indiqué, c'est là toute l'instruction, et, ce qu'il y a de mieux, ce que je voulais démontrer, c'est qu'en s'instruisant il instruit sa famille, c'est qu'en parlant à sa famille le langage pur et correct qui se parle à l'école, il en introduit l'intelligence et l'usage au foyer domestique.

Mais, va-t-on peut-être m'objecter, encore faut-il que le langage qui se parle à l'école soit pur et correct.

Étant admis que dans les écoles l'enseignement de la langue française doit être dirigé de manière à servir au développement des facultés intellectuelles les plus importantes; que cette étude est la seule qui ait le pouvoir d'effacer moralement les inégalités sociales les plus choquantes, et de rapprocher la distance qui sépare l'instruction libérale de l'instruction populaire : j'ai voulu seulement prouver que si, de la part de ceux à qui est destinée cette dernière éducation, il existe des obstacles, ces obstacles ne sont pas insurmontables. S'il y en a d'autres, de quel côté viendraient-ils donc? du côté des maîtres? — Peut-être.

Un adage latin bien connu se traduit ainsi en français : « Personne ne peut donner ce qu'il n'a pas. » Mais comment fait-on quand on est obligé de donner ce que l'on n'a pas? On tâche de le gagner, de l'acquérir.

Dieu me garde de l'intention de faire en ce moment le procès d'aucun de ces dignes et dévoués maîtres de l'enfance pour lesquels je professais, en commençant, des sentiments de profonde sympathie, fondée sur une estime vraie et sur une affection toute confraternelle. Eh bien, le dirai-je? c'est justement parce que j'aime les instituteurs de toutes les forces de mon âme, parce que j'honore leurs fonctions à l'égal du plus saint des sacerdoces, parce que je vénère en eux cette vie de sacrifices et de dévoûment qui n'a pour témoin que Dieu et pour récompense que la satisfaction d'une conscience honnête, c'est pour cela que je voudrais les voir tous autant estimés et considérés que les plus estimables et les plus considérables. On leur dit : « Vos fonctions sont modestes. » C'est vrai, en ce sens que c'est dans l'ombre qu'elles s'exercent, et que pour faire le bien ils n'ont besoin ni des encouragements de la foule ni des bruyants applaudissements du monde. « Soyez modestes, » leur dit-on souvent encore. Qu'entend-on par là? Cela veut-il dire : Ne vous croyez pas au-dessus de vos fonctions? Mais depuis quand croit-on nécessaire de recommander au prêtre de ne pas se croire supérieur au ministère sacré dont il est revêtu? Si j'avais à faire à mes confrères les instituteurs cette recommandation, je leur dirais : « Soyez modestes, » non pas parce que vos fonctions sont humbles : je n'en connais pas de plus grandes, de plus nobles, de plus capables d'inspirer un légitime orgueil; mais soyez modestes, parce que la présomption ne convient qu'à la sottise et à la nullité; soyez modestes, parce que, qui que vous soyez, quoi que vous valiez, quelque mérite que vous ayez, vous n'en aurez jamais assez pour être à la hauteur de cette difficile et importante mission dont vous avez accepté la terrible responsabilité. De même que le ministre des autels, et non moins que lui, vous avez charge d'âmes. Vous êtes les arbitres de la destinée de tous ces enfants, dont Dieu et la société vous demanderont un compte sévère, que leurs familles ont remis entre vos mains pour éclairer leurs esprits et leur enseigner la route de la vérité, pour nourrir leurs jeunes âmes de saines et pures doctrines qui servent de provision pendant tout le voyage de la vie. Méfiez-vous de vos propres forces, car êtes-vous donc sûrs de savoir bien vous-mêmes et de savoir toujours distinguer la vérité de l'erreur? A côté de ce pain des âmes que distribue votre parole, inspirée sans contredit des intentions les meilleures, ne craignez-vous pas qu'une main malfaisante, j'entends par là une influence, un conseil, un exemple, qui seraient funestes, ne glissent à votre insu, du poison? Prenez garde : vous en répondez!

Pour être instituteur, ce ne sont pas des qualités ordinaires qu'il faut, parce que la tâche de l'instituteur n'est pas, en effet, une tâche [ordinaire; parce que de toutes les professions il n'en est aucune qui impose à celui qui l'exerce des obligations aussi redoutables.

Les familles mêmes, qui se déchargent sur eux de ces obligations, s'en font-elles toutes une juste idée? Il est permis d'en douter, à voir avec quelle sollicitude différente on fait souvent, aux mains d'un étranger, le dépôt de la clef de sa caisse ou le dépôt de son enfant.

Je n'entrerai pas plus avant dans cet ordre de considérations, qui m'éloignerait trop de mon sujet.

Plutôt que d'accuser les parents de légèreté dans le choix de l'instituteur de leurs enfants, j'aime mieux croire que si, dans une affaire aussi grave, on semble quelquefois procéder avec une précipitation peu réfléchie, c'est moins par insouciance que par un sentiment de cette confiance générale que devrait toujours inspirer le titre seul d'instituteur.

En souhaitant pour eux tous cette confiance, cette considération que commandent les services qu'ils sont appelés à rendre, leurs meilleurs amis ne peuvent pourtant se dissimuler qu'il en est parmi eux peut-être qui montrent trop peu de souci pour augmenter, par des efforts incessants, leur valeur intellectuelle : ignorant sans doute que chaque jour où l'on manque d'acquérir on perd quelque chose de ce que l'on avait acquis ; ne pensant peut-être pas assez que l'instruction, qui est le droit de tous, est pour eux un devoir, et que, comme leur profession n'est inférieure à aucune autre, ils doivent s'efforcer, par un perfectionnement continu, de n'être inférieurs à personne. C'est à eux, en effet, qu'il appartient de faire produire à l'instruction populaire, dont ils sont les ministres, tous ses heureux résultats, parmi lesquels le plus important est de réaliser cette égalité morale qui est le premier article de foi de notre symbole politique et le premier besoin de notre société moderne, où nous n'apportons tous en naissant qu'un seul et même titre, le titre de citoyen.

« Tant vaut l'homme, dit un vieux proverbe, tant

vaut sa terre. » Multipliez et perfectionnez, tant que vous voudrez, les méthodes; étendez et complétez à votre guise les programmes d'enseignement ; établissez des règlements qui prévoient, jusqu'à la dernière minute, l'emploi de tous les instants! de la classe; faites des livres pour les enfants : tâchez seulement de les faire bons, car si les bons livres d'enseignement mal employés ne font pas de bien, les mauvais font toujours du mal : eh bien, vous avez, je suppose, un outillage admirablement organisé, il n'y manque rien; mais à quoi vos instruments, si parfaits qu'ils soient, vous serviront-ils si vous n'avez pas pour les utiliser des mains assez habiles et suffisamment exercées ?

La première condition d'habileté chez un instituteur, ce n'est pas de savoir beaucoup, c'est de savoir bien. En général, l'étendue en fait d'instruction n'existe qu'aux dépens de la profondeur. Un lingot de métal précieux que le battage a réduit en feuilles impalpables a acquis de l'étendue, mais il a perdu toute sa solidité.

L'instituteur, ai-je dit, doit savoir bien, plutôt que de savoir beaucoup de choses. Pour lui, savoir bien, c'est posséder à fond ce qu'il est tenu d'enseigner, c'est aussi savoir l'exposer avec clarté, avec intérêt, car pour instruire il faut éclairer, et de plus, et surtout, il faut plaire. Ceci est vrai dans tous les cas, mais particulièrement lorsqu'on s'adresse à de jeunes intelligences, chez lesquelles la légèreté de l'âge est un obstacle à une attention soutenue, et qui, parce qu'elles n'en sentent pas bien l'utilité, parce que toutes leurs habitudes, tous leurs instincts y sont contraires, se montrent ordinairement peu disposées à subir la contrainte de la réflexion. L'esprit de l'enfant est un vrai Protée qui, quand vous croyez en être maître, vous glisse des mains, vous échappe sous une forme quelconque : c'est un nuage qui passe, c'est une mouche qui voltige, c'est un sourire qu'amène la réminiscence du jeu que l'on a quitté tout à l'heure. Comment combattre cette excessive mobilité de l'esprit de l'enfant pour captiver son attention, si peu sérieuse, et la fixer sur les choses sérieuses de l'enseignement ?

C'est là que l'instituteur, comme un autre Aristée, a besoin de recourir à tous les artifices que peut lui suggérer sa patiente et ingénieuse sollicitude. Pour réussir dans cette tâche délicate, ce n'est pas de la sévérité ni des punitions qu'il faut : les punitions font craindre le maître et ne font pas aimer les leçons. Une leçon que l'on n'aime pas ne profite jamais; elle ne sera utile qu'autant que le maître saura la rendre agréable et intéressante. Donc, pour instruire, il ne suffit pas d'éclairer, d'enseigner ce que l'on sait : la science toute seule rebute les enfants et les effraye; le grand talent de celui qui enseigne, c'est de la rendre attrayante, c'est de plaire. Or, le talent, qui, comme on le sait, ne doit pas être confondu avec l'art, est un don naturel, que l'étude et l'exercice perfectionnent, mais qui ne s'acquiert pas. Ceux-là seulement qui l'ont reçu de Dieu et à qui le Maître a dit : « Allez et enseignez, » ceux-là sont seuls appelés à instruire.

L'Écriture sainte nous apprend qu'avant de se séparer les apôtres du Christ, chargés d'annoncer au monde la Bonne Nouvelle, la doctrine sublime qui devait apprendre aux hommes le dogme de l'égalité et de la fraternité chrétiennes, reçurent, entre autres, de l'Esprit de Dieu, le don des langues, pour se faire comprendre de toutes les nations, des petits et des puissants, des riches et des pauvres, des lettrés et des ignorants, et que, parlant à tous la même langue, tous la comprenaient: c'est qu'en effet, conviés tous ensemble au même banquet, les fils du même père devaient comprendre et parler le même langage.

Instituteurs, mes amis et dignes confrères, de cette tribune où il m'est permis aujourd'hui de me faire entendre et de parler de vous, de vos attributions, du but de vos travaux, qui est aussi celui que je poursuis depuis tant d'années et auquel, malgré des obstacles et des vicissitudes de tous genres, j'ai voué ma vie entière, je voudrais qu'en ce moment ma voix parvînt jusqu'à vous tous, jusque dans les villages les plus reculés, dans tous les lieux où il y a des enfants à instruire, parce que partout où il y a du bien à faire, on est sûr de trouver un instituteur, je vous dirais : « Et vous aussi, vous êtes les apôtres de la vérité ; comme les disciples du Fils de Marie, vous avez reçu la mission d'annoncer aux hommes la Bonne Nouvelle, de les instruire pour les rendre meilleurs, de leur enseigner leurs devoirs pour les rendre plus honnêtes, de leur apprendre qu'ils sont égaux, parce qu'ils sont frères ; que leurs droits sont pareils, parce que pareilles sont aussi leurs origines et leurs destinées.

« Souvenez-vous qu'en instruisant les enfants vous instruisez aussi les pères et les mères de famille ; faites, dans l'intérêt de tous et même dans le vôtre, que vos leçons méritent d'être répétées au foyer domestique, et pour cela demandez à l'étude des grands modèles de notre littérature française le don des langues, si nécessaire pour éclairer et persuader. En produisant ces œuvres immortelles, le génie humain ne s'est montré si grand que parce qu'il a été inspiré du même Esprit qui souffla un jour sur une troupe ignorante et grossière de misérables pêcheurs de la Judée, et leur donna, avec le courage de parler aux maîtres de la terre, la science et l'éloquence, qui entraînèrent à leur suite tous les peuples du monde et qui fondèrent ce monument impérissable où flotte depuis bientôt dix-neuf siècles l'étendard régénérateur du divin Crucifié.

« Voulez-vous, dirai-je encore à mes frères et à mes sœurs dans l'enseignement, aux absents comme à ceux qui sont peut-être dans cet auditoire ; voulez-vous, dirai-je à tous ceux qui enseignent, que vos leçons profitent en même temps à l'esprit et au cœur de vos élèves, réservez-y la plus large place à l'étude de la langue maternelle. Si vous-mêmes vous manquez de cette connaissance, vous êtes inhabiles à enseigner ; si vous ne la donnez pas à vos élèves, quelles que soient les autres connaissances que vous leur ayez procurées, leur éducation est tout entière à recommencer ; vous avez peut-être formé des hommes qui sauront faire habilement leurs affaires, mais, à moins qu'ils ne l'acquièrent plus tard par eux-mêmes, ils n'auront point ce qui donne le droit de se considérer l'égal des gens bien élevés.

« Dans le monde des intelligences, bien plus encore qu'ailleurs, il ne doit y avoir ni castes ni priviléges : commencez par vous élever vous-mêmes aussi haut que vous le pourrez, et, après avoir descendu jusqu'à eux, élevez jusqu'à vous les enfants du peuple, pour en faire des citoyens honnêtes, des hommes religieux et aimant le devoir, des hommes assez éclairés pour discerner par eux-mêmes la vérité, assez indépendants pour la proclamer sans défi comme sans crainte, enfin pour n'obéir dans leurs paroles et dans leurs actions qu'aux inspirations d'une conscience loyale et voulant le bien.

« Ayant ainsi atteint le but de votre généreux apostolat, vous aurez bien mérité des familles et de la société. »

Je terminerai par une dernière réflexion qui se rapporte directement à mon sujet et qui peut le résumer :

Par le temps où nous vivons, il y a trop de gens qui écrivent pour ceux qui ne savent pas lire, et qui parlent pour ceux qui ne savent ni penser ni raisonner, cherchant à séduire et à égarer plutôt qu'à éclairer et à instruire, substituant le joug de leurs désolantes et brutales théories à l'autorité des plus saintes croyances, flattant les mauvaises passions pour faire admettre les mauvaises doctrines. Impuissants à persuader, l'audace de leur cynisme fait toute leur éloquence. Leur force est dans la faiblesse de ceux à qui ils s'adressent. Le moyen de remédier à cette moderne servitude des intelligences du plus grand nombre, c'est de faire que tous apprennent à lire pour savoir lire, c'est-à-dire pour savoir comprendre, que tous apprennent à écrire pour savoir faire un usage intelligent et libre de leur raison et de toutes leurs facultés. En un mot, du jour où l'instruction populaire aura enseigné à tous à parler la même langue, datera, au profit de la morale publique, l'émancipation générale des esprits, conséquemment la légitimité des devoirs semblables et la réalité des droits égaux pour tous les citoyens. Savoir lire et écrire, en interprétant ces mots dans le sens le plus étendu, c'est comme le don de sagesse que demanda Salomon, le reste est accordé par surcroît.

TABLE DES SUJETS

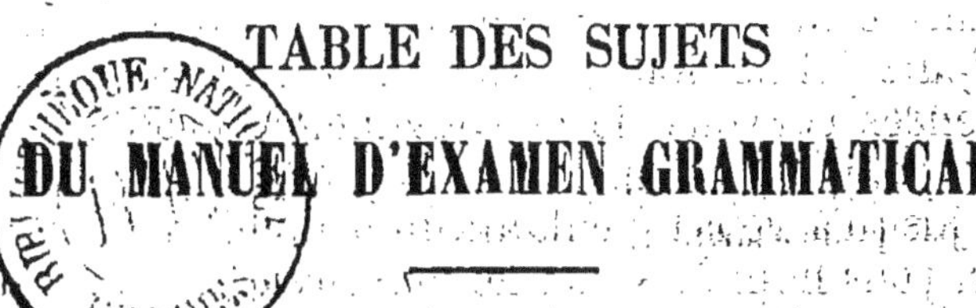

DU MANUEL D'EXAMEN GRAMMATICAL

Avant-propos..................................... Page V

Questionnaire grammatical, guide de l'examinateur et des candidats au brevet de capacité, de la page IX à la page.................. XXIV

PREMIÈRE PARTIE.

PHILOSOPHIE ET RELIGION.

Nᵒˢ	SUJETS.	AUTEURS.	Pages.
1.	Grandeur de Dieu.	Massillon.	1
2.	Suite du même sujet.	Id.	3
3.	Puissance de Dieu.	Bossuet.	6
4.	De la Croyance en Dieu.	Voltaire.	9
5.	Athéisme.	Mᵐᵉ Guizot.	12
6.	La Vérité.	Massillon.	14
7.	L'Infini.	* * *.	17
8.	Hymne au Créateur.	Bérard.	20
9.	La Providence.	Fénelon.	22
10.	La Religion.	Lamennais.	26
11.	Même sujet.	Jules Simon.	28
12.	L'Ame comparée au corps.	Buffon.	31
13.	Immatérialité de l'âme.	J.-J. Rousseau.	34
14.	Immortalité de l'âme.	Massillon.	37
15.	Suite du même sujet.	Id.	39
16.	La Conscience.	Chateaubriand.	42
17.	Le Présent et l'Avenir.	Fénelon.	45
18.	Rapidité de la vie.	Bossuet.	50
19.	Le Temps.	Massillon.	52
20.	L'Éternité.	Le P. de Neuville.	57
21.	Nécessité d'un Culte.	Fénelon.	59
22.	Avantages de l'esprit religieux.	Mᵐᵉ de Lambert.	63
23.	Vérité de la Religion.	Bossuet.	67
24.	L'établissement du Christianisme.	Lamennais.	72
25.	Divinité de la religion chrétienne.	Frayssinous.	76
26.	Le Christianisme au point de vue social.	D'Alembert.	80
27.	Suite du même sujet.	Id.	82
28.	Principes philosophiques du Christianisme.	V. Cousin.	85
29.	Effet du Christianisme sur le génie de l'homme.	Villemain.	89

Nᵒˢ	SUJETS.	AUTEURS.	Pages.
30.	L'Évangile.	J.-J. Rousseau.	92
31.	Les Miracles.	Bossuet.	95
32.	Bienfaits du Christianisme.	Chateaubriand.	99
33.	Prodiges de charité dus au Christianisme.	Le même.	104
34.	Conseils à un jeune homme sur la foi.	J.-J. Rousseau.	109
35.	Cause ordinaire de l'incrédulité.	Massillon.	113
36.	Mort du Chrétien.	Chateaubriand.	117
37.	Mort de l'Athée.	Le même.	121
38.	Parabole des deux Pères de famille.	Lamennais.	124
39.	La vraie Piété.	Clément XIV.	127
40.	L'Amour de Dieu.	Lamennais.	132
41.	Nécessité de la Prière.	Le même.	135
42.	Le Curé de campagne.	L'abbé de Boismont.	139
43.	Le Rocher et les deux voyageurs.	Lamennais.	142
44.	Le Curé.	Lamartine.	145
45.	Les Rogations.	Chateaubriand.	149
46.	Le Prêtre.	Lamennais.	153
47.	La Prière du soir à bord d'un vaisseau.	Chateaubriand.	157
48.	La Perte d'un ami.	X. de Maistre.	160
49.	Exorde du P. Bridaine.	Œuvres du Cᵃˡ Maury.	163
50.	Le Déluge.	Chateaubriand.	167
51.	Désespoir de Satan.	Milton.	169
52.	Apostrophe à Satan et aux Anges rebelles.	Bossuet.	173
«.	Observation pédagogique relative à la 2ᵉ partie du Manuel d'examen grammatical............................		178

DEUXIÈME PARTIE.

MORALE ET ÉDUCATION.

Nᵒˢ	SUJETS.	AUTEURS.	Pages.
53.	De l'Éducation morale.	Saint-Simon.	179
54.	Même sujet.	Prévost-Paradol.	180
55.	La Famille.	Marmontel.	181
56.	Dignité de l'homme.	Buffon.	183
57.	Utilité des Mœurs.	Servan.	184
58.	De l'Influence de l'instruction sur les mœurs.	Droz.	185
59.	Du But de l'instruction.	Rollin.	186
60.	Effet moral de la Philosophie.	Le même.	187
61.	Sources du bonheur, Causes du malheur.	Buffon.	188

N°ˢ	SUJETS.	AUTEURS.	Pages.
62.	L'Art d'être heureux.	Auger.	190
63.	Principaux éléments du bonheur.	Jullien	191
64.	Différence de la probité et de la vertu.	Duclos.	192
65.	Effet du déréglement pendant la jeunesse.	J.-J. Rousseau.	193
66.	La Vie champêtre.	Bergasse.	194
67.	Bonheur de l'obscurité.	B. de Saint-Pierre.	195
68.	Leçon de Sagesse.	J.-J. Rousseau.	196
69.	Des Plaisirs des sens et des Plaisirs du cœur.	Laromiguière.	198
70.	Des Plaisirs du travail.	P.-F. Tissot.	198
71.	Des Plaisirs de l'étude.	Mᵐᵉ de Stael.	199
72.	Du Sentiment.	J.-J. Rousseau.	200
73.	De la vraie et de la fausse Philantropie.	Fénelon.	201
74.	L'Amour maternel.	Alibert.	202
75.	Angoisses de l'Amour maternel.	V. Hugo.	203
76.	L'Amour filial.	Silvio Pellico.	204
77.	L'Amour fraternel.	Le même.	205
78.	L'Amitié.	Le même.	206
79.	Le véritable Patriote.	Le même.	207
80.	L'Amour de la patrie.	J.-J. Barthélemy.	208
81.	L'Exilé.	Lamennais.	210
82.	La jeune fille et sa mère.	Le même.	211
83.	A une jeune fille.	Mᵐᵉ Mélanie Waldor.	212
84.	La Bonté.	Mᵐᵉ de Stael.	214
85.	L'Égoïsme.	Lacretelle, aîné.	215
86.	De la bonté envers les serviteurs.	Billecocq.	216
87.	Le Nègre, cruauté et désespoir.	Fontan.	217
88.	La Bienfaisance.	J.-J. Rousseau.	219
89.	La Dureté envers les indigents.	Massillon.	220
90.	Devoirs des riches envers les pauvres.	L'abbé Poulle.	221
91.	L'oubli et l'abandon des pauvres.	Bourdaloue.	223
92.	De la Bienveillance.	Condorcet.	223
93.	La Médisance.	Massillon.	225
94.	L'Envie.	Bossuet.	226
95.	L'Ambition.	Massillon.	227
96.	L'Amour-propre.	Pascal.	228
97.	Aux Juges.	Servan.	229
98.	De l'Économie.	J.-B. Say.	230
99.	L'Avarice.	Massillon.	232
100.	De la Volonté.	Th. Jouffroy.	233
101.	De l'Irrésolution.	Jullien.	234
102.	De la Force d'âme.	Nicole.	235
103.	Le Suicide.	J.-J. Rousseau.	236
104.	Le Duel.	Le même.	237
105.	Du Faste.	Le chevalier de Méré.	238

Pages.

N^{os}	SUJETS.	AUTEURS.	

106. De l'Esprit. — Mme *Simons-Candeille.* — 239
107. De la véritable Grandeur d'âme. — *D'Aguesseau.* — 241
108. Le Fat. — *Desmahis.* — 242
109. Le Courtisan. — *La Bruyère.* — 243
110. De la Conversation. — *La Rochefoucauld.* — 244
111. De la Lecture. — *Damiron.* — 245
112. L'Usage. — *Berchoux.* — 246
113. De l'Emploi du temps dans la jeunesse. — *J.-F. Thurot.* — 248
114. Les Salles d'asile. — *J. Janin.* — 249
«   Conclusion. Qu'est-ce que la Pédagogie ? — *Adr. G. de H.* — 251

TROISIÈME PARTIE

LITTÉRATURE ET STYLE.

Pages.

N^{os}	SUJETS.	AUTEURS.	

I. Langage des signes. — *J.-J. Rousseau.* — 258
II. Des Langues. — *Voltaire.* — 259
III. Origine des langues et particulièrement de la langue française. — *Adr. G. de H.* — 261
IV. De l'Universalité de la langue française. — *Rivarol.* — 266
V. Influence de l'étude des lettres. — *Fontanes.* — 268
VI. Influence de l'esprit philosophique sur le style. — *Le P. Guénard.* — 269
VII. Réflexions générales sur le goût. — *Rollin.* — 271
VII. Différence du goût, du génie et du savoir. — *Pluche.* — 274
IX. Différence du génie et de l'esprit. — *Turpin de Crissé.* — 276
X. Différence du génie et du talent. — *Marmontel.* — 277
XI. Du Style et des causes qui le modifient. — *Le même.* — 280
XII. De l'Élégance du style. — *Le même.* — 282
XIII. De la Narration. — *Le même.* — 285
XIV. Du Style épistolaire. — *Suard.* — 287
XV. Des Qualités multiples du style. — *Lamartine.* — 289
XVI. Pensées et préceptes sur la composition et le style. — *Divers.* — 291
XVII. Le Style. — *Buffon.* — 299
XVIII. Conférence pédagogique. — *Adr. G. de H.* — 310

FIN DE LA TABLE.